EDGAR MORIN
HOMEM DE MUITOS SÉCULOS

SERVIÇO SOCIAL DO COMÉRCIO
Administração Regional no Estado de São Paulo

Presidente do Conselho Regional
Abram Szajman
Diretor Regional
Danilo Santos de Miranda

Conselho Editorial
Ivan Giannini
Joel Naimayer Padula
Luiz Deoclécio Massaro Galina
Sérgio José Battistelli

Edições Sesc São Paulo
Gerente Iã Paulo Ribeiro
Gerente adjunta Isabel M. M. Alexandre
Coordenação editorial Clívia Ramiro, Cristianne Lameirinha, Francis Manzoni, Jefferson Alves de Lima
Coordenação gráfica Katia Verissimo
Produção gráfica Fabio Pinotti
Coordenação de comunicação Bruna Zarnoviec Daniel

EDGAR MORIN
HOMEM DE MUITOS SÉCULOS

—— Um olhar latino-americano ——

Organização
Elimar Pinheiro do Nascimento
Maurício Amazonas
Alfredo Pena-Vega

© Elimar Pinheiro do Nascimento, Maurício Amazonas e Alfredo Pena-Vega, 2021
© Edições Sesc São Paulo, 2021
Todos os direitos reservados

Preparação de texto Henrique Torres e Giovana Meneguim | Tikinet
Revisão de prova Lucas Giron | Tikinet
Projeto gráfico Nero Corrêa | Tikinet
Editoração eletrônica Gustavo Nunes | Tikinet
Fotografia da capa Evelson de Freitas

Dados Internacionais de Catalogação na Publicação (CIP)

Ed34	Edgar Morin, homem de muitos séculos: um olhar latino-americano / Organização: Elimar Pinheiro do Nascimento; Maurício Amazonas; Alfredo Pena-Vega. – São Paulo: Edições Sesc São Paulo, 2021. – 360 p.
	ISBN 978-65-86111-65-1
	1. Ensaios. 2. Edgar Morin. 3. Memória. 4. Complexidade. 5. Pensamento complexo. 6. América Latina. I. Título. II. Morin, Edgar. III. Nahoum, Edgar. IV. Nascimento, Elimar Pinheiro do. V. Amazonas, Maurício. VI. Pena-Vega, Alfredo.
	CDD 301

Ficha catalográfica elaborada por Maria Delcina Feitosa CRB/8-6187

Edições Sesc São Paulo
Rua Serra da Bocaina, 570 – 11º andar
03174-000 – São Paulo SP Brasil
Tel.: 55 11 2607-9400
edicoes@sescsp.org.br
sescsp.org.br/edicoes
❚❙❘❚ /edicoessescsp

SUMÁRIO

Apresentação: *Morin, o filósofo da complexidade* — 7
Elimar Pinheiro do Nascimento, Maurício Amazonas
e Alfredo Pena-Vega

I. MEMÓRIAS

Sábios incertos caminhos, cem anos — 19
Danilo Santos de Miranda

Viver Morin — 25
Luis Carrizo

Sob o signo da amizade — 31
Edgard de Assis Carvalho

Assim é Morin — 39
Cristovam Buarque

Encontros e diálogos — 43
Marina Silva

Edgar Morin, um século de vida ativa — 49
Vanessa Maria de Castro

II. NOTAS SOBRE MORIN NA AMÉRICA LATINA

Edgar Morin: paixão de uma vida — 59
Enrique Luengo González

*Trajetória do pensamento complexo
de Edgar Morin na Colômbia* — 79
Rubén Fontalvo

Morin, seu caminho e seu amor pelo Peru — 101
Teresa Salinas

La Alameda: Morin no Chile — 107
Alfredo Pena-Vega

III. ENSAIOS E ANÁLISES CRÍTICAS

Complexidade e economias solidárias:
uma viagem exploratória pela América Latina   113
Guillermo Díaz Muñoz

Metodologias de complexidade
para a formação de gestores intersetoriais   141
Alessandra Bortoni Ninis

Bem-aventurados os neocrentes!
Os deuses como ideias em Edgar Morin   161
Osvaldo Luiz Ribeiro

Novos motores para um destino humano sustentável   181
Juan Moreno Lobón

Sobre a dialógica   199
José Eli da Veiga

Percursos, encontros e identificações
com o complexo Edgar Morin   219
Paula Stroh

Uma crítica às ciências da complexidade:
um bom nome em uma direção errada   239
Carlos Eduardo Maldonado

Da cabeça malfeita à cabeça mal organizada:
os desafios à educação no Chile para o próximo século   259
Jaime Retamal S.

Os sete campos de experiências da docência à luz
da complexidade: (re)vivendo saberes de Edgar Morin   279
Daniele Saheb Pedroso e Michelle Jordão Machado

Condição humana e educação escolar
a partir do viés da teoria da complexidade   297
Celso José Martinazzo e Sidinei Pithan da Silva

Organização nos agroecossistemas familiares
amazônicos: um olhar pela lente da complexidade   319
Jolemia Cristina Nascimento das Chagas

Abstracts of essays and critical analysis   343

Sobre os autores   351

APRESENTAÇÃO: MORIN, O FILÓSOFO DA COMPLEXIDADE

Elimar Pinheiro do Nascimento
Maurício Amazonas
Alfredo Pena-Vega

A relação do Centro de Desenvolvimento Sustentável da Universidade de Brasília (CDS-UnB) com Edgar Morin é longa. Desde o final dos anos 1990 sua obra passa a ocupar um lugar significativo na produção e na transmissão do conhecimento do CDS. As duas visitas que ele realizou a Brasília, em 2000 e em 2009, foram uma forma de reconhecer o trabalho de nossos colegas pesquisadores. Assim é que o livro *O pensar complexo: crise da modernidade*[1] foi um dos primeiros sobre Morin produzidos no Brasil.

Foi muito natural, portanto, que o CDS tomasse a iniciativa no Brasil de promover um livro em celebração aos 100 anos de vida de Edgar Morin. Registremos que essa iniciativa foi obra e inspiração também de nosso saudoso João Nildo Vianna, professor e um dos fundadores do CDS, cuja energia fez dele grande entusiasta do autor. Registremos também, para a realização desta obra, a rica parceria conduzida com colegas e instituições latino-americanas e francesa, especialmente o Serviço Social do Comércio (Sesc SP), o Institut Interdisciplinaire d'Anthropologie du Contemporain, da

---

[1] Alfredo Pena-Vega e Elimar Pinheiro do Nascimento (org.), *O pensar complexo: Edgar Morin e a crise da modernidade*, Rio de Janeiro: Garamond, 1999.

École des Hautes Études en Sciences Sociales do Centre National de la Recherche Scientifique (EHESS-CNRS) e o apoio da Cátedra Regional de Complejidad y Condición Humana da Universidade do Centro Latino-americano de Economia Humana (CLAEH), no Uruguai. O livro está dividido em três partes, além desta apresentação, cada qual com sua especificidade e com autonomia para ser lida separadamente, conforme o desejo do leitor. A primeira parte contém algumas memórias de encontros com a obra e com o próprio Edgar Morin; a seguinte apresenta flashes de algumas das muitas visitas de Edgar Morin à América Latina; finalmente, na parte mais acadêmica do livro, há um conjunto de 11 artigos que reflete, por vezes de forma crítica, a respeito de sua obra, ideias ou conceitos, bem como suas diferentes aplicações na sociedade, especialmente na educação.

A primeira parte, "Memórias", apresenta um conjunto de textos sobre o contato de seus autores com a obra e com o próprio Morin. O primeiro, de Danilo Santos de Miranda, Diretor do Sesc-SP, traz seu depoimento sobre o pensamento de Morin, que é moldado pelo olhar sobre a realidade a partir de sua complexidade, diferenças, incertezas e insurgências, e pela necessidade de estabelecer a ação humana como ato educacional transformador e de reconciliação do homem consigo mesmo e com o planeta. Além disso, ele mostra como tal legado intelectual alinhou-se com a natureza e a história do Sesc, de sorte que, não por acaso, a instituição e o filósofo caminharam lado a lado em uma trilha de encontros, aproximações, colaborações e aprendizados.

O psicólogo uruguaio Luis Carrizo, um dos professores que mais mobilizam seus alunos e colegas, conta seu primeiro encontro pessoal com Edgar Morin, após estudar sua obra, escrever um livro e enviá-lo para Morin, sem obter de imediato qualquer resposta, o que lhe pareceu natural, afinal, um era uma celebridade internacional e o outro um "simples professor uruguaio". Quando Morin vai a Montevidéu, Carrizo acha uma forma de encontrá-lo e de lhe entregar seu livro. Ao recebê-lo, Morin lhe diz: "Conhece Carrizo? Queria encontrá-lo. Gostei muito de lê-lo". E Carrizo, entre surpreso e feliz, diz: "Sou eu". O texto é simples, mas deliciosamente escrito.

Professor titular de antropologia da Pontifícia Universidade Católica de São Paulo (PUC-SP) e coordenador do Núcleo de Estudos

— Apresentação —

da Complexidade, Edgard de Assis Carvalho faz um relato de sua ligação filosófica com Morin. Unidos pela amizade (*philos*) e pelo saber (*sophia*), para além das convergências entre seus nomes e signos zodiacais, ambos se conectam no campo das ideias e dos sentimentos. O texto, numa narrativa ao mesmo tempo poética e prosaica, artística, filosófica e científica, pessoal, interpessoal e planetária, navega com singeleza pelos mares incertos da complexidade do mundo e do pensamento complexo, bem como pelo pensamento transformador para a ação política transformadora.

Cristovam Buarque é um dos intelectuais mais conhecidos e politicamente engajados do Brasil, além de ser uma referência no exterior. Embora tenha sido reitor, governador, senador, ministro e candidato à Presidência da República do Brasil, prefere ser chamado de professor, o que traduz sua dedicação à campanha pela transformação radical da educação no Brasil. Seu sonho é que todas as crianças do país tenham escolas de qualidade. Como costuma dizer: "que os filhos do patrão e do empregado frequentem a mesma escola". Conheceu a obra e o próprio Morin e nos relata de forma ligeira e agradável alguns desses encontros, no Brasil e na França. Cristovam Buarque foi vice-presidente do Institut International de Recherche Politique de Civilisation, na França. Ao encerrar seu depoimento, declara que se considera filho intelectual de *Edgarcy Morin Ribeiro*, ou seja, de Edgar Morin e Darcy Ribeiro.

Ex-ministra do Meio Ambiente, ex-senadora e por três vezes candidata à Presidência da República, Marina Silva conta como o conhecimento da obra de Morin, ainda quando era estudante universitária, lhe permitiu fazer a conexão dos saberes dos povos das florestas, em meio aos quais ela nasceu, com a ciência e a filosofia modernas, numa relação de mútua valorização. Em particular, cita um seminário em Palmas promovido pela Universidade Federal de Tocantins, que concedeu o título de Doutor Honoris Causa a Edgar Morin, na mesma cerimônia em que também o concedeu a Raimunda Gomes da Silva, "Dona Raimunda", liderança do movimento das quebradeiras de cocos de babaçu.

Vanessa Castro, geógrafa com estudos na Inglaterra, doutorado em desenvolvimento sustentável e pós-doutorado no Centro Edgar Morin, em Paris, pensa Morin inspirada pelo conceito de vida ativa de Hannah Arendt, desenvolvido no Capítulo 1 do livro *A condição humana*.

Nele, a filósofa alemã considera que a vida ativa do ser humano se traduz em trabalho (sobrevivência), obra (criação do mundo artificial) e ação, que por sua vez se traduz na construção do espaço da pluralidade política. Vanessa destaca alguns traços marcantes da obra de Morin que inspiraram sua própria vida intelectual, tais como a angústia do homem que se sabe mortal; a capacidade de ler o mundo por meio de suas belezas e singelezas; a sensibilidade quanto à incerteza e à contradição da vida humana; a tradução do bem e do mal que tecem as ações humanas; e, enfim, o alerta constante quanto às fragilidades que nos cercam.

A segunda parte do livro, "Notas sobre Morin na América Latina", versa sobre a presença de Edgar Morin na América Latina, continente que ele adora e onde esteve diversas vezes, tendo feito muitos amigos e admiradores. Reúne depoimentos sobre sua passagem no Chile, Colômbia, México e Peru. São textos que narram aspectos particulares e inéditos da presença de Edgar Morin entre nós.

Em um agradável texto, Enrique Luengo González nos conta como um querido professor lhe introduziu à leitura da obra de Edgar Morin e como rapidamente deixou-se envolver pela centralidade cognitiva do filósofo francês, o pensamento da complexidade. Luengo González também ficou encantado pelo volume e diversidade da produção de Morin: livros, artigos acadêmicos, artigos em revistas e jornais, filmes, diários, conferências, entre outros. Trata-se de uma produção diversa e incansável, que lhe serve de guia até hoje em relação ao valor da amizade, do afeto e do amor, traduzindo o laço indissociável entre pensamento e ação. Nesse sentido, Luengo González cita o exemplo do diálogo que Morin travou com um professor que cometera um homicídio, ocasião em que o ajudou em sua reinserção social. Isso demonstra não apenas sua generosidade, mas também sua abertura para escutar o outro, colocando-se em seu lugar, além da importância de escutar a si mesmo, suas contradições, dúvidas e erros, enfim, suas certezas que se desfazem e suas ilusões que morrem. Tudo isso, segundo Luengo González, feito com paixão, sentimento que é transversal em sua vida centenária.

Em longo e detalhado artigo, Rubén Fontalvo relata o impacto de Morin na Colômbia, desde sua primeira visita ao país, em 1997, situando os diversos encontros com Morin e as cátedras que surgem com seu nome em todo o país. A partir de então foram criadas seis cátedras Edgar Morin, todas voltadas ao pensamento complexo, conceito que aparentemente mais impactou os acadêmicos colombianos. Além disso, Fontalvo Peralta apresenta diversos diálogos da cultura colombiana com o pensamento complexo, incluindo a literatura de García Márquez.

A diretora do Instituto Peruano do Pensamento Complexo Edgar Morin (Ipcem), Teresa Salinas, conta sobre as diversas passagens de Morin pelo Peru, fazendo palestras, animando conversações entre jovens, recebendo homenagens e títulos de Doutor Honoris Causa em quatro universidades peruanas, entre 2007 e 2014. Sua presença promoveu a criação do Ipcem e a realização de dois congressos sobre o pensamento complexo, cuja terceira edição encontra-se em preparação. A autora chama a atenção para o encontro, em uma dessas ocasiões, entre o filósofo francês e o sociólogo peruano Aníbal Quijano, autor do conceito, em sua denotação moderna, de descolonização.

Alfredo Pena-Vega, professor e pesquisador da EHESS-CNRS e coorganizador deste livro, conta um episódio pouco conhecido sobre Morin: a apresentação e discussão do filme *Crônica de um verão* (*cinéma verité* – cinema verdade), realizado com o antropólogo Jean Rouch, e a filmagem, em Santiago, do documentário *La Alameda*, a avenida transociológica que atravessa a cidade de Santiago ligando os bairros ricos aos pobres. Trata-se de uma forma de registrar as opiniões e sentimentos das pessoas na rua, sem planos ou tomadas de cena previamente pensados. Cabe destacar que essa experiência sociocinematográfica está sendo resgatada em um projeto documental atualmente em curso.

A terceira parte do livro, "Ensaios e análises críticas", caracteriza-se por sua faceta acadêmica. É composta por 11 artigos, entre os quais sete provêm do Brasil e quatro de países latino-americanos de língua espanhola: Colômbia, Panamá, Chile e México.

Guillermo Díaz Muñoz, autor do livro *Economias solidárias na América Latina*, há mais de quarenta anos divide sua vida entre a docência, a pesquisa e o ativismo da sociedade civil, em particular o mundo camponês e indígena. Ele nos agracia com artigo que aborda a economia solidária do ponto de vista do pensamento complexo. Para tanto, analisa três experiências mexicanas e três de outros países: Brasil, Argentina e Bolívia. Desvela, assim, suas tensões dialógicas, seus processos recursivos e o holograma que configura essas experiências. São experiências que emergem em um espaço alternativo da sociedade, construído pelas trajetórias das próprias experiências, trajetória que se faz no enfrentamento de obstáculos próprios da economia do mercado cada vez mais globalizado. O desafio maior, constatada sua existência e persistência, é sistematizá-las e disseminá-las para que ganhem envergadura e possam se manter e crescer. Ou seja, para que possam se constituir em um todo "alternativo e emancipador".

Alessandra Ninis, doutora em desenvolvimento sustentável pelo CDS-UnB, trata de sua incursão no campo da complexidade ao longo das pesquisas que a conduziram em sua dissertação de mestrado e em sua tese doutoral. A autora parte do princípio de que os campos das ciências e das políticas públicas demandam progressivamente mais profissionais capazes de desenhar, conduzir e avaliar políticas intersetoriais complexas e de inovar nas ciências. Em vista disso, apresenta dois modelos metodológicos baseados na teoria da complexidade de Edgar Morin, modelos que pretenderam subverter a lógica cartesiana da pesquisa científica ao realizarem uma proposição transdisciplinar e dialógica entre diferentes campos de conhecimento. Com isso, ela aponta como o pensamento complexo é essencial para formar gestores de políticas públicas intersetoriais, que são cada vez mais importantes nas sociedades contemporâneas.

Em um texto simultaneamente intrigante, simples e muito bem escrito, Osvaldo Luiz Ribeiro, doutor em teologia, nos convida a pensar a respeito do mito que Morin desenvolve no livro *Para sair do século XX*[2]. Morin concebe o mundo em quatro dimensões: fisiosfera, biosfera, sociosfera e noosfera. Esta última é a dimensão povoada por nossas ideias, crenças e imaginações, uma realidade constituída pelos seres do pensamento e que engloba a mente humana e a cultura. Entre as ideias que ocupam a noosfera, encontram-se as das religiões, dos deuses, das espiritualidades e dos mitos. No livro, Morin convida os religiosos do planeta a transformarem suas crenças e a se tornarem neocrentes. Nos termos de Morin, neocrente é o religioso que adquiriu a consciência histórica e epistemológica de que os deuses são mito, de sorte que é um

---

[2] Edgar Morin, *Para sair do século XX*, Rio de Janeiro: Nova Fronteira, 1986.

— Apresentação —

religioso que reconhece nos mitos a realidade *deles*, mas não a realidade *neles*, expressando então sua crença de modo compatível.

Para o economista da Universidade Nacional do Panamá, Juan Moreno Lobón, desde o século passado o mundo passa por uma crise civilizatória, cuja natureza fractal se manifesta desde o nível planetário até o individual. Caso a humanidade não mude de rumo, sua destruição será irreversível. Algumas manifestações dessa crise civilizatória são simples e evidentes, como os desajustes da economia mundial, os desequilíbrios demográficos e o crescimento contínuo dos espaços naturais. Outras são mais complexas, como a situação do sistema de conhecimento. Assim, o desafio maior da humanidade nas próximas décadas é desenvolver um novo sistema de conhecimento que abarque esses problemas de maneira global e sistêmica. A obra de Morin é, assim e sobretudo, o desenrolar de um roteiro para criar esse novo sistema de conhecimento, por meio de uma reforma do conhecimento e da criação de um novo imaginário planetário, presente no livro *Terra-pátria*. Para o autor, esse é o único movimento que assegura um futuro sustentável para a humanidade.

O economista, pensador e escritor José Eli da Veiga, professor sênior da Faculdade de Economia, Administração e Contabilidade da Universidade de São Paulo (FEA-USP), apresenta um artigo crítico sobre um conceito presente de maneira irregular na obra de Edgar Morin. O colunista do jornal *Valor Econômico* pergunta-se se a noção de dialógica – uma das inovações teóricas de Edgar Morin – seria mesmo pertinente. A motivação central de tal cético exercício apoia-se no resgate da própria dialética de Hegel e Marx, infelizmente deturpada ao longo do século XX. Começando pela descrição de tal desgaste, a argumentação alcança os desenvolvimentos recentes da lógica contemporânea, passando pelas possíveis origens da dialógica. O autor sugere, em conclusão, a inexistência de novidade conceitual, uma vez que a ideia já está contida na dialética.

Em minucioso texto, Paula Stroh, doutora em sociologia pela UnB, relata a influência de Morin em sua formação intelectual. Trata-se de um artigo afetivo-cognitivo a respeito do papel do pensamento complexo em sua formação pessoal, intelectual e profissional, em suas andanças pela Amazônia, com o movimento popular e nos embates políticos da cena brasileira.

O filósofo e professor titular da Faculdade de Medicina da Universidade El Bosque, na Colômbia, Carlos Eduardo Maldonado, premiado em diversos países latino-americanos, escreve uma crítica às ciências da complexidade. Sinaliza que o próprio nome aponta para uma direção equivocada. Para demonstrar sua tese, antecedida por uma irônica advertência, combina argumentos sociológicos, geopolíticos e metodológicos para revelar o contraste entre as ciências da complexidade e o pensamento complexo. A tese do filósofo colombiano mostra que as ciências da complexidade nada têm a ver com as ciências clássicas. Estas são ciências do controle, enquanto o pensamento complexo se aproxima mais das ciências da emancipação. Em geral, as ciências defendem o produtivismo, próprio da natureza que lhes deu nascimento. É fundamental caminhar em direção contrária, ou seja, rumo a uma ciência lenta, alerta-nos o autor. As ciências da complexidade devem tomar isso em consideração para garantir seu bom desenvolvimento.

Jaime Retamal, filósofo e doutor em educação pela Universidade do Chile, reflete sobre os embates em seu país em torno da educação nacional, que, segundo ele, está assentada em princípios simultaneamente neoliberais e conservadores. Segundo o autor, a estrutura e o projeto educacional se erguem ainda na ditadura de Pinochet, inspirados pelo conservadorismo católico atávico da sociedade chilena e moldados pelos princípios neoliberais, que não foram quebrados pelos sucessivos governos no período democrático, tanto de esquerda quanto de direita. Essa estrutura e projeto educacional não parecem ter sido compreendidos em toda sua dimensão pela intelectualidade chilena, inclusive a de esquerda, seja a antiga, seja a renovada, compreensão que só se pode ter a partir dos princípios do pensamento complexo. Ao concluir, o autor declara sua expectativa modesta em relação à Nova Constituinte para enfrentar com galhardia o pântano em que se encontra a educação chilena.

Daniele Saheb Pedroso e Michelle Jordão Machado, autoras do artigo que trata da experiência docente à luz da ideia de complexidade de Edgar Morin, mais particularmente d'*Os sete saberes necessários* à *educação do futuro*, são graduadas, mestras e doutoras em pedagogia. Sete são os campos dos experimentos e reflexões: conhecimento

— Apresentação —

pertinente e a condição humana; ética; consciência planetária e o sujeito ecológico; reforma do pensamento; prosa e poesia; dialogias e incertezas; auto-eco-organização, aprendizagem e vida. As autoras mostram como a abordagem dos campos de experiências pode contribuir para integrar os saberes necessários à vida dos estudantes, permitindo construir aprendizagens que favoreçam o enfrentamento de questões fundamentais referentes à ética, à cidadania e à solidariedade planetária do presente e do futuro.

O texto dos doutores em educação, Celso José Martinazzo e Sidinei Pithan da Silva, também versa sobre educação. O artigo propõe uma reflexão sobre a condição humana como referencial antropológico para pensar o processo de educação escolar a partir do viés da teoria da complexidade. O desafio da investigação bibliográfica parte do estudo e compreensão das principais obras de Edgar Morin e pretende demonstrar a pertinência antropológica de uma concepção fecunda de ser humano para a educação escolar. Compreender a condição humana a partir de um viés epistemoantropológico complexo pode nos ajudar a produzir uma outra noção de humanidade sobre nossa própria humanidade. Esse desafio pode servir de pano de fundo para criarmos uma razão de ser para a educação escolar que permita o despertar de uma civilização planetária.

O artigo seguinte sai do mundo teórico para adentrar as práticas e os conhecimentos dos agricultores familiares na Amazônia. Sua autora, Jolemia Cristina Nascimento das Chagas, doutora em ciências da sustentabilidade pela Universidade Federal do Amazonas (Ufam), pesquisa em unidades de conservação e povos da floresta na Amazônia Ocidental. Em seu artigo, a autora reflete, a partir do conceito de complexidade de Edgar Morin, sobre os sistemas familiares em Boa Fé, rio Manicoré, sul do Amazonas. Esses sistemas agroalimentares são unidades de paisagens, transformadas pelas famílias locais com a finalidade de produzir ou extrair alimento. As famílias em Boa Fé interagem nos agroecossistemas de forma a manter a diversidade de organismos vivos, seus hábitats e as inter-relações destes com seu ambiente. Elas demonstram habilidades na conservação dos hábitats e contam com saberes sobre a biodiversidade, o que oferece suporte à invenção, à imaginação e à criação de estratégias de sobrevivência.

Essas famílias integram saberes comuns e ancestrais, transformando-os em novos saberes. As redes de proximidade, as relações familiares e interfamiliares, de compadrio, e as prestações de ajuda mútua constituem formas de relacionamento e de organização ainda reguladas pelo saber ancestral e pela reciprocidade.

Em suas muitas viagens pela América Latina e em razão de suas tantas ideias que lançaram luz sobre nossas caminhadas intelectuais, sociais ou como seres humanos, Edgar Morin nos contagiou e contagia com seu vigor pessoal e seu histórico de ideias, ideais, ideações e ações, com o pulsar de sua vida do alto de seus 100 anos. Em um modesto gesto de reconhecimento e de profunda gratidão, fazemos aqui, com este livro, nossa homenagem. Apesar de singela, é enorme em suas intenções, restituindo ao grande filósofo alguns ares, fragrâncias, sabores e suores emanados das sementes de suas ideias plantadas aqui na América Latina, mas agora florescidas, regadas e colhidas pelas mãos de amigos latino-americanos.

Desejamos que tenham uma ótima leitura!

REFERÊNCIAS

MORIN, Edgar. *Para sair do século XX*. Rio de Janeiro: Nova Fronteira, 1986.

PENA-VEGA, Alfredo; NASCIMENTO, Elimar Pinheiro do Nascimento (org.). *O pensar complexo: Edgar Morin e a crise da modernidade*. Rio de Janeiro: Garamond, 1999.

I. MEMÓRIAS

SÁBIOS INCERTOS CAMINHOS, CEM ANOS

Danilo Santos de Miranda

Há determinados aspectos na vida – sentimentos, fenômenos naturais, ideias e mesmo pessoas – que parecem escapar às nossas tentativas de definição. Santo Agostinho, filósofo medieval e doutor da Igreja, revelava sua dificuldade quando refletia sobre um assunto fundamental: "o que é, portanto, o tempo? Se ninguém me pergunta, sei; se eu quiser explicar a quem pergunta, não sei". Para esboçar uma explicação satisfatória do tempo, seria necessário um distanciamento inatingível, já que nele estamos inelutavelmente enredados.

Talvez não seja exagero compreender Edgar Morin a partir dessa perspectiva. De tal modo sentimo-nos implicados por sua figura que tendemos a ver as coisas do mundo sob um prisma "moriniano". Isso acontece por alguns motivos: por sua capacidade de abordar a realidade sem simplificá-la ou encaixá-la em esquemas prévios; pela coragem contagiante que oferece um modelo ético, ajudando-nos a nutrir nossas decisões; e pelo comprometimento com uma ideia alargada de educação, que acaba por se confundir com a própria trajetória de vida de cada um: aprendemos enquanto vivemos.

Na condição de diretor regional do Sesc São Paulo há 37 anos, sinto que a presença de Morin se reveste de uma potência ainda maior à medida que o prisma por ele emprestado para vislumbrarmos cada contexto converge explicitamente com nossa atuação institucional, reforçada nas últimas décadas. Salta aos olhos, numa primeira avaliação, a confluência entre a noção de complexidade e a atuação polivalente do Sesc.

Assim, não foi por acaso que convidamos, nas celebrações dos 50 anos do Sesc, em 1996, esse notável pensador para participar, com o destaque que merece, de um seminário cujo assunto era tão abrangente quanto seus interesses: a cultura das metrópoles. O anseio por nos aproximarmos dessa figura antecedia em muito esse encontro – ao longo do século XX, sua trajetória incorporou como poucas o modelo do intelectual engajado, deixando evidente a impossibilidade de conformá-la à dicotomia simplista teoria-prática.

A capacidade de Morin de se envolver em momentos-chave da história chama a atenção: atuação em organização antifascista durante a Guerra Civil Espanhola, ainda com 15 anos; aproximação conceitual e programática do marxismo; participação na Resistência Francesa durante a ocupação nazista e na libertação de Paris; rompimento com o Partido Comunista; acompanhamento atento das manifestações de maio de 1968; cooperação com a Organização das Nações Unidas para a Educação, a Ciência e a Cultura (Unesco) para pensar os caminhos da educação; publicação de críticas relativas aos impasses geopolíticos; posicionamento assertivo acerca das mudanças climáticas e, mais recentemente, a leitura em tempo real dos impactos da pandemia causada pelo Sars-CoV-2.

Difícil não se encantar com esse comprometimento! Portanto, foi natural que, após a primeira aproximação entre Sesc e Morin, inventássemos outras oportunidades. Na verdade, ousaríamos dizer que se trata de uma convergência de personalidades aparentadas. Para sustentar essa ousadia, vale a pena nos aproximarmos um pouco do pensamento do filósofo.

Alguns aspectos ganham relevo quando se fala no legado conceitual de Morin. Dentre eles, é emblemática a disposição em se abrir para saberes oriundos de diversos campos e matizes, buscando perceber veladas intersecções em vez de oposições simplistas. A partir de tal disposição, desenvolve-se um arcabouço teórico que transcende epistemologias ocidentais convencionais, a fim de evitar que as ambivalências da realidade sejam apaziguadas por esquematizações didáticas. Ao contrário, mesclam-se noções como o produtor e aquilo que é produzido – confluência tão valiosa quando se pensa o âmbito da cultura –, assim como a parte e o todo, em nome de desenhos sistêmicos marcados por uma complexidade teórica e inegável beleza estética.

É irresistível propor uma analogia entre tal legado e a experiência que as variadas unidades do Sesc, com suas peculiaridades arquitetônicas e regionais, intentam oferecer aos cidadãos. A própria estrutura física dos equipamentos sublinha aquilo que costuma ser apontado como a marca distintiva da instituição: a polivalência, o diálogo entre saberes e fazeres, o acolhimento da diversidade. Isso se dá por meio da permeabilidade de nossos centros em relação ao espaço urbano, dos ambientes que se comunicam visual e fisicamente, da convivência de âmbitos que não costumam estar conectados em nosso cotidiano tão compartimentalizado – espaços esportivos, locais de exposição, salas dedicadas a cursos variados, áreas de alimentação, equipamentos odontológicos, elementos naturais, tudo isso se harmonizando sem prejuízo ao rigor e à especialização necessários a cada ação ou serviço ofertado.

Nas diversas ocasiões em que recebemos Edgar Morin, tivemos a oportunidade de caminhar detidamente por essa multiplicidade de pessoas, manifestações e conhecimentos que constrói o dia a dia do Sesc. E ouvimos dele a mesma impressão de confluência, como se seu pensamento – severamente crítico à excessiva disciplinarização das faculdades humanas – encontrasse na ação do Sesc um equivalente, que se exprimia num inusitado caleidoscópio não só de imagens, mas também de cheiros, sons, sabores, memórias e (por que não?) possibilidades de futuros.

Morin retornou diversas vezes, em tão aguardadas visitas. Por vezes, era o público brasileiro que o esperava, lotando teatros para ouvir sua inesgotável capacidade de ler o presente e convocar o engajamento de todos, sem o qual aqueles futuros possíveis estariam em xeque. Em outros momentos, os afortunados interlocutores foram os próprios colegas do Sesc, convidados a generosos processos formativos, cujos desdobramentos são sentidos até hoje.

Os vínculos entre Morin e o Brasil foram se adensando a cada passagem, que tiveram pretextos múltiplos – urbanidade, questões ambientais, epistemologias não hegemônicas –, mas sempre sob um viés essencial: o empenho educativo. Afinal, a disposição do filósofo para se acercar das coisas do mundo, para além de especialidades apartadas entre si, revelou gradativamente seu compromisso com uma forma de educação capaz de enfrentar a complexidade do real.

Quando Morin foi convidado pela Unesco a colaborar para uma visão transdisciplinar de educação, expressou suas reflexões na forma dos *Sete saberes necessários à educação do futuro*. Nesse valioso texto, ele versa sobre aspectos como a necessária contextualização dos saberes, a crítica ao individualismo contemporâneo, a valorização da cultura, o respeito às diferenças, o reconhecimento da incerteza como traço inerente ao conhecimento humano, além do clamor pela consciência planetária e por comportamentos efetivamente éticos. Em todos esses pontos, o ser humano surge sob uma tripla luz: sua capacidade finita de apreender o mundo, sua salutar tendência à sociabilização e sua dignidade inegociável.

Mais uma vez, ousamos salientar as intersecções entre Morin e Sesc. Há décadas temos reforçado para a sociedade a máxima de que a multiplicidade de ações institucionais se desenvolve segundo um paradigma: a educação permanente. Esse paradigma – caracterizado pela não formalidade, pela continuidade no tempo e no espaço e pela complementaridade em relação aos processos educativos formais – revela notável coincidência com a abordagem moriniana da educação.

Em parte, essa coincidência se deu à medida que baseamos nossa atuação em valores que também sustentam a vida e obra de Morin, incluindo a reputada implicação de sua produção em temas cruciais para a humanidade nos últimos 85 anos, como cidadania, diversidade, democracia e sustentabilidade. Complementarmente, aprendemos muito com os ensinamentos que ele ofertou, resultando no visível aprofundamento de conceitos, metodologias e práticas do Sesc.

Nada mais coerente do que difundir esse legado para públicos cada vez mais amplos. Isso se dá principalmente pela criação de um site dedicado à vida e à obra dessa figura ímpar, e pela publicação de seus diários (*Diário da Califórnia, Um ano sísifo* e *Chorar, amar, rir e compreender*) e da obra *A aventura de O Método e Para uma racionalidade aberta*. Ao estimular o contato dos brasileiros com tais referências, consequências surpreendentes podem advir, como aliás sugere a própria receptividade do pensador francês à imprevisibilidade.

A pandemia é um capítulo crucial quando se fala sobre imprevisibilidade. Com exceção de falas menos divulgadas de certos especialistas, pouca gente poderia imaginar a abrupta mutação de comportamentos, hábitos e modos de consumo que estava por vir, assim como os violentos efeitos sociais e geopolíticos. Com quais ferramentas interpretar tal circunstância, que carrega ares de distopia? Morin não se furtou à convocação e, no auge de seu quase centenário, colocou em questão as dimensões econômicas e epistemológicas do fenômeno, apontou os riscos de regressão ligados aos nacionalismos, às pautas antidemocráticas e à intolerância, bem como reafirmou o imperativo da solidariedade e cooperação internacional.

Em momentos de crise os intelectuais comprometidos se apresentam. Foi nesse espírito que escrevemos, em 2020, mais um capítulo da longeva e fértil conversação entre Sesc e Morin, por meio de um bate-papo virtual sobre as possibilidades atuais acerca daquilo que nos acostumamos a chamar de "humanismo", gravemente impactadas pelo advento da covid-19. Sua energia, simpatia e generosidade nos fez esquecer, por breves instantes, a cruel distância que impede temporariamente os encontros presenciais. De modo semelhante, visitamos temas variados do presente, imersos naquela telinha digital, com a mesma desenvoltura e cumplicidade com que perambulávamos pelas nossas unidades há alguns anos, vendo e ouvindo gente de todo o tipo, nos deixando atravessar pelo singelo espetáculo da livre convivência dos diferentes.

Morin chega aos seus 100 anos num momento global marcado por dificuldades, mas, sobretudo, por esperanças. A principal dentre elas é a de que seus ensinamentos reverberem por muito tempo nas mentes e corações planeta afora, de modo a influenciar os destinos de todos e de cada um – já que ele mesmo nos lembra da indissociabilidade entre parte e todo. Porém, reside em nossos espíritos outra esperança, que nosso olhar confiante veste com os trajes da paciente espera: trata-se da perseverança para aguardar o momento em que Morin, com sua elegante inteligência, voltará a caminhar conosco por aqui, a apontar singelas surpresas e diminutos milagres cotidianos que sábios olhares teimam em alcançar.

VIVER MORIN

Luis Carrizo

Inquieto e sem parar de olhar o livro que tinha em mãos, levanto-me da poltrona e começo a andar sem rumo pela casa. Em minhas idas e vindas entre a sala e a cozinha, vejo minha esposa Alejandra trabalhando e papéis espalhados pela mesa de jantar.

> – Veja isso: – disse a ela – "Nunca pude eliminar a contradição interna. Sempre senti que as verdades profundas, antagônicas umas das outras, eram para mim complementares, sem deixarem de ser antagônicas...".
> – Espere – disse ela enquanto se levantava da cadeira para buscar algo na sala.

Continuando a leitura, acompanhei-a pela casa "... nunca quis reduzir a força da incerteza e da ambiguidade".

> – É genial! – exclamei extasiado ao olhar para ela, recebendo em troca um olhar caloroso e solidário, enquanto ela retornava à sala com três volumes de Global Health Issues.

A leitura me hipnotizou, fiquei parado com o livro nas mãos no meio do corredor. Segundos depois, tateando, busquei minha poltrona, onde me sentei e fiquei admirando, sem interrupção: "... tentando integrar a verdade de um e outro, quer dizer, ultrapassar a alternativa...". Essa frase, como as outras que li naquela tarde de outono de 1995 em Montevidéu, foi fundamental aos modos de pensar e de sentir que eu desconhecia até então e que há tempos desejava cultivar, sem saber como era chamado o fruto ou sua semente.

Na minha trajetória acadêmica – comecei a estudar direito, mudei para antropologia, anos depois me formei em psicologia – me inscrevi na pós-graduação em desenvolvimento regional e local, com entusiasmo e curiosidade. O diretor do curso de pós-graduação, José Arocena, ex-exilado da ditadura uruguaia que estudou sociologia na França, sugeriu uma leitura que lhe parecia muito interessante. – O nome dele é Edgar Morin – disse Arocena. – Eu recomendo começar com *Introdução ao pensamento complexo*.

Naquele momento eu estava em uma crise de conhecimento. Como psicólogo, profissionalmente estava indo muito bem, tinha meu consultório e dava aulas. Mas os horizontes do desejo de saber e fazer se tornaram maiores. Ingressei na área das teorias do desenvolvimento social inspirado pelas publicações da Organização das Nações Unidas para a Educação, a Ciência e a Cultura (Unesco) (eu era um leitor assíduo de *O correio*), com vontade de contribuir com as transformações na convivência e no destino de nossas comunidades. Poucas coisas me ajudaram a lidar com essa crise, tudo lembrava o mito de Sísifo. Quando fui me inscrever no curso de pós-graduação em desenvolvimento local, a pessoa que recebeu a minha inscrição, um professor que ministrava o curso, me perguntou com um sorriso caloroso acompanhado de certa perplexidade: "Um psicólogo? O que um psicólogo quer fazer nessa pós-graduação?" Anos depois respondi essa pergunta com a defesa da minha dissertação de mestrado: *Vida cotidiana y sociedad local: subjetividad en la acción social: aportes a la teoría del desarrollo* (*Vida cotidiana e sociedade local: subjetividade na ação social: contribuições para a teoria do desenvolvimento*). Nessa dissertação, a primeira epígrafe que utilizei foi a citação de um autor, Edgar Morin, que meu orientador José Arocena me apresentara havia alguns anos: "A consciência da grande carência de modelos é a condição preliminar de todo progresso político e social na ideia de desenvolvimento".

Sem dúvida, esse trecho refletia o que aconteceu naquele espaço da minha poltrona entre a sala, o corredor e a cozinha de casa: uma consciência da carência do meu modelo de formular e gerir o conhecimento. A partir daí minha vida profissional e pessoal mudou.

Iniciava-se naquele instante uma renovação epistemológica, filosófica, estética e existencial que dura até hoje.

Depois desse impacto intelectual e emocional, tudo foi espetacular. A cesura, a lacuna e o abismo existentes entre os meus modelos de psicologia e os modelos de desenvolvimento territorial (entre o complexo de Édipo e os sistemas georreferenciados) foram se dissipando até finalmente dialogarem entre si – de forma tímida no início – comprometidos com a conexão. Devo ter aprendido outro idioma. Todos os dias eu tentava entender as coisas de forma diferente, sob outras lentes, descobrir outra paisagem por trás da paisagem visível. Como se fosse uma atividade esportiva, entendia que, para exercitar o pensamento complexo, era necessário um treinamento exigente e contínuo. E tentava sempre que podia – no relacionamento com minha mulher e em família, na clínica, na esfera política, na convivência social.

Certo dia recebi um convite do Servicio Paz y Justicia (Serpaj), fundado por Adolfo Pérez Esquivel, Prêmio Nobel da Paz, para escrever um dossiê sobre alguma personalidade proeminente para seus clássicos *Cuadernos de Educación y Derechos Humanos*.

> – *Alguém que pensa a educação de uma forma diferente, um autor que propõe uma visão abrangente: educação, direitos humanos e ética em conjunto – explicaram.*
> – *Edgar Morin – eu disse imediatamente.*
> – *Quem?*
> – *Edgar Morin, um pensador francês. – expliquei – Será interessante, vocês verão.*

Quatro meses e quinze livros depois, o dossiê "*Edgar Morin: la aventura intelectual – un viaje interminable*" ("Edgar Morin: a aventura intelectual – uma viagem interminável") foi enviado à redação do Serpaj Uruguai para ser publicado em *Cadernos de Educação e Direitos Humanos*. Em novembro de 1997, o verão se aproximava, minha filha Lúcia tinha 12 anos, meu filho Federico ia fazer 14 e eu, aos 44, me senti renascer com a adoção de um mestre que morava longe, mas convivia comigo.

O dossiê teve uma excelente recepção, inspirando discussões e mesas-redondas. Um periódico histórico do Uruguai, *Cuadernos de*

Marcha, solicitava permissão para publicá-lo. O interesse pelo dossiê aumentava. Com esse incentivo, decidi compartilhar o trabalho com seu inspirador. Pesquisei o endereço de Edgar Morin, rue St. Claude, Paris, e enviei uma breve nota junto com um exemplar do *Cuadernos de Serpaj n. 32. Et voilà*! Claro que eu não esperava receber uma resposta, o que de fato não recebi. Mas eu estava feliz por ter enviado o trabalho e a mensagem. Foi uma pequena homenagem a alguém que, a partir daquele momento, tinha renovado minha vida.

Pouco tempo depois, de algum lugar que não me lembro agora, recebi o convite para fazer parte da comissão organizadora da visita de Edgar Morin a Montevidéu.

> – O quê? Morin está vindo para Montevidéu?
> – Sim. O professor Morin dará algumas palestras em Buenos Aires e depois virá a Montevidéu a convite da Universidade da República. Chegará em abril – explicaram.

Desliguei o telefone, meu coração estava acelerado: aquela era a possibilidade de conhecê-lo pessoalmente.

Os preparativos para a visita foram árduos. A Faculdade de Direito da Universidade da República, onde ficava a cátedra de história das ideias, sob a direção do professor Carlos Mato Fernández, foi encarregada da organização e recepção do convidado de honra. A visita era breve e as jornadas deveriam ser preparadas com precisão. A partir de uma prestigiosa universidade, o Uruguai demonstraria sua educação de qualidade e a capacidade de gestão para esse ilustre convidado. A Embaixada da França estava orgulhosa da visita: um de seus filhos queridos, integrante da Resistência Francesa durante a Segunda Guerra Mundial e referencial do pensamento contemporâneo, espalharia a semente de sua reflexão em solo uruguaio.

No dia 23 de abril de 1998, Montevidéu estava iluminada com todas as cores do outono. O auditório da Universidade da República recebia um pensador que deu continuidade à tradição renascentista de Pico della Mirandola e Leonardo da Vinci. Naquele dia, o auditório estava lotado de pessoas entusiasmadas – estudantes, pesquisadores, professores, jornalistas, filósofos, artistas e poetas.

Cheguei com Alejandra cedo à universidade. Como sempre, Montevidéu resplandecia luminosa em abril. A Avenida 18 de Julio, a principal da capital, parecia muito ativa dos degraus da Universidade da República – edifício que é símbolo da democracia do conhecimento no Uruguai.

Conforme a preparação do evento, da qual participaram dezenas de acadêmicos, eu ficaria no painel central, à direita do convidado especial, o próprio Edgar Morin. Já localizadas nossas respectivas posições, com o grande auditório esperando, as câmeras bem posicionadas, faltava em cena o professor Morin.

Aproveitando essa oportunidade única de estar com meu mestre adotivo, trouxe um livro que publiquei recentemente junto com a Unesco em comemoração ao Ano Internacional da Tolerância: *Tolerancia y democracia cotidiana* (*Tolerância e democracia cotidiana*). No fundo, eu estava convencido de que seria uma gentileza bem-vinda para esse amigo da democracia e da condição humana. Com paciência, ao mesmo tempo ansioso por aquele momento único, eu estava sentado próximo ao painel, e à minha esquerda estava aquela poltrona, imediata e vazia, à espera daquele personagem que todos queriam ver.

Poucos minutos após o horário de início, Edgar Morin, o renomado pensador e resistente, desceu as escadas do auditório enquanto ecoavam aplausos das galerias e transbordava admiração a cada saudação. Com passo firme e sorriso franco, o professor de quase 80 anos atravessou o salão com entusiasmo em direção ao palco. Não houve oportunidade de nos cumprimentar, não houve tempo para passar de uma poltrona para a outra, as apresentações voaram, transportadas por um tempo mágico em que, durante um momento, me senti como um dos olímpicos.

No final, me reincorporei e me dirigi gentilmente ao professor, que estava ao meu lado. Aproximando o livro que eu havia trazido, disse:

– *Professor, por favor, tome este presente.*

Lembro que ele pegou o livro educadamente e verificou a capa. Surpreso, ele se virou para mim e perguntou com entusiasmo:

- Luis Carrizo! Você o conhece? Eu esperava vê-lo aqui hoje...
- Sou eu, professor, - respondi com um sorriso - estou muito feliz de conhecer o senhor pessoalmente.
- Muito prazer! Obrigado pelo seu texto, recebi e gostei muito, você me interpretou muito bem.

Eu guardei essas palavras como se fossem um diploma. O medo de ter traído sem querer seu pensamento, mesmo que minimamente, se dissipou imediatamente, dando lugar à felicidade.

Depois outras leituras e outros trabalhos nutriram o caminho que estava se formando. Desde aquele abril de 1998 até o momento em que escrevo estas linhas, houve centenas de cenários onde a *fertilização cruzada* da troca foi projetada com força e significado.

Hoje, um quarto de século depois, a vida com Edgar me deu muito mais do que eu teria imaginado naquela leitura no outono de 1995. Isso estimulou renovações e criações em mim que não confirmam os rumos do devir, nem a natureza do final. Esse é o caminho, incerto e livre. Como eu quero.

Felicidades pelo seu centenário, irmão e mestre, e obrigado por me adotar.

SOB O SIGNO DA AMIZADE

Edgard de Assis Carvalho

Nos Livros VIII e IX da *Ética a Nicômacos*[1], Aristóteles enuncia a célebre distinção entre *philia*, termo do qual se origina o conceito de amizade, e *sophia*, sabedoria. *Philia* também pode ser traduzido por amor, amor à sabedoria, amigo da sabedoria. O filósofo é aquele que ama a sabedoria, que tem amizade pelo saber, que deseja saber. A amizade verdadeira busca sempre religar amor, poesia e sabedoria[2].

Philia e *sophia* estão na base do pensamento de Edgar Morin, cingem sua extensa bibliografia, sempre em constante transformação, como ramos e galhos de árvores que, ao caírem sobre a terra, transformam-se em novas arborescências[3].

É preciso reconhecer, para depois reinterpretar, os mistérios do mundo, identificar as partes malditas circundantes, instaurar um permanente diálogo com a natureza humana[4], para que uma concepção complexa do *sapiens demens* seja posta em prática nesses tempos sombrios e líquidos do presente. Mesmo que aceitemos a evidência de que o universo começou sem o homem e talvez termine sem ele, o tempo de que dispomos é breve, escasso, irreversível.

---

[1] Aristóteles, *Ética a Nicômacos*, Brasília, DF: Editora UnB, 1955.
[2] Cf. Edgar Morin, *Amor, poesia, sabedoria*, Rio de Janeiro: Bertrand Brasil, 1998.
[3] Idem, *A aventura de O método e Para uma racionalidade aberta*, São Paulo: Edições Sesc, 2020.
[4] Cf. Boris Cyrulnik e Edgar Morin, *Diálogo sobre a natureza humana*, São Paulo: Palas Athena, 2012.

Em *Rumo ao abismo? Ensaio sobre o destino da humanidade*[5], Morin reitera que, mesmo imersa no caos, a humanidade tem diante de si uma oportunidade inédita: a de se metamorfosear em um metassistema repleto de possibilidades ou sucumbir no abismo da insignificância generalizada.

Por toda parte, forças de degeneração e regeneração, pulsões de vida e de morte, Eros e Tânato se confrontam intensamente, e esse embate não parece dar sinais de superação.

Não existem culpados nem bodes expiatórios a serem queimados em praça pública. Direta ou indiretamente, consciente ou inconscientemente, somos coautores desse processo, corresponsáveis pelo abismo em que fomos lançados.

Narrativa do mundo, a ciência não pode se furtar a desvendá-lo. Herdeira do Iluminismo, suas certezas e determinações não redundaram numa via para a humanidade. Sombras, ocultações, indeterminações, ignorâncias e mistérios passaram a ser descartados como partes mortas, jamais ideias vivas que descrevem e interpretam nossa trajetória hominescente[6].

Reaprender a pensar requer treinamento e obstinação. Por vezes, começa por um sonho, e a história da ciência é exemplo disso. Da escuridão total do cosmo brotam cores de grande intensidade dentro de nós, formulando questões surpreendentes, profundas, indeterminadas, impermanentes. Afinal, somos filhos do céu, situados entre o vazio, a luz e a matéria[7], mensageiros cósmicos da ordem, da desordem, da interação, da organização.

No conjunto da obra de Edgar Morin, imagem e palavra, imaginação e razão, prosa e poesia se emaranham numa complexa espiral narrativa, que escancara não apenas os paraísos perdidos e as intolerâncias vorazes, mas também as utopias realizáveis, regeneradoras, inesperadas, desencadeadoras de uma política de civilização planetária.

---

[5] Edgar Morin, *Rumo ao abismo? Ensaio sobre o destino da humanidade*, Rio de Janeiro: Bertrand Brasil, 2011.

[6] Idem, *Conhecimento, ignorância, mistério*, Rio de Janeiro: Bertrand Brasil, 2020.

[7] Cf. Michel Cassé e Edgar Morin, *Filhos do céu: entre vazio, luz e matéria*, Rio de Janeiro: Bertrand Brasil, 2008.

Daí decorre o papel que o cinema desempenha no conjunto da obra. Capaz de desvendar as tempestades da alma, o imaginário cinematográfico capta as pulsões inconscientes que regem o mal-estar na cultura.

Em *A via para o futuro da humanidade*[8], as tonalidades da argumentação se radicalizam e a urgência das reformas – pensamento, educação, sociedade, vida – se torna mais explícita e radical.

Tais reformas são vias que podem desembocar numa *via* que diminua a velocidade da Espaçonave Terra, cujo combustível é alimentado pela mundialização, pela ocidentalização, pelo desenvolvimento. As fontes subjetivas da miséria humana e da compaixão para com os outros são expostas sem concessões, mesmo que Edgar esteja consciente de que a possibilidade de mudar de via seja cada vez menor.

Mesmo assim, não custa tentar, pois o inesperado pode surgir a qualquer momento. Luminescente, o fragmento XVIII, de Heráclito de Éfeso (540-470 a.C.)[9], aparece em muitos momentos da obra, em conferências e provocações que Edgar Morin espalha ao redor do mundo. Se não esperares, afirma Heráclito, não encontrarás o inesperado, sendo não encontrável e inacessível.

É preciso esperar para reconhecer que, doravante, modos de conhecimento complexo, descobertas de possibilidades cognitivas inéditas e desvendamentos de potências mentais recalcadas fornecerão as balizas de um futuro sempre em aberto, que investe na fraternização planetária.

Abrir a problemática sistêmica, tantas vezes referida na obra, é imperioso. O sistema jamais se comporta como partes interconectadas numa harmonia perene. Metaforicamente, se assemelha a um arquipélago com várias ilhas a serem descobertas e desbravadas. Por essa razão, as ideias de Edgar Morin são transdisciplinares e transculturais, inspiradas por uma miríade de pensadores responsáveis por sua formação centenária.

Em *Meus filósofos*, Edgar elenca 33 pensadores, traça o caminho de sua formação e ressalta: "Hoje tenho quase 100 anos, e minha convicção

---

[8] Cf. Edgar Morin, *A via para o futuro da humanidade*, Rio de Janeiro: Bertrand Brasil, 2013.

[9] Heráclito, *Fragmentos contextualizados*, Rio de Janeiro: Difel, 2002.

de que é preciso mudar de Via permanece inabalável"[10]. Esse é um tema recorrente de seu ensaio *É hora de mudarmos de via: as lições sobre o coronavírus*[11], feito em colaboração com Sabah Abouessalam.

Vigoroso, o ensaio traça uma genealogia das pandemias, intitulada "100 anos de vicissitudes", fornece 15 lições sobre a policrise pandêmica atual e elenca nove desafios do pós-coronavírus. Desafios existenciais, políticos, digitais, econômicos e o perigo de termos que nos defrontar com um grande retrocesso.

Mas Edgar acredita na metamorfose recriadora de uma biopolítica da Terra que permita regenerar o humanismo e, desse modo, *Tornar a Terra habitável*, título de um diálogo travado com Peter Sloterdijk[12].

As coimunidades biológico-corporais, jurídicas e simbólicas se enlaçam à interdependência dos sistemas complexos, criando um novo e inadiável imperativo categórico. É preciso mudar de via e mudar de vida.

O pensamento complexo é nômade, transdisciplinar; o pensamento disciplinar é sedentário, traz a marca das áreas fechadas nelas mesmas, inertes, vigilantes contra qualquer intrusão indevida. O nomadismo é a marca indelével do entrelaçamento dos saberes, crucial para qualquer reforma do ensino, da educação, e requer a mudança dos educadores. Falta Eros no ensino. Sem Eros, pulsão de vida, não haverá mudança na educação. Basta ler *Ensinar a viver: manifesto para mudar a educação*[13].

Vivemos o espectro de um abismo inexorável, mas, como reiterou Friedrich Hölderlin (1770-1843), "onde cresce o perigo, cresce também o que salva"[14].

Os desafios que temos pela frente – ecológico, armamentista, pilotagem do desenvolvimento socioeconômico, derivas identitárias – são planetários e requerem soluções igualmente globais.

Daí decorre a ênfase dada à estética. Edgar teve oportunidade de, presencialmente, expressar essa necessidade inadiável em 18 de junho

---

[10] Edgar Morin, *Meus filósofos*, Porto Alegre: Sulina, 2013.

[11] *Idem*, *É hora de mudarmos de via: as lições do coronavírus*, Rio de Janeiro: Bertrand Brasil, 2020.

[12] Cf. Edgar Morin e Peter Sloterdijk, *Tornar a Terra habitável*, Natal: Editora da UFRN, 2021.

[13] Cf. Edgar Morin, *Ensinar a viver: manifesto para mudar a educação*, Porto Alegre: Sulina, 2015.

[14] Friedrich Hölderlin, "Hymnes", Paris: Gallimard, 1967, p. 67.

de 2019, em São Paulo, no Teatro Paulo Autran, no Sesc Pinheiros. Intitulada "Estética e arte", a conferência tinha como pano de fundo seu ensaio *Sobre a estética*[15].

O sentimento estético é um componente do estado poético, um estado alterado de consciência que conduz ao êxtase, à exaltação, à beatitude, ao sentimento oceânico do estar-junto. Essa estetização generalizada oferece a oportunidade de nos maravilharmos com o que, aparentemente, parece banal, incoerente, sem-razão. Arte e ciência, uma religação irreversível.

Precisamos urgentemente de uma profunda revolução pedagógica, uma fraternização efetiva e, mais do que isso, da criação de um oásis de fraternidade, nos quais biopolíticas comunais possam florescer e frutificar – aposta de Edgar em seu ensaio *Fraternidade: para resistir à crueldade do mundo*[16].

Em 2019, nas Jornadas Edgar Morin, promovidas pelo Sesc São Paulo[17], recorri a Jorge Luis Borges para conceber a complexidade como um jardim, e a nós como meros jardineiros que, aqui e acolá, disseminam sementes de ideias próprias ou alheias que conferem sentido ao imaginário contemporâneo.

Imprescindíveis e essenciais, esses oásis de fraternidade se concretizam na amizade que une, no amor que congrega, na sabedoria que resgata a empatia e a solidariedade, na ética de si e do outro que dá sentido a nossas ações[18].

Na inquietante passagem do tempo, traduções de livros, artigos, pronunciamentos e entrevistas de Edgar Morin, somados a meus próprios livros, ensaios e entrevistas, se incumbiram de cimentar uma amizade inabalável e desinteressada, um amor à sabedoria no sentido aristotélico, conforme apresentado no início deste texto-tributo.

---

[15] Edgar Morin, *Sobre a estética*, Rio de Janeiro: Pró-Saber, 2016.

[16] Idem, *Fraternidade: para resistir à crueldade do mundo*, São Paulo: Palas Athena, 2019.

[17] Cf. Edgard de Assis Carvalho (org.), *Edgar Morin: complexidade no século XXI*, Porto Alegre: Sulina, 2021.

[18] Como parte das comemorações do centenário de Edgar Morin, em 28 e 29 de junho de 2021, o Sesc de São Paulo realizou as Jornadas Edgar Morin, cujo tema central foi "A vida em tempos de incertezas e a construção do futuro".

Vivemos no entrecruzamento dos tempos cronológico e biológico, que aprovisionam as balizas do que pensamos e comunicamos. Somos seres da palavra, e é por meio dela que conhecemos e damos a conhecer nossas experiências, desejos, utopias.

Temos o mesmo nome, com um "d" acrescido ao final do meu. Somos do signo de câncer, ambos acreditamos na metamorfose, na política de civilização que um dia converterá a Espaçonave Terra num imenso jardim. Como reiterou o astrônomo Martin Rees[19], mesmo empoderados pelas tecnologias do século XXI, necessitamos de valores universais que não são apenas veiculados pela ciência. Por isso, "seria vergonhoso deixarmos um mundo nocivo e esgotado para as futuras gerações"[20].

REFERÊNCIAS

ARISTÓTELES. *Ética a Nicômacos*. Tradução de Mário da Gama Kury. Brasília, DF: Editora UnB, 1955.

CARVALHO, Edgard de Assis (org.). *Edgar Morin: complexidade no século XXI*. Porto Alegre: Sulina, 2021.

CASSÉ, Michel; MORIN, Edgar. *Filhos do céu: entre vazio, luz e matéria*. Tradução de Edgard de Assis Carvalho e Mariza Perassi Bosco. Rio de Janeiro: Bertrand Brasil, 2008.

CYRULNIK, Boris; MORIN, Edgar. *Diálogo sobre a natureza humana*. Tradução de Edgard de Assis Carvalho. São Paulo: Palas Athena, 2012.

HERÁCLITO. *Fragmentos contextualizados*. Tradução, apresentação e comentários de Alexandre Costa. Rio de Janeiro: Difel, 2002.

HÖLDERLIN, Friedrich. "Hymnes". Em: Oeuvres. Paris: Gallimard, 1967.

MORIN, Edgar. *A aventura de O método e Para uma racionalidade aberta*. Tradução de Edgard de Assis Carvalho e Mariza Perassi Bosco. São Paulo: Edições Sesc, 2020.

---

[19] Martin Rees, *Sobre o futuro: perspectivas para a humanidade: questões críticas sobre ciência e tecnologia que definirão sua vida*, Rio de Janeiro: Alta Books, 2021.

[20] *Ibidem*, p. 226.

MORIN, Edgar. *A via para o futuro da humanidade*. Tradução de Edgard de Assis Carvalho e Mariza Perassi Bosco. Rio de Janeiro: Bertrand Brasil, 2013.

MORIN, Edgar. *Amor, poesia, sabedoria*. Tradução de Edgard de Assis Carvalho. Rio de Janeiro: Bertrand Brasil, 1998.

MORIN, Edgar. *Conhecimento, ignorância, mistério*. Tradução de Clóvis Marques. Rio de Janeiro: Bertrand Brasil, 2020.

MORIN, Edgar. *É hora de mudarmos de via: as lições do coronavírus*. Colaboração de Sabah Abouessalam. Tradução de Ivone Benedetti. Rio de Janeiro: Bertrand Brasil, 2020.

MORIN, Edgar. *Ensinar a viver: manifesto para mudar a educação*. Tradução de Edgard de Assis Carvalho e Mariza Perassi Bosco. Porto Alegre: Sulina, 2015.

MORIN, Edgar. *Fraternidade: para resistir à crueldade do mundo*. Tradução de Edgard de Assis Carvalho. São Paulo: Palas Athena, 2019.

MORIN, Edgar. *Meus filósofos*. Tradução de Edgard de Assis Carvalho e Mariza Perassi Bosco. Porto Alegre: Sulina, 2013.

MORIN, Edgar. *Rumo ao abismo? Ensaio sobre o destino da humanidade*. Tradução de Edgard de Assis Carvalho e Mariza Perassi Bosco. Rio de Janeiro: Bertrand Brasil, 2011.

MORIN, Edgar. *Sobre a estética*. Tradução de Edgard de Assis Carvalho e Mariza Perassi Bosco. Rio de Janeiro: Pró-Saber, 2016.

MORIN, Edgar; SLOTERDIJK, Peter. *Tornar a Terra habitável*. Tradução de Edgard de Assis Carvalho e Fagner França. Revisão de Mariza Perassi Bosco. Natal: Editora da UFRN, 2021.

REES, Martin. *Sobre o futuro: perspectivas para a humanidade: questões críticas sobre ciência e tecnologia que definirão sua vida*. Tradução de Vinicius Rocha. Rio de Janeiro: Alta Books, 2021.

ASSIM É MORIN

Cristovam Buarque

Muitos ao redor do mundo conhecem o gênio de Morin por lerem seus livros. Foi dessa forma que fui apresentado a suas ideias. Mas, além disso, tive o privilégio de estar com ele algumas vezes, percebendo seu caráter tão digno de respeito quanto o são suas ideias: além da sabedoria que inspira, conheci a generosidade, o bom humor e a força existencial com que leva a vida.

Lembro-me de uma noite em que ocorreu um debate em Dijon, na França, nos seminários da Universidade de Verão, coordenados pelo professor Alfredo Pena-Vega. O debate terminou por volta das 23h e saímos para jantar em um pequeno restaurante daquela linda cidade, em uma agradável noite de verão. Dijon é conhecida por suas flores nas ruas, sua culinária e suas mostardas. Mas, naquela noite, o jantar seria mais importante, pois teríamos a companhia de Edgar Morin e de Stéphane Hessel. Ambos, com quase 90 anos, haviam acabado de fazer suas palestras e, no final da noite, conversariam com alguns assistentes. Morin não compareceu ao jantar. Pediu desculpas e explicou que no dia seguinte teria de sair muito cedo para ir a Paris de carro, pois deveria fazer sua mudança para um novo apartamento, para o qual se mudaria com sua futura esposa, com quem se casaria depois de ter ficado viúvo.

Esse é Morin: aos quase 90 anos cancela um jantar no final da noite por causa de um compromisso com a noiva na madrugada do dia seguinte em uma cidade distante. Deixou-nos frustrados com sua ausência, mas admirados com sua vitalidade e com seu entusiasmo pela vida.

Alguns anos antes estive no apartamento do qual ele se mudaria. Uma morada típica da classe média francesa intelectualizada, com bom gosto, despojada, várias lembranças de diversas partes do mundo e muitos discos. Foi com seu livro *Meus filósofos* que aprendi sobre a importância da música pura na formação da nossa mente, mesmo sem a poesia das letras. Morin coloca Beethoven entre os muitos teóricos que fizeram sua cabeça. Depois de ler o livro, percebi a influência direta da música, independentemente da letra, no despertar da consciência. Mas, apesar da importância daqueles que ele cita como os arquitetos de sua mente, nenhum fez sua alegria de viver. Ele a construiu. Assisti a tal alegria em três momentos: no Rio de Janeiro, em Quito e em Palmas.

No Rio, durante evento que fizemos na Escola Sesc de Ensino Médio, ficamos alguns dias hospedados em um dos apartamentos reservados aos professores. Pude ver como Morin, à época com 80 anos, tinha a mesma alegria e jovialidade ao andar de bicicleta e conversar com os meninos e meninas da escola como se fosse um deles, mas com mais experiência e sabedoria. Eles o ouviam com admiração. Ele os ouvia com o entusiasmo dos adolescentes. Morin tem a idade da pessoa com quem conversa.

Em Quito, assisti a fato que merecia ter sido filmado: Morin dançando com Joan Baez. Embora ela já estivesse na faixa dos 60 anos, ele devia quase ter idade para ser seu pai. Ainda assim, faziam um par perfeito, que deleitava a todos que foram influenciados por seus livros e pelas músicas dela, e que então os viam deslizando no ritmo de uma música latina. Já era tarde naquela noite, no mesmo dia em que ele tinha chegado de Paris, indo do aeroporto para a palestra; mas, apesar das muitas horas de voo, da altitude de Quito e de sua idade, Morin falou em espanhol durante uma hora sem um tropeço ou titubeio, sem se sentar um segundo e nos enchendo de ideias inéditas, sintonizadas com o espírito dos novos tempos.

Vi esse mesmo entusiasmo com jovens universitários na Universidade Federal de Tocantins, quando, depois de um dia de seminário, foi a uma festa com estudantes e bebeu caipirinha, cantou, tocou tambor e dançou. A cada intervalo, sentava-se em uma das mesas e nos dava aulas em um diálogo em voz baixa, como ele sempre fala.

Com Morin, aprendemos nas palestras lúcidas e nos eventos lúdicos. Ele junta a maturidade intelectual à jovialidade emocional.

Recentemente, durante a pandemia, participei com Morin de um debate em que ele falou por videoconferência durante quase uma hora, sem hesitar e em idioma que não é o seu, prendendo nossa atenção pelo vanguardismo de suas ideias diante da encruzilhada que a humanidade atravessa. Uma fala histórica, num momento em que a civilização se encontra em um ponto crítico, seguindo o ritmo da catástrofe da degradação ecológica e da tragédia moral da desigualdade abismal entre os seres humanos; uma encruzilhada sem precedentes e uma epidemia biológica, depois de mutações civilizatórias ao longo de milênios. Morin, perto de completar 100 anos, fez uma fala crítica sobre os rumos do passado e esperançosa quanto aos rumos futuros. Em plena pandemia, ele desperta, instiga e desafia.

Este é o ano do mais jovem centenário que conheço. É um privilégio ser seu leitor e tê-lo acompanhado em alguns momentos para poder dizer: "assim é Morin".

Um dia falei que ao crescer queria ser igual a Darcy Ribeiro. Hoje estou convencido de que quando crescer gostaria de ser um Edgarcy Morin Ribeiro: muitos de nós somos filhos do pensamento e do exemplo existencial desses dois irmãos gêmeos, nascidos com apenas oito meses de intervalo, a milhares de quilômetros de distância, mas quase siameses na maneira de ser, de viver e de pensar. São pais intelectuais e emocionais de milhões de pessoas que com eles aprenderam a ler, ver e usufruir da vida enquanto lutam para entender e mudar o mundo, para metamorfoseá-lo, como diz Morin, em uma civilização mais eficiente, justa, sustentável e harmônica.

ENCONTROS E DIÁLOGOS

Marina Silva

Edgar Morin representa, para mim, uma referência muito particular na educação, um importante ponto de interseção entre duas fases do meu aprendizado: o saber narrativo e empírico da infância e adolescência na floresta amazônica e a formação acadêmica na juventude e idade adulta. Não por acaso, creio, a primeira vez que ouvi falar de Morin foi no início dos anos 1980, quando estava começando o curso de história, na Universidade Federal do Acre, após uma aula de introdução à antropologia. A professora Lúcia Helena Cunha viu, na pasta de materiais que coloquei sobre a mesa, alguns cadernos sobre materialismo histórico usados na minha iniciação política entre as correntes de esquerda do movimento estudantil, cadernos que explicavam numa linguagem um tanto simplória e esquemática conceitos básicos como estrutura e superestrutura, mais-valia, luta de classes etc. Com delicadeza, fez um comentário crítico e recomendou que eu procurasse pensadores contemporâneos, com abordagens mais profundas e amplas. Perguntou se eu já tinha lido Edgar Morin e não tardou em apresentar, para meus colegas e eu, alguns textos e livros dele.

Costumo dizer que o "pensamento complexo" de Morin antecipou, de certa forma, o encontro com o pensamento psicanalítico, pelo qual eu já me interessava naquela época e com o qual só seria possível um contato mais profundo alguns anos depois. E foi importante que acontecesse logo no início de minha formação acadêmica e política. Primeiro, para me incentivar a questionar o dogmatismo tão comum na militância política, sobretudo de esquerda, na qual me situava; e, segundo, para me ajudar a valorizar o saber narrativo de minha origem na floresta, que constitui a base da minha identidade e visão do mundo.

Essa é uma questão fundamental: meu modo de aprender, mesmo na formação em história e na pós-graduação em teoria psicanalítica e psicopedagogia, está fortemente marcado por ter nascido e vivido até os 16 anos num seringal, no meio da floresta, numa comunidade em que pouquíssimas pessoas sabiam ler e escrever, apesar de muitas terem uma grande sabedoria e conhecimentos especialmente úteis para a vida. No pensamento de Morin encontrei apoio para meu desejo de manter e afirmar as singularidades e complexidades desse saber "popular" e florestal, contra toda visão excludente e preconceituosa de uma pretensa superioridade do mundo letrado e urbano.

De um lugar "mais acima" nessa hierarquia de saberes, da capital do Iluminismo, que o mundo aprendeu a admirar, vinha uma voz de acolhimento e reconhecimento à sabedoria dos povos, que compreendia a necessidade de nos dispormos a ser também atravessados por essa diversidade de saberes e experiências, especialmente quando os povos da Amazônia davam mostras de que sua diversidade cultural era a garantia de manutenção da diversidade biológica da floresta, importante para o clima e para a saúde do planeta. Atualmente, as vozes dos líderes indígenas, como Ailton Krenak, Davi Kopenawa, Joenia Wapichana e Sonia Guajajara, são ouvidas com grande respeito nas universidades e nos ambientes políticos, e se tornaram livros traduzidos para várias línguas. Suas palavras inspiram leis, projetos, meios de apoio e sustentação, atitudes de responsabilidade para buscar soluções para muitos problemas que nos afetam. Agora, já ninguém duvida da importância dos saberes tradicionais, narrativos, empíricos ou como quer que sejam chamadas as ciências desses povos. Quando Morin propunha o diálogo entre saberes, há mais de trinta anos, não era tão evidente que isso seria parte do plano para "salvar o mundo" ou, pelo menos, adiar seu fim.

Há pouco mais de uma década, em 2009, ano que já se torna distante neste século tão vertiginoso, tive a feliz oportunidade de ver esse diálogo de saberes ao vivo, com a visita de Edgar Morin ao Brasil, seu encontro com comunidades indígenas e quilombolas e sua participação no Seminário Internacional Crises Civilizacionais: Distintos Olhares, na Universidade Federal do Tocantins. Há pelo menos uma bela publicação das palavras e das imagens no sensível olhar fotográfico de Rodolfo Ward, que acompanhou Morin pelos interiores do Brasil.

Não foi essa a primeira vez que conversei com Morin pessoalmente. Já o havia encontrado uma vez, em uma pequena cidade da França, num seminário no qual ele era um dos principais conferencistas. Depois disso, nos encontramos outras vezes: no Rio de Janeiro, em uma atividade promovida em conjunto com Cristovam Buarque, e nas Conferências do Clima, da Organização das Nações Unidas. Sempre se mostrou acessível e aberto ao diálogo, bem como demonstra em seus escritos. Sua presença, onde quer que seja, atrai a atenção de uma vasta gama de pensadores e estudiosos das mais variadas disciplinas, da psicanálise à antropologia, da sociologia à ecologia. Muitos são da comunidade acadêmica, outros são ativistas das mais diversas causas sociais, e há, também, os mais diversos matizes da política. Todos têm, em comum, o zelo pela democracia e pelos direitos humanos, um grande amor pela educação e a compreensão de que a principal riqueza da humanidade é a sua grande diversidade cultural. Morin é um ponto de encontro, um facilitador do diálogo entre distintas formas de pensar e agir na esfera pública, especialmente no âmbito da educação.

Porém, vê-lo em contato com as comunidades tradicionais do Brasil foi especialmente inspirador e teve, para mim, um significado pessoal: era como se eu o estivesse vendo na comunidade em que nasci, conversando com as pessoas que acompanharam meus primeiros passos, movendo-se no ambiente cultural da minha infância e adolescência. A dimensão acolhedora de seu trabalho para com os saberes narrativos do povo, fonte da simplicidade e complexidade de seu pensamento, renovava-se diante de meus olhos. Há um momento muito bonito, captado pela fotografia de Ward, em que Morin e dona Raimunda recebem seus títulos de Doutor Honoris Causa. A imagem despertou em mim a lembrança bem-humorada de que os brasileiros do Norte e Nordeste chamam a cabeça de "coco" e se referem ao empenho de pensar para resolver um problema como "quebrar o coco". Ali estavam, portanto, dois quebradores de coco recebendo um título de reconhecimento pela excelência de suas atividades.

    De fato, a única chance de encontrarmos soluções para os graves problemas que a humanidade enfrenta na crise da civilização que hoje vivemos é o reconhecimento de que todos somos igualmente importantes e que, como disse Chesterton em *A ortodoxia*[1] (título tão paradoxalmente oposto ao pensamento de Morin), a verdade não está em um de nós, mas "entre nós". O sinal da crise é o conflito e a polarização sem trégua; o sinal da superação da crise é o diálogo, que busca essa superação e, se a encontra, não é pela arrogância da força, que decalca e cristaliza o mundo em opostos, mas pela sensibilidade que – rizomaticamente, no sentido de Deleuze – mapeia, produz, compartilha e ensina caminhos e conexões no mundo.

    O pré-requisito do diálogo é o reconhecimento do outro. A essência de todo negacionismo – recusa ao diálogo – é a negação do outro. O fator central na crise da civilização é o esgarçamento do laço social e a perda dos ideais identificatórios que o mantêm. O discurso do ódio, produzido e reproduzido em escala industrial, reforça a separatividade e aponta como única solução para o conflito a destruição ou a anulação violenta do outro por meio da desconstrução que aniquila sua credibilidade como sujeito com prerrogativa de fala e de ação. A oposição básica e irredutível entre seres humanos diferenciados pela etnia, crença, opinião, estrato social e econômico, seja lá qual for a diferença tomada como motivo de conflito, estende-se e completa-se com outra oposição básica, entre a humanidade e a natureza, também ela considerada inimiga a ser ontologicamente negada, seja pela antropização de suas leis e funções, seja por sua radical destruição. O curso acelerado da destruição de incontáveis espécies bem o demonstra: perde-se a noção de responsabilidade, não só em relação à vida de nossa espécie, mas em relação a toda forma de vida.

    O pensamento inclusivo e reintegrador de Edgar Morin busca construir outro paradigma. Nessa construção, combinam-se e alimentam-se mutuamente o pensamento filosófico e científico e os saberes milenares das populações tradicionais, produzidos no laboratório a

---

[1] Gilbert Keith Chesterton, *A ortodoxia*, São Paulo: Ecclesiae, 2018.

céu aberto da natureza, que de tudo e em quase tudo os atravessa e sustenta. Ambos – ciência e sabedoria – falam sobre a Terra e os modos de viver nela. E o fazem com as identificações e aprendizados que produzem (rizomaticamente, insisto) em suas manifestações e expressões faladas e escritas, mas também acústicas, visuais, aromáticas, gustativas, em todos os sentidos. Atualmente, ambos alertam para as ameaças crescentes à continuidade da vida, denunciam o extermínio já existente, mostram o encurtamento dos prazos e o esgotamento dos recursos, mas também, com resiliente esperança, esforçam-se para encontrar soluções para os problemas e superar a grande crise.

Sobreviveremos se formos capazes de perceber que esse encontro e diálogo de saberes, e a cooperação de fazeres que deles advém, é o percurso a ser seguido. Um percurso sinalizado pelos rastros às vezes firmes deixados por nossas dúvidas mais sensíveis. Seguindo-os, podemos resvalar os perigos e escapar das armadilhas de algumas de nossas impiedosas certezas.

REFERÊNCIAS

CHESTERTON, Gilbert Keith. *A ortodoxia*. São Paulo: Ecclesiae, 2018.

EDGAR MORIN, UM SÉCULO DE VIDA ATIVA

Vanessa Maria de Castro

> *A ética manifesta para nós, de maneira imperativa, como exigência moral.*
> Edgar Morin

Quando leio ou escuto o que Edgar Morin tem a dizer sempre fico feliz e ao mesmo tempo instigada a pensar com maior profundidade sobre a condição humana, ou como ele chamou em seu livro *O método 5: a humanidade da humanidade*, a identidade humana[1]. Sua obra baseia-se, aos meus olhos, em pensar sobre o ser humano e sua relação com os outros e com a natureza. Esse olhar inquietante de Morin sobre o que a humanidade está fazendo na espaçonave Terra me motivou a conhecê-lo e me levou a admirá-lo.

Morin, em sua vasta obra, transita por temas extremamente espinhosos, em função da vida ativa pela qual a humanidade busca dominar a natureza, primeiro para sobreviver, depois, quase como uma obsessão, para possuí-la. A fala de Morin sobre essa questão é inquietante desde a década de 1970:

> O nosso destino é, evidentemente, excepcional em relação aos animais, incluindo os primatas que domesticamos; reduzimos,

---

[1] Cf. Edgar Morin, *O método 5: a identidade humana*, Porto Alegre: Sulina, 2002.

> reprimimos e metemos em jaulas ou em reservas; fomos nós que edificamos cidades de pedra e aço, inventamos máquinas, criamos poemas e sinfonias, navegamos no espaço; como não havíamos, pois, de acreditar que, embora vindos da natureza, não tenhamos passado a ser extranaturais e sobrenaturais? Desde Descartes que pensamos contra a natureza, certos de que a nossa missão é dominá-la, subjugá-la, conquistá-la. [...] E se formos obrigados a admitir hoje em dia que todos os homens são homens, apressamo-nos a excluir aqueles a que chamamos "desumanos"[2].

Como Morin bem expressa em sua obra, a humanidade se angustia ao saber que, não sendo imortal, caminha para a morte. Em um momento tão difícil como este que estamos vivendo, no qual nos encontramos confinados, de forma que vivemos com o "finado", ou seja, o "morto", ou na iminência de podermos morrer a qualquer momento em função da crise sanitária global do vírus da covid-19, a ideia da vida e da morte é nossa companheira diária.

Morin já falava dessa eterna angústia humana sobre a nossa mortalidade e a consciência da morte:

> A morte trabalha o espírito humano. A certeza da morte, ligada à incerteza da sua hora, é uma fonte de angústia para a vida. O encontro entre a consciência de si e a consciência do tempo determina a consciência do viver no tempo e de dever enfrentar a morte. Essa consciência implica os seres amados. A ideia da morte dos seres amados, e das amadas, aumenta a angústia e o desfecho traz, além do mais, uma dor insondável[3].

Neste momento de profunda angústia parece que olhar para essa dor insondável é nosso maior desespero.

A obra de Morin é extraordinária em diversos aspectos, seja pela construção metodológica, seja pela temática trabalhada. Há pessoas que têm essa linda capacidade de traduzir o mundo de uma forma poética, fazendo-nos sentir que pertencemos a um universo caótico e, ao mesmo tempo, profundamente complexo, denso, e que pode ser belo.

---

[2] *Idem, O paradigma perdido: a natureza humana*, Lisboa: Europa-América, 1973, pp. 15-6.

[3] *Idem, O método 5: a humanidade da humanidade: a identidade humana*, Porto Alegre: Sulina, 2002, pp. 47-8.

Ter condição de ler e compreender este mundo é tarefa para poucos afortunados ao longo da história humana, e Morin é um deles. Por isso sua obra é imortal.

Morin é capaz de ler o mundo e traduzir suas belezas e suas mazelas. Ele faz isso com generosidade e humildade, colocando-se como leitor de coisas que desconhecia e que lhe foram reveladas de uma ou de outra forma. Ele nos alerta sobre isso, sobre as ambiguidades dos fenômenos. Ele nos provoca a pensar e duvidar do que estamos vendo e daquilo em que acreditamos, pois poderá haver outras explicações. Esse parece ser um compromisso ético do pensador.

Essa singeleza é um traço peculiar que Morin apresenta em sua extensa obra. Além disso, ele usa da força do argumento para lançar luz sobre seus achados e, como um cidadão do mundo, transita em tantas áreas do conhecimento que deixa o leitor inebriado de prazer e inquietação.

O filósofo francês parece que, ao nascer, trouxe consigo esse saber sobre a linguagem das coisas e da alma humana, e assim transmite com profundo respeito, ética e amor as suas descobertas. Seus textos são verdadeiros tratados. E longa é sua pesquisa sobre quem somos e o que estamos fazendo aqui.

Poderia colocar Morin no rol dos poetas, pois estes têm essa singularidade de falar de coisas de uma forma quase onírica. Para eles uma pedra é muito mais do que um elemento da geologia, tornando-se um elemento da própria existência de todos nós.

Morin, de forma profundamente generosa, compartilha as lentes com que lê o mundo e nos aproxima de nossa humanidade em um lugar terrivelmente árido e duro, que é o mundo acadêmico, dialogando com as diversas áreas do pensamento. Ele nos mostra que o conhecimento é aberto e complexo, no qual coexistem ordem e desordem. A complexidade, pela qual sua obra acabou ficando conhecida, foi definida por ele da seguinte forma: "a palavra complexidade só pode exprimir nosso incômodo, nossa confusão, nossa incapacidade para definir de modo simples, para nomear de modo claro, para ordenar nossas ideias"[4].

---

[4] *Idem, Introdução ao pensamento complexo*, Porto Alegre: Sulina, 2007, p. 5.

É interessante notar como Morin partilha com alguns participantes de um evento algumas questões que ele julgou se tratar de mal-entendidos sobre ele e sua obra. Ele nos alerta sobre um primeiro mal-entendido:

> Inúmeras vezes pareceu-me que a ideia que fazem de mim é a de uma mente que se pretende sintética, pretende-se sistemática, pretende-se global, pretende-se integradora, pretende-se unificadora, pretende-se afirmativa e pretende-se suficiente. Tem-se a impressão de que sou alguém que elaborou um paradigma que tira do bolso dizendo: "Eis o que eu preciso adorar, e queimem as antigas tábuas da Lei". Assim, várias vezes me atribuíram a concepção de uma complexidade perfeita que eu oporia à simplicidade absoluta. Ora, a própria ideia de complexidade comporta em si a impossibilidade de unificar, a impossibilidade da conclusão, uma parcela de incerteza, uma parcela de indecidibilidade e o reconhecimento do confronto final com o indizível. Por outro lado, isso não significa que a complexidade de que falo se confunda com o relativismo absoluto, ou o ceticismo do tipo Feyerabend[5].

Foi dessa forma que encontrei a obra e a pessoa de Edgar Morin. Ele traz em sua voz e escrita uma leveza que nos possibilita ver a vida em toda sua completude, permitindo que nos sintamos parte desse universo fragmentado, no qual buscamos permanentemente conhecer onde moramos, quem somos e o que estamos fazendo nesse mundo que pode ser bastante caótico.

Morin e seu pensamento nos obrigam a trabalhar muito mais nos nossos achados e descobertas, pois sua ideia de pensamento complexo e as várias singularidades das questões que emergem dele literalmente nos obrigam a olhar e analisar diversas vezes, em suas múltiplas dimensões, aquilo que estamos estudando ou pesquisando. É como um caleidoscópio que se forma em função de um encontro de gemas, podendo formar múltiplas imagens de acordo com o movimento realizado.

É assim que me sinto ao refletir sobre o pensamento complexo. É como se estivéssemos transitando por lugares que nos são desconhecidos em vigília, e somente as visões oníricas permitem que tentemos construir essa realidade, que está completamente escondida e fragmentada no nosso inconsciente, como Freud nos mostra. Como é difícil trazer

---

[5] *Ibidem*, pp. 96-7.

à luz o que está oculto e guardado no inconsciente. Assim, busquemos também aquilo que poderá ser revelado mediante as lentes que Morin nos empresta para ler a realidade e a vida que nos cerca em nosso cotidiano.

A ética e a seriedade de olhar e falar sobre o mundo é o convite mais importante que vejo em toda a obra de Edgar Morin. Ele é incansável em analisar a condição humana em sua singularidade, em momentos históricos diversos. Morin parece que bebeu o mundo neste século que completa de vida. Acredito que tenha feito sua existência valer a pena e com certeza nos presenteia com um legado sério sobre a construção do saber e a busca eterna do conhecimento, em diálogo com a realidade que nos circunda e as diversas incertezas e crises que a humanidade atravessa.

Ouvir Morin sobre algo atual sempre nos faz entender a grandeza da análise que lhe é peculiar. Ele busca no olhar e na dor do outro uma compreensão que usualmente passa despercebida por diversos outros pensadores, principalmente em um mundo cada vez mais dividido entre o bem e o mal. Esse lugar no qual Morin se coloca não é somente o de uma pessoa que já está a viver por quase um século de vida. Essa travessia já significa muito, mas parece que ele nasceu com esse dom de olhar as coisas do mundo e traduzi-las de uma forma que nos ajuda a compreender nossa própria existência. Sua obra é um retrato desse processo de construção e leitura do mundo, com o qual Morin dialoga, traduzindo-o para nós com sua habitual capacidade de escrita e suas vivências.

Ao ver Morin em uma roda de dança, temos a impressão de que ele é a própria dança. Ele é assim, metamorfoseia-se naquilo que faz. E, a meu ver, nunca parece algo falso. Há ali uma entrega tão genuína que faz com que ele atraia e seja atraído por quase todos à sua volta.

Outra coisa digna de observar na obra de Morin é sua singularidade ao ver e expressar as mazelas humanas e suas múltiplas violências. Por isso seus escritos podem agradar um universo tão diverso e plural, como o Brasil, de Josué de Castro, de Carolina de Jesus, de Tarsila do Amaral, de Clarice Lispector, de Milton Santos, de Paulo Freire, de Darcy Ribeiro e de tantas(os) outras(os) pensadoras(es) que buscaram incansavelmente *ler* o país e traduzir esse mundo e suas mazelas em suas obras. Esses são apenas alguns exemplos de pensadoras(es) que, assim como Morin, buscaram revelar o que viam e sentiam, deixando um acervo importantíssimo para toda a humanidade ao pensar a natureza humana e seus problemas, particularmente em relação ao Brasil, país tão desigual e no qual a fome, a pobreza, a geopolítica urbano-rural, a pedagogia do oprimido e as raízes do povo brasileiro eram e ainda são problemas persistentes em nossas terras.

Morin encontra abrigo no Brasil, país que adora novidades, principalmente vindas do além-mar, do "velho continente". Um ranço da colonização ou, como expressa Nelson Rodrigues em sua obra: "um complexo de vira-lata". Tudo isso misturado poderia ser bombástico e transformar Morin em um "dogma" em terras brasileiras. Felizmente, Morin conseguiu com sua escrita, com sua força argumentativa e com sua ética evitar ser transformado em um "guru" a ser seguido. Nada contra os gurus, mas, do meu ponto de vista, os gurus no mundo acadêmico são algo bem temerário. Melhor deixá-los nos templos sagrados. Por isso, aqueles que foram além dos "sete saberes necessários à educação do futuro" (1 – As cegueiras do conhecimento: o erro e a ilusão; 2 – Os princípios do conhecimento pertinente; 3 – Ensinar a condição humana; 4 – Ensinar a identidade terrena; 5 – Enfrentar as incertezas; 6 – Ensinar a compreensão; e 7 – A ética do gênero humano)[6], descobriram a profundidade da obra de Morin e sua persistência em nos alertar sobre as incertezas da vida humana no planeta. Muito mais do que um alerta, Morin nos coloca como sujeitos históricos responsáveis por nossos atos, além de atores de nossa história.

As incertezas permeiam a obra de Morin e esse é um de seus aspectos mais construtivos, pois desfaz a ideia de que já estamos com nossa existência garantida. Ele nos alerta que a natureza é finita e que consumi-la sem controle poderá provocar danos irreversíveis. Em toda sua obra ele dialoga intensamente com a natureza humana e com suas crises. Muitas vezes coloca o humano em contato com a identidade humana, como no volume 5 de sua coletânea *O método*[7].

Morin transita por muitas áreas do conhecimento e parece que, de forma profundamente generosa, usa o que há de melhor em cada uma para construir os pilares do mosaico de seu pensamento e traduzir

---

[6] Idem, *Os sete saberes necessários à educação do futuro*, São Paulo: Cortez, 2011.
[7] Cf. Edgar Morin, *O Método 5, op. cit.*

em suas obras o que deseja expressar em cada momento, ensinando-nos que, acima de tudo, ele é um estudioso contumaz da vida que o cerca. Em diversas passagens de sua obra ele nos alerta sobre essas fragilidades que nos rodeiam o tempo todo relacionadas à busca do conhecer, como ocorre nesta passagem em que trata da consciência:

> A fragilidade da consciência, porém, a torna sujeita a todos os erros do conhecimento humano, os quais podem até mesmo ser agravados, pois a consciência crê achar nela mesma a prova da verdade e convence-se de boa fé. Daí as inúmeras falsas consciências e as cretinas boas consciências que florescem nos espíritos humanos. A falsa consciência é pior que a inconsciência, pois está convencida de ser verdadeira consciência; as cretinas boas consciências são as piores falsas consciências[8].

Morin, a meus olhos, parece sempre se colocar no lugar de aprendiz. O mundo não lhe é dado; ele busca aprender com todas as situações que se disponibiliza a estudar e vivenciar. Esse é um lugar muito particular, no qual o pensador se coloca em diálogo com o outro e abre espaço para aprender e compreender o mundo segundo a perspectiva desse outro que lhe fala. Ele parece que, em algumas situações, coloca o mundo no divã e fica a escutar os sons a sua volta. Somente depois de ouvir e compreender a linguagem e as dores do mundo ele se atreve a falar deste que era seu interlocutor, fazendo assim uma transferência do que aprendeu. Aprender com Morin seria compreender a escuta, esse olhar amoroso para este mundo ao mesmo tempo caótico e belo, no qual há diversas crises e incertezas.

Sorte a nossa de Morin existir, e quero aqui celebrar sua existência por um século de vida, além de sua generosidade em dedicar essa vida ao estudo e à busca do conhecimento. Ao longo de sua vida, Morin contribuiu de forma decisiva na formulação de um novo "conhecer" no mundo acadêmico. Como já falei antes, esse trabalho é imortal. Ele colaborou com a construção de um pensamento aberto, e poderíamos dizer, engajado, conforme aquilo que Hannah Arendt chamou de vida ativa.

Mediante sua obra, muitos de nós podem construir pesquisas através do caminho que ele nos ensinou. Isto é, o pensamento complexo permite que olhemos nossas pesquisas com maior acuidade

---

[8] *Ibidem*, p. 112.

e responsabilidade, levando em consideração a raiz dos problemas. Nesse sentido, Morin é radical na busca por conhecimento.

Diversas foram as universidades e centros de pesquisa que beberam na fonte de Morin para consolidar sua busca por conhecimento e orientar suas pesquisas na graduação e na pós-graduação. A minha casa, a Universidade de Brasília (UnB), contou com esse olhar amoroso e com os cuidados de Edgar Morin ao construir diversos programas de pós-graduação interdisciplinares. O Centro de Estudos Avançados Multidisciplinares, criado em 1986, dialoga consideravelmente com o pensamento de Edgar Morin ao buscar resolver problemas complexos relacionando-os às diversas áreas de conhecimento, pesquisas e estudos na UnB. Além disso, o Centro de Desenvolvimento Sustentável foi influenciado pelo pensamento complexo e estabeleceu um diálogo estreito e amigável com Edgar Morin, o que o permitiu consolidar-se em 1996.

Morin nos ensina diuturnamente que a vida vale a pena ser vivida, mesmo com toda a complexidade que ela apresenta em seu tempo, e que as incertezas devem ser consideradas com muito cuidado. A humanidade tem ao mesmo tempo o poder de construir e de destruir sua própria "casa/oca".

Neste momento somente nos cabe agradecer à vida por ter nos presenteado com um pensador como Edgar Morin. Celebrar sua existência é motivo de muita alegria para todos nós.

REFERÊNCIAS

MORIN, Edgar. *Introdução ao pensamento complexo*. 3. ed. Porto Alegre: Sulina, 2007.

MORIN, Edgar. *O método 5: a humanidade da humanidade*. Porto Alegre: Sulina, 2002.

MORIN, Edgar. *O método 6: ética*. Porto Alegre: Sulina, 2007.

MORIN, Edgar. *O paradigma perdido: a natureza humana*. 5. ed. Lisboa: Europa-América, 1973.

MORIN, Edgar. *Os sete saberes necessários à educação do futuro*. São Paulo: Cortez, 2011.

II. NOTAS SOBRE MORIN NA AMÉRICA LATINA

EDGAR MORIN: PAIXÃO DE UMA VIDA

Enrique Luengo González

A paixão pela vida que em um século de existência nos revelou Edgar Morin é um chamado, um convite para que cada um de nós se disponha a nutrir a vida. François Jullien, filósofo e sinólogo francês, afirma que o verbo nutrir é um verbo elementar, que nos enraíza em nosso pertencimento à Terra. Nutrir conota, entre outras coisas, alimentação, capacidades, desejos, sonhos e aspirações, ou seja, convoca nosso potencial vital para preservar, renovar e desenvolver a capacidade de viver que nos une e envolve no conjunto das outras manifestações do que é vivo[1].

Começo com essa avaliação pessoal da obra desse grande pensador heterodoxo e multifacetado para expressar nas páginas seguintes o que significou ter me nutrido das ideias que pude compreender a partir do pensamento e da atuação de Edgar Morin. Fico admirado por sua paixão pela vida e agradeço a paixão que me transmitiu para viver minha própria.

Iniciarei este relato com as primeiras impressões que tive ao conhecer seu trabalho e o caminho que percorri para continuar ampliando meu aprendizado e conhecê-lo pessoalmente. Posteriormente, comentarei o que considero os principais ensinamentos que seu pensamento me deixou.

---

[1] François Jullien, *Nutrir la vida: más allá de la felicidad*, Madrid: Katz, 2007, pp. 11-6.

— Enrique Luengo González —

O ENCONTRO

A amizade, entendida como um gozo do diálogo em silêncio, um metacódigo de identificação e comunicação, um encontro agradável de nossas existências para nos ajudar a transitar pelo mundo e um presente dos deuses para não nos perdermos nos caminhos confusos da vida, convidando-nos a construir um senso sobre quem somos e o que fazemos, foi a primeira ideia que levou ao convite para escrever sobre meu encontro com Edgar Morin e seu trabalho neste livro coletivo.

Um amigo querido e próximo, portador das virtudes da amizade acima descritas, foi o "professor"[2] Alfredo Gutiérrez Gómez, lúcido, modesto e sábio acadêmico universitário. Foi ele quem não só me apresentou à obra e pessoalmente ao pensador da complexidade – durante um convite que me fez para ministrar um seminário na Universidade Ibero-americana da Cidade do México, em 1996 –, mas também quem me ajudou a fazer e desfazer minhas ideias, sem eu saber ou com pouca consciência do fato. Por isso dizem que os amigos servem para nos convidar a nos renovar e compor o mundo.

Diante de minhas inquietações metodológicas e epistemológicas no campo das ciências sociais, Alfredo me sugeriu ler *Ciência com consciência*[3] para que eu ampliasse minhas perguntas e alimentasse minhas reflexões. A leitura apaixonada e o efeito desse livro me levaram, a partir daquele momento, a procurar e tentar digerir tudo o que caísse em minhas mãos sobre esse multiplicador de perguntas e articulador de propostas. Edgar não só iluminava minha jornada pelas derrotas do conhecimento, como também me ajudava a contextualizar e a dar sentido ao meu trabalho como cientista social, como educador e como pessoa. Suas ideias provocavam o transbordamento das fronteiras limitantes do meu pensamento e a leitura de seus escritos desencadeava um fluxo imparável de reflexões, interconexões e novas questões.

---

[2] Alfredo Gutiérrez Gómez, desde que o conheci, queria ser chamado de "professor" porque se sentia enobrecido por uma profissão tão honrada, tão discriminada por outros, que, inversamente, aspiravam com alguma urgência a serem reconhecidos como "pesquisadores" ou, pelo menos, professores exclusivos de pós-graduação.

[3] Edgar Morin, *Ciencia con consciencia*, Madrid: Anthropos, 1988.

Como acontece com muitos, minha ânsia de ler há muito me fazia sentir simpatia e admiração pelos autores que ajudavam a girar meus pensamentos e emoções. Assim, depois do encontro com as obras de Edgar, eu considerava que tinha dois enormes guias que me orientavam amigavelmente na exploração e me incentivavam a me aventurar em novos caminhos inexplorados: o "professor" Alfredo e o pensador da complexidade. Ambos conseguiram que eu me perguntasse, duvidasse e abrisse o leque de minhas observações, possibilidades e propostas para me aventurar no conhecimento entrelaçado da realidade. A presença dos dois na minha vida tem significado aprender a ouvir boatos, observar o futuro e apostar nas múltiplas configurações que compõem a unidade e a diversidade da vida. Por isso o meu agradecimento pelo privilégio de desfrutar da sua aprendizagem fraternal.

Tamanho era meu entusiasmo quando fui apresentado a Edgar que, alguns anos depois de conhecê-lo e de alguns de seus escritos, estava organizando um seminário com professores e alunos avançados para divulgar seu trabalho e repensar a universidade onde trabalhava, coordenando um encontro com uma centena de reitores de ensino superior para que se aproximassem de seu pensamento, e implementando um seminário com a presença de Edgar Morin em Guadalajara, México, entre outras atividades. Anos mais tarde, elaborei uma proposta, com o consentimento de Edgar, para que lhe fosse outorgado o Prêmio Eulalio Ferrer, atualmente concedido pela Universidade Nacional Autônoma do México e pela Universidade de Cantabria, na Espanha, e, em 2018, fui convidado a preparar a proposta de sete instituições do Sistema Universitário Jesuíta do México para lhe conceder a distinção Honoris Causa. Ao longo dos anos tive a sorte de encontrá-lo em vários eventos sobre seu pensamento organizados no Brasil, na Espanha, na França e no México.

OS BENS RECEBIDOS

Dizem que a importância de um pensador é dada pela maneira como seu público aproveita ou usa seu trabalho. No caso de Edgar Morin já são três ou quatro gerações, mais muitas outras que virão, que aprendem, refletem e desfrutam de seus textos. O valor de seu trabalho não é fixo, mas móvel, e, repetidamente, vai se desgastar e se regenerar à medida que suas ideias continuem a oferecer vitalidade para a vida humana.

Uma prova dessa vitalidade, em minha avaliação pessoal, é a maneira como percebo que seus escritos me impactaram, pois, como afirma George Steiner[4], em cada ato de atenta e interessada leitura surge o desejo de escrever notas complementares, acrescentar ou ligar ideias, solicitar esclarecimentos, questionar suposições, propor emendas, aplaudir a sagacidade do autor ao que se lê e, ainda, escrever outro artigo ou livro para dar continuidade aos argumentos, mobilizar o debate ou buscar outras possibilidades de reflexão e aplicação do conhecimento. É isso que me faz ler as obras de Edgar e é também o que envolve muitos dos que se aproximaram de seus escritos.

Especificamente, quais são os temas de seu trabalho que mais me surpreenderam, me interessaram e sobre os quais tentei aprender com eles? Sem dúvida, não é fácil responder à pergunta que me faço, mas destacaria os seguintes: a epistemologia e a teoria do conhecimento, a antropossociologia e o método das ciências sociais, a transformação da educação em seus diversos níveis, a aplicação do pensamento complexo aos processos e acontecimentos da dinâmica sociopolítica e sociocultural contemporânea e, para não alongar a lista, o convite a uma luta comum pela busca e articulação de diversas vias alternativas que contribuam para um futuro melhor.

A paixão pela unidade complexa do pensamento

No conjunto do tratamento desses temas, apesar de sua diversidade, há uma ênfase consistente que dá unidade a sua produção intelectual. Como Edgar Morin indica em seus numerosos escritos, essa unidade está em suas contribuições para o que ele mesmo chamou de pensamento complexo. Sua obra, portanto, é um compromisso incessante com a busca por um conhecimento não mutilado, não isolado, que, respeitando a individualidade e a singularidade do observado, insere-o em circuitos de conhecimentos mais amplos para relacioná-lo

---

[4] George Steiner, *Pasión intacta*, Madrid: Siruela, 2001, p. 29.

em contextos e grupos mais vastos[5]. Esse procedimento, ao entrar nas ciências sociais, contrastava com a perda da complexa unidade do social e do indivíduo humano, conhecimento parcial que em muitas ocasiões permanece apenas mutilado e desmembrado. A crescente fragmentação do conhecimento, a ênfase no estudo de certas particularidades do agir humano, a multiplicação de especialidades e subespecialidades, aliadas à diversidade de concepções ou escolas dentro de cada uma delas, esqueciam ou deixavam para depois sua pretensão de se relacionar com suas complementaridades e antagonismos no conjunto do conhecimento da ação humana. Por outro lado, essa mesma carência integrativa também era encontrada, embora em diferentes medidas, em todas ou quase todas as ciências, pois, como Zygmunt Bauman apontou, não é um problema exclusivo das ciências sociais[6].

A crítica ao déficit de perspectivas gerais ou integrais nas ciências sociais e humanas, sua falta de comunicação com as dimensões físicas e biológicas, assim como o recorrente chamado à interdisciplina e ao enlaçamento de saberes se manifestavam nas pesquisas de Edgar que eu paulatinamente ia conhecendo, tais como *L'Homme et la mort* (*O homem e a morte*), *Le Paradigme perdu: la nature humaine* (*O paradigma perdido: a natureza humana*) ou *Commune en France: la métamorphose de Plozévet*[7] (*Comuna na França: a metamorfose de Plozévet*). À medida que apareciam os últimos volumes de sua obra magistral, *O método*, que eu estava lendo, eu confirmava com admiração a unidade que ele dava a sua proposta do paradigma da complexidade.

---

[5] Alfredo Gutiérrez Gómez, *La propuesta: tomo I: Edgar Morin, conocimiento e interdisciplina*, Ciudad de México: UIA, 2003, pp. 47-8.

[6] Zygmunt Bauman, *¿Para qué sirve realmente...? Un sociólogo*, Ciudad de México: Paidós, 2019, p. 74. "É necessário esclarecer que as diferenças, os debates e as polêmicas são um imprescindível estímulo para o avanço do conhecimento. Manter esse dinamismo, pensando nas diferenças e semelhanças que poderiam existir entre diversas contribuições das ciências sociais – inter e intra –, nos ajudaria a não cair na homogeneidade total, mas, ao mesmo tempo, na diversidade total das abordagens científicas do social". Enrique Luengo González, "Ciencias sociales y complejidades: hacia un diálogo de mutuos aprendizajes", *Gazeta de Antropología*, Granada: 2019, p. 9.

[7] Edgar Morin, *L'Homme et la mort*, Paris: Seuil, 1951; *Le Paradigme perdu: la nature humaine*, Paris: Seuil, 1973; *Commune en France: la métamorphose de Plozévet*, Paris: Fayard, 1967.

Certamente não era a primeira ocasião em que me encontrava com um pensador com tal magnitude e intencionalidade em seu olhar abrangente, uma vez que outros pensadores das ciências sociais me chamaram a atenção por sua busca e proposição de visões integrais. Por exemplo, no período clássico da ciência social, poderíamos mencionar as contribuições de Karl Marx, Émile Durkheim, Max Weber, Alexis de Tocqueville, Marcel Mauss ou a escola dos Annales; na segunda metade dos anos 1990, as tentativas de integração do funcionalismo; nos anos 1950, a articulação dos diversos níveis de análise (desde o biográfico pessoal até a história e o contexto social e político) de Wright Mills; nos anos 1960, as propostas do neomarxismo e da Escola de Frankfurt, assim como das diferentes vertentes do estruturalismo nos anos 1970; e, no final do século XX, a interpretação do sistema-mundo de Immanuel Wallerstein.

No entanto, Edgar Morin oferecia não apenas uma perspectiva geral para buscar integrar, por meio de um metassistema, concepções gerais ou marcos de referências comuns, considerando a diversidade de disciplinas, especializações e experiências de pesquisa em ciências sociais, mas também uma proposta de revisão dos pressupostos do nosso pensamento e dos nossos procedimentos nos truques do conhecimento, o que leva ao pensamento complexo.

A paixão imparável de pensar e escrever

Uma segunda qualidade que eu destacaria em sua obra é sua produção, não apenas a diversidade de temáticas abordadas, mas a capacidade de escrever e publicar, o que envolve trabalho, constância e dedicação ao longo de uma vida. Nessa produção vasta, não só seus livros e capítulos são encontrados em importantes textos coletivos ou revistas, mas também seus diários, artigos no *Le Monde*[8], uma infinidade de entrevistas, centenas de palestras, sem mencionar sua produção

---

[8] Sem pretender ser exaustivo, mas para dar uma ideia quantitativa da magnitude da obra de Edgar Morin, apenas considerando seus diários, editoriais e livros, há 12 diários, publicados em dois grossos volumes, totalizando 2.500 páginas; seus editoriais no *Le Monde* com quase seiscentas páginas; e, certamente, seus mais de setenta livros publicados. Cf. Edgar Morin, *Journal: 1962-1987*, Paris: Seuil, 2012; *Journal: 1992-2010*, Paris: Seuil, 2012; *Au Rythme du monde: un demi-siècle d'articles dans Le Monde*, Paris: Archipoche, 2014.

cinematográfica e, mais recentemente, um cativante romance autobiográfico, intitulado *L'Île de Luna* (*A ilha de Luna*)[9]. Essa intensidade de trabalho é maravilhosa quando contrastada com seu ser jovial, sociável e ativo, pois Edgar não é uma pessoa enclausurada, ranzinza e solitária que deixa de conviver com amigos e colegas. Pelo contrário, tem sido um apreciador de amizades e viagens, debates e diálogos, arte e cinema, dança e canto, mar e montanhas.

A conversa que Edgar trava com Djénane Kareh Tager, no livro *Meu caminho*, reflete essa sua paixão exemplar pela vida. Reproduzo parte desse diálogo:

> D.T.: O que você ama da vida?
> E.M.: Amo tudo o que exalta: o amor, a fraternidade, a comunhão, a dança, a festa. Tenho uma necessidade profunda de comunidade, de comunhão, sem dúvida devido ao enorme vazio criado pelo desaparecimento precoce e brutal de minha mãe. Sendo filho único, gostaria de ter tido irmãos.
> D.T.: Você valoriza muito a amizade...
> E.M.: Sempre tive necessidade de amor e de amizade. O amor e a amizade são coisas vitais no sentido literal: fazem viver...[10].

A paixão pelo pensamento e pela ação

Outro atributo de Edgar Morin que chamou fortemente minha atenção ao conhecer sua múltipla e ativa presença é seu caráter humanista de pensamento e ação. A aplicação do pensamento complexo aos processos e eventos da dinâmica sociopolítica contemporânea e seu consequente compromisso contra a crueldade e a injustiça são outras das qualidades que me cativaram ao me aprofundar na volumosa obra de Edgar. Sinteticamente, eu poderia dizer que ele está convencido de que o compromisso ético com o conhecimento e com a ação emana do próprio fato de estarmos vivos e de compartilharmos com os outros o planeta em que habitamos. Essa relação entre conhecimento, ética e ação é o que pode nos levar a um saber maior, a um agir melhor e a sentir mais.

---

[9] *Idem, L'Île de Luna*, Paris: Actes Sud, 2017.

[10] *Idem, Mi camino: la vida y la obra del padre del pensamiento complejo*, Barcelona: Gedisa, 2008, p. 233.

Nesse sentido, penso que a vida de Edgar, entendida em sua complexidade, tem valor como evidência demonstrativa. Lembremo-nos de que durante séculos se sustentou que a única licença honesta e demonstrável para ensinar era aquela que tinha a virtude do exemplo. Grandes personagens da história nos ensinaram existindo, pois o ensino exemplar é atuação e até pode ser mudo. Considero que esse é o caso daquele que agora homenageamos neste livro.

Um exemplo comovente do exposto é uma experiência que Edgar conta sobre um professor universitário, criminoso confesso de um terrível assassinato, que, sem conhecê-lo pessoalmente ou pedir que respondesse à carta que lhe enviava, lhe escreveu da prisão, depois de ter lido sua obra *O método*. Em sua carta ele conta sua história, o estado de loucura por que passou e seu arrependimento. Edgar decide responder e visitar o professor idoso na prisão. Nesse lugar, conhece sua atividade como alfabetizador de migrantes, educador e promotor cultural no interior da prisão, e, ainda, orientador da tese de um deles. A partir dessa visita, Edgar convoca alguns de seus amigos da intelectualidade francesa para apoiar a causa educacional do condenado. Além disso, decide escrever ao presidente da França para solicitar que o caso seja estudado a fim de reduzir a pena, o que ocorre depois de dois anos. Uma vez solto o ex-preso, ele o convida para falar na apresentação da nova edição de seu livro *O método*, em 2008[11]. Ao ler essa história de transgressão, perdão e redenção me perguntei, guardadas as devidas proporções, se eu teria ousado agir da mesma forma. Duvido muito que eu tivesse a iniciativa e, talvez, a coragem de agir como ele fez.

A paixão pelo ritmo do mundo

Acompanhar o pulso do mundo é mais uma qualidade de Edgar Morin que eu particularmente destaco. Sua produção editorial seguiu os passos da ampla jornada dos acontecimentos ou eventos turbulentos mais significativos do século XX.

O pensador da complexidade nos confessa ter tido dois grandes interesses: um, o interesse em propor um método de conhecimento

---

[11] Edgar Morin e Tariq Ramadan, *Au Péril des idées: les grandes questions de notre temps*, Paris: Archipoche, 2014, pp. 306-9.

relevante; o outro, ser capaz de responder às surpresas geradas por acontecimentos sociopolíticos e culturais inesperados, questioná-los, compreender sua origem e significado. Essa segunda paixão o fez coletar informações dispersas e vinculá-las, oferecer uma compreensão dos acontecimentos que desperta a reflexão do público, maravilhado pela inovação inesperada ou pelo caos que ela provoca, oferecendo uma postura consistente que se opõe à crueldade e à barbárie. Dessa forma, Edgar Morin nos convida a adiar condenações ou oferecer explicações ou respostas simplificadas sobre a complexa realidade social. Assim, por exemplo, ao longo de seu trajeto de vida, escreveu sugestivas e muito bem valorizadas interpretações sobre o movimento de Maio de 68 na França, os novos movimentos culturais dos jovens, a cultura de massas e suas dinâmicas manifestações, o totalitarismo na URSS e o fracasso de sua tentativa imperialista, a queda do muro de Berlim, a guerra fratricida na ex-Iugoslávia, o conflito judaico-palestino, o futuro da França republicana, as possibilidades da comunidade europeia, a manifestação contra a Organização Mundial do Comércio em 1999, em Seattle, as respostas urgentes aos riscos ambientais, o desmoronamento da esquerda e os conflitos na Síria, Ucrânia e outras regiões. Por fim, mesmo com seus 99 anos, escreveu um livro sobre as incertezas e significados da pandemia de covid-19. Vários livros e diversos artigos relatam e interpretam, a partir do pensamento complexo, os acontecimentos de mais da metade do século XX até hoje. Isso simplesmente não deixa de me surpreender[12].

A paixão pela abertura e pelo movimento

Um quinto traço de Edgar que me motivou a ser um leitor em busca de seu trabalho é a abertura, ambivalência, flexibilidade, mudança de ideias, reconhecimento de erros humanos, complementaridade e antagonismo entre razão e sentimento, entre ciência e mistério, entre *homo sapiens* e *demens*.

---

[12] Seria extenso citar todas as obras em que Edgar Morin aborda o estudo desses eventos. Porém, para se ter uma ideia do exposto, pode-se recorrer ao livro *Au Rythme du monde: un demi-siècle d'articles dans Le Monde* (*No ritmo do mundo: meio século de artigos no Le Monde*), citado anteriormente, que reúne meio século de editoriais escritos para o jornal *Le Monde* sobre esses e outros tópicos. Cf. Edgar Morin, *Au Rythme du monde, op. cit.*

Talvez o que mais me surpreendeu sobre Edgar em sua disposição à abertura tenha sido a reelaboração constante de suas ideias ao raciocinar consigo mesmo, de se ouvir e se responder, de discutir e discernir. Por exemplo, em um de seus livros, ele escreve: "[...] eu queria me reconhecer em minhas ideias-força. Senti progressivamente a necessidade de saber como e por que acredito no que acredito, como e por que penso como penso e, no final das contas, reexaminar o que penso na mesma raiz"[13]. Posteriormente, acrescenta que esse esforço para se desdobrar em observador-observado tornou-se um de seus princípios epistemológicos fundamentais para gerar um pensamento complexo, que consiste em que "o observador/pensador deve estar incluído na observação e no pensamento. O conhecimento precisa do autoconhecimento"[14].

Seus livros *Autocrítica*[15] e *Meus demônios* abordam a reelaboração de suas ideias e o reconhecimento de suas faltas. Nesses livros o autor confessa suas reflexões, experiências, ilusões e frustrações, assim como a libertação de suas amarras e as retificações de seu pensamento. Em sua obra *Meus demônios* ele reconhece os estágios de reorganização paradigmática que eventualmente o levam ao pensamento complexo[16].

Além disso, considero que o conjunto de seus diários, particularmente o que escreveu em convalescência de uma grave doença nos anos 1970, *Le Vif du sujet*[17], talvez seja onde se encontra o mais profundo dos diálogos internos por ele sustentado[18].

Bem poderíamos reconhecer em Edgar, ao longo desse processo, a capacidade de perceber seus erros e ilusões para se refazer, o que

---

[13] Edgar Morin, *Mis demonios*, Barcelona: Kairós, 1995, p. 8.

[14] *Ibidem*, p. 11.

[15] *Idem, Autocrítica*, Barcelona: Kairós, 1976.

[16] Edgar Morin, *Mis demonios, op. cit.*; Alfredo Gutiérrez Gómez, *La propuesta: tomo I: Edgar Morin, conocimiento e interdisciplina*, Ciudad de México: UIA, 2003, pp. 35-9.

[17] Edgar Morin, *Le Vif du sujet*, Paris: Seuil, 1969.

[18] Infelizmente, pelo que sei, os diários de Edgar Morin não foram traduzidos para o espanhol, exceto *El diario de California*, e, mais recentemente, *Le Vif du sujet*, sob o título *En carne viva: meditacíon*. Essa pode ser a razão para o conhecimento escasso que o público de língua hispânica tem dessas obras.

é um sinal de sabedoria, pois como diz Octavio Paz: "aceitar nossos erros [...] é o retorno à saúde e o princípio da sabedoria"[19].

Essa disposição aberta, conciliadora e inacabada de Edgar obviamente está relacionada com sua insistência na capacidade de diálogo, de compreensão entre os diferentes, na dualidade entre complementaridade e antagonismo na unidade complexa, bem como em sua busca sem fim pelo conhecimento.

A paixão por interligar as paixões

Em síntese, as qualidades ou atributos que consegui distinguir e que inicialmente me levaram a aprofundar o conhecimento sobre a obra desse inovador e heterodoxo pensador foram: sua capacidade de dar sentido à unidade e à diversidade da realidade; a enorme produção bibliográfica, sem negligenciar sua jovial e amigável presença; a articulação de seu pensamento comprometido eticamente com a ação; o olhar constante sobre o curso e o futuro dos múltiplos problemas complexos dos séculos XX e XXI; e, finalmente, a disposição aberta para retificar o pensamento e a ação quantas vezes forem necessárias. Com o tempo, eu certamente iria conhecer outros traços igualmente admiráveis.

É necessário notar que essas paixões se sobrepõem e mobilizam: são paixões generativas e produtivas. Em outras palavras, o conjunto de sua obra é uma generosa proposta para nos permitir continuar avançando, questionando, retroprojetando e retificando nossos conhecimentos sobre a complexa evolução da vida.

A DIVERSIDADE TEMÁTICA EM SUA UNIDADE

O conjunto das paixões que eu detectava na obra de Edgar Morin estava refletido no tratamento de diversos temas que ao longo dos anos fui conhecendo por meio de seus escritos e conferências. Exponho brevemente os tópicos que me cativaram e que me interessei em conhecer,

---

[19] Octavio Paz, *Ideas y costumbres I: la letra y el cetro*, Ciudad de México: Fondo de Cultura Económica, 1995, p. 451.

apresentando cronologicamente as contribuições que fui descobrindo sobre esse pensador genial.

A epistemologia e a teoria do conhecimento

Esse tema foi o início e minha entrada nas leituras de Edgar Morin. Duas das disciplinas que tinham sido de meu maior agrado e interesse em minha formação sociológica foram os cursos de epistemologia e de sociologia do conhecimento. Tive a sorte de ser aluno de Gilberto Giménez, um professor maravilhoso e querido, a quem nunca me canso de agradecer por seus ensinamentos. Além desse privilégio, graças às conversas mantidas com meu "professor" Alfredo, que respondia às minhas perguntas com novas perguntas, obrigando-me a apresentar novas dúvidas, graças à memória das minhas experiências e graças a ele me forçar a discernir para que continuasse procurando e progredindo no meu próprio caminho, encontrei os meios conceituais que o pensamento complexo proposto por Edgar Morin me oferecia, o que me levou a um questionamento sobre a forma convencional como fui ensinado a proceder na investigação e que eu estava tentando aplicar à análise do social.

A leitura do livro *Ciência com consciência* foi verdadeira revelação, pois me colocava diante da necessidade de um pensamento questionador, multidimensional, que considerasse distintos pontos de vista e que, embora reconhecendo as limitações de um conhecimento parcial, não abandonasse o retorno forçado ao conjunto ou à integração dos conhecimentos. O que mais me impressionou nessa primeira leitura talvez esteja resumido nas seguintes palavras de seu autor: "a ciência não leva à consciência em suas entranhas. É a cabeça indagadora que não sabe o que procura nem o que a move. No entanto, arrasta atrás de si o planeta"[20]. Há muito tempo eu tinha questionado o porquê de grande parte da pesquisa social. Havendo problemas urgentes, grandes e diversos em nossos países, percebia uma carência de reflexão filosófica, epistemológica e ética sobre os tipos de objeto, procedimentos e resultados de pesquisa, assim como as intencionalidades daqueles que se definiam conhecedores do social.

---

[20] Edgar Morin, *Ciencia con consciencia, op. cit.*, p. 15.

Por outro lado, entendia que o problema do conhecimento não se limitava ao conhecimento científico, mas era aplicável à maneira como pensávamos ou estruturávamos nosso pensamento. O assunto não era apenas um problema epistemológico, da teoria do conhecimento científico, mas da nossa lógica de pensamento. Anos depois, li os volumes de *O método* e, embora seja extenso relatar o que esses textos me revelaram, considero o livro *O método 3: o conhecimento do conhecimento*[21] aquele que me ofereceu uma explicação ampla e intrincada sobre as condições, possibilidades e limites do conhecimento.

Com esses dois livros, minhas primeiras leituras da longa lista de publicações de Edgar, eu considerava que tinha tanto uma epistemologia que me levava a horizontes mais amplos quanto uma sólida teoria do conhecimento.

Tamanho era meu interesse pelo assunto que me atrevi a escrever um livro com o objetivo de dar a conhecer como o pensamento e o conhecimento complexos podem ser desencadeados por uma série de princípios geradores inter-relacionados, que foram propostos por Edgar Morin[22].

A ANTROPOSSOCIOLOGIA E O MÉTODO DAS CIÊNCIAS SOCIAIS

Outro dos livros de Edgar que chegou às minhas mãos foi *Sociologia*[23]. Seus vários capítulos enriqueceram minha visão não só da teoria e do método sociológico, mas também de aplicações e tratamentos de temas que eu nunca havia imaginado e que não sabia, na época, que eram promovidos com a mesma vitalidade por outros cientistas sociais. Esse foi o caso do que ele chama de sociologia do presente, a sociologia da sociologia, a temática juvenil e suas novas expressões, a *crisisologia* ou o tratamento das crises, o questionamento das técnicas

---

[21] Idem, *El método III: el conocimiento del conocimiento*, Madrid: Cátedra, 1988.

[22] Cf. Enrique Luengo González, *El conocimiento de lo social: I. principios para pensar su complejidad*, Tiaquepaque: Iteso, 2014.

[23] Edgar Morin, *Sociología*, Madrid: Técnos, 1994.

convencionais de pesquisa social e a proposta de novos procedimentos, a crítica e uma nova concepção do desenvolvimento, entre outras coisas.

Mais um dos convites que Edgar fazia nesse livro, assim como em muitos outros, era a relação entre as ciências sociais e seu interior, como sua ligação com as outras ciências consideradas não sociais, tais quais a biologia, a física e as humanidades, entre as quais se incluem a filosofia, a literatura, a poesia e outras manifestações da arte.

Uma concepção complexa do social implica, segundo Edgar Morin, novos procedimentos de conhecimento, desde um método entendido como epistemologia até um método entendido como procedimento para tratar a realidade empírica. No primeiro caso, ele nos oferece sua obra *O método*, e, no segundo, uma série de capítulos, como a seção *"El método in vivo"*, do seu livro *Sociologia*[24], além de suas pesquisas empíricas sobre a metamorfose de uma comunidade[25]. Com a intenção de não confundir método com metodologia, como nos adverte Edgar em diversos escritos, e tentando encarar a "penitência metodológica", consistente no desafio de resolver um mundo de dúvidas e intuições que o "professor" Alfredo lançou em mim, ao dedicar-me um de seus livros[26], escrevi uma tentativa de resposta com a intenção de propor um método-estratégia para o estudo do social[27]. As questões que nortearam essa escrita giraram em torno das seguintes perguntas: como proceder em uma pesquisa empírica que pretende assumir os princípios do pensamento complexo? Como abordar questões complexas sob essa nova perspectiva de conhecimento? No que poderia consistir um método-estratégia do conhecimento complexo? Quais são os procedimentos e instrumentos recomendados para uma pesquisa empírica com essas características?

---

[24] *Ibidem*, pp. 185-223.

[25] Edgar Morin, *Commune en France: la métamorphose de Plozévet*, Paris: Fayard, 1967; *La Rumeur d'Orléans*, Paris: Seuil, 1969.

[26] César Horacio Delgado Ballesteros (comp.), *Pensar y enseñar desde la complejidad: el oficio y el estilo del maestro Alfredo Gutiérrez Gómez*, Ciudad de México: UIA, 2005, p. 99.

[27] Cf. Enrique Luengo González, *El conocimiento de lo social: II. el método-estratégia*, Tiaquepaque: Iteso, 2014.

A transformação da educação e seus processos

Esse é provavelmente o assunto pelo qual Edgar Morin é mais conhecido na América Latina, e é possível que muitos tenham a ideia de que ele é, antes de tudo, um teórico da educação ou simplesmente um educador. Mais do que isso, Edgar publicou diversos livros sobre educação na virada do século. Entre os mais conhecidos estão *Os sete saberes necessários à educação do futuro* e *A cabeça bem-feita*[28], por seu interesse pelo conhecimento e pelo pensamento, assim como pelo desejo de oferecer às novas gerações recursos cognitivos que lhes facilitem o enfrentamento dos grandes desafios de seu presente. Essa intencionalidade é o que o leva à educação.

Acho que as propostas educacionais revolucionárias de Edgar explicam muito do meu interesse por esse terceiro tema, pois têm norteado as atividades em cargos docentes e de gestão ao longo de minha vida acadêmica. O interesse pela inter e transdisciplinaridade, a reflexão sobre as intencionalidades da educação, a busca por novas estratégias pedagógicas e a definição articulada de conteúdos, os projetos de pesquisa e a intervenção social em equipes com formação e habilidades diversas, a ecoeducação e a educação a partir do local, entre outras temáticas, são preocupações amplamente motivadas pelas leituras desse grande pensador.

As várias aplicações da complexidade

A morte, o amor, os atores consagrados, a empresa, o movimento de Maio de 68, a ciência, o totalitarismo, o cinema, o processo de hominização e a atualidade da esquerda são alguns dos numerosos temas sobre os quais Edgar escreveu e pelos quais, por seu tratamento inovador em muitas ocasiões, foi reconhecido em diversos âmbitos acadêmicos e intelectuais, como é o caso de seus estudos e explicações relacionados à morte, ao cinema, a Maio de 68, ao totalitarismo, à cultura dos meios de massa ou ao boato, embora, como costuma acontecer, não tenham faltado críticas à ousadia de ir além dos limites da ciência ou das molduras convencionais.

---

[28] Edgar Morin, *Les Sept Savoirs nécessaires à l'éducation du futur*, Paris: Seuil, 2000; *La Tête bien faite: repenser la reforme, réformer la pensée*, Paris: Seuil, 1999.

É muito sábio o que Edgar Morin expressa a Françoise Bianchi em uma carta-resposta que lhe dirige, referindo-se à diversidade de tópicos sobre os quais escreveu: "[...] da mesma forma que cada ponto parcial e singular de um holograma contém a informação da imagem inteira, assim cada um dos meus livros singulares contém 'hologramaticamente' todos os outros"[29].

Essa diversidade de abordagens fala não apenas de sua capacidade intelectual, que muitos reconhecemos, mas da aplicabilidade ou plasticidade de sua proposta em torno do pensamento complexo para trabalhar distintas problematizações.

O impulso articulado de caminhos alternativos de futuro

Mais uma característica que chamou minha atenção para o trabalho de Edgar Morin é sua capacidade de pensar e vincular vários componentes para permitir um desenvolvimento mais promissor da história humana. Albert Camus afirma que esse é o sentido que deveria ser concedido ao pensamento, pois "pensar é, antes de tudo, querer criar um mundo"[30]. É precisamente isso que Edgar nos oferece em diversas sínteses sucessivas de suas reflexões, nas quais articula seu método de conhecimento com a proposta de uma série de caminhos ou vias que nos permitam visualizar e avançar em direção a um futuro mais esperançoso para a humanidade e para o planeta, com todos os desafios e incertezas que isso implica.

Daí o convite que Edgar faz aos seus leitores, chamando-nos a participar de um esforço comum pela busca e articulação de diversas vias alternativas, com a intenção de contribuir com um futuro melhor para o conjunto da humanidade e da biosfera. *Introdução à política do homem*[31], *Un Nouveau Commencement* (*Um novo começo*)[32], *Pour une Politique de civilisation* (*Por uma política de civilização*)[33], *Pour entrer*

---

[29] Edgar Morin, *Ciencia con consciencia*, Barcelona: Anthropos, 1984, p. 21.

[30] Albert Camus, *El mito de Sísifo*, Ciudad de México, Alianza, 1989, p. 30.

[31] Edgar Morin, *Introduction à une politique de l'homme*, Paris: Seuil, 1965;

[32] Edgar Morin, Gianluca Bocchi e Mauro Ceruti, *Un Nouveau Commencement*, Paris: Seuil, 1991.

[33] Edgar Morin, *Pour une Politique de civilisation*, Paris: Arléa, 2002.

dans le XXIe Siècle (Para entrar no século XXI)[34], *Terra-pátria*[35], *A via para o futuro da humanidade*[36] e, recentemente, *É hora de mudarmos de via: as lições do coronavírus*[37] são alguns de seus livros que pessoalmente me ajudaram a entender minha existência e o papel que deveria desempenhar no complexo futuro do mundo[38].

Essa insistência de Edgar me faz lembrar o que Carlos Maldonado bem diz ao refletir sobre o esforço de quem se empenha em expandir horizontes para a vida: "Não há tarefa mais digna da existência do que semear o mundo de possibilidades e esperanças, desejos e futuros"[39], e este é precisamente um dos grandes reconhecimentos que Edgar merece.

REFLEXÃO FINAL

Comecei a escrever lembrando do meu velho amigo, o "professor" Alfredo Gutiérrez, que foi um elo afortunado que abriu e guiou meu caminho inicial para o conhecimento da obra de Edgar Morin. Numa homenagem à qual fui convidado para apresentar um livro em sua honra, devido a sua aposentadoria na Universidade Ibero-americana[40], expressei as seguintes palavras, que desejo parafrasear em reconhecimento às duas pessoas que hoje, com o passar dos anos, considero que deixaram a maior marca na forma como entendo a vida e a minha vida: Alfredo Gutiérrez e Edgar Morin.

---

[34] Idem, *Pour entrer dans le XXIe Siècle*, Paris: Seuil, 2004.

[35] Edgar Morin e Anne Brigitte Kern, *Terre-Patrie*, Paris: Seuil, 1993.

[36] Edgar Morin, *La Voie pour l'avenir de l'humanité*, Paris: Fayard, 2011.

[37] Idem, *Changeons de Voie: les leçons du coronavirus*, Paris: Donovël, 2020.

[38] Ver também: Edgar Morin, *Écologiser l'Homme*, Paris: Lemiux, 2016; *Le Temps est venu de changer de civilisation*, Paris: L'Aube, 2017; *Où va le Monde?*, Paris: L'Herne, 2007; Edgar Morin e Patrick Viveret, *Cómo vivir en tiempos de crisis*, Buenos Aires: Nueva Visión, 2011; Stéphane Hessel e Edgar Morin, *El camino de la esperanza*, Barcelona: Paidós, 2012.

[39] Carlos Eduardo Maldonado, *Complejidad de verdad*, Bogotá: Ediciones Desde Abajo, 2020, p. 62.

[40] Cf. César Horacio Delgado Ballesteros, *op. cit.*

O pano de fundo de seu interesse mútuo no pensamento complexo, eu suspeito, tem sido o desejo de se envolver em uma humanidade mais cuidadosa, mais fraterna e mais compassiva. Aparentemente, eles entendem a solidariedade como o entrelaçamento das esperanças de várias vontades e como o contato com o senso de mistério que envolve nossas vidas. Experimentar a humanidade como uma comunidade de destino faz com que vivenciem sua solidariedade com todo o universo, libertando-os de pensar que somos meros fragmentos desconectados. Esse observar e pensar sobre nós mesmos como um todo está relacionado a sua proposta cognitiva, uma vez que ambos deixam de enfatizar o conhecimento isolado, o fechamento disciplinar, a atenção exclusiva à lógica, à análise e à objetividade, bem como o uso do conhecimento para fins de controle e predição. Pelo contrário, Alfredo e Edgar nos convidam a ver a influência sutil que exercemos ao nos reconhecermos como participantes e colaboradores do planeta azul e do cosmos no qual estamos irremediavelmente imersos.

REFERÊNCIAS

BAUMAN, Zygmunt. *¿Para qué sirve realmente...? Un sociólogo*. Ciudad de México: Paidós, 2019.

CAMUS, Albert. *El mito de Sísifo*. Ciudad de México: Alianza, 1989.

DELGADO BALLESTEROS, César Horacio (comp.). *Pensar y enseñar desde la complejidad: el oficio y el estilo del maestro Alfredo Gutiérrez Gómez*. Ciudad de México: UIA, 2005.

GUTIÉRREZ GÓMEZ, Alfredo. *La propuesta: tomo I: Edgar Morin, conocimiento e interdisciplina*. Ciudad de México: UIA, 2003.

HESSEL, Stéphane; MORIN, Edgar. *El camino de la esperanza*. Barcelona: Paidós, 2012.

JULLIEN, François. *Nutrir la vida: más allá de la felicidad*. Madrid: Katz, 2007.

LUENGO GONZÁLEZ, Enrique. "Ciencias sociales y complejidades: hacia un diálogo de mutuos aprendizajes". *Gazeta de Antropología*. Granada: 2019, v. 35, n. 2.

LUENGO GONZÁLEZ, Enrique. *El conocimiento de lo social: I. principios para pensar su complejidad*. Tlaquepaque: Iteso, 2014.

LUENGO GONZÁLEZ, Enrique. *El conocimiento de lo social: II. el método-estrategia*. Tlaquepaque: Iteso, 2014.

MALDONADO, Carlos Eduardo. *Complejidad de verdad*. Bogotá: Desde Abajo, 2020.

MORIN, Edgar. *Au Rythme du monde: un demi-siècle d'articles dans Le Monde*. Paris: Archipoche, 2014.

MORIN, Edgar. *Autocrítica*. Barcelona: Kairós, 1976.

MORIN, Edgar. *Changeons de Voie: les leçons du coronavirus*. Paris: Donovël, 2020.

MORIN, Edgar. *Ciencia con consciencia*. Madrid: Anthropos, 1984.

MORIN, Edgar. *Commune en France: la métamorphose de Plozévet*. Paris: Fayard, 1967.

MORIN, Edgar. *Écologiser L'Homme*. Paris: Lemiux, 2016.

MORIN, Edgar. *El método III: el conocimiento del conocimiento*. Madrid: Cátedra, 1988.

MORIN, Edgar. *Introduction à une politique de l'homme*. Paris: Seuil, 1965.

MORIN, Edgar. *Journal: 1962-1987*. Paris: Seuil, 2012.

MORIN, Edgar. *Journal: 1992-2010*. Paris: Seuil, 2012.

MORIN, Edgar. *La Rumeur d'Orléans*. Paris: Seuil, 1969.

MORIN, Edgar. *La Tête bien faite: repenser la réforme, réformer la pensée*. Paris: Seuil, 1999.

MORIN, Edgar. *La Voie pour l'avenir de l'humanité*. Paris: Fayard, 2011.

MORIN, Edgar. *Le Paradigme perdu: la nature humaine*. Paris: Seuil, 1973.

MORIN, Edgar. *Le Temps est venu de changer de civilisation*. Paris: L'Aube, 2017.

MORIN, Edgar. *Le Vif du sujet*. Paris: Seuil, 1969.

MORIN, Edgar. *Les Sept Savoirs nécessaires à l'éducation du futur*. Paris: Seuil, 2000.

MORIN, Edgar. *L'Homme et la mort*. Paris: Seuil, 1951.

MORIN, Edgar. *L'Île de Luna*. Paris: Actes Sud, 2017.

MORIN, Edgar. *Mi camino: la vida y la obra del padre del pensamiento complejo*. Barcelona: Gedisa, 2008.

MORIN, Edgar. *Mis demonios*. Barcelona: Kairós, 1995.

MORIN, Edgar. *Oú Va le Monde?* Paris: L'Herne, 2007.

MORIN, Edgar. *Pour entrer dans le XXIe Siècle*. Paris: Seuil, 2004.

MORIN, Edgar. *Pour une Politique de civilisation*. Paris: Arléa, 2002.

MORIN, Edgar. *Sociología*. Madrid: Técnos, 1994.

MORIN, Edgar; KERN, Anne Brigitte. *Terre-Patrie*. Paris: Seuil, 1993.

MORIN, Edgar; RAMADAN, Tariq. *Au Péril des idées: les grandes questions de notre temps*. Paris: Archipoche, 2014.

MORIN, Edgar; VIVERET, Patrick. *¿Cómo vivir en tiempos de crisis?* Buenos Aires: Nueva Visión, 2011.

MORIN, Edgar; BOCCHI, Gianluca; CERUTI, Mauro. *Un Nouveau Commencement*. Paris: Seuil, 1991.

PAZ, Octavio. *Ideas y costumbres I: la letra y el cetro*. Ciudad de México: Fondo de Cultura Económica, 1995.

STEINER, George. *Pasión intacta*. Madrid: Siruela, 2001.

TRAJETÓRIA DO PENSAMENTO COMPLEXO DE EDGAR MORIN NA COLÔMBIA

Rubén Fontalvo

Como abordar a obra de Edgar Morin, pensador contemporâneo tão profuso, profundo e provocador, sem fugir do que ele propõe em relação a uma política do homem, ou melhor, de uma antropolítica como filosofia de vida para o ser humano planetário? Como nos situar em sua trajetória, no percurso entre o pensamento e o mundo, vivendo sua própria metamorfose em que a cada nova complexidade abordada há uma ideia, fórmula, imagem que o faz descobrir aspectos até então invisíveis?

Nosso pensador é uma aposta radical e generosa para fazer articulações com amigos e mentes diferentes, sentindo a necessidade de trazer novamente a questão antropológica para o pensamento político, para entender as múltiplas relações e interdependências da complexidade humana, suas contradições e incertezas, bem como a criatividade para buscar novas alternativas.

A grande obra desse autor, conhecida como pensamento complexo, é uma aventura do pensamento das mais férteis, que não se fundamenta exclusivamente em uma operação cognitiva interna sem compreender a enorme repercussão mundial de uma tendência intelectual, permanentemente incentivada por uma posição e convicção próprias. Conhecer o conhecimento, seus problemas e desafios e propor alternativas, a razão que norteia a aventura humana, buscar a humanidade, dando continuidade à questão permanente: "o que é o ser humano?". Esses são sinais para compreender o tipo de pensador que forma nosso autor, os ambientes da onda do pensamento complexo, suas contribuições teóricas e como se configuram suas temáticas.

Ao contrário de qualquer espírito redutor, Morin é um processo de busca inacabada, um trabalho de reconstrução do pensamento que viaja dentro do saber e para além dele, nos interstícios das diferentes disciplinas e do cotidiano, trabalhando em diálogo com outras contribuições, sempre fazendo novas perguntas e redefinindo-as por meio do ciclo da religação. É um trabalho que cresce ao mesmo tempo que se transforma, que propõe ultrapassar os limites, fazendo surgir novas complexidades e incertezas, articulando o diverso, lidando com insatisfações, riscos, ambiguidades, desafios, lacunas, em uma ação de relação e de relacionar-se, inclusive consigo mesmo, enfatizando os processos interativos entre ciência, experiência e compreensão dos contextos, estabelecendo a relação entre episteme e pragmática, entre fazer e compreender a condição humana.

A vida e a obra de Edgar Morin são uma forma constitutiva da ética mais recente de pensar a busca pela humanidade.

O LUGAR DO PENSAMENTO COMPLEXO

O espírito de Edgar Morin não se reduz à especialização das disciplinas, mas tem um pensamento indisciplinado que desconhece fronteiras e por isso se define como um contrabandista dos saberes, no sentido de que toda ideia o leva à ideia oposta para assumir a contradição de um pensamento fundamentado em sua própria destruição e regeneração.

Na relação de interdependências e incertezas, reconhecer o convite permanente para conectar verdades dispersas e verdades antagônicas é uma tarefa do pensamento complexo. Não substituir o certo pelo incerto, o separável pelo inseparável, mas estabelecer um diálogo cognitivo entre o certo e o incerto, entre o separável *e o inseparável*, cujo entendimento engloba todos os tipos de reducionismo e busca um método que possa articular, reconectar causas internas e externas, o que está separado, e unir novamente o que está desunido.

O ponto fundamental de Edgar Morin é a capacidade de olhar a atividade cognitiva, permitindo não só enfrentar o pensamento, mas também construir modos de pensar a partir de um olhar crítico sobre várias perspectivas relacionadas e polêmicas, além de constatar modelos teóricos e metodológicos. A questão de seu modo de pensar é revelar racionalidades de outros paradigmas, questionar os pressupostos em que se baseiam e contribuir para projetar as bases de outro modo de pensar.

Um elemento de seu trabalho intelectual é a vocação para o diálogo, com a intenção de estabelecer espaços que estimulem encontros de construção coletiva. Sempre foi um convite para ver a necessidade de relacionar fragmentos espalhados, de ligá-los para que nada fique fora da compreensão humana e de reconstruí-los de forma crítica. Não se trata aqui de superar ou convencer o antagonista, mas de buscar juntos, com diferentes posturas, um entendimento ou compreensão mútua. Ele se interessa pela dialógica conforme a qual a vida se reorganiza constantemente a partir de sua desintegração, como uma possibilidade constante de renovação da ordem que se fundamenta na desordem.

Seu temperamento intelectual e humano configura uma vasta riqueza que se dispôs a compartilhar com todos, suas convicções, questionamentos e dúvidas que se tornaram nossas. Com uma grande generosidade, nos convida a refletir em nossa própria cognição sobre organização, dinâmica, ambiente e horizonte, a enfrentar seu conteúdo a partir de uma perspectiva recíproca, com a ideia de que devemos nos direcionar à condição humana para negar, revelar e planejar um novo caminho de busca.

O pensamento complexo moriniano permite abordar os problemas em seus vínculos indeterminados, o que demanda a opção por uma mudança profunda na forma de conhecer, pensar, aprender, sentir, ver, comunicar, investigar, visto que também aprendemos deficiências decorrentes das disciplinas que nos ensinaram a separar, desunir, reduzir, excluir. Trata-se de uma nova aprendizagem do pensamento como processo indeterminado, não linear, auto-organizado, associativo, polêmico, ativador de capacidades de reconhecer e refletir sobre as temporalidades e a emergência de saberes e sentimentos vinculados ao mundo das trajetórias humanizantes.

PRIMEIROS PASSOS PARA A RECEPÇÃO E TRAJETÓRIA NA COLÔMBIA

Os primeiros passos da aproximação de Morin com a Colômbia ocorreram em visitas realizadas a convite de Eduardo Domínguez[1] e Sergio González Moena[2], em uma trajetória de amizade e confiança que conquista o interesse de acadêmicos do ensino superior por meio de cursos, seminários, cátedras e publicações, sobretudo de novas formas solidárias de convivência. Dessa forma, um espaço docente de estudos foi formado por aqueles que abordavam o tecido da nossa realidade a partir da complexidade e disseminavam ideias sobre a necessidade de um pensamento complexo para compreender os problemas educacionais, sociais, políticos e éticos daquele país a partir de perspectivas regenerativas.

O interesse por tal pensamento foi mediado pela dedicação de Sergio González Moena em promover tais ideias na América Latina; como consequência, publicou com Luis Enrique Ruiz uma introdução aos princípios do pensamento complexo voltados para a América Latina a partir de dois seminários sobre Edgar Morin e o paradigma da complexidade, realizados durante 1995 e 1996 na Universidade de la Salle (Bogotá). Em *Pensamiento complejo, en torno a Edgar Morín, América Latina y los procesos educativos* (1997), que inclui um ensaio do próprio Morin sobre a necessidade do pensamento complexo, os autores apresentam o que pode ser considerado o primeiro trabalho publicado na Colômbia com o objetivo de pensar a realidade de forma diferente e estabelecer um diálogo entre o pensamento moriniano e outros autores latino-americanos, como Humberto Maturana, Octavio Paz, Mario Benedetti, Cristian Parker, abrangendo os processos educacionais como uma fonte útil para ajudar a pensar a crise sociocultural que nos aflige, talvez com outras fontes advindas de múltiplos saberes.

---

[1] Como diretor de pesquisa da Universidad Pontificia Bolivariana, em Medellín, convidei Morin em março de 1997 para aquela que pode ser considerada sua primeira exposição na Colômbia sobre os desafios da complexidade.

[2] Segundo Morin, o primeiro estudante universitário hispano-americano a se inspirar no pensamento complexo, professor da Universidade de la Salle de Bogotá.

Essas atividades buscavam organizar uma rede para criar a Asociación Colombiana para el Pensamiento Complejo, levando em conta que a produção intelectual de Morin já circulava entre os universitários motivados, ao mesmo tempo, pela criação da Association pour la Pensée Complexe (APC).

Uma nova visita de Morin à Colômbia ocorreu a convite da Comissão Interinstitucional da Família para o II Congresso Latino-americano da Família século XXI (Medellín, 1 a 3 de abril de 1998), evento em que foi convidado de honra. Suas contribuições nesse congresso mudaram a compreensão de um tema, convertido em dinâmica complexa: a confiança na família. Em entrevista a Nelson Vallejo Gómez, Morin analisou que estamos enfrentando uma crise da grande família:

> Rapidamente se deu um processo, certamente desigual segundo os países e seus costumes e histórias, que fez quase desaparecer a grande família, ou seja, uma federação de tios, de primos que estabeleciam laços de solidariedade. A grande família, que incluía vários filhos, quase desapareceu. A família ficou reduzida ao núcleo do casal com, no máximo, dois filhos. Os casais que ficam juntos para o resto da vida são raros. A crise da família está ligada aqui ao desenvolvimento de um individualismo egocêntrico.
> Esse individualismo traz solidão, insatisfações profundas e atomização do ser, sendo que o indivíduo sente a necessidade de se conectar a algo acolhedor e pode-se dizer também que o casamento, em crise, passa a ser uma resposta à crise do individualismo[3].

O interesse dos participantes nesse congresso foi motivado pela referência ao complexo de amor que despertou a compreensão da vida familiar, no mundo de aparências, separações, dispersão, finitude, mas também de atração, encontro, exaltação, reconhecendo o amor como ápice da união entre a loucura e a sanidade. No evento, disponibilizaram a tradução para o espanhol do livro de Edgar Morin *Amor, Poesía y Sabiduría* (1998), uma referência obrigatória para tentar abranger a situação violenta do país (ativada por forças de morte, guerra, assassinatos, massacres, êxodos, deslocamentos forçados,

---

[3] Edgar Morin, *Reflexão sobre os sete saberes necessários à educação do futuro*, Paris: Unesco, 2000.

injustiça social, corrupção) e um convite a reconhecer que, se o amor é a união suprema entre a sanidade e a loucura, devemos assumir o amor e a compreensão mútua.

Foi produzida uma ampla tiragem da obra traduzida, que apresentava um balanço do século XX e apontava caminhos para um novo começo da aventura humana rumo ao século XXI.

CÁTEDRA EDGAR MORIN SOBRE O PENSAMENTO COMPLEXO E A COMPLEXIDADE DA POLÍTICA

O Congresso Interlatino do Pensamento Complexo (realizado no Brasil, em 1998) despertou o interesse dos acadêmicos colombianos pela criação de cátedras de Edgar Morin. Assim, foram concebidas como espaços de reflexão e pesquisa para explorar e desenvolver, a partir do pensamento complexo, novas formas paradigmáticas no âmbito do saber, tanto individual como coletivo, de forma a situar a realidade nacional e o continente se aprofundando na obra e abrindo o horizonte teórico-metodológico dos programas universitários em que estavam inseridas.

As cátedras foram espaços acadêmicos em programas de graduação e pós-graduação de diversas universidades que, ao mesmo tempo, constituíam uma abertura acadêmica na modalidade de formação continuada, possibilitando o acesso de alunos e profissionais de diversas instituições de ensino e de cidadãos que implementavam projetos de desenvolvimento social em suas comunidades.

Cátedra Edgar Morin na Universidade Simón Bolívar

Sob a direção de Sergio González Moena, a Universidade Simón Bolívar foi convocada publicamente em março de 1998 para ser o primeiro espaço interinstitucional no Caribe colombiano. Temas como o conceito de crise e sua relação com a sociedade associada a dependências, desenvolvimento e a pobreza na América Latina no final do século XX, a pesquisa social de segunda ordem, a complexidade da política e a política da complexidade, a educação e o pensamento complexo motivaram debates nas áreas da ciência, filosofia, política e pedagogia sobre o que se denominou "o fim dos grandes projetos de um século crísico", que não cessava, mas se ampliava no século XXI.

Morin já alertara para o perigo que ameaçava a humanidade, o que nos faz pensar que estamos em um devir em que a crise aparece não como um acidente de nossas sociedades, mas como seu modo de ser. Segundo ele, isso ocorre quando abordamos a questão do desenvolvimento.

Nesse contexto, foi organizado o grupo de pesquisa Pensamento Complexo e Educação, que estava à frente de uma especialização em Gestão de Projetos Educacionais, por meio da qual se difundia, no Caribe colombiano e em diferentes sub-regiões, o pensamento de Morin quanto à educação.

Durante 25 anos a Universidade Simón Bolívar foi uma das instituições que se dedicaram ao pensamento complexo. As dinâmicas foram constituídas continuamente para permear processos acadêmicos e de pesquisa, desenvolvidos principalmente pelos grupos de estudos de Sergio González Moena e nos cursos de pós-graduação em educação. Cabe destacar que o programa de doutorado em ciências da educação dessa universidade criou o Simpósio Internacional Anual, responsável por mobilizar importantes pesquisadores que se baseavam nas contribuições de Morin.

Cátedra Itinerante Unesco Edgar Morin para o Pensamento Complexo

No período de 2002 a 2004, a Universidade Simón Bolívar de Barranquilla foi uma referência para o pensamento de Edgar Morin, reunindo pesquisadores, alunos de graduação e pós-graduação e professores da educação básica. A cátedra foi liderada por Raúl Motta e permitiu configurar uma nova onda para que as ideias de Morin enfrentassem os problemas daquele país em diálogo com as criatividades culturais que, a partir da região, dialogavam com a nação e o planeta. A passagem de Edgar Morin pela Colômbia em 2009 foi uma nova oportunidade para fazer seu pensamento chegar a várias regiões.

Cátedra América Latina José Consuegra Higgins

Na visita de Morin a Barranquilla, a Universidade Simón Bolívar inaugura a Cátedra América Latina "José Consuegra Higgins", dedicada à vida a à obra do pensador, que foi acolhido por três dias, de 7 a 9 de setembro, por essa *alma mater*. A aula inaugural da cátedra (que homenageou o reitor fundador da universidade, presente no evento) foi proferida por Morin, que fazia ali sua estreia expondo as bases para uma reforma do ensino universitário e da educação em geral perante um público com grandes expectativas e motivado pela lucidez desse pensamento, sendo convidado a deter o olhar na metamorfose do mundo e na necessidade de um pensamento do Sul.

Entre as atividades acadêmicas, culturais e protocolares, ele abriu espaço para conversar com crianças e jovens já iniciados em suas ideias, com os quais falava sobre a necessidade de reformas na educação que ensinem a viver com alegria desde a primeira infância, antes de encher as mentes de informação para cumprir os programas de estudo.

Cátedra Pública da Reitoria da Universidade de Antioquia

No seminário Ética, Direito e Desenvolvimento (Medellín, 2009), Morin retoma as reflexões sobre o pensamento complexo e suas aplicações para orientar a dimensão de uma nova civilização e de uma nova ética. Considerou o contexto vivido pelo país, que levava à reflexão sobre os valores presentes na promessa de liberdade, igualdade, fraternidade e ética dos direitos humanos, em um novo civismo de uma comunidade de destino planetário baseada nas ideias de responsabilidade e solidariedade com a Terra-Pátria.

Jornada Acadêmica na Universidade Tecnológica de Bolívar

No emblemático teatro Adolfo Mejía, em Cartagena (2009), foi realizada a jornada com uma dinâmica de conferências e painéis, nos quais Morin insistiu na relação da ética com a reforma do pensamento, tendo como interlocutores importantes pesquisadores colombianos.

Cátedra Humanista Edgar Morin Pensador Planetário

Liderada por Sergio Néstor Osorio, a Universidade Militar Nueva Granada de Bogotá realizou essa atividade durante os meses de setembro a novembro de 2009, com o apoio de universidades, centros de pesquisa, empresas civis e da Embaixada da França na Colômbia.

Essa atividade intelectual, além do espaço reflexivo, de integração entre as pessoas, as instituições e o público interessado em abordar o desafio planetário a partir das possibilidades oferecidas pela complexidade, se baseava de maneira especial no pensamento complexo de Morin para fazer as apostas da aventura humana.

PENSANDO A COLÔMBIA PARA RESPONDER AOS DESAFIOS DO SÉCULO XXI

Com o enfraquecimento das instituições na Colômbia durante a primeira década do século XXI, novos elementos caminhavam para uma renovação institucional, especialmente no meio urbano, onde ocorria certa modernização do modo de gestão e uma chamada às comunidades que permitiu mudanças em várias áreas, ainda incipientes e confrontadas com forças da violência e destruição. Vários setores da população mobilizaram esforços para enfrentar a propagação do conflito, tecendo redes associativas de grande vitalidade e, nas zonas mais conflituosas, contribuíam frequentemente para a geração de processos de auto-organização da sociedade.

O conflito social e político não pode ser tratado apenas em suas causas iniciais, pois elas produziram processos inter-recorrentes que, após setenta anos, configuraram uma guerra violenta que engendra seu próprio contexto, retroalimentada no ponto de partida para gerar novos fatores e novos produtos. O surgimento de movimentos políticos que rejeitam as antigas práticas clientelistas ocorre no contexto de uma modernização democrática com grande impacto nos imaginários e movimentos sociais, ativando expectativas que criam alternativas para a Colômbia diante da guerra interna.

Essa situação foi o motivo da reflexão apresentada por Edgar Morin no Congresso Internacional do Pensamento Complexo (realizado em Bogotá, 2000), coordenado por Patricia Martínez e Marco Velilla. O público a interpretou como uma esperança para toda a América Latina diante da situação antropolítica e ética enfrentada pela condição humana, tendo em vista que o grande desafio é responder às heranças do século XX, carregadas de grandes perigos planetários. Ele propõe que se reflita sobre a complexidade desse mundo e se dedique muito tempo ao pensamento, o que permite conscientizar sobre o que nos cerca frente à globalização atual que atinge toda a realidade planetária.

Um legado evidente discutido por Morin é a presença da morte, que, tanto pelas guerras mundiais quanto pelos conflitos internos dos países, questiona a condição de vida como uma luta de tensão sobre as incertezas de nossas vidas e os entendimentos que são necessários, contra os quais ele insiste que é preciso saber que em cada pessoa existe uma luta interna entre a vontade de viver, de aproveitar a vida, e as forças da autodestruição. Assim, ao lado do país em guerra há outro país que não para de evoluir, um país revolucionário, cheio de contradições e antagonismos, que se torna complementar e precisa fazer o desvio.

A visualização do devir que torna a vida possível é uma manifestação permanente do pensamento do nosso autor, ao compreender que "o país de vocês não deve ignorar que é do fundo do poço que a regeneração e a ressurreição podem surgir. Penso que a guerra não é a guerra do povo, é a guerra das ideias malucas, é a guerra dos mal-entendidos, é a guerra dos monoteísmos, é a guerra das intolerâncias"[4].

Por isso, devemos mudar o sentido da aventura humana, especialmente se levarmos em conta que os países industrializados "são países onde a técnica, o cálculo, o chamado pensamento racional é hegemônico e tende a destruir as diferenças culturais sob o efeito de uma espécie de padronização que resulta em um pensamento homogeneizado". Essa forma de pensar o ser humano baseada no desenvolvimento técnico-econômico tem subdesenvolvido o sentido da qualidade de vida, reduzida às exigências do mercado, e ainda mantém em atraso econômico e industrial os chamados países do Sul, que em meio a essas vicissitudes puderam preservar melhor o senso de qualidade de vida, das relações humanas e das riquezas tradicionais.

Morin considera que

> a missão do Sul não é só preservar e promover os valores de qualidade de vida, mas também difundi-los no Norte, e que o problema dos países do Norte não consiste em integrar os problemas de

---

[4] Idem, "*Saludo de la Asociación de Pensamento Complejo*", Santa Fé de Bogotá, 2001.

qualidade de vida e contribuir para o desenvolvimento econômico do Sul, mas também agir para que o desenvolvimento econômico não seja "homogeneizador" como tem sido em seus países [...][5]

significando que a força do novo humanismo deve ser inspirada principalmente nos países do Sul, ainda considerados subdesenvolvidos.

A humanidade vive uma aventura desconhecida. Trata-se da conquista da consciência, do bom saber, devido ao caráter desconhecido da aventura humana. Dessa forma, segundo propõe Morin, o desafio do século XXI é criar a capacidade para que a regeneração surja do fundo do poço. Por isso, é necessário fazer emergir *a emergência* para a qual o pensamento complexo se situa como possibilidade de busca e ensino. Esta *re-geração* deve ser uma busca de cada ser humano, de cada colombiano, de cada latino-americano, construindo caminhos, caminhando uns com os outros, começando a busca pelo método, o pensamento e a ação, que por si já é um processo de aprendizagem e educação constante, cabendo às instituições de ensino a responsabilidade de funcionar em tempo integral, pois a aprendizagem não se limita à idade escolar, uma vez que não existe idade cognitiva.

Os processos atuais que a humanidade experimenta são, portanto, ambivalentes, pois dos processos de decomposição e de desintegração deve surgir uma recomposição, um novo nascimento, que metaforicamente é comparado ao verme, em um *processo de metamorfose que se repete há milhões de anos, aquele que estamos vivenciando pela primeira vez e não sabemos o que virá. Estamos esperando nossa borboleta*[6]. A paz colombiana precisa, antes de tudo, de uma compreensão humana mútua entre os que lutam, como possibilidade de esperança em meio à incerteza.

Esse pode ser o começo de um *complexare*, quer dizer, de um novo abraço, que é a forma corporal de demonstrar ao outro não só simpatia, mas também compreensão, pois abraçar ajuda o outro em sua compreensão.

> Sem simpatia, sem amizade, não há compreensão. Aqui a missão de um pensamento complexo não é apenas cognitiva, mas também ética

---

[5] Edgar Morin, *Reflexão sobre os sete saberes necessários à educação do futuro*, op. cit.
[6] *Ibidem*.

em si mesma, porque se o pensamento complexo deseja religar coisas separadas, deseja compreender realidades, deseja escapar do modo de pensamento que fragmenta e separa tudo, e quer mostrar que há um tecido comum às coisas que parecem separadas; então essa missão cognitiva de solidariedade pelas coisas é prolongada naturalmente por uma solidariedade com os outros humanos e também pode se espalhar para uma sociedade muito complexa, onde existem muitas singularidades de criatividade e erros, possibilidades de erro e perigo. Não é uma sociedade perfeita, mas uma sociedade que dá liberdade. Porém, se a extrema complexidade permanece nas liberdades, não há *mais sociedade, porque não há mais vínculo social*[7].

Nesse contexto, Morin prevê que o vínculo social, entendido como o sentimento profundo e a clara consciência de pertencer à comunidade e conviver com os outros, pode gerar solidariedade: se a necessidade de solidariedade for reconhecida, a solidariedade humana pode ser induzida. Para ele, em nossa sociedade, assim como na agonia do verme, há uma luta interna entre as forças da vida, do nascimento, e as forças da morte destruidora. Em uma situação de incerteza, somos desafiados a apostar no que permita o desenvolvimento de estratégias para o controle permanente das ações, de forma que sejam modificadas de acordo com os acontecimentos, abrindo caminho para o entendimento.

A necessidade de reformas políticas, econômicas e sociais é urgente, não apenas visando o fortalecimento das instituições, mas sobretudo como reforma do pensamento que inclua a diversidade na unidade, assim como a unidade na diversidade.

A NECESSIDADE DE UM PENSAMENTO COMPLEXO PARA A EDUCAÇÃO

Para Morin, o maior desafio da educação seria a necessidade de a humanidade empreender uma reforma do pensamento. Duas obras dedicadas à educação foram citadas pelo Ministério da Educação da Colômbia por meio da Direção Geral do Instituto Colombiano para el Fomento de la Educación Superior (IFCES) e da Vice-Presidência da

---

[7] *Ibidem*, pp. 20.

República, que convidou a comunidade educacional colombiana para o Congresso sobre o Pensamento Complexo (Bogotá, 2000) com três eixos temáticos: sistema educacional, estratégia empresarial e sociedade civil. Esse evento nos convidou a recriar uma esperança integradora de aprendizagem mediante a mobilização das diferentes regiões do país, organizadas nos Conselhos Regionais de Educação Superior (Cres), com a gestão entusiasta de Patricia Martínez Barros, diretora do ICFES, conscientes do mais profundo sentimento da força da ética da coesão e da solidariedade, de forma que finalmente começamos juntos, sem perceber, uma nova e promissora dimensão do caminhar.

Por esse caminho Morin adotou a famosa fórmula de Montaigne[8], que concebeu que a educação não consiste em encher a mente, mas torná-la organizada, uma vez que entramos em um universo cada vez mais complexo que exige mais que especialização, uma formação global, uma cultura geral para enfrentar o funcionamento mais complexo da nossa sociedade. A educação é a chave para esse desafio da humanidade. Por isso é preciso enfrentar grandes resistências que vêm de estruturas mentais e institucionais presas em disciplinas, em seu próprio modo de ver as coisas. O pensador propôs de maneira constante a necessidade da reforma em ciclo: "deve-se mudar os espíritos para mudar as instituições, mas também deve-se mudar as instituições para que os espíritos" que requerem saberes necessários para essa reforma também mudem.

Os sete saberes necessários à educação do futuro[9], apresentado por Morin na Organização das Nações Unidas para a Educação, a Ciência e a Cultura (Unesco) – e que contou com a participação de Gustavo López Ospina, então diretor do projeto transdisciplinar da entidade nomeado Educação para um Futuro Sustentável, e de Nelson Vallejo Gómez, da Missão de Relações Internacionais do Ministério da Educação Nacional da França –, têm contribuído para a reflexão internacional sobre como educar para um futuro durável. Esses saberes atribuem à educação uma força poderosa para construir um futuro a partir do ensino da condição humana, revelando a complexa unidualidade de sua natureza.

---

[8] Idem, *La mente bien ordenada: repensar la forma, reformar el pensamiento*, Barcelona: Seix-Barral, 2000.

[9] Idem, *Les Sept Savoirs nécessaires à l'éducation du futur*, Paris: Unesco, 1999.

São lacunas no conhecimento que continuam constituindo uma plataforma para orientar as complexas capacidades exigidas pela educação no século atual. Portanto, pensar uma educação do futuro é construir um pensamento complexo na educação de hoje.

Os saberes necessários para compreender os principais princípios norteiam uma nova compreensão de aprendizagem e dos desafios da educação em geral. Noções como a vida, a condição humana, a compreensão humana, a identidade da terra, o enfrentamento das incertezas, a democracia, a pátria e a ética do gênero humano não são problemas secundários; pelo contrário, são questões vitais que comprometem a humanidade.

O caminho percorrido por Morin inspira outros caminhos, como propõe sua obra *O método*, que leva necessariamente a uma reforma do pensamento que exige, para sua concretização, uma reforma dos conteúdos e do sentido da educação para somar ao que já existe e introduzir o que não existe. É necessário reunir e articular as disciplinas e desenvolver uma forma de pensar mais complexa, uma vez que ainda somos incapazes de conhecer a trama comum das coisas que nos remetem a aprender a viver.

É uma mensagem que nos remete à grande dificuldade que existe em educar ou reeducar educadores, como um processo de autoformação para que, antes de se fechar em sua categoria, sejam sensíveis aos problemas de seus alunos e suas comunidades, aos problemas da nação e da terra, o que lhes confere uma viva sensibilidade antropolítica.

A contribuição do pensamento complexo para a finalidade do processo educativo significa, para Morin, uma nova inter-relação com a Colômbia:

> Aceitei por razões emocionais e intelectuais, porque tenho admiração e carinho pela nação colombiana, sua diversidade étnica, cultural e linguística, sua exemplar miscigenação, sua generosidade e criatividade, sua capacidade juvenil de estar em constante busca de tentativa e erro. Acredito em seu futuro como uma sociedade livre com grande capacidade de resiliência, metamorfose e renascimento. Acredito em uma grande Colômbia, comprometida com a educação inspirada em princípios nobres e dignos, esses mesmos princípios que, com uma finalidade de humanismo qualitativo e religioso, favorecem a

convivência cotidiana de todos os seus compatriotas. Acredito, por essas mesmas razões, que os próprios colombianos devem ser um caldeirão cultural inspirador de luz e desenvolvimento para outros países nesta nossa era plural e planetária[10].

Pensando no destino do mundo, Morin propõe insistentemente perceber a era planetária que pôs em risco o destino humano. A tomada de consciência histórica ou conscientização sobre esse destino é o próprio devir da condição humana e de seus problemas, que leva ao despertar da humanidade em cada um para buscar o sentido da vida, que por sua vez pode impedir o abismo. Na era dividida entre a ambivalência de vida e morte, enfrentamos tanto a possibilidade de destruição massiva quanto o progresso decisivo[11].

A ÚLTIMA ÉTICA E REFORMA DO PENSAMENTO

Edgar Morin marca seu caminho pela Colômbia com novas visitas para tratar da ética e contribuir com os propósitos do processo educacional no país. Já na publicação de *O método 6: ética* (2004), mais uma vez repensa a complexidade, revisitando conceitos como o bem, o possível, o necessário, ou seja, a própria ética e a moral como dois termos indissociáveis. Para ele, uma das necessidades atuais da sociedade é a ética, entendida como os valores do ser humano apesar de suas diferenças.

O reiterado convite recebido do Ministerio de Educacion Nacional (MEN) (2009) para coordenar a realização de jornadas sobre a ética e a reforma do pensamento na Colômbia o levou a várias regiões, além de ter recebido o reconhecimento por seu trabalho em um país que procurava novas formas de sair da violência e da injustiça social. A Universidade Simón Bolívar, a Universidade Tecnológica de Bolívar, a Universidade de Cartagena, a Universidade de Antioquia, a Associação Colombiana de Universidades (Ascun) e o Fórum Ibero-Americano de Estratégias de Comunicação (Fisec) o credenciaram

---

[10] Idem, "La finalidad del proceso educativo o la religación ética del sistema", Bogotá: Cesu, 2014. p. 6.

[11] Idem, *Hacia dónde va el mundo?*, Madrid: Paidós, 2011.

com honras acadêmicas; além disso, recebeu a Cruz de Boyacá, a mais alta honraria concedida pelo governo colombiano.

A visita de Morin foi um convite para percorrer a vida e obra desse pensador, bem como analisar o contexto de crise, que requer a compreensão e as mudanças necessárias para seu enfrentamento e transformação. Assim, é inevitável uma nova forma de pensar a ética da vida em todas as dimensões, como um imperativo de relacionamento para a construção de novas perspectivas civilizatórias, capazes de iluminar novos caminhos que ajudem a tecer dimensões pessoais com sistemas da vida.

> Para os indivíduos autônomos e responsáveis, a ética é a expressão do imperativo da religação. Todo ato ético é, de fato, mais realidade que ideal, um ato de religação: religação consigo mesmo (ideias, fantasmas, sensações, ideais, compromissos etc.), religação com os outros (singularidade-diversidade indispensável ao duplo mecanismo de si), religação com os seus (laços familiares e afetivos), religação com a comunidade (laços de solidariedade), religação com a sociedade (laços históricos e sociopolíticos), religação com a humanidade (laços planetários) e, por último, religião cósmica (laços com as fontes originais do universo)[12].

O imperativo da ética deve ser uma injunção de cada indivíduo a partir de sua fonte interior que o oriente a sentir, em sua interação com os outros, a exortação a um dever, norteado por princípios, com apego à responsabilidade pelo bem comum. Tal responsabilidade deve ser como uma fonte externa enraizada na cultura, nos valores e nas normas que a sociedade deve preservar para uma vida com dignidade da condição humana; também integra uma fonte anterior como legado histórico socialmente configurado[13].

O imperativo ético faz do ato moral uma prática individual do compromisso, que se desdobra no dever consigo próprio vinculado aos outros, com a comunidade em si, por meio de comportamentos fraternos. Tal prática é necessária devido à desintegração da solidariedade e de

---

[12] Edgar Morin, "La finalidad del proceso educativo o la religación ética del sistema", *op. cit.*, p. 7.

[13] Edgar Morin, *El método 6: ética*, Madrid: Cátedra, 2006, p. 21.

comportamentos que corrompem as boas práticas, causando uma crise ética e moral no ambiente de ensino, pesquisa e responsabilidade social. A moral corresponde à natureza do indivíduo e da comunidade como tensão da condição egocêntrica, e ao mesmo tempo solidária, no contexto de uma sociedade que empurra os indivíduos à imposição de uma ética e uma bioética da integridade que harmonize as ações pessoais para a solidariedade, superando o egoísmo.

Para o pensamento complexo, a ética complexa é uma ética política que envolve principalmente a restauração do sujeito responsável, que depende de três requisitos: *autocrítica pessoal, consciência da complexidade humana*, assim como dos vários caminhos itinerantes de todas as pessoas, e *uma moral que chega à compreensão e tolerância da personalidade múltipla de cada indivíduo, complexo*, para não reduzir o ser humano a um de seus atos, nem o separar da humanidade. Desse modo, na ética complexa, o entendimento deve preceder e proceder o julgamento, envolvendo a autoética como consciência da responsabilidade pessoal, social e da humanidade. A restauração do sujeito responsável pressupõe autorreflexão, consciência da responsabilidade pessoal, e assume a ética de forma autônoma, ou seja, a autoética.

A AVENTURA HUMANA COMO PROMESSA DE NOVAS AVENTURAS E A TRAJETÓRIA NA AMÉRICA LATINA

Edgar Morin é um pensador que, no contexto da crise de saúde atual, revitalizou a esperança lúcida de uma consciência crítica diante da necessidade de mudar o caminho para nos tornarmos humanidade. O diagnóstico que faz sobre a crise permite tirar lições da pandemia, revelando as contradições e incertezas que os humanos enfrentam nesta era planetária de necessidades interdependentes. As crises e a ambivalência de seus desenvolvimentos e limites revelaram a ganância de uma classe política dominante do sistema social capitalista, carente de princípios humanizadores para enfrentar a ameaça à vida que vive a sociedade. As decisões de enfrentamento apontam que a crise da política que controla o Estado leva a humanidade a condições de vida que aumentam a miséria, a pobreza e a precariedade, colocando-a à beira da catástrofe.

No sentido imaginado por Morin, uma epidemia que surge com um conjunto de incertezas sobre suas origens, evolução, mutações, implicações e desfechos terá uma diversidade de tratamentos que não são apenas do tipo saúde-médico-farmacêutico, mas também social, familiar, comunitário, mental, pedagógico, cultural, político, econômico, técnico, ambiental, ecológico e moral em todos os casos. De acordo com esse enfoque, procurou-se definir as prioridades, que se reduzem a um ou outro aspecto, quando o que fica evidente é a interdependência e complexidade de todas essas dimensões. Assim, a solução deve ocorrer no contexto dos diferentes caminhos que convergem para uma forma adequada de preservar a vida no planeta, uma forma que também seja integradora, para que implique a busca por alternativas, nos integrando à humanização.

Pela América Latina, Morin viu um caldeirão de culturas vivas que abrem um espaço de esperança e futuro, países que vivenciam cada um a seu modo as tragédias e riquezas da complexidade, com a ampliação dos antagonismos até que se tornem destrutivos e, em sua ruptura, tornem-se então produtivos. Antagonismos estes que a Colômbia experiencia à beira de sua própria destruição, sabendo que as forças da vida e da criação podem usar os processos de destruição para alimentar os processos de regeneração.

A COMPLEXIDADE COLOMBIANA: DE SIMÓN BOLÍVAR A GARCÍA MÁRQUEZ

Morin considera que os países latinos têm uma grande vitalidade e consciência para repensar que, "na política, é preciso retomar as palavras de Bolívar para encontrar outra união que não seja a união econômica; a ideia de uma união, de uma *confederação latino--americana* está em curso, porque esses países têm a mesma origem e o mesmo idioma"[14]. A confederação latino-americana defendida por Bolívar em suas batalhas, guerras, conflitos, amores, amizades, afetos,

---

[14] *Idem*, "Renacimiento latinoamericano: pensamiento complejo y pensamiento meridional", *Complejidad*, Buenos Aires, 1999, p. 6.

esquecimento, lembranças, saudades, presente em suas cartas, deve ser seguida pela região latino-americana para que se possa estabelecer o contexto histórico mobilizado por Bolívar de Caracas a Santa Marta. Esses documentos confirmam que Bolívar viajou continuamente, mas também escreveu continuamente, de modo que encontrou uma relação estreita entre escrever e viajar. Seu pensamento político ainda reverbera no debate que a América Latina enfrenta pela sobrevivência diante do império mundial.

Edgar Morin, na passagem pela região caribenha da Colômbia (2009), visitou o monumento a Simón Bolívar em La Quinta de San Pedro Alejandrino, lugar histórico onde o libertador morreu e onde leu seu último discurso, com grande emoção, na presença do séquito acompanhante: "Colombianos, meus últimos votos são para a felicidade da Pátria. Se minha morte contribuir para que cessem os partidos e se consolide a união, eu baixarei tranquilo no meu sepulcro".

Diálogo com culturas ancestrais

A proximidade com Sierra Nevada de Santa Marta, no Caribe colombiano, levou a um diálogo de Morin com os Mamos, líderes das comunidades indígenas que defendem a valorização da natureza e sua harmonia com a espiritualidade a partir das contribuições de vários pensamentos. A consideração dos Mamos ao lhe darem proteção fez com que Morin em tom alegre se considerasse um Mamo francês.

A prosa de Gabriel García Márquez

A literatura também é uma fonte do pensamento complexo:

> os grandes escritores que conseguiram descrever o universo como um todo sempre tomaram a complexidade humana como ponto de partida, descrevendo os indivíduos por meio de suas paixões, imaginações, crenças, mitos, rituais e saberes. A descrição do humano é dada no contexto social, político, ético, histórico[15].

A obra de Gabriel García Márquez traz contribuições ao buscar compreender de forma recorrente a complexidade humana, carregada

---

[15] *Ibidem*, p. 5.

de mitos do cotidiano *macondiano* que fazem das personagens uma relação permanente com a existência humana, cheia de incertezas, de imaginação e esperança, mas também de grandes ameaças e sacrifícios, de amores e raiva e solidão.

A descrição de García Márquez sobre a realidade latino-americana é de uma realidade colossal, à custa de grandes sacrifícios, como afirmou ao receber o Prêmio Nobel de Literatura. A América Latina vive

> uma realidade que não é criada, mas que vive conosco e determina cada momento de nossas centenas de mortes diárias, e que sustenta uma fonte de criação insaciável, cheia de miséria e beleza; todas as criaturas dessa realidade desenfreada tiveram que recorrer à imaginação, porque o maior desafio para nós tem sido a insuficiência de recursos convencionais para tornar nossa vida crível. A interpretação da nossa realidade com esquemas alheios só contribui para nos tornar cada vez mais desconhecidos, menos livres e mais solitários[16].

Assim como García Márquez, Morin também nos convida a pensar a partir da autonomia do pensamento para não nos sentirmos tão estranhos, desconhecidos e solitários diante da perplexidade e da incerteza sobre o destino da América Latina e do mundo.

> Gostaria de propor que o discurso desse ganhador do Prêmio Nobel seja lembrado e refletido em resposta à pergunta: Para que e para quem educar, pensando na criança que vive no coração dos jovens do ensino médio e do ensino superior, na criança que reside nos cidadãos que querem construir o sistema educacional colombiano? "Uma educação do berço ao túmulo, insatisfeita e reflexiva, que inspira uma nova forma de pensar e descobrir quem somos em uma sociedade que gosta de si mesma. Que aproveita ao máximo nossa criatividade inesgotável e concebe uma ética e talvez uma estética para nosso desejo desenfreado e legítimo de superação pessoal. Que integra as ciências e as artes na cesta básica segundo os desígnios de um grande poeta do nosso tempo que pediu para que não as continuasse amando separadamente como duas irmãs inimigas. Que canaliza a imensa energia

---

[16] Gabriel García Márquez, *La soledad de América Latina*, Estocolmo: The Nobel Prizes, 1983, pp. 4-5.

que durante séculos desperdiçamos na predação e na violência, e nos dê uma segunda oportunidade na terra que não teve a infeliz linhagem do Coronel Aureliano Buendía. Para um país próspero e justo com que sonhamos: ao alcance das crianças[17].

Morin compartilha os sonhos desse ilustre colombiano como uma mensagem de resistência à crueldade e à barbárie e de realização da vida humana com memória e dignidade, tendo fé na ética.

Para ampliar a deliberação sobre a necessidade da ética e reforma do pensamento, a Corporação para o Desenvolvimento do Pensamento Complexo (Complexus), liderada por Marco Velilla, convocou o Fórum Clube Internacional em 31 de maio de 2012, tendo Edgar Morin como convidado de honra. O tema do debate foi "Antropolítica pela paz na Colômbia, Justiça e Ética". Essa foi a última visita de Edgar Morin à Colômbia; é necessário destacar que esse país é um laboratório de complexidades, onde as criatividades se tornaram mais fortes que a destruição das armas, mas que tem um problema ético, de forma que a cultura política é o caminho ético de reforma do pensamento para que haja conjunção dos caminhos pessoal e social.

A obra de Edgar Morin, que foi difundida por toda a Colômbia, com maior profusão entre os acadêmicos dos diversos níveis do sistema educacional, ocupa um espaço na abordagem dos problemas sociais, políticos, cívicos, ecológicos e antropológicos. É uma obra que dialoga com várias perspectivas intelectuais enraizadas nas culturas dessa nação.

Sem dúvida, a vida e a obra de Edgar Morin são referência obrigatória para todos os tipos de pensamento que, na e a partir da América Latina, configuram buscas regenerativas essenciais para desvendar o compromisso com outras civilizações e culturas do resto do planeta, para que novos projetos históricos possam ser empreendidos pela humanidade no sentido de um destino comum.

Uma saudação muito especial ao querido professor e pensador nos seus 100 anos, agradecendo sua amizade generosa e o convite para pensar de maneira complexa. Você sempre estará entre nós.

---

[17] *Ibidem*, p. 5.

REFERÊNCIAS

GARCÍA MÁRQUEZ, Gabriel. *La soledad de América Latina*. Nobel Lecture. Estocolmo: The Nobel Prizes, 1983.

MORIN, Edgar *El método 6:* ética. Madrid: Cátedra, 2006.

MORIN, Edgar. *¿Hacia dónde va el mundo?* Madrid: Paidós, 2011.

MORIN, Edgar. "Saludo de la Asociación de Pensamiento Completo". Em: Congresso Nacional do Pensamento Complexo, 2000, Santa Fé de Bogotá. Bogotá, [s. n.], 2001.

MORIN, Edgar. "La finalidad del proceso educativo o la religación ética del sistema". Em: Consejo Nacional de Educación Superior. *Propuesta de política pública para la excelencia de la educación superior en Colombia en el escenario de paz*. Bogotá: Cesu, 2014.

MORIN, Edgar. *La mente bien ordenada: repensar la forma, reformar el pensamiento*. Barcelona: Seix-Barral, 2000.

MORIN, Edgar. *Les Sept Savoirs nécessaires à l'éducation du futur*. Paris: Unesco, 1999.

MORIN, Edgar. *Reflexão sobre os sete saberes necessários à educação do futuro*. Entrevistadores: Gustavo López Ospina e Nelson Vallejo Gómez. Paris: Unesco, 2000.

MORIN, Edgar. "Renacimiento latinoamericano: pensamiento complejo y pensamiento meridional". *Complejidad*. Buenos Aires: 1999, v. 2, n. 4.

MORIN, SEU CAMINHO E SEU AMOR PELO PERU

Teresa Salinas

Vivemos tempos de incerteza, impotência e confinamento. A morte espreita como um inimigo invisível que limita a liberdade de ser e estar no mundo. A pandemia global de covid-19 revelou, em toda sua crueldade, a situação de miséria e dependência de grande parte da humanidade. Mais do que nunca, hoje emerge a fragilidade da vida e do nosso destino planetário. Nesse contexto de crise da civilização, a extensa e lúcida obra de Edgar Morin torna-se vital para compreender a complexidade dos fenômenos naturais e sociais que estamos enfrentando. A audácia, a criatividade e a trama do seu pensamento questionam os fundamentos do saber contemporâneo, penetram nos desafios do tecido de nossa existência na relação indivíduo-sociedade-espécie. Inclusive, vão além da fundamentação científica, da prosa da vida: cantam a poesia da vida para resgatar e reencantar o mundo e humanizar a vida. Por isso e por muito mais, comemoramos com amor e gratidão o centenário de vida de Edgar Morin, um dos pensadores contemporâneos mais lúcidos, que desde muito jovem se dedicou a lutar pela vida.

No Peru tivemos o privilégio de contar com Edgar Morin em várias oportunidades. Em 2007 ele interagiu com acadêmicos, políticos e estudantes de diversas instituições e universidades. A Universidade Ricardo Palma (URP) concedeu-lhe o título de Doutor Honoris Causa em uma calorosa e inesquecível cerimônia, na qual surgiu a ideia do doutor

Nelson Vallejo-Gómez, adido cultural da embaixada da França no Peru, e do doutor Iván Rodríguez Chávez, presidente da Assembleia Nacional de Reitores do Peru e reitor da URP, de criar o Instituto Peruano do Pensamento Complexo Edgar Morin (Ipcem).

Em 2009 a criação do Ipcem na URP tornou-se uma realidade. Tive a agradável experiência de compartilhar esse sonho com quem tinha inspirado meu pensamento e minha compreensão da condição humana. Fiquei surpresa com sua afetividade, sua simplicidade e sabedoria. Morin não queria que o instituto levasse seu nome, nem queria um instituto para um grupo de acadêmicos. Comentou que gostava do trabalho que tinha feito na criação do Programa de Popularização da Ciência, desenvolvido no Conselho Nacional de Ciência e Tecnologia do Peru, onde havíamos reconectado o trabalho de educadores, cientistas, jornalistas e artistas. Ele nos falou da importância de criar um movimento que articulasse a universidade e a sociedade, que reconectasse diferentes atores e a cidadania em geral e gerasse um movimento que trabalhasse pela reforma do pensamento contemporâneo para construir um mundo mais humano, justo e solidário. No livro de ouro da URP, deixou-nos esta mensagem: "Hoje, primeiro dia de uma aventura para a compreensão humana para o progresso da mente humana, com a minha esperança, minha fé, meu amor".

Em 24 de agosto de 2009 o grupo militante do Ipcem recebeu Edgar Morin no aeroporto de Lima, ao ritmo de belas músicas que transmitem a doçura da alma andina, das quais Morin desfrutava com júbilo, lembrando da primeira vez que estivera em Cusco em sua juventude. Em 26 de agosto Edgar Morin inaugurou o Ipcem com estas palavras:

> Gostaria de acrescentar a este novo Instituto de Pensamento Complexo na América Latina a expressão do meu amor pelo seu país, tão rico em tesouros culturais, provenientes das civilizações que ali se desenvolveram e podendo fazer a simbiose de futuro entre os valores comunitários do passado andino e as contribuições do humanismo europeu.
> A Europa patina, a Europa perde a magnífica sabedoria que fez brotar a ciência, a razão e a filosofia moderna. Já não é capaz de questionar ou de analisar uma ciência fragmentada em disciplinas e cega sobre

seu futuro, uma razão enclausurada e incapaz de conceber isso que a supera, uma filosofia que já não sabe considerar e pensar no homem ou no mundo.
A esperança reside agora na América do Sul. A esperança está em um pensamento do Sul, que integre as contribuições positivas do Norte, mas que rejeite a hegemonia do cálculo, do quantificável, de uma visão de mundo onde a mecanização e o lucro dominam. Este Instituto no Peru é chamado a ser um dos focos do pensamento do Sul, reconectado, ativo e generoso[1].

Nesse contexto, realizou-se o I Simpósio Internacional do Pensamento Complexo "Pela Reforma do Pensamento", nos dias 26, 27 e 28 de agosto de 2009, além do Encontro Juvenil. Participaram expositores nacionais, da América e da Europa, com o objetivo de discutir e disseminar de forma massiva, pela primeira vez em nosso país, conhecimentos e experiências que, no âmbito mundial, emergem para compreender a complexidade da sociedade contemporânea.

O positivismo e o reducionismo presentes na educação dominante contribuíram para uma visão fragmentada do mundo e para uma cegueira cognitiva e emocional, responsável pelos altos níveis de pobreza (material, cultural e espiritual), deterioração da educação e do meio ambiente. É necessária uma mudança de paradigma, uma abordagem educacional que transforme modelos mentais e que ensine a pensar e a gerenciar a sociedade do conhecimento, isto é, uma reforma do pensamento, objetivo sobre o qual Edgar Morin tem insistido a partir da perspectiva do pensamento complexo.

A inteligência cega nos torna inconscientes e irresponsáveis para com a identificação clara dos problemas do nosso tempo. Existe, diante da incerteza e do imprevisto, diante da trama complexa de ordem, desordem e organização que nos constitui, "uma crise de entendimento". Assim, fica evidente o desafio da complexidade. O processo de globalização implica que todos os processos locais envolvem processos mundiais, que, por sua vez, envolvem processos locais. Aceitar esse desafio exige também que cada um de nós, individual e coletivamente, levante os grandes questionamentos sobre a condição humana.

---

[1] Mensagem de Edgar Morin ao Peru, por ocasião da inauguração do Ipcem, Lima, 2009.

Acreditamos que é imprescindível reconectar, no contexto e no conjunto global, a economia, a demografia, a ecologia, o desenvolvimento, a educação, a ciência e a tecnologia; o desemprego, a solidariedade, a humanização do trabalho, a condição humana, a ética e a política. Pensar a partir da complexidade é de vital importância para o desenvolvimento sustentável da humanidade.

Em 2012 Edgar Morin voltou a encantar-nos com sua terceira visita ao Peru, por ocasião do II Simpósio Internacional do Pensamento Complexo, centrado no tema "As Vias para a Reforma Global↔Local do Indivíduo, a Sociedade e a Natureza", realizado nos dias 28, 29 e 30 de maio, e do II Encontro Juvenil "A Geração da Mudança" (em parceria com o Conselho Nacional da Juventude, do Ministério da Educação). Participaram mais de setenta expositores nacionais e internacionais provenientes da América Latina e Europa.

Morin nos convida a desenvolver ações a partir das realidades e contextos do Sul, ações que ajudem a transcender tudo o que se tornou um obstáculo na tomada de consciência dos problemas vitais e complexos dessa mudança de época e, assim, convida-nos a trabalhar solidariamente em uma reforma do pensamento e na criação dos caminhos da ação em busca da nossa identidade como cidadãos da Terra-Pátria com uma comunidade de destino.

Nesse espaço se encontram o grande Edgar Morin, que rejeita a homogeneização e sustenta o reconhecimento de novas estruturas epistêmicas, e o peruano Aníbal Quijano, que defende a teoria da colonialidade e da descolonialidade do poder. Um encontro histórico. Nesse contexto, o Ipcem inicia o caminho para contribuir para validar e recuperar o conhecimento gerado nos Andes Centrais do Peru com a graduação em biodiversidade e saberes interculturais, desenvolvida nas comunidades indígenas Quéchua-Lamas, da qual participam como docentes e alunos não somente técnicos e acadêmicos de reconhecida trajetória, mas também pessoas com conhecimento tradicional e local validado pelo Conselho Acadêmico Regional.

Em novembro de 2014 o trabalho "La crianza de la vida en los Andes Centrales del Perú" ganhou o prêmio RCE Recognition Award, na categoria Outstanding Flagship Project, concedido pela Universidade das Nações Unidas, no contexto do IX Congresso de Centros de Expertise em Educação para o Desenvolvimento Sustentável. O prêmio reconhece a abordagem inovadora do projeto de revitalização das culturas tradicionais e a promoção de sua coevolução com a modernidade, que aborda, a partir de um enfoque baseado no pensamento complexo e transdisciplinar, a interculturalidade, a religião local-global e a aproximação do trabalho da URP com os agentes sociais e comunidades nativas do país.

Em outubro de 2014 Edgar Morin participou virtualmente do VI Congresso Internacional sobre Transdisciplinaridade, Complexidade e Ecoformação, e do I Congresso Internacional sobre Pensamento Complexo e Ciências da Complexidade: "Vias da Transformação e Inovação da Educação", que teve lugar nos dias 23, 24 e 25 de outubro de 2014, com a participação de expositores nacionais e internacionais da América Latina e da Europa. Nessa ocasião, Edgar Morin ofereceu sua palestra "Ensinar a viver".

O Ministério da Educação do Peru incluiu, no Projeto Pedagógico do Peru, o pensamento complexo. Inspirados por seu talento provocador, iniciamos o concurso de ensaios "Os sete saberes necessários para a educação do futuro: rumo à metamorfose da consciência para a sustentabilidade!" Esse concurso visa contribuir para transformar a consciência dos nossos jovens, para fortalecer uma racionalidade ética humanista e melhorar suas estratégias de pensamento, de forma que lhes permita colaborar para a construção de sociedades sustentáveis e participar nas redes internacionais que promovem os Objetivos para o Desenvolvimento Sustentável, a Agenda Mundial da Educação 2030 e o Plano de Ação Global da Organização das Nações Unidas para a Educação, a Ciência e a Cultura. Nesse contexto, são ministradas palestras e oficinas para estudantes. A URP incluiu o pensamento complexo como um dos fundamentos de seu projeto pedagógico.

Morin, em seu livro *Cambiemos de vía*, novamente nos surpreende com sua engenhosidade e profundidade para entender a dinâmica complexa da pandemia de covid-19, e nos apresenta nove desafios: o existencial, a crise política, a crise da globalização, a crise da democracia, a crise ecológica, a crise econômica, as incertezas e o perigo de uma grande recessão. Propõe também 15 lições que a humanidade deve aprender com a dura experiência dos efeitos da covid-19, lições sobre: nossa existência, a condição humana, nossa relação com a morte, o despertar da solidariedade, a desigualdade, a crise da inteligência, as carências do pensamento e a ação política.

Morin nos propõe, como condições fundamentais para uma mudança de rumo, a articulação do local e do global por meio das políticas nacionais, das políticas de civilização e das políticas da humanidade rumo a um novo caminho que permita a regeneração da vida e do humanismo.

No contexto da homenagem pelo centenário de Edgar Morin, o Ipcem convoca o II Congresso Internacional do Pensamento Complexo e Ciências da Complexidade: "Megacrise em um Mundo em Metamorfose!" Vamos mudar de rumo. Nós nos unimos ao chamado de Edgar Morin e iniciamos, a partir dos Andes Centrais do Peru, o apelo pela mudança de rumo da humanidade como uma via de salvação.

A pandemia multidimensional de covid-19 revelou as condições de pobreza e desigualdade em que vive a maior parte da população da América Latina e do mundo. É de vital importância trabalhar na reforma ou metamorfose do indivíduo, da sociedade e da nossa relação com a natureza como lições e desafios da pandemia de covid-19 e das mudanças climáticas.

Morin recebeu o doutorado Honoris Causa em diversas universidades peruanas. Cabe destacar: Pontificia Universidad Católica del Perú, Universidad Nacional Mayor de San Marcos, Universidad Pedro Ruiz Gallo de Trujillo e Universidad Autónoma de Ica. Recebeu também homenagens do Ministério da Educação, da Biblioteca Nacional e do Colégio de Medicina do Peru, entre outros. A transcendência da obra de Morin no Peru e no mundo cresce ao longo do tempo, se fortalece e se eleva, iluminando a noite da humanidade e reencantando a poesia da vida.

LA ALAMEDA: MORIN NO CHILE[1]

Alfredo Pena-Vega

Esta história é inédita. De tudo o que é conhecido na obra de Morin, essa passagem de sua vida intelectual, especialmente essa experiência cinematográfica no Chile, é pouco conhecida. Gostaria de dar conta aqui dessa história que permanece inacabada, por enquanto, mas que deverá um dia ser concluída.

A revista cinematográfica chilena *Ecran* relata que na segunda-feira, em 13 de agosto de 1962, em Santiago do Chile, duas apresentações do filme de Edgar Morin e Jean Rouch, *Chronique d'un Été* (Crônica de um verão)[2], foram realizadas no Salão da Biblioteca Moneda e no Cinema Ducal, com o patrocínio do Instituto Chileno-Francês, da Biblioteca Nacional e da Cinemateca da Universidade do Chile. O público foi composto, principalmente, por diretores chilenos, críticos de cinema e cinéfilos interessados em conhecer essa expressão de *cinéma verité*. Na apresentação do filme, Edgar Morin sublinhou os esforços feitos para aproximá-lo da verdade por meio da fala. A ferramenta que utilizavam era o equipamento de gravação e câmeras muito leves. Eles filmaram entrevistas com funcionários, trabalhadores e estudantes, reunindo uma grande quantidade de material: 45 minutos de conversa, dos quais sete foram utilizados: aqueles mais intensos e dramáticos. A edição do filme foi muito difícil por causa do processo de seleção.

---

[1] Artigo publicado originalmente na revista *Nouvelle Aquitaine*, n. 131, 2021.
[2] *Chronique d'un Été*, direção de Edgar Morin e Jean Rouch, Paris: Argos Films, 1961

Morin reiterou a veracidade dos planos tomados, enfatizando que nada fora preparado com antecedência.

Além do surpreendente significado de *Crônica de um verão*, rico em inspiração para o *cinéma vérité* (cinema verdade) no mundo do cinema e do documentário, essa experiência, por incrível que pareça, foi repetida em Santiago do Chile em 1962 e ficou inacabada... Nessa época, Morin recebera uma bolsa da Organização das Nações Unidas para a Educação, a Ciência e a Cultura para lecionar na Faculdade Latino-Americana de Ciências Sociais em Santiago, onde estabeleceu vínculos com intelectuais chilenos, particularmente do mundo do cinema, no Departamento de Cinema Experimental da Universidade do Chile.

Essa cooperação entre Edgar Morin e o mundo do cinema deixou um sentimento de "assunto inacabado" na história do cinema chileno, como testemunha Peter Chaskel, um dos sobreviventes dessa experiência: "Apreciei e admirei sinceramente a contribuição ao cinema documental que Edgar Morin e Jean Rouch nos fizeram com seu trabalho '*Chronique d'un Été*'. Foi muito importante para nós conhecer esse exemplo de *cinéma vérité* e de 'cinema direto'"[3]. Pedro Chaskel sabe do que está falando, ele foi um dos operadores de câmera do documentário *La Alameda*[4], dirigido por Edgar Morin e Fernando Hellet.

Foi certamente nesse mesmo momento que Morin conheceu o diretor de cinema experimental holandês Joris Ivens, que tinha acabado de terminar um curta. *Valparaiso*[5] é um retrato poético do porto de Valparaíso, uma cidade com um rico passado. E de que se trata *La Alameda*?

QUAL É A EXPERIÊNCIA DE *CINÉMA VERITÉ* EM *LA ALAMEDA*?

"A reação típica do povo chileno é diferente daquela do homem na rua em outro lugar. Eles são mais abertos e sentem um grande desejo de se

---

[3] Entrevista de 4 de dezembro de 2020.

[4] *La Alameda*, Direção de Edgar Morin e Fernando Hellet, Santiago de Chile: Cineteca de la Universidad de Chile. Documento Inédito.

[5] *Valparaiso*, Direção de Joris Ivens, Valparaiso: Argos Films, 1962.

comunicar, embora os indivíduos sejam afetados em sua vida diária por problemas comuns, dos quais o aspecto econômico parece ser o mais proeminente", diz Morin[6]. Esses termos genéricos definem a experiência cinematográfica do filme *La Alameda*. O nome é de uma das avenidas principais em Santiago, com dez quilômetros de extensão de leste a oeste. É o eixo histórico e de tráfego da cidade, conectando seus dois extremos, os bairros chiques e os bairros mais desprivilegiados. É nessa artéria que se encontram e circulam pessoas de todas as classes sociais. O filme *La Alameda* é uma espécie de registro social de muitos aspectos da vida cotidiana de Santiago. Como artéria urbana de grande importância, ela representa não apenas os diferentes tipos de atividades humanas, mas também membros de instituições, que vão desde o Palácio de Governo (La Moneda) até hospitais e lojas. No filme, passam vendedores, homens de negócios, estudantes, trabalhadores, donas de casa, amantes e vagabundos. Pessoas de todas as etnias e classes sociais. As principais perguntas dirigidas aos chilenos referiam-se aos seus problemas e ao sentimento de felicidade: "Você está feliz? Qual é o seu principal problema?" Ambas têm o objetivo de mostrar o sentimento de felicidade ou frustração que os chilenos exprimem de forma espontânea. Além dessas perguntas básicas, também lhes foi perguntado qual era seu maior desejo, em relação ao objetivo que cada um tem em mente no desempenho de suas atividades.

Como se pode ver, esse não é um filme de ficção, mas um filme que diz respeito à vida real dos chilenos em Santiago, particularmente daqueles que passam na *Alameda*, o lugar transsociológico de Santiago. Foi uma experiência de interrogatório cinematográfico. Na época de *Crônica de um verão*, o filme *La Alameda* foi concebido como uma pesquisa de rua, justo na avenida transversal de Santiago, pesquisa sobre a realidade que aborda as pessoas em seu cotidiano, na rua, nos espaços urbanos de circulação. Na mente de Morin, não é um filme-documentário, mas um filme-verdade. Essa pesquisa não pretendeu descrever; antes, foi uma experiência vivida, um experimento. Não era um filme sociológico propriamente dito, mas, talvez continuando a experiência de *Crônica de um verão*,

---

[6] Revista *Ecran*, 1962.

pretendia ser "um filme etnográfico, no sentido mais forte da palavra: um filme (que) procura o humano"[7].

REFERÊNCIAS

CHRONIQUE d'un Été. Direção de Edgar Morin e Jean Rouch. Paris: Argos Films, 1961. 90 minutos, preto e branco, 16 mm.

LA ALAMEDA, Direção de Edgar Morin e Fernando Hellet. Santiago de Chile: Cineteca de la Universidad de Chile. Documento Inédito.

MORIN, Edgar. "Chronique d'un été". *Domaine Cinéma, Cahier Trimestriel*. 1961.

MORIN, Edgar. *L'Esprit du temps*. Paris: Grasse, 1962.

VALPARAISO. Direção de Joris Ivens. Valparaiso: Argos Films, Cine Experimental de la Universidad de Chile, 1962. 27 minutos, preto e branco.

---

[7] Edgar Morin, *L'Esprit du temps*, Paris: Grasse, 1962, p. 9.

III. ENSAIOS E ANÁLISES CRÍTICAS

COMPLEXIDADE E ECONOMIAS SOLIDÁRIAS: UMA VIAGEM EXPLORATÓRIA PELA AMÉRICA LATINA[1]

Guillermo Díaz Muñoz

ENTRE A ESCURIDÃO E A ENTROPIA, ENTRE A LUZ E AS EMERGÊNCIAS ALTERNATIVAS

> *Uma nova resistência nasceu a partir da tomada de consciência ecológica, do aumento do desemprego e da desertificação das cidades: os microtecidos da sociedade civil tentam reagir por si próprios e abrem perspectivas para uma economia evidentemente herética aos olhos dos economistas: a economia da qualidade de vida e da convivência. Mas essas iniciativas são locais e dispersas. Não devemos sistematizá-las, mas sim sistemizá-las, isto é, reconectá-las, coordená-las para que constituam um todo.*
> Edgar Morin

---

[1] No contexto do centésimo aniversário de nascimento de Edgar Morin, pareceu-me pertinente recuperar, em uma síntese muito sucinta e atualizada, o estudo realizado para minha tese doutoral e sua respectiva publicação em 2015. Cf. José Guillermo Díaz Muñoz, *Economías solidarias en América Latina*, Tlaquepaque: Iteso, 2015.

O mundo atual vivencia a confluência de diversas crises simultâneas e interconectadas, de natureza sanitária, econômica, financeira, social, ecológica, climática, energética, geopolítica e alimentar. Trata-se de uma verdadeira policrise, como muitos autores afirmam[2], entre eles, é claro, Edgar Morin. Uma crise, portanto, multidimensional, estrutural (não conjuntural) e extrema; em suma, sistêmica e civilizatória.

Por essa razão, somando isso à crise pandêmica na qual estamos inseridos, numerosos intelectuais e ativistas sociais de todos os tipos apelam para não voltarmos à "normalidade, porque essa normalidade foi o problema". Se a policrise já existia antes da covid-19 e o vírus chegou somente para agravá-la ainda mais, isso conseguiu colocar em evidência as terríveis desigualdades e barbáries socioecológicas em que estamos imersos há décadas, visivelmente a partir do surgimento do "modelo neoliberal de desenvolvimento do capitalismo" em sua complexidade, ou seja, como um sistema dinâmico não linear e altamente entrópico, isto é, com um elevado consumo de energia dissipada e consequências catastróficas. Como Maldonado destaca:

> A entropia é o resultado da organização de um sistema, de tal forma que quanto maior a organização (= complexidade) de um sistema, maior a desordem gerada pelo sistema no ambiente. Dito de outra forma, o custo da organização – literalmente o custo termodinâmico – é a criação da desordem no ambiente do sistema em consideração. Dessa forma, a ordem de um fenômeno ou sistemas é diretamente proporcional à desordem que essa organização gera no ambiente[3].

Daí o apelo insistente e urgente que Morin nos fez, no seu recente livro *É hora de mudarmos de via: as lições do coronavírus*:

> O confinamento deve abrir-nos, acima de tudo, para o essencial da existência, tanto aos desafortunados prisioneiros de sua escravidão como aos afortunados prisioneiros das coisas imediatas, secundárias e fúteis. Deve abrir-nos para o amor e a amizade, que nos permitem

---

[2] Entre alguns deles podemos incluir Boaventura de Sousa Santos, Joseph Stiglitz, Thomas Piketty, Alberto Gudynas, Arturo Escobar, Maristella Svampa e muitos mais.

[3] Carlos Eduardo Maldonado, *Camino a la complejidad: revoluciones científicas e industriales: investigación en complejidad*, Ciudad de Guatemala: Asociación Rujotay Na'oj, 2020, p. 80.

> realizar-nos como indivíduos, para a comunidade e a solidariedade, que unem nosso Eu em um Nós, para o destino da humanidade, do qual somos, cada um de nós, uma pequeníssima partícula[4].

Pois bem, disso trata precisamente este estudo: ao lado de múltiplas resistências e lutas emancipatórias por parte dos coletivos, comunidades e movimentos sociais diante do sistema-mundo capitalista em sua versão neoliberal atual – terrivelmente desigual na questão social, economicamente injusto e seriamente depredador da natureza –, surgem as práticas socioeconômicas solidárias, muito diversas em todas as partes do mundo, construídas como alternativas emergentes – e, em muitos casos, reemergentes –, que estão criando um tecido social e comunitário mais próximo da dignidade e da boa vida dos povos, dos bairros nas cidades e dos territórios camponeses e originais, tanto no Norte como no Sul global. Do mesmo modo, e para além das suas próprias microfronteiras, algumas delas vão constituindo tecidos gradativamente mais amplos, redes de apoio e empatia, por meio de esforços de auto-organização que lhes permitem potencializar suas contribuições e incidir nas políticas públicas locais e nacionais. Esse é seu grande desafio, destaca Morin: em sua diversidade, localização e dispersão, será preciso reconectá-las para que constituam um todo, isto é, um todo sistêmico alternativo.

Cabe notar que a reciprocidade e a solidariedade desse tipo de prática socioeconômica não são novas, embora também não sejam lineares: sua história remonta a milhares de anos e muitas delas permanecem até hoje, principalmente nas periferias do sistema-mundo capitalista. No entanto, começam a ganhar força emergente com o surgimento das cooperativas e sociedades mútuas em meados do século XIX, enquanto outras mais antigas e ancestrais reemergem, ainda com mais vitalidade, com a hegemonia do pensamento único e sua implementação econômica neoliberal, até alcançarem, consequentemente, a policrise ou a crise sistêmica na qual nos encontramos. No seu caos-desordem e incerteza, as crises produzem novas bifurcações – maior aprofundamento do capitalismo selvagem por um

---

[4] Edgar Morin, *Cambiemos de vía: lecciones de la pandemia*, Buenos Aires: Paidós, 2020, p. 24.

lado, mas também formas mais humanas de tecer as relações socioeconômicas, por outro –, assim como ocorre atualmente no mundo[5].

Assim, entre as alternativas, queremos situar, portanto, as economias solidárias. Sua diversidade é tão ampla que dificilmente podemos descrever cada um de seus tipos. Poderíamos dizer que se trata, metaforicamente, de uma explosão de cores, sabores e cantos sociais e solidários que se abrem para o mundo, inaugurando ou pressagiando um novo amanhecer ou uma aproximação primaveril: brotos, milhares e milhares de brotos surgidos na superfície capitalista, rachando pouco a pouco sua rigidez e abrindo seu caminho com resistência, pois as ervas são capazes de abrir caminho entre as rachaduras do concreto.

Aqui não se pretende idealizar essas experiências, mas procurar linhas de compreensão que nos permitam resgatar suas valiosas contribuições para uma "economia para a vida", apesar de (e junto com) suas contradições e problemas. Em poucas palavras, procura-se explorar e descobrir as possibilidades das economias solidárias em suas impossibilidades, uma vez que o acaso, a indeterminação e a incerteza desempenham um papel fundamental na complexidade da vida, nesse caso, da vida social. Portanto, a indeterminação do mundo e seus fenômenos são o contexto da complexidade nos quais pretendemos explorar e compreender as economias solidárias: "a incerteza acompanha a grande aventura da humanidade, qualquer história nacional, qualquer vida 'normal'. Pois toda vida é uma aventura incerta"[6].

Daí a nossa proposta de basear-nos no pensamento complexo de Edgar Morin como aquele capaz de iluminar nosso caminho de compreensão. A tarefa, portanto, busca colaborar com múltiplos e numerosos estudos e pesquisas sobre economias solidárias, que ainda não constituíram um importante cânone de viés alternativo, embora emergente, à teoria econômica neoclássica dominante. Dessa forma, as

---

[5] Para Wallerstein, a grande bifurcação atual está entre o polo direita-autoritarismo-homogeneidade-exclusão do Norte global, representado pelo Fórum Econômico Mundial, com sede em Davos, Suíça, e o polo esquerda-democracia-diversidade-inclusão, representado pelo Fórum Social Mundial, com sede no Sul global (surgido nos encontros em Porto Alegre, Rio Grande do Sul, Brasil). Cf. Immanuel Wallerstein, *Análisis de sistemas-mundo: una introducción*, Ciudad de México: Siglo XXI, 2005.

[6] Edgar Morin, *op. cit.*, p. 26.

epistemologias neomarxistas e anarquistas, a economia política, bem como os estudos de antropologia e sociologia econômicas colaboraram durante as últimas décadas para o acúmulo de conhecimento nesse campo. No entanto, cabe ressaltar que não abundam abordagens a esse fenômeno socioeconômico a partir das teorias da complexidade e do pensamento complexo. Daí meu interesse em tratar desse problema a partir da "perspectiva moriniana".

Nossa proposta de abordagem das economias solidárias como um problema complexo de pesquisa na América Latina é realizada por meio de uma análise multidimensional e de um percurso micro/macro em torno de seis experiências (micro) localizadas em quatro países de nossa região (macro), como veremos.

UMA PAISAGEM EXUBERANTE: A DIVERSIDADE DAS ECONOMIAS SOLIDÁRIAS

> *Os diversos termos da economia solidária parecem convocar imagens estranhas, na verdade hostis, para o imaginário social dominante, uma espécie de intrusão altruísta nas relações do hiperfetichizado atual mercado capitalista.*
> Aníbal Quijano

Sem pretender ser exaustivo, como se observa no Quadro 1, a enorme variedade de práticas socioeconômicas alternativas ao capital abrange os processos de produção de bens e serviços, seu intercâmbio e distribuição, bem como seu consumo. Transversalmente podemos distinguir também outras práticas e experiências que ultrapassam as fronteiras – as fronteiras são sempre porosas e flexíveis, onde existem – para incidir em outras dimensões, seja políticas, culturais, territoriais, seja de gênero. Valores como solidariedade, reciprocidade, justiça, equidade, dignidade, responsabilidade, harmonia, identidade, democracia, trabalho digno, entre outros, fazem parte não somente da linguagem e do pensamento que os caracteriza, mas também são oferecidos como luzes ou faróis que orientam suas ações, gerando um processo dinâmico inter-retroativo de pensamento/emoções/ação.

Esse processo, a propósito, não é quimicamente puro, isto é, não está isento de várias tensões, distorções, limitações e conflitos diversos, pois depende de cada caso e do seu contexto particular, mas aponta, em um sentido que consideramos necessário – disruptivo, corretivo, subversivo – para a aspiração a novos caminhos que permitam uma vida boa e digna para todos.

Quadro 1 – A diversidade das economias solidárias no mundo

ESFERAS DA ECOSOL	VALORES/ PRINCÍPIOS	TIPOS DE PRÁTICAS	SUJEITOS/ ATORES	PROJETO/ SENTIDO	ESCALAS TERRITORIAIS
Produção					
Bens	Trabalho digno ou decente (primazia do trabalho sobre o capital)	Autoconsumo			
		Alimentos agroecológicos			
		Agroindústrias	Cooperativas		Locais (comunitárias, de bairro, municipais)
		Indústrias		Alternativas de benefício direto	
		Artesanais	Mutualistas		
		Habitação			
Serviços	Segurança social	Mutualidade e cooperação sanitária, cultural, educativa, de pensão	Associações		
	Financiamento solidário	Cooperação financeira de poupança e empréstimo (banco ético, social, popular e comunitário, finanças sociais, finanças solidárias)			Regionais subnacionais
	Cultura		Organizações sociais e comunitárias--indígenas (múltiplas figuras associativas)	Articulações orgânicas (uniões, federações, confederações)	

(continua...)

Quadro 1 – A diversidade das economias solidárias no mundo
(continuação)

ESFERAS DA ECOSOL	VALORES/ PRINCÍPIOS	TIPOS DE PRÁTICAS	SUJEITOS/ ATORES	PROJETO/ SENTIDO	ESCALAS TERRITORIAIS
Intercâmbio	Comércio com justiça	Comércio Justo		Articulações orgânicas (uniões, federações, confederações)	
		Mercados sociais	Agências de desenvolvimento local		
		Mercados solidários			
		Troca (produtos e serviços, tempo)	Sindicatos e fundos de pensão solidários		Nacionais
		Moedas sociais, locais e comunitárias			
Consumo	Consumo solidário e responsável	Abastecimento e consumo	Empresas recuperadas por seus trabalhadores	Redes solidárias	
		Refeitórios populares			
			Sistemas Locais de Emprego e Comércio (Lets)		
					Regionais subcontinentais
			Integradoras sociais		
				Movimentos sociais	
			Redes de pesquisa solidária		
					Continentais
					Globais Sul/Sul Norte/Sul Norte/Norte
Outras transversais Solidariedade Justiça social Democracia participativa Equidade de gênero Harmonia com a natureza Autogestão Empoderamento cidadão					

Fonte: Elaboração própria.

De longe, em termos quantitativos, as cooperativas e as sociedades mutualistas constituem a corrente dominante das economias solidárias do mundo. De acordo com a Agência Cooperativa Internacional (ACI), atualmente os membros das cooperativas representam, pelo menos, 12% da humanidade, com quase 1 bilhão de membros cooperativos em todo o mundo; proporcionam emprego para 10% da população mundial empregada e geram receita de aproximadamente 2,14 trilhões de dólares (incluindo apenas as trezentas maiores)[7].

Embora em menor medida do que em outras regiões do mundo, a América Latina não é exceção, dada a presença significativa de cooperativismo: para mencionar apenas dois casos do início da década passada, a Argentina, por exemplo, tinha cerca de 8.100 cooperativas que agrupavam mais de 9 milhões de sócios, e o Brasil, por sua vez, com mais de 7 mil delas, contava com 5,7 milhões de sócios.

Com toda a importância que os números podem oferecer, são os dados qualitativos que permitem reconhecer a importância e o sentido que as alternativas socioeconômicas solidárias oferecem e nutrem para as pessoas, gerando uma dinâmica recursiva entre os participantes e suas alternativas: os participantes nutrem com sua ação as alternativas, e as alternativas nutrem os participantes de sentido. E, nesse sentido, a explosão esmagadora de práticas e sua diversidade – para além das cooperativas e sociedades mutualistas – remete-nos para a energia social não dissipativa que as envolve: moedas sociais, locais e comunitárias, clubes e mercados de troca, bancos de tempo, bancos comunitários, iniciativas de comércio justo, economias próprias ou comunitárias, finanças éticas, produção agroecológica, sistemas de abastecimento e consumo, agroindústrias e indústrias solidárias, entre outros, fazem parte desse universo das economias solidárias.

---

[7] A ACI é o órgão federativo que representa mundialmente as cooperativas. Cf. ICA Coop. Alianza Cooperativa Internacional. Disponível em: <https://www.ica.coop/es/cooperativas/datos-y-cifras>.

Como analisá-las e explicá-las, ou melhor ainda, compreendê-las, é um desafio para os estudos científicos. Vejamos nossa proposta.

O FAROL E A LUNETA: FERRAMENTAS PARA OBSERVAR A REALIDADE

> *A ampliação simbólica operada pela sociologia das Emergências pretende analisar numa determinada prática, experiência ou forma de saber, o que nelas existe como tendência ou possibilidade futura. Ela age sobre as possibilidades e sobre as capacidades. Identifica sinais, pistas ou traços de possibilidades futuras em tudo o que existe. É um conhecimento que avança na medida em que identifica de forma confiável saberes emergentes ou práticas emergentes.*
> Boaventura de Sousa Santos

Vamos partir de uma constatação. Ensinaram-nos a separar o inseparável, compartimentando os saberes em lugar de relacioná-los, e a prever o provável enquanto surge o inesperado: "este modo de conhecimento é inadequado para assimilar as complexidades"[8]. Trata-se de um pensamento disjuntivo e redutivo, que não consegue enxergar o que está ligado, entrelaçado, em suma, o complexo. Essa é uma realidade que ocorre tanto no mundo científico como na política e na economia reais. E a isso se acrescenta o desenfreado afã de lucro que rege o mundo, responsável por tantos desastres humanos, como nos adverte Morin no mesmo texto:

> De forma mais ampla, tem-se verificado claramente que a globalização, sendo essencialmente tecnoeconômica, criou uma interdependência geral sem nenhuma solidariedade. E quando a crise se globalizou, a interdependência se rompeu e deixou as nações e os povos com economias mutiladas, reduzidas a uma dependência econômica e moral até então desconhecida[9].

---

[8] Edgar Morin, *op. cit.*, p. 36.
[9] *Ibidem*, pp. 44-5.

A ALTERNATIVA DA ECONOMIA SOLIDÁRIA: SUAS PRÁTICAS A PARTIR DE UMA ABORDAGEM TEÓRICO-CONCEITUAL

Dado o interesse desta pesquisa, o foco está voltado para as diversas dimensões que, como "alternativa emergente e embrionária", a economia solidária pode significar no mundo, especialmente na América Latina. Daí que a abordagem de construção de redes de valor solidário antiutilitarista, a demodiversidade cidadã e estatal, as redes sociais e os tecidos solidários, a glocalização descolonizadora, a feminização equitativa, a sustentabilização ecológica e a ressignificação cultural solidária sejam conceitos e dinâmicas de estudo necessários para compreender sua importância e possibilidades emergentes alternativas, apesar de seu estado embrionário.

Como vimos, a heterogeneidade das práticas e visões da economia solidária no mundo e no próprio Sul global é enorme. Contudo, um estudo que pretenda abordá-la a partir de sua complexidade deve estimular a conjunção de diversas perspectivas disciplinares, numa rede que permita um diálogo frutífero entre o pensamento crítico e o pensamento complexo, particularmente, em nosso caso, a partir de um diálogo interdisciplinar entre a socioeconomia crítica, a sociopolítica e os estudos socioculturais.

Essa é, finalmente, a nossa proposta de abordagem à economia solidária como problema complexo de pesquisa na América Latina, por meio de um percurso micro/macro em torno de seis experiências localizadas em quatro países da nossa região: três experiências micro do México – organização cooperativa camponesa, organização cooperativa indígena e uma empresa recuperada por seus trabalhadores –, assim como uma organização cooperativa camponesa do Brasil, uma organização indígena da Bolívia, e uma empresa recuperada por seus trabalhadores na Argentina. Buscamos comparações, contrastes, contradições e semelhanças em correspondências binárias micro e macro (nacionais), assim como em seu conjunto.

Vejamos brevemente uma descrição resumida de cada uma delas. No nível micro – experiências solidárias locais e regionais –, decidimos analisar e compreender essas seis experiências:

— Complexidade e economias solidárias —

- A Unión de Comunidades de la Región del Istmo (Uciri) é um dos casos analisados. Trata-se de uma organização solidária indígena mexicana, que é também a organização cafeeira mais antiga do estado de Oaxaca. Foi fundada em 1982 por 17 comunidades cafeeiras interessadas em melhorar as condições de produção e venda de café e o bem-estar camponês, com a ajuda da diocese de Tehuantepec e de organizações não governamentais europeias. Atualmente, reúne 2.600 membros de 56 comunidades zapotecas e mixtecas do centro e norte de Istmo, Chontales do Sul, Chatinos da Costa e Mixes da parte média e alta. Foi a primeira organização indígena cafeeira a ter um certificado de mercado justo (Max Havellar).
- A segunda organização solidária deste estudo é Cosechando Juntos lo Sembrado (Colhendo Juntos o que foi Semeado – CJS), uma instituição financeira com sede em Tequisquiapan, Querétaro, México, que atende aproximadamente 23 mil sócios em cinco municípios e 72 comunidades do estado. A cooperativa de poupança e empréstimo busca o desenvolvimento integral de comunidades rurais marginalizadas a partir da conscientização, educação, capacitação, participação e da transformação do seu território. Os programas são financiados com recursos próprios do fundo de poupança acumulado pelos sócios e sócias da cooperativa e, em menor medida, com pequenas doações. Essa organização foi fundada como um projeto da antiga Urac (Unión Regional de Apoyo Campesino) em 1984, com o apoio da União de Esforços para o Campo, A.C. (Udec), e promove diversos projetos solidários, agroecológicos e de moradia sustentável para camponeses.
- A cooperativa Trabajadores Democráticos del Occidente (Tradoc) é o terceiro caso mexicano deste estudo. A cooperativa surgiu por volta de 2004 como produto de uma empresa transnacional recuperada por seus trabalhadores (a alemã Continental Tire) e, por isso, é emblemática em âmbito mundial, uma vez que se trata da primeira experiência desse tipo com essa abrangência. Com mais de seiscentos sócios,

a cooperativa é resultado da luta sindical dos trabalhadores da empresa Euskadi (filial da Continental Tire em Jalisco, México) em defesa de seus direitos trabalhistas e do fechamento que se seguiu com a demissão injustificada de mais de 2 mil trabalhadores. A luta trabalhista diante do fechamento da empresa durou mais de três anos. Atualmente a Tradoc faz parte de uma sociedade com a Cooper Tire, uma empresa de pneus transnacional de origem norte-americana.

A partir de uma perspectiva comparativa, como casos solidários comparados com os mexicanos, realizamos o estudo de três experiências localizadas em países latino-americanos:

- A Asamblea del Pueblo Guaraní (APG), localizada no município de Charagua, no departamento boliviano sulista de Santa Cruz, consistiu na quarta experiência solidária indígena abarcada nesta pesquisa. A APG é a máxima instância de representação social e política do povo Guarani que reside nos departamentos de Santa Cruz, Tarija e Chuquisaca. Com mais de 25 anos de vida orgânica, a APG tornou-se uma referência político-institucional com capacidade propositiva para a região do Chaco boliviano, e, em 2009, conquistou a proposta de autonomias indígenas que está atualmente implementada no território do governo autônomo Guarani Charagua Iyambae. Charagua foi um dos poucos municípios bolivianos que conseguiu se transformar em autonomia territorial indígena.
- No Brasil, por sua vez, quisemos retomar uma experiência socioeconômica solidária vinculada a uma das maiores organizações sociais camponesas da América Latina: o Movimento dos Trabalhadores sem Terra (MST). O caso estudado é o da Cooperativa de Produção Agropecuária Nova Santa Rita (Coopan). Com mais de 25 anos (sua origem data de 1995), a Coopan é fruto do assentamento de reforma agrária localizado no Rio Grande do Sul, em Nova Santa Rita, onde se produzem alimentos saudáveis livres de agrotóxicos e pesticidas. Os programas de moradia e agroindustrialização, como a produção de arroz e seu

beneficiamento, além da produção de carne suína e leite, entre outros, fazem parte do seu projeto cooperativo.
- Finalmente, como um caso referente a uma empresa recuperada por seus trabalhadores, abordamos a experiência da Cooperativa Unión Solidaria de Trabajadores (UST), localizada na cidade de Wilde Este, partido de Avellaneda, Argentina. Ela desenvolve suas atividades em aproximadamente 450 hectares de terra, que correspondem ao Complexo Ambiental Villa Domínico. Desde 2003, os trabalhadores organizados como cooperativa na UST são responsáveis pela manutenção pós-encerramento da instalação para resíduos sólidos urbanos. No entanto, as ações da cooperativa foram mais longe e se abriram para o desenvolvimento comunitário por meio de projetos educativos (ensino médio popular), um centro recreativo, produtivo, agroecológico e de desenvolvimento sustentável (onde são produzidos vinhos artesanais e onde funcionam um sítio educacional, um *hostel* e um passeio turístico), esportivo (poliesportivo) e habitacional (cerca de cem moradias para seus trabalhadores cooperados).

Como se pode observar, as seis experiências selecionadas – duas de origem indígena, duas camponesas e duas de empresas recuperadas – tendem a ser emblemáticas em seus respectivos países, uma vez que têm uma forte ascendência sobre outras organizações, coletivos e movimentos. Suas ações e práticas vão além dos limites socioeconômicos, incidindo em dinâmicas sociopolíticas, territoriais, educacionais e culturais. Além disso, são experiências que têm um longo tempo de consolidação organizacional e cujos projetos – não sem contradições – conseguiram sobreviver e ser bem-sucedidos em diversos aspectos. Esses são alguns dos critérios que usamos em sua seleção para realizar este estudo.

No nível macrocontextual, recuperamos as principais ações e tendências nacionais no que diz respeito a suas políticas públicas de apoio à economia solidária dos quatro países onde essas experiências solidárias estão inseridas: México, Bolívia, Brasil e Argentina.

Pois bem, para ampliar a perspectiva, um olhar sobre os suportes conceituais é dado pelo Quadro 2:

Quadro 2 – Matriz teórico-conceitual

CONCEITOS CENTRAIS	TEORIAS DE APOIO	AUTORES DE REFERÊNCIA
Economia solidária	Socioeconomia crítica Antiutilitarismo	J. L. Coraggio A. Caillé
Biodesenvolvimento	Teorias do desenvolvimento	A. Gudynas
Alternativas (resistência e emancipação)	Complexidade	P. González Casanova
Demodiversidade Cidadania	Sociopolítica crítica Teoria política da cidadania	B. S. Santos J. M. Ramírez-Saíz
Ação coletiva/ movimentos sociais		A. Melucci
CONCEITOS COMPLEMENTARES		
Glocalização alternativa Território Decolonialidade	Teoria de sistemas-mundo e geopolítica crítica Complexidade Estudos decoloniais	I. Wallerstein, J. Preciado M. Sosa A. Quijano e E. Lander
Sustentabilidade/ metabolização social	Economia ecológica	J. M. Martinez-Alier
Gênero	Teorias do feminismo	S. Federicci
Identidade coletiva e construção social de sentido	Antropologia crítica e estudos culturais	G. Giménez

Fonte: Elaboração própria.

A reciprocidade torna-se uma noção central para a economia solidária. Seus principais componentes são[10]: dar, como doação (dom); receber, como obrigação (ob-ligar); e devolver, como devolução (contradom). A tríade maussiana, enriquecida por muitos outros autores do Movimento Antiutilitarista em Ciências Sociais da França (Mauss) e latino-americanos, é compatível com a concepção da solidariedade, de forma tal que, a partir de uma reconceitualização de forma recursiva, proponho afirmar que na economia solidária:

---

[10] Alain Caillé, "Sur les concepts d'économie en général et d'économie solidaire en particulier", *Revue de Mauss*, Paris, 2003.

A ECONOMIA SE SOLIDARIZA E A SOLIDARIEDADE SE ECONOMIZA

A economia se solidariza mediante o dom, ao romper com o interesse individual e colocar como princípio a busca do interesse geral; coloca-se como princípio básico o bem comum acima do bem próprio. Com isso, a economia torna-se política, democrática. A solidariedade se economiza significa que, mediante o contradom, a solidariedade não se confunde com a caridade (a liberdade de dar discricionariamente), mas com a obrigação (ob-ligar) e a reciprocidade de uns com outros, socializada, institucionalizada e includente de todos.

Assim, uma definição própria das economias solidárias poderia ser a seguinte: são formas socioeconômicas emergentes e emancipadoras – alternativas ao capitalismo e não hegemônicas – de produzir, intercambiar e consumir bens e serviços, bem como de distribuir com justiça e equidade a riqueza gerada, centrada não no capital, mas na reciprocidade e na valorização igualitária e horizontal do ser humano, assumindo a diversidade de identidades individuais e coletivas e tendo a comunidade como estrutura de autoridade coletiva que, a partir de uma relação harmoniosa com a natureza e com os outros seres vivos, têm uma base associativista e cooperativista com capacidade auto--organizacional e autogestora para garantir a reprodução ampliada da vida a partir de uma cultura de corresponsabilidade na existência do universo e com os movimentos sociais transformativos.

Trata-se, aparentemente, do que poderíamos chamar de "bioeconomia", uma economia da vida, como propõe Franz Hinkelammert[11], como uma espécie de alter economia – ou uma "outra economia", ao estilo de Quijano[12] e outros – que integra diversas dimensões da vida social: a recuperação do sujeito e a vida humana concreta para todos, tanto nas instituições sociais como nas construções culturais. Não é em vão que, a partir da biologia, como é o caso de Humberto Maturana,

---

[11] Franz Hinkelammert e Henry Mora Jiménez, *Hacia una economía para la vida*, San José de Costa Rica: DEI, 2005.

[12] Aníbal Quijano, "'Solidaridad' y capitalismo colonial/moderno", *Otra Economía: Revista Latinoamericana de Economía Social y Solidaria*, Quito, 2008.

se afirma que a natureza íntima do fenômeno social humano é seu fundamento ético: "[...] a aceitação e o respeito pelo outro que está no centro do amor como fundamento biológico do social"[13].

Trata-se de um farol potente e multidisciplinar, que permite a convergência luminosa de diversas teorias e conceitos para melhor observar a realidade da economia solidária em nossa América. Mas como observá-la à distância em seu contexto crítico? Como distinguir seus traços e características em meio à tempestade sistêmica que vivenciamos na atualidade?

A LUNETA DE OBSERVAÇÃO: A PESQUISA QUALITATIVA E COMPARATIVA A PARTIR DO PENSAMENTO COMPLEXO

Com base nessa matriz conceitual, procuramos abordar o fenômeno das economias solidárias seguindo alguns princípios do pensamento complexo. Alguns desses princípios propostos por Morin[14] são os seguintes, enquanto reconhecimento de:
- o singular e o local com a explicação universal;
- a organização e a desorganização da realidade, a ordem e a desordem, a dispersão e a constituição (tetragrama ordem-desordem-interações-organização), de uma forma dialética, contraditória e complementar;
- a elementaridade-eventualidade e sistematicidade, ou seja, as partes que interagem no todo como um sistema;
- da recursividade enquanto retroação entre causa e efeito (o produto é seu próprio produtor, um ciclo);
- a realidade como holograma, no qual a parte contém a informação básica do todo, e o todo está presente nas partes (a célula-corpo e o indivíduo-cultura);
- a reflexividade, reintrodução do observador-conceituador na observação da qual faz parte, em um mundo social constituído

---

[13] Humberto Maturana, *La realidad: ¿Objetiva o construida? I Fundamentos biológicos de la realidad*, Ciudad de México: Anthropos, 2009, p. 18.

[14] Cf. Edgar Morin, "La epistemología de la complejidad", *Gaceta de Antropología*, Granada, 2004.

por interações entre sujeitos, e, finalmente, em uma sociedade formada por intersubjetividades.

González Casanova[15] propõe uma particular epistemologia da ação, a partir da perspectiva do pensamento complexo, frente a um marxismo reducionista e determinista – marcado pelo modo de produção capitalista –, mas incorporando no centro da análise os modos de dominação, apropriação, repressão e mediação – complexos, organizados e estruturados – para redefinir as articulações, as interfaces ou links que fundem na criação histórica o subjetivo e o objetivo, que os unem, separam e contrapõem no conhecimento (saber ocidental versus a diversidade de saberes), a palavra (pensamento único dominante versus as narrativas e discursos alternativos) e a ação (a economia dominante versus o fazer socioeconômico alternativo): os sistemas adaptativos-autorregulados-autônomos-emergentes versus os sistemas adaptativos-autorregulados-autônomos-dominantes (os grandes conglomerados tecnológicos militares, financeiros e digitais). Formando uma rede em si mesmos, os princípios do pensamento complexo permitem observar a interação dinâmica que ocorre na economia solidária. Por sua vez, Sawyer, a partir dos estudos sociais e do paradigma da emergência, afirma que:

> [...] todos os fenômenos sociais surgem da ação coletiva individual, e não há razão para acreditar que existem diferentes processos de emergência para diferentes fenômenos sociais [...]. Os modelos sociológicos de ação empiricamente fundamentados e teoricamente ricos simulados usando sistemas de múltiplos agentes darão como resultado modelos de emergência social que se tornarão então fundamentais para a economia, substituindo os formalismos matemáticos de escolha racional[16].

Embora não seja nossa intenção formular um modelo de emergência social da economia solidária, o que nos interessa enfatizar é a

---

[15] Pablo González Casanova, "Entre el orden y el caos: el capitalismo organizado, *Desacatos*, Ciudad de México, 2008, n. 28.

[16] Richard Keith Sawyer, *Social Emergence: Societies has Complex Systems*, Cambridge: Cambridge University Press, 2005, p. 226.

necessidade de transcender a escolha racional como o grande princípio socioeconômico. As motivações daqueles que participam da economia convencional, como nas economias emergentes de solidariedade, não têm nada a ver com a exclusividade da escolha racional.

A COMPARAÇÃO ANALÍTICA DE PROCESSOS RECURSIVOS

Do ponto de vista do pensamento complexo, um processo nem sempre avança linearmente para a frente, mas antes realiza giros erráticos, evolutivos e involutivos, incertos em trajetória e resultados. As diversas relações entre as esferas a partir da perspectiva da economia solidária, por meio de "processos recursivos", são:
- mercantilização/desmercantilização (dimensão econômica);
- estatização/desestatização e cidadanização/descidadanização (dimensão política);
- socialização/dessocialização (dimensão social);
- sustentabilidade/dessustentabilização (dimensão ambiental);
- localização/globalização (dimensão territorial);
- feminização/masculinização (dimensão de gênero);
- significação/desresignificação (dimensão cultural).

Esses processos ocorrem em um contexto de orientações de valor, em um certo tipo de relacionamento com a natureza, com posições e práticas de gênero particulares e em um contexto de glocalização específico. Esses relacionamentos acontecem de diferentes maneiras, dependendo do tipo de práticas tendenciais da economia solidária.

No entanto, para o trabalho de campo, foram realizadas visitas diretas às experiências mexicanas e suas contrapartes na Argentina, Brasil e Bolívia. Na coleta de informações, utilizaram-se técnicas do tipo qualitativo, por meio da aplicação de diversas entrevistas semiestruturadas com líderes-dirigentes e membros de base das organizações, bem como com os promotores nacionais e acadêmicos destacados no campo da economia solidária. De forma complementar, foi realizada uma observação não participante para a qual um diário de campo (manuscrito e eletrônico) foi mantido como um registo para cada uma das seis experiências micro. Para concluir, acumularam-se diversos materiais informativos como base para contextualizações e cruzamento de informações – diversos estudos, relatórios e boletins das organizações, informações jornalísticas, páginas e documentos da internet, entre outros –, tanto das experiências estudadas quanto dos países objeto de estudo.

A análise dos casos e suas informações foi realizada mediante sucessivos percursos, procurando estabelecer relações mais importantes entre as escalas micro (experiência local-regional), meso (seus vínculos e incidência regional) e macro (vínculos nacionais e globais ou mais amplos nas esferas econômica-social-política-cultural). Para isso, foram realizados alguns cruzamentos sugestivos e percursos micro-macro em torno da construção de alternativas, esferas valorativas e construção social de sentido, da perspectiva de gênero, da relação com a natureza e da glocalização, a partir dos sujeitos envolvidos como pensadores e atores em seu projeto, suas redes de influência, de expansão e dominação, de um intercâmbio equitativo ou inequitativo entre unidades autônomas ou entre estas e outras dependentes, suas simpatias e diferenças, seus consensos e conflitos, suas relações com outras comunidades ou experiências de economia solidária e com a sociedade macro nacional, regional e global[17].

PRINCIPAIS ACHADOS NO HORIZONTE SOCIOECONÔMICO SOLIDÁRIO

O percurso realizado pelos caminhos das economias solidárias não foi simples nem linear. O pensamento complexo, juntamente com o pensamento crítico, a partir de uma perspectiva comparada (micro-micro, micro-macro e macro-macro), foram o farol e a luneta que nos permitiram iluminar, observar e analisar essa jornada na complexidade do real social. O percurso – às vezes caminhando, fazendo entrevistas, conversando muito, indagando sobre

---

[17] Pablo González Casanova, *Las nuevas ciencias y las humanidades: de la academia a la política*, Buenos Aires: Clacso, 2017.

informações complementares, recebendo testemunhos, constatando limitações humanas e realizações coletivas, coletando frustrações e sonhos – por meio de seis "experiências socioeconômicas micro" e de quatro países como "experiências macro", todas representativas da economia solidária latino-americana e promovidas tanto a partir de baixo como de cima, permite-nos afirmar que nelas existem efetivamente elementos emergentes e embrionários (pré-figurações) que poderiam conduzir, em algum momento incerto, à construção de "outra economia", ou seja, um subsistema que, gradativamente, pode levar à transformação ou metamorfose do sistema-mundo capitalista. Trata-se das possibilidades nas impossibilidades que a economia solidária – como alternativas de baixa entropia – tem em meio à turbulenta tempestade sistêmica, altamente entrópica.

Assim, utilizando os processos-ciclo da economia solidária como categorias analíticas nas quais a interdimensionalidade sistêmica, a recursividade do processo, o dualismo dialógico e o princípio hologramático estiveram presentes, é possível afirmar que ela se constitui na América Latina como um processo multidimensional e complexo, um movimento-ciclo emergente para o qual confluem o sistêmico-dialógico-recursivo-hologramático-bifurcador-incerto.

Assim, podemos argumentar que:
- As experiências de economia solidária (produção, distribuição e consumo) na América Latina constituem uma heterogeneidade que "configura diferentes tipos de alternativas socioeconômicas";
- A economia solidária é, na América Latina, um espaço plural e complexo para a construção de alternativas que contêm pré-figurações (projetos embrionários com elementos emergentes ou não dados) para "outra economia", para uma mudança do sistema-mundo capitalista;
- A soma dessas práticas, por si só, não garante a geração de mudanças qualitativas no sistema capitalista dominante, mas exige uma forte participação política dos cidadãos, além de mudanças nas instituições políticas e no Estado como um todo, para conseguir constituir uma alternativa real em um horizonte temporal incerto, presumivelmente a longo prazo;

- Cabe distinguir e contrastar essas práticas em suas tendências nacionais na América Latina para revelar o inovador, o emergente e não dado, em oposição às práticas funcionais do sistema capitalista em sua versão dominante;
- A economia solidária latino-americana contém elementos constitutivos que permitem considerá-la parte de um "novo movimento social" de abrangência global[18].

Os princípios do pensamento complexo nos quais nos embasamos – sistêmico, dialógico, recursivo e hologramático – permitiram constatar o seguinte: com o *princípio sistêmico*, conseguimos reconhecer a multiplicidade de dimensões existentes no fenômeno das economias solidárias, dimensões interconectadas entre si para configurar uma realidade complexa. Em torno das dimensões solidárias, desenvolvem-se as dimensões econômica, social, política, cultural, ambiental, territorial e de gênero, entre muitas outras. Esse reconhecimento nos permitiu realizar uma análise de cada uma delas e das suas diversas conexões.

O *princípio dialógico* nos permitiu encontrar uma ponte ao sustentar a necessária dualidade presente em toda realidade: o antagonismo e o conflito são consequência de um choque entre posições encontradas, que coexistem ao mesmo tempo e não são anuladas uma pela outra, mas se transformam em dinâmicas complementares. Assim, para um pensamento complexo, os movimentos sociais são a expressão do novo, da inconformidade frente ao poder dominante, frente a suas ações e consequências. E, em seus discursos e práticas alternativas, tornam possível essa dualidade: domínio/liberação, exclusão/inclusão, legitimidade/questionamento, entre outras dinâmicas. Mas, ao mesmo tempo, os movimentos sociais podem ser interpretados a partir do princípio da recursividade organizacional, uma vez que são um efeito ou consequência das condições de mal-estar impostas pela dominação, mas também causa da construção de novas condições auto-organizacionais alternativas. Assim, na unidade dos antagonismos e complementos das dualidades

---

[18] Uma análise detalhada micro-micro, micro-macro e macro-macro dos casos estudados pode ser consultada nos capítulos 11-13 de meu livro *Economias solidárias na América Latina*. Cf. José Guillermo Díaz Muñoz, *op. cit.*

dialógicas, é possível afirmar que, dentro do "todo" do sistema-mundo capitalista-colonial, com sua ordem e desordem, sua dependência e autonomia, seu individualismo mercantilista e sua socialização alternativa, seu pensamento único e seu outro pensamento, sua economia neoliberal dominante e suas outras economias, sua dominação homogeneizante e sua liberação na diversidade cultural, sua estabilização conservadora e seus movimentos sociais contra-hegemônicos, existe uma economia solidária diversa, como uma alternativa embrionária e emergente com um futuro incerto.

Assim como é pertinente falar dos "capitalismos" como forma de distinguir as diversas formas práticas adotadas pelo sistema-mundo capitalista atual nos diversos países e regiões do mundo, é também pertinente referir-se às economias solidárias, expressando assim a enorme diversidade de suas práticas, embora relacionadas por meio de certa matriz comum.

Nesse sentido, podemos destacar que a economia solidária se desenvolve como uma rede complexa, como um ciclo solidário – economia e solidariedade –, que se move de forma algo caótica procurando construir seu próprio caminho no campo do sistema--mundo capitalista altamente entrópico, egoísta e competitivo, por princípio. E, em contraste, a economia solidária emergente baseia seu caminhar no princípio da reciprocidade, como um dom e contradom maussiano, como uma "ida e volta solidária", como a *mano vuelta* (mutirão) de Oaxaca. Essa particularidade da economia solidária é constatada por seus atores nas diversas experiências estudadas.

A reciprocidade da economia solidária, no entanto, está cheia de contradições, pois não é pura nem linear. Nesse sentido, sustentamos que, partindo de uma matriz comum, existem diversas economias solidárias – unidade na diversidade e diversidade na unidade.

Com o *princípio hologramático*, vimos ao longo deste trabalho que as experiências de economia solidária analisadas fazem parte de um mosaico mais amplo, mas também que esse mosaico maior, com seus conteúdos básicos, encontra-se nelas (o todo na economia solidária; a economia solidária no todo).

Da mesma forma, com o *princípio recursivo*, descobrimos uma grande série de processos desse tipo:

- o micro (experiências da economia solidária) está no macro (realidades nacionais e globais) e o macro (essas realidades) influencia e permeia, expande ou diminui o micro;
- o local para o regional para o nacional e vice-versa, de forma que os processos se tornam glocalizadores com diversas ênfases;
- de baixo para cima e vice-versa (relação com o Estado, as empresas privadas e as instituições);
- do endógeno para o exógeno e vice-versa, a partir dos recursos e potencialidades próprios das organizações, sem esgotar-se neles, e a partir dos recursos e potencialidades externos para complementar os próprios.

Com o *princípio dialógico*, por sua vez, partimos de uma série de processos delimitados que nos permitiram encontrar as características das diversas experiências e compará-las entre si, que por sua vez dão lugar a uma enorme série de combinações dialógicas, entre as quais: mercantilização/desmercantilização, estatização/desestatização, cidadanização/descidadanização, socialização/dessocialização, sustentabilidade/dessustentabilização, localização/globalização, feminização/masculinização, (des)significação/ressignificação.

Da mesma forma, verificamos que as experiências micro da economia solidária estão constantemente realizando intercâmbios de todos os tipos com o meso e o macro: estabelecendo parcerias, relações e ações coletivas, mas também rupturas, desajustes e tensões, entre outros. Trata-se de antagonismos e complementaridades com os mercados, por exemplo, ou práticas democráticas internas e lutas pela democracia social e política, combinadas com ressentimentos autoritários internos, juntamente com imposições estatais e privadas, ou produções sustentáveis inseridas em cadeias de valor, algumas de abrangência transnacional.

Graças a esses princípios e à contribuição de Pablo González Casanova[19], vimos que as experiências da economia solidária podem fazer parte de algum dos dois tipos de sistemas complexos: os autônomos-adaptativos-autorregulados-dominantes ou os autônomos-adaptativos-autorregulados-emergentes-alternativos. Em sua marginalidade relativa, consideramos que as experiências da economia

---

[19] Pablo González Casanova, *op. cit.*

solidária analisadas neste trabalho que mais se aproximam da possibilidade de uma transformação do sistema-mundo capitalista seriam a Uciri, a APG, a Coopan e a UST, uma vez que fariam parte da tendência "emergente utópica transicional" e, portanto, do segundo tipo de sistemas complexos aos quais alude González Casanova.

Do mesmo modo, a partir da perspectiva das tendências nacionais, descobrimos que os vaivéns políticos e pendulares, no contexto do capitalismo neoliberal, incidem em sua apreciação e apropriação de outras economias emergentes, como é o caso das economias solidárias até 2018:

    a. O México aderiria à "tendência destrutiva" da economia solidária e estaria representado pela vertente "adaptativa dominante oportunista", com uma firme fidelidade ao modelo neoliberal dominante e a seus dogmas hipermercantilizadores.

    b. Por sua vez, a Argentina, com os governos progressistas, faria parte da segunda tendência, ou de "conservação", da economia solidária, próxima do tipo "adaptativa dominante complementar", conforme a tipologia da economia solidária proposta. Trata-se de um capitalismo com face humana, que visa paliar os excessos da mercantilização, além da desestatização, estabilização e libertação neoliberais, mas sem questionar a fundo as bases do sistema capitalista.

    c. O Brasil, por sua vez, com os governos progressistas que apoiavam de forma franca e institucional as economias solidárias, tendo criado um ministério *ex professo* para esse fim e abrindo espaços públicos para a conciliação (como a criação de um Conselho Cidadão) com as organizações e redes da economia solidária de abrangência nacional (juntamente com a Bolívia, durante todo o período de governo de Evo Morales), situar-se-ia na terceira tendência geral nacional referida, a "recuperação e construção" gradual de um subsistema de economia solidária e coincidente com a economia solidária "emergente utópica transicional", tendência que avança rumo à ruptura com os dogmas neoliberais do capitalismo dominante e estabelece as bases para a construção pós-neoliberal de um subsistema de economia popular-solidária.

Além disso, a economia solidária, em sua diversidade ideológica e prática, configura-se em suas características como *um novo movimento social*, juntamente com os novos movimentos pacifista, étnico, indígena, de gênero, feminista etc. Contém em seu discurso "outra economia", uma crítica radical ao sistema capitalista dominante em suas diversas versões: antissistêmica ou anticapitalista, não capitalista ou pós-neoliberal, e capitalista com um rosto humano.

Contudo, verificamos também que em algumas de suas práticas há formas não corretas de ação coletiva, como a corrupção, a dispersão e a fragmentação de organizações e redes, a falta de capacidade de gestão empresarial, a escassa incidência cidadã na política, iniquidades de gênero e uma incipiente consciência ambiental. Essas são verdadeiras bifurcações das bifurcações que requerem correções e uma maior convergência.

Diante da dispersão e da localização, é urgente uma "sistematização" que, ao estilo de Edgar Morin[20], permita essa conjunção, uma articulação de alternativas socioeconômicas de produção--distribuição-consumo (reprodução ampliada da vida), bem como sua convergência ampla e glocal como um movimento social para um todo socioeconômico emergente alternativo.

REFLEXÕES FINAIS ABERTAS

Exploramos as economias solidárias latino-americanas a partir da perspectiva da complexidade, usando como farol epistêmico o pensamento complexo e seus princípios como luneta para a análise-síntese. Como resultado deste estudo, parece-nos pertinente denominar a economia solidária como "outra economia", uma alter economia ou economia alternativa ao capitalismo, isto é, uma economia a serviço de todos e não somente de alguns. Trata-se de uma economia para o "bom ou bem viver", retomando a proposta dos povos originários andinos; uma "bioeconomia", sugiro finalmente, que seja capaz de sustentar a vida humana e as espécies do mundo, a nossa casa comum, mediante uma matriz antiutilitarista com valores diversos, como a dignificação

---

[20] Cf. Edgar Morin, "La epistemología de la complejidad", *Gaceta de Antropología*, Granada, 2004.

do trabalho, o respeito pelo ambiente, a interculturalidade, a reciprocidade, a decolonialidade do poder e do saber, a demodiversidade, a auto-organização autogestora e a equidade de gênero.

Em suma, um ciclo recursivo conceitual e empírico que nos leve para além da noção ocidental de "bem-estar" e de "desenvolvimento", para integrar as dimensões ecológica, cultural e política, juntamente com as dimensões econômica e social. Essa "bioeconomia" (e o biodesenvolvimento ou pós-desenvolvimento como seu contexto em concordância) se encontra ainda em amadurecimento, mas contém elementos que, apesar de suas limitações e contradições, podem moldar "embrionariamente" uma nova forma de produzir, intercambiar e consumir, sem que a acumulação de capital seja seu princípio e razão de ser, mas sim a espécie humana em reciprocidade e em harmonia com a natureza. E essa nova "bioeconomia" só será possível se for promovida, construída e polida a partir da cultura[21], nomeando o mundo de forma alternativa[22], decolonizando o poder e o saber[23] no contexto de uma nova via civilizatória para a humanidade, a partir de uma globalização dominante que não consegue constituir-se como uma comunidade de destino, crítica que atiladamente vem sustentando e instando Edgar Morin[24].

E nessa jornada civilizatória incerta, mas esperançosa, rumo à vida, transformada hoje em uma voragem pandêmica perturbadora que nos cinge de forma atroz como um grande turbilhão, novamente as economias solidárias têm lugar numa luta de braço entre muitas alternativas solidárias:

> Para rematar a carência dos poderes públicos, assistimos ao surgimento de um grande número de atos e iniciativas solidárias: produção alternativa à falta de máscaras por parte de empresas readaptadas,

---

[21] Cf. Edgar Morin, "La epistemología de la complejidad", *op. cit.*; Humberto Maturana, *op. cit.*

[22] Cf. Alberto Melucci, *Challenging Codes: Collective Action in the Information Age*, Cambridge: Cambridge University Press, 2001; Boaventura de Sousa Santos, *Democratizar la democracia: los caminos de la democracia participativa*, Ciudad de México: FCE, 2004; *Produzir para viver: os caminhos da produção não capitalista*, Rio de Janeiro: Civilização Brasileira, 2005.

[23] Cf. Aníbal Quijano, *op. cit.*

[24] Edgar Morin, *Cambiemos de vía*, *op. cit.*, p. 45.

confecção artesanal ou doméstica, agrupamentos de produtores locais, entregas em domicílio gratuitas, ajuda mútua entre vizinhos, refeições distribuídas aos sem-teto, cuidado infantil e contatos mantidos nas piores condições entre professores e alunos[25].

Desculpem minha insistência, mas gostaria de encerrar este documento novamente com Edgar Morin – cujo centésimo aniversário natalício e cuja vida tão fecunda bem o justificam – e seu testemunho pessoal:

> É verdade, ainda, que existem numerosos oásis de vida amável, familiar, fraterna, amistosa, solidária, lúdica que dão testemunho da resistência de almejar o bem viver; a civilização do interesse e do cálculo nunca poderá absorvê-la, mas esses verdadeiros oásis de bem viver ainda estão muito dispersos e mal se conhecem mutuamente. No entanto, existem e se desenvolvem, e sua conjunção esboça o rosto de outra civilização possível[26].

Pois bem, coincidimos: sua necessária conjunção esboça o rosto de outra civilização possível.

REFERÊNCIAS

CAILLÉ, Alain. "Sur les concepts d'économie en général et d'économie solidaire en particulier". *Revue de Mauss*. Paris: 2003, v. 1, n. 21.

DÍAZ MUÑOZ, José Guillermo. *Economías solidarias en América Latina*. Tlaquepaque: Iteso, 2015.

GONZÁLEZ CASANOVA, Pablo. "Entre el orden y el caos: el capitalismo organizado". *Desacatos*. Ciudad de México: 2008, n. 28.

GONZÁLEZ CASANOVA, Pablo. *Las nuevas ciencias y las humanidades: de la academia a la política*. Buenos Aires: Clacso, 2017.

---

[25] *Ibidem*, p. 29.

[26] *Idem*, "Cambiemos de vía; cambiemos de vida. El llamamiento de Edgar Morin", p. 1. Disponível em: <http://mouvementutopia.org/site/wp-content/uploads/2016/10/APPEL-E.-MORIN-esp.pdf>.

HINKELAMMERT, Franz; MORA JIMÉNEZ, Henry. *Hacia una economía para la vida*. San José de Costa Rica: DEI, 2005.

ICA COOP. Alianza Cooperativa Internacional. Disponível em: <https://www.ica.coop/es/cooperativas/datos-y-cifras>. Acesso em: 30 jun. 2021.

MALDONADO, Carlos Eduardo. *Camino a la complejidad: revoluciones científicas e industriales: investigación en complejidad*. Ciudad de Guatemala: Asociación Rujotay Na'oj, 2020.

MATURANA, Humberto. *La realidad: ¿Objetiva o construida? I Fundamentos biológicos de la realidad*. Ciudad de México: Anthropos, 2009.

MELUCCI, Alberto. *Challenging Codes: Collective Action in the Information Age*. Cambridge: Cambridge University Press, 2001.

MORIN, Edgar. "Cambiemos de vía; cambiemos de vida. El llamamiento de Edgar Morin". Disponível em: <http://mouvementutopia.org/site/wp-content/uploads/2016/10/APPEL-E.-MORIN-esp.pdf>. Acesso em: 29 jun. 2021.

MORIN, Edgar. *Cambiemos de vía: lecciones de la pandemia*. Colaboración de Sabah Abouessalam e Tradución de Núria Petit. Buenos Aires: Paidós, 2020.

MORIN, Edgar. "La epistemología de la complejidad". *Gaceta de Antropología*. Granada: 2004, n. 20.

QUIJANO, Aníbal. "'Solidaridad' y capitalismo colonial/moderno". *Otra Economía: Revista Latinoamericana de Economía Social y Solidaria*. Quito: 2008, v. 2, n. 2.

SANTOS, Boaventura de Sousa. *Democratizar la democracia: los caminos de la democracia participativa*. Ciudad de México: FCE, 2004.

SANTOS, Boaventura de Sousa (org.). *Produzir para viver: os caminhos da produção não capitalista*. Rio de Janeiro: Civilização Brasileira, 2005.

SAWYER, Robert Keith. *Social Emergence: Societies has Complex Systems*. Cambridge: Cambridge University Press, 2005.

WALLERSTEIN, Immanuel. *Análisis de sistemas-mundo: una introducción*. Ciudad de México: Siglo XXI, 2005.

METODOLOGIAS DE COMPLEXIDADE PARA A FORMAÇÃO DE GESTORES INTERSETORIAIS

Alessandra Bortoni Ninis

Entre os anos de 2005 e 2011, conduzi duas pesquisas no Centro de Desenvolvimento Sustentável da Universidade de Brasília (CDS-UnB). A primeira, uma dissertação de mestrado com o título *A ecologia política e a exploração da água mineral de São Lourenço-MG*, e a segunda, a tese de doutorado *Complexidade, manipulação genética e biocapitalismo: compreensão das interações da engenharia genética na sociedade de risco*.

    Essas duas pesquisas tinham como base a análise de conflitos socioambientais complexos. A primeira, sobre a exploração das águas minerais de uma das estâncias hidrominerais mais ricas e diversas do planeta por uma empresa transnacional, cuja missão é ser a maior produtora de águas engarrafadas do mundo. Esse conflito envolvia o recurso natural, a estância turística que vivia desse recurso (sua história), a sociedade civil organizada, o arcabouço político e jurídico nacional e a empresa Nestlé Waters num contexto de globalização dos recursos naturais. Era difícil compreender a lógica envolvida somente pelo viés disciplinar da economia ou do direito, pois o conflito orbitava num espectro multidimensional e dialógico de conhecimentos.

    A segunda pesquisa foi uma análise do conflito em torno da liberação de alimentos geneticamente modificados no Brasil. Ela envolvia a biotecnologia e a manipulação de seres vivos, a Comissão Técnica Nacional de Biossegurança (CTNBio), a sociedade civil organizada, a bioeconomia global, as empresas de biotecnologia, o arcabouço político-jurídico do Estado, assim como aspectos filosóficos sobre ciência e tecnologia, refletidos num espectro de representações sociais da manipulação genética. Outra vez, uma abordagem apenas da bioeconomia ou da sociologia não seriam capazes de dialogar com todos os aspectos necessários para uma resposta eficaz sobre o conflito.

Quanto mais a sociedade se complexifica em seus riscos e conflitos sociais e ambientais, mais necessário é um olhar diferenciado para a análise desses problemas. Um caso emblemático que demonstra a necessidade de um conhecimento e método complexo para lidar com as questões sociais é o dos "acidentes" tecnológicos das barragens de Mariana e Brumadinho. Ao lidar na prática com eventos dessa proporção, vemos que é necessário um conjunto enorme de saberes, técnicas e conhecimento para a resolução do problema.

Ele não passa apenas pelo conhecimento técnico de engenheiros, mas pelo diálogo entre esses profissionais, antropólogos, médicos e psicólogos, pelo diálogo com o conhecimento tradicional local e, sobretudo, por ações intersetoriais capazes de dar respostas para os diferentes níveis e interações com o evento. Não adianta plantar árvores sem gerar empregos. Não adianta gerar empregos sem cuidar da saúde mental. Não adianta cuidar da saúde mental se ainda há riscos de novos rompimentos. Não adianta recuperar o rio com novos riscos de rompimento. E, sobretudo, não adianta ter um plano de contenção de risco de desastre sem a participação ativa da sociedade civil na elaboração e no monitoramento e controle dos riscos.

Desafios como esse nos fazem ver o quanto o paradigma cartesiano "caducou" no amplo espectro das políticas públicas tradicionais, sendo o paradigma da complexidade uma abordagem mais adequada para esse tempo de multirriscos e multicrises.

Na esfera da saúde, é possível observar o quanto a transdisciplinaridade é fundamental para a elaboração e execução de políticas públicas. Em 1948, a Carta de Princípios da Organização Mundial da Saúde (OMS) já declarava a saúde como um estado de completo bem-estar físico, mental e social, e não apenas a ausência de doença ou enfermidade. Esse conceito foi se ampliando até que, em 1978, a Conferência de Alma Ata complexificou o entendimento, incluindo a dimensão dos determinantes sociais da saúde, que incorpora fatores sociais, econômicos, culturais, étnicos/raciais, psicológicos e comportamentais que influenciam a ocorrência de problemas de saúde e seus fatores de risco na população. Assim, há relações entre as condições de vida e trabalho dos indivíduos e de grupos da população com sua situação de saúde, ou seja, fatores de natureza social, econômica, política e ecológica incidem sobre a situação de saúde de grupos e pessoas[1].

Em 1986, a 8ª Conferência Nacional de Saúde introduziu um conceito ampliado que inclui alimentação, habitação, educação, renda, meio ambiente, trabalho, transporte, emprego, lazer, liberdade, acesso e posse da terra e acesso a serviços de saúde como condições necessárias para se garantir a saúde.

Em 2010, a Declaração de Adelaide sobre a Saúde em Todas as Políticas enfatizou que todos os setores da gestão pública devem incorporar a saúde e o bem-estar como componentes centrais no desenvolvimento de políticas, expressando a necessidade de estabelecer um novo contrato social entre todos os setores para ampliar o desenvolvimento humano, a saúde, a sustentabilidade e a equidade. Tal mudança passa por novas formas de governança que incluam todos os setores dos governos em diversos níveis[2]. Essas abordagens, impulsionadas pelas Conferências Internacionais de Saúde, dialogam diretamente com a complexificação das políticas de promoção do desenvolvimento do século XXI.

A partir dos anos 2000, toda a estrutura de políticas públicas para a promoção do desenvolvimento sustentável passa também a demandar uma abordagem complexa. Dos Objetivos do Milênio, que eram oito, passaram a ser 17 os Objetivos do Desenvolvimento Sustentável (ODS); as metas também se multiplicaram, passando de 21 para 169 entre os dois documentos, respectivamente. De forma

---

[1] Cf. Paulo Marchiori Buss e Alberto Pellegrini Filho, "A saúde e seus determinantes sociais", *Physis: Revista de Saúde Coletiva*, Rio de Janeiro, 2007.

[2] Cf. Organização Mundial da Saúde, *Declaração de Adelaide sobre saúde em todas as políticas: no caminho de uma governança compartilhada, em prol da saúde e do bem-estar*, Adelaide: OMS, 2010.

geral, essas 169 metas se articulam entre si e demandam ações e políticas intersetoriais[3] em redes cada vez mais complexas, sobretudo a partir de dimensões como o combate às mudanças climáticas e o fomento a cidades sustentáveis, abarcando também dimensões muitas vezes conflitantes entre si, como indústria, inovação e infraestrutura e consumo e produções sustentáveis.

Diante da complexificação do mundo, governos, organismos internacionais e multilaterais passam a demandar profissionais e gestores cada vez mais versáteis na condução de políticas complexas. A universidade, portanto, responde a essa demanda estruturando centros interdisciplinares para a formação de gestores públicos imbuídos de pensamento complexo, o que não é uma tarefa fácil. É necessário vencer muitos obstáculos, que começam com o método ainda muito cartesiano das graduações, passam pela vaidade das áreas disciplinares, a dificuldade de orientadores abertos a abordagens transversais, a desconstrução cognitiva do olhar disciplinar do aluno, a promoção do construtivismo e da ecologia de saberes, os processos de seleção de professores (ainda muito vinculados à graduação disciplinar) e a estrutura nacional de avaliação e financiamento das pesquisas, que muitas vezes se "esquecem" das formações interdisciplinares em seus formulários e editais.

O CDS-UnB há 25 anos tem buscado essa "fórmula mágica" de formar pessoas capazes de pensar transdisciplinarmente e responder de forma complexa aos problemas e demandas da sociedade contemporânea. Muitos de seus formandos atuam na esfera governamental, na luta diária com políticas intersetoriais; outros são professores que tentam ensinar o pensamento complexo em outros centros universitários. Certamente seus formandos têm feito diferença na condução de políticas nacionais, estaduais e municipais justamente pela capacidade transdisciplinar.

---

[3] Intersetorialidade é a articulação de saberes e experiências na elaboração, aplicação e avaliação de políticas públicas, objetivando atingir resultados integrados em situações ditas complexas. Cf. Luciano Antonio Prates Junqueira, Rose Marie Inojosa e Suely Komatsu, *Descentralização e intersetorialidade na gestão pública municipal no Brasil: a experiência de Fortaleza*, Caracas: Centro Latinoamericano de Administración para el Desarrollo, 1997, p. 21.

As duas metodologias apresentadas neste texto são resultado de minhas pesquisas de mestrado e doutorado, realizadas entre 2005 e 2011 no CDS-UnB. Em ambas tive momentos de angústia na definição da metodologia e do objeto, simplesmente porque temas complexos não cabem em abordagens disciplinares, não cabem em caixinhas de conhecimento – demandam diálogos entre conhecimentos, análises matriciais, visão transdisciplinar. Depois de algum tempo tentando imaginar como sair desse simulacro, consegui compreender que meu objeto, antes de tudo, era a proposição de metodologias baseadas na espiral moriniana que fossem capazes de promover o diálogo entre os campos de conhecimento disciplinares, mostrando as múltiplas interações entre eles na formação de um entendimento complexo dos problemas analisados. Nas duas experiências tive amplo apoio de meus orientadores e do Centro Edgar Morin. Essas novas concepções de pensamento foram fundamentais para minha formação profissional e atuação em políticas públicas, desde a área da economia social até os determinantes sociais da saúde.

PARA UM MUNDO COMPLEXO, UM PARADIGMA COMPLEXO

Entende-se por paradigma leis, teorias, instrumentos e aplicações que proporcionam modelos orientadores da pesquisa científica numa determinada época. Ao adotar um novo paradigma, a comunidade científica opta por um critério de escolha de problemas considerado capaz de fornecer soluções possíveis para os desafios que enfrenta. A transição de um paradigma para outro requer a reconstrução da ciência a partir de novos princípios, capazes de alterar suas generalizações teóricas, bem como seus métodos e aplicações[4].

O paradigma científico cartesiano nasceu com a ciência moderna a partir do método de decomposição do objeto em partes ou componentes analíticos, de forma que a compreensão das partes

---

[4] Cf. Thomas Kuhn, *A estrutura das revoluções científicas*, São Paulo: Perspectiva, 2005.

fragmentárias revelasse a ordem lógica do todo[5]. Esse paradigma foi extremamente importante para o desenvolvimento científico nos séculos XIX e XX; porém, em virtude da complexificação da sociedade, encontra-se em processo de enfraquecimento frente aos desafios impostos pelos problemas socioambientais, que demandam políticas públicas cada vez mais sistêmicas e complexas[6].

A teoria da complexidade é uma proposta metodológica de mudança paradigmática. A formação para o pensamento complexo subverte a lógica da disciplinaridade e da multidisciplinaridade cartesianas, proporcionando uma orientação mais integrada em relação ao objeto, que deve ser observado como ciclos ou espirais[7]. Para tanto, pressupõe uma revolução no ensino e na pesquisa. Afinal, as graduações nos formatam para uma compreensão em caixinhas de conhecimento com limites bastante definidos.

As pós-graduações interdisciplinares têm conseguido, em certa medida, romper com o modelo cartesiano, sobretudo por meio de sua grade curricular, articulando vários saberes, mas as teses e dissertações ainda apresentam uma análise bastante focada na área de saber original do aluno, muitas vezes por conservadorismo dos orientadores, ainda presos nos métodos cartesianos de ciência.

O paradigma da complexidade não nasce apenas da necessidade das pesquisas acadêmicas de responder a problemas complexos. À medida que a sociedade se complexifica, as próprias políticas públicas demandam uma abordagem diferenciada, sobretudo na articulação de saberes, conhecimentos e técnicas de diferentes áreas de atuação política. Cada vez mais, sobretudo na área de saúde pública, surge a necessidade de estruturar políticas mais complexas, denominadas intersetoriais e transversais, que passam por diferentes instituições e ministérios para sua execução.

---

[5] René Descartes, *Discurso do método*, São Paulo: Martins Fontes, 1999; Edgar Morin, "Por uma reforma do pensamento", Rio de Janeiro: Garamond, 1999.

[6] Idem, *Ciência com consciência*, Rio de Janeiro: Bertrand Brasil, 2008, p. 15.

[7] Cf. Edgar Morin, *Complexidade e transdisciplinaridade*, Natal: EDUFRN, 1999; "A necessidade de um pensamento complexo", Rio de Janeiro: Garamond, 2003, p. 72; *Introduction à la pensée complexe*, Paris: Seuil, 2005, p. 845.

Entende-se por políticas intersetoriais a articulação entre atores e setores sociais diversos e, portanto, de saberes diversos para enfrentar problemas complexos. É uma nova forma de governar e de construir políticas públicas que pretende possibilitar a superação da fragmentação dos conhecimentos e das estruturas sociais para produzir efeitos mais significativos na saúde da população[8].

Essas políticas também demandam gestores públicos com capacidade de articulá-las em redes e de compreender suas sinergias, promover resultados e criar indicadores compostos. Para operar políticas complexas relacionadas à saúde e aos seus determinantes sociais, são necessárias a construção de conhecimentos e a articulação entre os diversos atores sociais para a promoção da saúde e melhoria da qualidade de vida. Normalmente as políticas intersetoriais se desenvolvem a partir da inter-relação entre diferentes campos da área social, como trabalho, segurança social, educação, segurança alimentar, políticas ambientais e econômicas, entre outros.

Azevedo, Pelicioni e Westphal[9], ao analisarem as políticas públicas estabelecidas entre 2006 e 2010 que dialogam com as diretrizes da promoção da saúde, concluem que um grande desafio para a condução dessas políticas é o despreparo técnico dos gestores públicos para lidar com ações intersetoriais, o que dificulta a execução integrada de ações. Tal despreparo leva, entre outros danos, à falta de reconhecimento dos temas complexos que envolvem tais políticas. A construção de ações intersetoriais não pode ser apenas a soma de diferentes olhares disciplinares sobre um mesmo objeto. Ao contrário, deve estruturar redes descentralizadas, complexas e heterogêneas para responder às necessidades de saúde das diferentes coletividades[10].

---

[8] Cf. Laura Feuerwerker e Heloniza Costa, "Intersetorialidade na rede Unida", *Saúde em Debate*, Rio de Janeiro, 2000, p. 94.

[9] Elaine de Azevedo, Maria Cecília Focesi Pelicioni e Maria Faria Westphal, "Práticas intersetoriais nas políticas públicas de promoção de saúde", *Physis: Revista de Saúde Coletiva*, Rio de Janeiro, 2012.

[10] Cf. Gastão Wagner Campos, Regina Benevides de Barros e Adriana Miranda de Castro, "Avaliação de política nacional de promoção da saúde", *Revista Ciência e Saúde Coletiva*, Rio de Janeiro, 2004; Elaine de Azevedo, Maria Cecília Focesi Pelicioni e Maria Faria Westphal, *op. cit.*

A falta de profissionais com capacidade de olhar para além do objeto específico de sua graduação é uma característica da cultura institucional geral do setor público. Essa problemática tende a diminuir à medida que as instituições de ensino incorporem a complexidade como diretriz dos cursos de graduação e de pós-graduação[11].

Formar profissionais, gestores e técnicos para uma atuação intersetorial é, portanto, imprescindível para o campo da gestão pública, que então terá servidores capazes de entender e lidar com as interações entre as unidades, englobando suas incertezas e compreendendo o sistema complexo, de forma a promover uma nova racionalidade pluralista baseada no caráter sistêmico dos fenômenos socioculturais e socioambientais[12].

Ao se apropriar do novo paradigma, a academia é capaz de elaborar novas ferramentas e métodos de análise que possam dar respostas satisfatórias aos problemas contemporâneos, formando profissionais mais aptos ao exercício do pensamento complexo para atuarem num mundo de desafios complexos.

METODOLOGIAS DE COMPLEXIDADE

Entre 2005 e 2006, durante a pesquisa de mestrado *A ecologia política e a exploração da água mineral de São Lourenço-MG*, propus uma metodologia de análise complexa e espiralada que assegurasse maior compreensão das inter-relações entre ecologia, economia, direito, história e cultura, componentes do sistema socioambiental.

O desenvolvimento dessa metodologia foi alicerçado no conhecimento das diversas interações socioambientais que permeiam a exploração e a utilização dos recursos naturais, além dos valores sociais, culturais e dos sistemas ambientais presentes na região estudada.

Tal análise pautada na metodologia da complexidade e nas interações sistêmicas e transdisciplinares possibilitou fornecer diretrizes

---

[11] Cf. Elaine de Azevedo, Maria Cecília Focesi Pelicioni e Maria Faria Westphal, *op. cit.*

[12] Cf. Ilya Prigogine, "O fim da certeza", Rio de Janeiro: Garamond, 2003; Edgar Morin, *Introduction à la pensée complexe, op. cit.*, pp. 47-8.

para políticas públicas intersetoriais de preservação, tanto do recurso natural quanto do patrimônio cultural.

Foi empregado um processo de análise das interações em espiral, o que significa, de acordo com Morin, tornar cíclico o conhecimento, "como um movimento que nos afasta do ponto de partida e ao mesmo tempo nos aproxima"[13]. Esse processo permite focar as interações entre os diversos componentes do sistema de forma a "tecer", no tempo e no espaço, as inter-relações que envolvem a exploração da água mineral no município de São Lourenço. Assim, os subtítulos que compõem a dissertação contam com uma sequência "em espiral", iniciando com o componente mais simples, a água, complexificando a análise a partir das interações: a água e o homem, o homem e a cidade, a cidade e a economia, a economia e a empresa, mercado e política, política e conflito, culminando numa análise global do conflito[14].

A dissertação foi dividida em oito capítulos interdisciplinares que, ao final, dialogam entre si num processo transdisciplinar. Em todos eles são confrontados os resultados dos questionários aplicados a turistas e habitantes do município (187 questionários para turistas e outros 412 para a população)[15].

O primeiro capítulo, denominado "A água", apresenta o recurso natural em disputa. É o mais disciplinar dos capítulos, já que mostra o posicionamento geográfico da região estudada, as propriedades do recurso e suas dimensões geológicas e hidrológicas.

Em seguida tem início a interação entre conhecimentos com o capítulo "Água e homem", no qual são examinados os processos culturais e históricos da relação do homem com a água mineral, bem como as representações sociais desse recurso. Na sequência, no capítulo "Homem e cidade", são apresentados o processo histórico

---

[13] Edgar Morin, *O método 1: a natureza da natureza*, Porto Alegre: Sulina, 2003, p. 23.

[14] Alessandra Bortoni Ninis, *A ecologia política e a exploração da água mineral de São Lourenço-MG*, Universidade de Brasília, Brasília, DF, 2006.

[15] Os questionários buscaram dimensionar a valoração do município e das águas minerais para os dois grupos, a relação dos habitantes com a água mineral, as representações da água para os habitantes, a visão dos dois grupos quanto à gestão das águas minerais e a sustentabilidade. Além dos questionários, foram realizadas 14 entrevistas com atores-chave nas esferas municipal, estadual e federal.

do município e as representações sociais que a comunidade forma em relação à cidade de São Lourenço.

Em "Cidade e economia", a partir da interação com os conhecimentos anteriores, é apresentado um diagnóstico socioeconômico do município, como estância hidromineral, sob a ótica da economia ambiental. No capítulo "Economia e empresa", é apresentada uma análise do valor e do mercado da água mineral no Brasil e no mundo. Há ainda a descrição da empresa Nestlé, de sua atuação internacional e no país, no mercado de águas minerais e em São Lourenço.

Em "Mercado e política", inclui-se a dimensão das legislações pertinentes ao recurso estudado, a conjuntura política e mercadológica mundial que favorece a exploração da água e os conflitos de competência derivados das idiossincrasias legais. Derivado desse tema, o sétimo capítulo, "Política e conflito", faz a descrição do conflito socioambiental a partir da análise do Inquérito Civil Público, de entrevistas e outros documentos relacionados.

O último capítulo, "O conflito", apresenta uma análise geral da disputa com base em entrevistas com atores sociais e governamentais das três esferas de poder, articulando o conhecimento entre todas as dimensões anteriores. A partir da análise de todos os dados colhidos, foi possível apresentar uma visão sistêmica do objeto conforme a matriz de análise das inter-relações entre os diferentes enfoques disciplinares. A partir dos diferentes posicionamentos dos atores sociais que compõem o campo de ação do conflito, buscou-se "tecer" um conhecimento transdisciplinar do problema com as dimensões globais e locais.

As informações obtidas permitiram uma compreensão sistêmica do problema estudado, articuladas da seguinte maneira:
1. a ocorrência de água mineral é, em todo o mundo, um fenômeno raro e a maior concentração mundial de águas minerais (em quantidade e qualidade) está no Circuito das Águas de Minas Gerais, especialmente em São Lourenço e Caxambu;
2. o município de São Lourenço nasceu das águas minerais e se consolidou por meio da exploração turística do recurso. Após mais de 100 anos de existência e crescimento do município, formou-se uma relação de codependência de seus habitantes com as águas minerais – o turismo e as atividades

comerciais e industriais associadas são as maiores fontes de geração de emprego e renda da cidade, elevando o Índice de Desenvolvimento Humano (IDH);
3. a partir do momento que a água se transformou internacionalmente em mercadoria valiosa, muitas empresas transnacionais iniciaram uma frenética corrida pelo recurso. Essa procura por mananciais de água mineral e sua exploração acarreta o rápido desgaste das fontes, gerando fragilidade nas estâncias hidrominerais que se sustentam do turismo em torno do recurso natural;
4. a pressão do consumo ampliado, juntamente com um aparato político e legal da gestão das águas minerais, frágil e desarticulado, dificulta a gestão de recursos naturais, pois a valorização econômica em geral não acompanha a temporalidade ecológica necessária à manutenção dos sistemas;
5. a apropriação econômica da água exclui outras formas e possibilidades de apropriação (simbólica e cultural) por populações inteiras[16].

Ficou evidente que a gestão das águas minerais deve partir da análise complexa do problema que envolve os sistemas ambientais, contemplando as relações entre natureza, sociedade, processos econômicos e processos culturais que permeiam toda a questão.

A tese de doutorado, desenvolvida de 2007 a 2011[17], teve como objeto de análise as interações complexas inerentes à problemática da manipulação genética na sociedade contemporânea. Buscou demonstrar como diferentes dimensões de análise se relacionam e se articulam entre si, formando um pensar complexo que envolve questões como natureza, tecnologia, riscos, economia, política, ideologia e cultura. Nesse sentido, o trabalho teve como objetivo propor uma metodologia capaz de descortinar a complexidade do tema da manipulação genética, promovendo pensamento crítico e reflexivo sobre os efeitos do desenvolvimento tecnocientífico[18].

---

[16] Cf. Alessandra Bortoni Ninis, *op. cit.*

[17] Idem, *Complexidade, manipulação genética e biocapitalismo: compreensão das interações da engenharia genética na sociedade de risco*, Universidade de Brasília, Brasília, DF, 2011.

[18] *Ibidem.*

A necessidade de um olhar complexo está relacionada ao fato de que o estudo de apenas uma dimensão da problemática da manipulação genética é insuficiente para a compreensão de sua totalidade. Considerar apenas uma dimensão entre cultural, filosófica, social ou econômica, assim como uma análise separada do conflito, das políticas públicas, dos riscos ou de sua representação social seria fragmentário.

Sustentada pelo paradigma da complexidade, a pesquisa buscou estudar a questão da manipulação genética na sociedade contemporânea a partir de uma metodologia que torne compreensíveis as inter-relações e incertezas que perpassam as diferentes dimensões do avanço da biotecnologia sobre o indivíduo, a sociedade, o sistema econômico e o sistema político[19].

Tal metodologia incorporou o acompanhamento de 23 reuniões da CTNBio entre agosto de 2007 e agosto de 2010, realização de 24 entrevistas, aplicação de 77 questionários para cientistas das comissões internas de biossegurança (CIBios), além de vasta revisão bibliográfica[20].

A tese foi formada por duas partes inter-relacionadas. A primeira compreende uma série de cinco artigos que, embora independentes, articulam-se entre si e têm um tronco transversal em comum. No primeiro, é analisada a representação social da manipulação genética na sociedade moderna por meio de uma linha do tempo, que articula a história do tema na ficção e o desenvolvimento tecnocientífico. O segundo ensaio demonstra as implicações econômicas da manipulação genética, inserindo a noção de biocapitalismo como a mais contemporânea dimensão de biopoder. O terceiro analisa os modelos de regulamentação das biotecnologias no mundo e os conflitos derivados de diferentes tipos de gestão. O quarto artigo demonstra, por meio de estudo de caso, o conflito em torno da liberação de organismos geneticamente modificados no Brasil e suas implicações socioambientais. O quinto faz uma análise das ideologias e das diferentes percepções do risco na CTNBio.

A segunda parte compreende o referencial teórico-analítico da tese. De forma espiralada, propõe um mapeamento da questão da

---

[19] *Ibidem.*

[20] *Ibidem.*

manipulação genética na sociedade contemporânea a fim de demonstrar sua dimensão transdisciplinar, compreendendo os seguintes capítulos: 1) apropriação da natureza genômica; 2) evolução da biotecnologia na sociedade; 3) biotecnologia: inquietações sociais e posições políticas; 4) ciência genômica e capitalismo;5) reflexões sobre a tecnociência; 6) visões de futuro.

Foi realizado um exercício de articulação do conhecimento e das reflexões dessas duas partes tecendo uma rede de inter-relações entre a biotecnologia e as múltiplas dimensões da realidade social.

Demonstrou-se que a metodologia embasada na teoria da complexidade foi capaz de dar respostas satisfatórias para uma compreensão sistêmica dos avanços da biotecnologia e da tecnociência na sociedade contemporânea.

O estudo do campo das representações sociais descortina o mito da ciência moderna quando incorpora o cientista capaz de criar e modificar a vida. A análise da literatura e dos filmes que trataram do tema da manipulação genética revelou um debate sobre a questão do biopoder e do biocapitalismo. Por meio do exame do campo das representações sociais, foi possível observar questões transversais altamente relevantes para a discussão do campo de poder das tecnociências na sociedade contemporânea: a ética, os riscos, as ideologias, o biocapital[21].

A escolha das diversas aplicações científicas está sujeita a intervenções de interesses poderosos, estatais ou privados, que definem as prioridades da ciência. No século XXI, os objetos de circulação do capital, ou seja, as patentes e as commodities se transformaram em fetiche do conhecimento científico. As bioindústrias se aliam às universidades e aos laboratórios por meio do financiamento privado de pesquisas em busca de uma inovação decisiva e rentável. O biocapitalismo é uma dimensão central que perpassa todo o sistema analisado na pesquisa. Ele se manifesta na ação e no discurso dos membros da CTNBio, dos representantes das empresas e das ONG e em todas as esferas políticas. O biocapitalismo se manifesta nos dispositivos legais e políticos, no setor econômico e na gestão pública[22].

---

[21] *Ibidem.*

[22] *Ibidem.*

Nas diversas seções da tese, foi possível observar um confronto entre duas ideologias contraditórias – a tecnocientífica, guiada pelo paradigma desenvolvimentista e disseminada pelo sistema biocapitalista, e a ideologia ambientalista ou precaucionária, guiada pelo paradigma sustentabilista. As diferentes posições sociais[23] que se desenvolvem no contexto das biotecnologias se entrelaçam conflituosamente e se manifestam no plano da consciência social, estabelecendo suas práticas discursivas e seus jogos na arena de embate político[24].

Diante do complexo sistema formado em torno das biotecnologias, no qual trespassam valores, conceitos e concepções de cunho subjetivo, político, filosófico, cultural, socioeconômico e ético, é fundamental que essas tecnologias sejam objeto de um aparato regulatório mais reflexivo e de políticas públicas intersetoriais efetivas, pois, conforme salienta Morin[25], a ciência é um processo sério demais para ser deixado nas mãos dos cientistas, mas também é muito perigosa para ser deixada nas mãos dos estadistas. A ciência é, assim, um problema cívico, um problema dos cidadãos.

Ressalta-se, também, que a própria política de biossegurança deve ser objeto de ação crítica nas diversas esferas sociopolíticas. A abertura para a participação efetiva da sociedade é um caminho para tornar o processo mais democrático e humanizado[26].

Os problemas relacionados à evolução da engenharia genética na nossa sociedade não se traduzem, portanto, em um único conflito, mas num conjunto de questões para as quais não existem respostas instantâneas. Foi observado que a complexidade da biotecnologia comporta duas espirais diferentes que se sobrepõem ao objeto da pesquisa. Por um lado, a própria engenharia genética se desenvolveu de maneira complexa

---

[23] Os cientistas divulgam a segurança dos OGMs; os ambientalistas defendem que o desenvolvimento tecnocientífico comporta riscos; os consumidores se colocam em uma posição de cautela, enquanto os agricultores anseiam por tecnologias que facilitem o manejo das plantações. As empresas vislumbram altos lucros e os políticos defendem suas bandeiras. Em meio a essa efervescência cultural, perpassam questões subjetivas, relacionadas às ideologias, à concepção de verdade e aos imperativos éticos.

[24] Cf. Alessandra Bortoni Ninis, *op. cit.*

[25] Edgar Morin, *Ciência com consciência*, Rio de Janeiro: Bertrand Brasil, 2008, p. 133.

[26] Cf. Alessandra Bortoni Ninis, *Complexidade, manipulação genética e biocapitalismo, op. cit.*

a partir de vários estratos científicos, como a química, a biologia, a microbiologia e a informática, e se traduz em novos campos de conhecimento, como a proteômica, a metagenômica e a bioinformática[27].

Por outro lado, o processo de cada especialização das biociências conduz a uma gama de aplicações e feitos que, necessariamente, afetam toda a humanidade em diferentes aspectos – política, agricultura e agroecologia, meio ambiente, saúde, ética etc. –, o que se traduz numa complexa dinâmica social que também deve ser relevada como parte do sistema de análise[28].

Da sobreposição entre essas interações complexas das biociências e seus reflexos sociais surge um supersistema, no qual o sistema científico se inter-relaciona com o sistema social. Essas múltiplas relações sistêmicas são imperceptíveis ao conhecimento cartesiano, pois, entre elas, ocorre uma complexidade de relações transversais que fogem à percepção disciplinar.

A compreensão da totalidade das interações existentes entre os dois sistemas só se torna possível a partir de uma investigação sistemática capaz de buscar respostas satisfatórias para a compreensão dos fenômenos interconexos. Nesse sentido, nenhuma especialidade científica sozinha, quer das ciências duras, quer das ciências sociais, seria capaz de fornecer respostas suficientemente satisfatórias para a questão da relação entre as biotecnologias e a sociedade.

A metodologia da complexidade foi, portanto, capaz de oferecer ferramentas para uma análise multidimensional e transversal desse conjunto de questões, revelando o campo das relações entre ciência e tecnologia e seus efeitos psicossociais, socioambientais e político-econômicos, inerentes ao desenvolvimento das biotecnologias.

PERCEPÇÕES SOBRE A GESTÃO DAS POLÍTICAS PÚBLICAS

Se as metodologias da complexidade foram eficazes para a compreensão sistêmica dos conflitos estudados no âmbito da pesquisa

---

[27] *Ibidem.*

[28] *Ibidem.*

acadêmica, por outro lado, evidenciaram falhas na gestão desses conflitos por limitação paradigmática dos gestores públicos.

No caso das águas minerais, foi observada grande dificuldade por parte de alguns agentes públicos na gestão do conflito devido a uma visão fragmentada e disciplinar do problema. Como exemplo, cito o caso da procuradora do Departamento Nacional de Produção Mineral (DNPM), que em seu parecer sobre São Lourenço não levou em consideração a cidade, o turismo e a população, focando apenas no Código de Mineração[29], desrespeitando a Lei das Águas e o artigo 225 da Constituição Federal[30].

Esse caso emblemático mostra como o ensino disciplinar impossibilita, muitas vezes, visões mais abrangentes, complexas e relacionais, impedindo o agente público de enxergar para além de uma lei caduca e ultrapassada. Sobretudo, impede uma visão complexa do conflito e retira o ser humano do centro do problema, como se o homem, a cidade, o turismo, a saúde e o patrimônio fossem apenas pedras no caminho para a plena satisfação do mercado das águas minerais.

Para a mediação do conflito, foi necessário instituir uma Câmara Técnica Federal para debater as competências legais entre Lei das Águas e Código de Mineração. Essa tarefa ficou a cargo de tecnólogos da mineração e das águas e, passados 15 anos, o conflito de competência legal não foi sanado.

Não se formou nenhuma proposição de política intersetorial que unisse turismo, meio ambiente, saúde, patrimônio histórico, produção mineral, estado e município para discussão de tombamento, preservação, fomento turístico ou autogestão comunitária do recurso. Essa falta de articulação política reflete a incompetência do Estado em gerir políticas intersetoriais efetivas para a região e para as águas minerais, afetando a vida de toda uma população.

Da mesma forma que na dissertação de mestrado, no decorrer da pesquisa sobre a liberação de alimentos transgênicos foi possível observar também um conflito paradigmático. A CTNBio é

---

[29] Segundo o Código de Mineração (1967), as empresas mineradoras têm o direito de explorar o minério (ainda que seja ele água mineral) até a exaustão da mina.

[30] Cf. Alessandra Bortoni Ninis, *A ecologia política e a exploração da água mineral de São Lourenço-MG*, op. cit.

majoritariamente formada por biólogos moleculares, cujo paradigma científico é fundamentado em dogmas cartesianos reducionistas (1 gene = 1 proteína) e no biologismo. Esses técnicos são incapazes de considerar o plano geral dos organismos vivos e suas interações ambientais, desconsiderando os efeitos epigenéticos[31], pleiotrópicos[32] e a complexidade dessas interações. Tampouco são sensíveis aos problemas socioambientais e econômicos derivados do sistema de produção dos alimentos transgênicos e sua dependência das commodities.

Assim, são raros os técnicos da CTNBio com reflexividade sobre suas práticas. Mais raro ainda são os formados em biossegurança. Fica evidente na formação de cientistas moleculares (e em grande parte das ciências duras) a falta de um pensamento mais complexo, capaz de oferecer competências mais humanizadas e críticas imprescindíveis ao gestor público. Quando esses profissionais saem de seus laboratórios para a gestão de uma política de biossegurança, se tornam tecnocratas insensíveis e sem habilidade para o diálogo com outros saberes.

Apesar de a CTNBio ser uma instância de integração intersetorial (composta por membros de vários ministérios), a minoria dos membros tem uma formação mais abrangente que fomenta a compreensão das inter-relações sistêmicas entre a biotecnologia, a sociedade e a natureza.

Grande parte dos cientistas moleculares da comissão recebe ajuda privada das grandes transnacionais da biotecnologia em suas instituições de pesquisa[33]. A CTNBio tornou-se, assim, um espaço favorável às trocas

---

[31] Os epigenes são marcadores genéticos distribuídos ao longo do filamento do DNA que funcionam como interruptores que ativam ou desativam os genes. A totalidade desses marcadores, reconhecida como epigenoma, pode ser alterada muito facilmente por meio de influências externas. Contatos com substâncias tóxicas, incremento vitamínico, cuidados mais intensivos, influências ambientais, entre outros, podem marcar o indivíduo por toda a vida. Além disso, as alterações em marcadores epigenéticos podem se manifestar não somente na geração imediata, mas em gerações futuras. Cf. Henri Atlan, *La Fin du "tout génétique"? Vers de nouveaux paradigmes en biologie*, Paris: Inra, 1999.

[32] Nos processos pleiotrópicos, um gene controla diversas características do organismo, podendo afetar várias características simultaneamente. É provável que a maioria dos genes apresente efeitos pleiotrópicos, apesar de serem conhecidos especificamente por suas características mais aparentes. *Ibidem*.

[33] Cf. Magda Maria Zanoni *et al.*, "O biorrisco e a Comissão Técnica Nacional de Biossegurança: lições de uma experiência", Brasília: Ministério do Desenvolvimento Agrário, 2011.

entre pesquisadores e empresas, se convertendo em veículo do biocapitalismo. Revela-se como uma tentativa frustrada de política intersetorial, viciada pelo paradigma cartesiano e incapacitada de agir conforme uma biossegurança precaucionária, humanizada e dialógica com a sociedade.

CONCLUSÃO

A gestão pública fundamentada no paradigma cartesiano não consegue mais dar respostas eficientes para os problemas contemporâneos, sobretudo em questões que envolvem conflitos socioambientais e saúde global. A sociedade demanda cada vez mais gestores capacitados para atuar em redes e políticas intersetoriais e interescalares. Esse é o principal gargalo da gestão pública do século XXI.

As pesquisas evidenciaram que gestores públicos precisam de formação transdisciplinar que os torne capazes de fomentar e conduzir políticas intersetoriais mais efetivas, dialógicas e humanizadas.

O exercício de assimilar o volume de informações necessárias para a compreensão das diferentes dimensões de análise é essencial para a atuação profissional no campo das políticas públicas. Em nenhuma das pesquisas se observou, por exemplo, preocupação ou diálogo dos gestores públicos com os determinantes sociais da saúde ou a incorporação do tema saúde em todas as políticas. De forma geral, gestores de todas as esferas não compreendem as interações inerentes à determinação social, ao meio ambiente e à promoção do bem viver; tampouco estão preparados para dialogar com a sociedade, respeitar os conhecimentos tradicionais e buscar soluções fora dos preceitos cientificistas.

Numa sociedade que cada vez mais demanda gestão em redes, a complexidade se mostra como método capaz de descortinar as dinâmicas transversais inerentes às políticas públicas, conjugando e compartilhando os saberes e articulando pessoas, órgãos, departamentos e organizações que são dispostos na estrutura de Estado de forma fragmentada. Essa é a principal habilidade cognitiva do exercício da teoria da complexidade e um grande aporte de Edgar Morin para o campo das políticas públicas.

No meu caso, particularmente, o exercício do método da complexidade se mostrou uma ferramenta essencial para a atuação profissional após o doutorado em diferentes áreas das políticas públicas globais, nacionais e locais, sobretudo sobre os determinantes sociais de saúde e Agenda 2030 – temas que demandam políticas públicas intersetoriais cada vez mais importantes e fundamentais nas sociedades contemporâneas.

Nesse sentido, tal metodologia comprovou sua eficácia na formação de profissionais capazes de compreender as diferentes dimensões e concepções de mundo de forma transversal, multidimensional e escalar. Assim, torna-se imprescindível fomentar uma formação em gestão pública que priorize a visão sistêmica e complexa da realidade, seja nas universidades, seja em escolas de governo, de forma a capacitar gestores para atuar em políticas intersetoriais e em redes.

REFERÊNCIAS

ATLAN, Henri. *La Fin du "tout génétique"? Vers de nouveaux paradigmes en biologie.* Paris: Inra, 1999.

AZEVEDO, Elaine de; PELICIONI, Maria Cecília Focesi; WESTPHAL, Maria Faria. "Práticas intersetoriais nas políticas públicas de promoção de saúde". *Physis: Revista de Saúde Coletiva.* Rio de Janeiro: 2012, v. 22, n. 4.

BUSS, Paulo Marchiori; PELLEGRINI FILHO, Alberto. "A saúde e seus determinantes sociais". *Physis: Revista de Saúde Coletiva.* Rio de Janeiro: 2007, v. 17, n. 1.

CAMPOS, Gastão Wagner; BARROS, Regina Benevides de; CASTRO, Adriana Miranda de. "Avaliação de política nacional de promoção da saúde". *Revista Ciência e Saúde Coletiva.* Rio de Janeiro: 2004, v. 9, n. 3.

DESCARTES, René. *Discurso do método.* São Paulo: Martins Fontes, 1999.

FEUERWERKER, Laura; COSTA, Heloniza. "Intersetorialidade na rede Unida". *Saúde em Debate.* Rio de Janeiro: 2000, v. 22.

JUNQUEIRA, Luciano Antonio Prates; INOJOSA, Rose Marie; KOMATSU, Suely. Descentralização e intersetorialidade na gestão pública municipal no Brasil: a experiência de Fortaleza. Em: Concurso de Ensayos del Clad, 11., 1997, Caracas. *"El tránsito de la cultura burocrática al modelo de la gerencia pública: perspectivas, posibilidades y limitaciones".* Caracas: Centro Latinoamericano de Administración para el Desarrollo, 1997.

KUHN, Thomas. *A estrutura das revoluções científicas*. São Paulo: Perspectivas, 2005.

MORIN, Edgar. "A necessidade de um pensamento complexo". Em: MENDES, Candido (coord.). *Representação e complexidade*. Rio de Janeiro: Garamond, 2003.

MORIN, Edgar. *Ciência com consciência*. Rio de Janeiro: Bertrand Brasil, 2008.

MORIN, Edgar. *Complexidade e transdisciplinaridade*. Natal: EDUFRN, 1999.

MORIN, Edgar. *Introduction à la pensée complexe*. Paris: Seuil, 2005.

MORIN, Edgar. *O método 1: a natureza da natureza*. Porto Alegre: Sulina, 2003.

MORIN, Edgar. "Por uma reforma do pensamento". Em: PENA-VEGA, Alfredo; NASCIMENTO, Elimar Pinheiro do (coord.). *O pensar complexo: Edgar Morin e a crise de modernidade*. 2. ed. Rio de Janeiro: Garamond, 1999.

NICOLESCU, Basarab. "A prática da transdisciplinaridade". Em: NICOLESCU, Basarab; PINEAU, Gaston; MATURANA, Humberto (coord.). *Educação e transdisciplinaridade*. Brasília, DF: Unesco, 2000.

NINIS, Alessandra Bortoni. *A ecologia política e a exploração da água mineral de São Lourenço-MG*. 187 f. Dissertação (Mestrado em Desenvolvimento Sustentável) – Universidade de Brasília. Brasília, DF: 2006.

NINIS, Alessandra Bortoni. *Complexidade, manipulação genética e biocapitalismo: compreensão das interações da engenharia genética na sociedade de risco*. 232 f. Tese (Doutorado em Desenvolvimento Sustentável) – Universidade de Brasília. Brasília, DF: 2011.

ORGANIZAÇÃO MUNDIAL DA SAÚDE. *Declaração de Adelaide sobre Saúde em Todas as Políticas: no caminho de uma governança compartilhada, em prol da saúde e do bem-estar*. Adelaide: OMS, 2010. Disponível em: <https://www.who.int/social_determinants/publications/isa/portuguese_adelaide_statement_for_web.pdf>. Acesso em: 2 jul. 2021.

PRIGOGINE, Ilya. "O fim da certeza". Em: MENDES, Candido (coord.). *Representação e Complexidade*. Rio de Janeiro: Garamond, 2003.

ZANONI, Magda Maria *et al*. "O biorrisco e a Comissão Técnica Nacional de Biossegurança: lições de uma experiência". Em: ZANONI, Magda Maria; FERMENT, Gilles (org.). *Transgênicos para quem? Agricultura, ciência e sociedade*. Brasília, DF: Ministério do Desenvolvimento Agrário, 2011.

BEM-AVENTURADOS OS NEOCRENTES! OS DEUSES COMO IDEIAS EM EDGAR MORIN

Osvaldo Luiz Ribeiro

"Podemos pedir aos crentes que se tornem neocrentes", declara Morin em *Para sair do século XX*[1]. A cadeia de argumentos que Morin emprega para chegar a seu apelo universal começa pela declaração de que a espécie humana não tem a condição de desvencilhar-se dos mitos, o que, para o autor, não significa absolutamente render-se a eles. Pelo contrário: significa assumir uma atitude consciente diante dos mitos, reconhecer sua realidade e sua interação inescapável com a espécie humana[2]. Por sua vez, e sempre segundo Morin, os religiosos assumirem uma atitude consciente diante dos mitos não significa dizer que se deve reconhecer a realidade *nos* mitos. Eles não descrevem a realidade. Até pretendem, é claro. Em vez disso, os mitos constroem uma realidade alternativa, normativa, em face da qual o sujeito humano abre mão de sua autonomia e realidade e passa a comportar-se de forma heterônoma nessa realidade. Para quem desconhece o funcionamento dos mitos, trata-se de ser enganado por eles, porque desconhecer as características dos mitos significa ser manipulado por eles. Os mitos só não podem ser tratados como enganos quando se tem deles plena consciência. Caso contrário, mito e mentira são praticamente

---

[1] Edgar Morin, *Para sair do século XX*, Rio de Janeiro: Nova Fronteira, 1986, p. 273.
[2] *Ibidem*, p. 273.

sinônimos. Logo, o que se deve reconhecer nos mitos é a realidade *deles*, sua realidade histórica, sociológica, antropológica e psicológica, e não a realidade *neles*, porque a realidade que eles contêm consiste em imaginação e invenção, pura criatividade, no mais das vezes sem qualquer inocência. Nas palavras de Morin: "nosso problema consiste em reconhecer, nos mitos, a realidade *deles*, não a realidade; reconhecer a verdade deles, e não *a* verdade"[3].

A declaração de Morin de que nós "não podemos escapar aos mitos"[4], ao argumentar que é preciso que os crentes transformem as suas modalidades de crença nos deuses, tornando-se assim neocrentes, implica considerarmos que os deuses habitam o mundo do mito e que, consequentemente, os deuses são mito. Não só os deuses: toda narrativa religiosa e qualquer narrativa, de qualquer religião, de qualquer lugar do planeta, de qualquer período histórico é mito. Não se trata de colocar no conjunto dos mitos aqueles das religiões antigas, daquelas que o preconceito acadêmico, difícil de abandonar, permanece a tratar como "pagãs", as politeístas, as iletradas – *apenas*. Sim, deve-se colocar todos os mitos dessas religiões no conjunto dos mitos, religiões cujo conteúdo comum naturalmente se costuma tratar como mito, e, junto deles, os mitos das religiões que recebem reconhecimento no establishment, status intelectualizado, tratamento diferenciado, pedigree, a saber, as religiões dos diplomados, dos eruditos, da classe culta, das sociedades secretas, dos salões da nobreza, as religiões de todo mundo e do mundo todo. Tomar uma atitude consciente diante dos mitos implica necessariamente reconhecer esse fato. Foi isso que Morin quis dizer quando pediu aos crentes que, tornando-se neocrentes, "estabeleçam uma nova relação com seu(s) Deus(es)"[5].

Óbvia à primeira vista, mas difícil de engolir para muitos organismos ideológicos; uma constatação dessa envergadura colocaria o sujeito que com ela se depara diante de duas alternativas. A primeira, abandonar completamente a relação pessoal com a religião, tornar-se ateu ou agnóstico. O próprio Morin, na página já citada, se declara ateu.

---

[3] *Ibidem*, p. 273, grifos do autor.

[4] *Ibidem*, p. 273.

[5] *Ibidem*, p. 273.

É uma decisão legítima diante da constatação óbvia de que as religiões são mito, e, portanto, também o são seus construtos divinos. Entretanto, Morin não tem a pretensão de se estabelecer como modelo para quem se depara com a questão e tem de tomar sua própria decisão. Há pelo menos uma segunda alternativa. A opção seria, de um lado, da mesma forma que ateus e agnósticos, reconhecer a condição mitológica das narrativas religiosas e, por isso, dos deuses das religiões. Mas, de outro lado, em lugar de abandonar tanto a religião quanto os deuses, desenvolver com eles, conscientemente assumidos como mito, uma relação compatível, "uma nova relação", como dito anteriormente. A essa postura e atitude Morin chama de neocrença, e explicitamente convida os religiosos da Terra a tornarem-se neocrentes.

O neocrente seria, se interpreto adequadamente a magnífica passagem de Morin, o crente que, informado da condição mitológica dos construtos retóricos da religião, incluídos aí todos os deuses, mas não querendo optar pelo abandono da prática religiosa, *a transforma*, e, transformando-a, *transforma a si mesmo*. Tal transformação – radical, eu diria – traduz-se no reconhecimento cognitivo, psicológico, social e político de que tudo na religião é mito, tudo é criação da cultura, tudo é produto do espírito humano. Tudo na religião é imaginação e criatividade humanas. Se, de um lado, as religiões, todas, mas cada uma a seu modo, dizem que os deuses criaram os homens e as mulheres, e é nisso que os crentes acreditam, é segundo tal crença que pautam suas relações sociais e políticas, bem como é por intermédio delas que se comportam psicologicamente, de outro lado, o neocrente reconhece o fato inamovível de que não, os deuses não criaram os homens e as mulheres, mas, antes, os homens e as mulheres criaram os deuses, e por isso os deuses são o que são: mito.

Não apenas um religioso há de ouvir e/ou ler tal declaração de Morin, e mesmo sua versão aqui transcrita/interpretada, e assumi-la como despropositada. Certamente que o religioso, em um primeiro momento ao menos, haverá de considerar que ouve ou lê palavras de delírio, blasfemas mesmo. Os não religiosos também podem decidir desconsiderar o convite de Morin, tomando-o por desprovido de sentido. Em minha carreira de teólogo, na condição profissional de docente de teologia e de ciências das religiões ao mesmo tempo, sou testemunha de que é muito difícil para um religioso ouvir com interesse positivo e levar em consideração o apelo de Morin. A religião de tal modo configurou o imaginário, a psiquê e as relações sociais e políticas dos alunos com quem tive contato em três décadas de docência que, quando postos diante dos argumentos até aqui transcritos/traduzidos, o conjunto transita entre a total indiferença, o horror e a ira. Um ou outro, uma ou outra, eventualmente em parte, alterou sua compreensão da religião e dos deuses. A maioria, não.

Não posso determinar a impressão que os argumentos de Morin e sua proposta geram na consciência de religiosos e de não religiosos. No entanto, posso considerar que, se Morin é louvavelmente explícito, direto, claro, sem tergiversações retóricas, corajosamente mesmo, essa contundência propositiva é justamente o que haveria de maior novidade em suas considerações, porque o conteúdo em si de suas proposições, sejamos honestos, está disponível aos seres humanos há pelo menos 2.500 anos, ainda que de modo não desenvolvido e somente mais recentemente levado às últimas consequências cognitivas e epistemológicas. Também se deve registar que, salvo melhor juízo, ninguém tratará do tema de modo mais consistente do que Morin. Mas teóricos anteriores já haviam produzido reflexões compatíveis com as dele, das quais Morin é naturalmente devedor, como todos nós.

Nesse sentido, antes de nos aprofundarmos na obra de Morin, precisamente quanto à apresentação dos deuses como ideias, seres de espírito que habitam a noosfera, convém recuperar, sem pretensões de exaustão da matéria, os principais momentos em que a consciência de que os deuses são mito emergiram na história do pensamento humano.

ANTES DE MORIN

Tão cedo quanto a época de ouro da Grécia clássica, sabia-se que "os deuses eram reis porque os homens tinham reis"[6] ou que "os etíopes

---

[6] Aristóteles, *A política*, São Paulo: Ícone, 2007, p. 15.

dizem que seus deuses são negros de nariz chato (e) os trácios dizem serem de olhos verdes e ruivos"[7]. Esta última citação é de Xenófanes de Colofão, que viveu no século VI antes da era comum, e a primeira é de Aristóteles. Nessa famosa declaração de Aristóteles encontra-se antecipada a síntese de todo o desenvolvimento histórico da compreensão epistemológica do mundo dos deuses como mundo imaginário, inventado e criado na e pela cultura humana, seja aquele mundo propriamente metafísico, projetado como real e instalado acima das abóbadas dos povos, onde se crê viverem os deuses, seja o próprio universo das práticas, dos ritos e das relações religiosas, sem desconsiderar doutrinas de tipo animista e suas congêneres mais "imanentes", que estão na mesma condição. "Os deuses se submetiam à autoridade de um rei porque, entre os homens, uns ainda hoje são governados dessa forma e outros foram antigamente"[8]. Se os homens não tivessem reis, então os deuses não seriam reis, nem haveria deuses súditos de deuses reis. Da mesma forma, se os trácios tivessem olhos vermelhos, os deuses trácios teriam olhos vermelhos. Se os deuses são reis, é porque os homens têm reis, e, tendo-os, projetam-nos no mundo dos deuses. Tal projeção visa ampliar o poder simbólico da monarquia e, consequentemente, seu controle social sobre as classes dominadas. De modo geral, os teísmos seguiram esse mesmo caminho político e não é por acaso que, em uma Inglaterra monárquico-constitucional em que o rei e/ou a rainha não exercem verdadeiro poder político, tenha-se criado o deísmo, doutrina/sistema político-teológico em que o deus cristão permanece com todos os atributos teístas, exceto o controle da sociedade: porque, *onde* os homens têm reis, todos os deuses têm reis. O procedimento inglês certamente visava adequar a superestrutura mitológica aos encaminhamentos políticos da sociedade. Em outros lugares (no Brasil, por exemplo), encena-se um jogo retórico de democracia e laicidade, mas se apela, da Constituição às notas de real, ao deus do teísmo, que lá protege e cá merece louvores. A superestrutura mitológica conspira continuamente contra o jogo político.

---

[7] Fernando Santoro (ed.), *Filósofos épicos I, Parmênides e Xenófanes: fragmentos*, Rio de Janeiro: Fundação Biblioteca Nacional, 2011, p. 16.

[8] *Ibidem*, p. 15.

A noção de que tudo isso constitui o mito está presente? Não. Mas devia, porque nós sabemos que os deuses são reis *porque os homens têm reis*, e não olvidamos o fato de que os deuses se arrogam o direito e o reconhecimento que os reis exigem para si justamente *porque os reis exigem isso para si*. Os reis e os deuses são uma e uma única peça de um jogo político-mitológico quase tão antigo quanto a própria religião e certamente tão antigo quanto os próprios reis.

Aristóteles descreve o fenômeno da projeção do jogo político dos reis nos deuses. Antes dele, em certo sentido, Platão fora ainda mais longe, conquanto se possa deixar de enxergar a conexão entre as proposições de um e de outro. Aristóteles descreve o fenômeno, enquanto Platão o prescreve. Recepcionando *A república* e *As leis* segundo a preciosa lição de Marcel Detienne[9], qualquer candidato a governador de uma "bela cidade" terá aprendido a cartilha, que pode ser conhecida em detalhes no excepcional capítulo "A cidade defendida por seus mitólogos"[10]. Primeiro, a vontade do governante assume-se a si mesma, *a priori*, como soberana, devendo ser imposta aos cidadãos. Como fazê-lo? É preciso introjetar a vontade soberana do governador da Cidade Bela na mente dos moradores. E como impô-la? Segundo a leitura do historiador francês, contratando mitoplastas para fabricar mitos a partir do e com o conteúdo positivo da vontade soberana do governador. Essa vontade será expressa na forma de mitos, que, por sua vez, serão declamados ininterruptamente aos ouvidos de toda a população[11]. O termo empregado aí é "encantamento"[12]. A cidade deve ficar encantada, "enfeitiçada, fascinada"[13], hipnotizada de tanto ouvir os mitos fabricados com esse fim pelos mitoplastas oficiais. Outro termo empregado no mesmo contexto é "rumor": na cidade do governador soberano e do povo "encantado", o rumor do mito deve preencher todos os espaços. Advertência grave: e se algum poeta,

---

[9] Cf. Marcel Detienne, *A invenção da mitologia*, Rio de Janeiro: José Olympio; Brasília, DF: Editora da UnB, 1998.

[10] *Ibidem*, pp. 151-84.

[11] *Ibidem*, pp. 176-7.

[12] *Ibidem*, p. 183.

[13] *Ibidem*, p. 175.

trinando algum mito dissonante na ágora, despertar do sono letárgico e cívico o cidadão de bem? Imediatamente deve ser tal poeta – todos os "poetas indesejáveis"[14]! – escorraçado. A única voz a ser ouvida por todos é a voz do governador soberano e devem-se empreender esforços máximos para isso. Nesse sentido, o procedimento mitoplástico é suficiente? Claro que não. É preciso ainda que os mitos sejam convertidos em hinos a serem cantados. A população deve cantar os mitos. O processo inteiro – ouvir os mitos, cantar os mitos – introjetará de tal sorte a vontade soberana do governador na mente dos cidadãos que se espera que eles terminem por agir da forma como o governante quer. Mas, cá entre nós, pergunta um personagem a Sócrates, instrumento de Platão no argumento que se transcreve, os homens acreditarão nos mitos? Excelente pergunta. Outro historiador, também francês, perguntou-se se os gregos acreditavam em seus mitos, e a resposta que deu a si mesmo e a nós foi que sim, os gregos acreditavam neles, primeiro porque os mitos são narrativas com começo, meio e fim, com enredo e histórias produzidas para a crença; e, em segundo lugar, e *a fortiori*, porque não é que as pessoas acreditem mesmo nos mitos em si: elas acreditam naqueles que os narram[15]. Um povo crê no mito de que os deuses são reis porque os reis declaram o mito. A resposta de Platão, então, posta na boca de Sócrates, parece saída dos manuais de sociologia do século XIX e XX, mas se dá mais de dois milênios antes: esses homens que aqui estão hoje, talvez não, mas os homens do futuro, querem apostar[16]? Não está dito nem em Platão nem em Detienne, mas digamos nós: aos ouvidos de bisnetos, netos e filhos, a correição secular e milenar das Lóides e Eunices se encarregará de assumir o papel crível dos narradores de mito de que Veyne fala. Marcel Detienne não está sozinho na mirada que faz de Platão. No século passado, Carl Sagan produziu uma série que recentemente foi atualizada, mas disponibilizada no YouTube em sua versão original e dublada em português. *Cosmos* é uma série de divulgação científica com a intenção política explícita de reagir ao risco da guerra nuclear

---

[14] *Ibidem*, p. 177.

[15] Cf. Paul Veyne, *Os gregos acreditavam em seus mitos?*, São Paulo: Editora Unesp, 2014.

[16] Marcel Detienne, *op. cit.*, p. 174.

no final do período da Guerra Fria. Em um dos episódios, Sagan fala sobre como a civilização jônica antecipava muito do que a engenharia moderna recuperaria a partir do final da Idade Média, deplorando o fato de que o desenvolvimento dos jônios teria sido interrompido pela plataforma neoplatônica, mística, escapista, idealista e religiosa, que, segundo Sagan, teria imperado no Ocidente por mais de mil anos. Segundo a leitura histórica proposta por ele, somente após os árabes introduzirem Aristóteles na Europa, por volta do século X, a história humana ocidental teria iniciado seu despertamento do sonho mágico. Não é por outra razão que um dos fenômenos e movimentos históricos mais famosos da época recebeu o nome de Renascimento. Para Sagan, Platão e os neoplatônicos teriam sido instrumentalizados pelas instituições político-religiosas ocidentais até o início de sua derrocada moderna, e tal instrumentalização teria se concentrado fundamentalmente na ilusão religiosa, no ilusionismo de uma dimensão povoada de deuses – nesse caso, de *um deus*, cioso e ciumento –, a partir da qual as normas, divinas, a vontade, divina, a verdade, divina, projetavam-se sobre a espécie humana. Mito, é certo. Mas as pessoas acreditam nos contadores de mito, não é verdade, Veyne?

Cá e lá certamente houve despertamentos revolucionários, cuja esmagadora maioria foi paga com a morte, a excomunhão, o degredo. Até padres tornaram-se ateus, como Jean Meslier, de quem se diz ter pregado "o ideal de uma sociedade fundamentada no ateísmo e na propriedade coletiva da terra. Porém, para realizá-lo [...] preconiza(va), muito antes dos jacobinos, dos anarquistas e dos bolcheviques, a união de todos os explorados e oprimidos em torno do estrangulamento do último rei com as tripas do último padre"[17]. A última parte da citação parece extrair da anteriormente referida declaração de Aristóteles graves e lúcidas implicações revolucionárias. Por outro lado, ocorreram igualmente aprofundamentos reacionários. Talvez o mais famoso seja o de Voltaire[18], aborrecidíssimo com os desmandos e a quinquilharia católico-romana, segundo seu juízo de valor, que colocavam em

---

[17] Paulo Jonas de Lima Piva, "Ateísmo e comunismo: o lugar de Jean Meslier na filosofia política das Luzes", *Cadernos de Ética e Filosofia Política*, São Paulo, 2005, pp. 99 e 102.

[18] Voltaire, *Deus e os homens*, São Paulo: Martins Fontes, 1995.

risco justamente o caráter crível do mito cristão e, por conseguinte, sua utilidade pública de controle social[19]. Para Voltaire, os mitos da Igreja se tornavam cada dia mais risíveis, e com o tempo a crença popular entraria em crise. E qual seria o problema? Ora, Voltaire sabia que era necessário, segundo sua ideologia política e concepção social, que os seres humanos acreditassem no governador da Cidade Bela. É preciso que o governador (ainda hoje) pregue um deus justo: "nenhuma sociedade pode subsistir sem justiça: anunciemos, pois, um Deus justo"[20]. Não importa se ele mesmo cria nisso, e o mais provável é que não. Questão irrelevante a de se o governador é crente. A crença não é nada em si além da necessidade de controlar o povo, porque a polícia castiga os crimes públicos, mas o deus do governador da Cidade Bela deve castigar os crimes ocultos. Ou pelo menos é nisso que o povo deve acreditar. Que os filósofos sejam espinosistas – mas aqueles a quem cabe a gestão e o controle da propriedade privada, desses só se pode cobrar uma única atitude e uma única ação: encenar a fé no mito público e anunciar a existência de um deus que vigia, pune e está em todo lugar: "que o homem de Estado seja teísta"[21]. Platão e Voltaire se formaram na mesma escola e tornaram-se mestres da mesma disciplina. Um prescreve, outro preceitua.

Nisso se pode perceber um detalhe: a crença é para o povo, não para os gestores do povo. Os gestores devem encenar a crença, devem reforçar a crença do povo com a sua pantomima de crença. Ora, Xenófanes e Aristóteles já sabiam em que consiste a crença. Cá entre nós, qualquer pessoa minimamente esclarecida *sabe* do que se trata a crença. Para todos os efeitos, a crença tem uma única função social: manter o povo encantado, enfeitiçado, fascinado. Quando o encantamento não funciona, resta aos gestores fazer como Lutero: os camponeses que não obedecem aos príncipes, é desígnio de Deus, devem morrer[22]. Percebem? Os gestores do povo, sejamos francos, já são

---

[19] *Ibidem*, pp. 182-4.

[20] *Ibidem*, p. 182.

[21] *Ibidem*, p. 182.

[22] Wanderley Pereira da Rosa, "Teologia política em Martinho Lutero", *Horizonte*, Belo Horizonte, 2016, pp. 1216-8.

neocrentes – certamente não da espécie cogitada por Morin. Crentes são apenas as massas, para esclarecimento do que seria imperdoável não mencionar *A psicologia de massas do fascismo*[23], que foi escrito há noventa anos, mas parece ter saído das gráficas de Brasília ainda semana passada... O problema não é se a proposta de Morin é estapafúrdia – é que, consideradas as classes dominantes, ela já é aplicada desde tempos imemoriais, pelo menos desde Xenófanes, Platão e Aristóteles. A questão é que as classes dominantes exercem seu domínio também por força de sua posição de crença, de heteronomia. Não é por outra razão que Dermeval Saviani[24] considera que educar o povo é instrumentalizá-lo com as ferramentas com as quais as classes dominantes o controlam. A crença é uma dessas ferramentas. Nesse caso, a educação humana passa – necessariamente – pelo esclarecimento histórico de que a crença é adesão ao mito. Um cidadão crente é um cidadão inacabado: os mitos controlam-no. As classes dominantes controlam os mitos por meio dos quais os cidadãos inacabados são controlados.

Que os deuses são mito ninguém o disse de forma mais categórica do que – meu risco de o dizer – o último teólogo: Feuerbach[25]. Marx não o contradisse. Pelo contrário, a proposição fundamental de Feuerbach está em Marx. No entanto, ele critica a causa a que Feuerbach atribui a alienação religiosa, razão pela qual não importa mais compreender a realidade (*apenas*), mas transformá-la[26]. O que Feuerbach disse que faz dele – na minha opinião – o último teólogo? Que toda a teologia é antropologia, que tudo na teologia é hipóstase. Feuerbach apenas e tão somente tomou a declaração de Aristóteles, tomou o que as classes dominantes sabem há séculos e séculos, e ainda o sabem hoje, agora, nesse minuto, e universalizou, tornou-a regra. Feuerbach disse o que Morin está dizendo na passagem memorável que abre esse ensaio: os deuses são mito. Para o que aqui importa, não vem ao caso se se trata de uma essência alienada ou se a alienação se dá historicamente.

---

[23] Wilhelm Reich, *Psicologia de massas do fascismo*, São Paulo: Martins Fontes, 1998.

[24] Dermeval Saviani, *Pedagogia histórico-crítica: primeiras aproximações*, Campinas: Autores Associados, 2013.

[25] Ludwig Feuerbach, *A essência do cristianismo*, Lisboa: Calouste Gulbenkian, 2011.

[26] Cf. Georges Labica, *As teses sobre Feuerbach de Karl Marx*, Rio de Janeiro: Zahar, 1987.

O que importa é que o fato está dado, são favas contadas: tudo na religião, absolutamente tudo, é e é regido pelo mito.

É desnecessário desfiar o rosário dos ecos que se seguiram ao anúncio de Feuerbach. Mas um deles convém recordar, segundo a leitura de Domenico Losurdo[27]: a razão pela qual Nietzsche adere à tese da morte de Deus nada tem a ver com a consequente ideia de autonomia humana, com a ideia de libertação universal, com compromissos com o conceito de homem (e mulher) genéricos. Conforme demonstrou cabalmente Losurdo – a meu juízo –, *agora* Nietzsche quer matar Deus. Mas antes não tinha essa vontade. Antes de a religião começar a ser freneticamente instrumentalizada pelas massas revolucionárias no século XIX, antes de padres franceses produzirem antepassados da Teologia da Libertação e poderem ser mesmo considerados antepassados teóricos de Marx[28], o deus cristão bem tinha serventia *vivo*, como descreveu perfeitamente Atahualpa Yupanqui na última estrofe de "Preguntitas sobre Dios"[29]: Deus certamente almoça na mesa do patrão. Esse deus é útil. Ele é da mesma espécie do deus justo que Voltaire exigia que fosse anunciado pelo homem de Estado. Mas, agora, a sociedade começa a desenhar aquele movimento que no século XXI responde por colocar o deus cristão na base retórica dos direitos humanos, aquele mesmo deus cristão que responde pelas páginas de sangue no bloco central de *O evangelho segundo Jesus Cristo*, de Saramago[30]. Enquanto o deus cristão serve aos interesses de Platão e Voltaire, serve também aos de Nietzsche. Mas quando esse mesmo mito passa a ser instrumentalizado para benefício dos camponeses de Lutero, e não dos príncipes de Lutero, então, ainda segundo Losurdo, é preciso, *agora* e *por isso*, anunciar a verdade: ele está morto. Se não serve mais para a classe dominante, deve ser reduzido ao que sempre foi e ao que tais classes sempre souberam que ele era.

---

[27] Cf. Domenico Losurdo, *Nietzsche: o rebelde aristocrata: biografia intelectual e balanço crítico*, Rio de Janeiro: Revan, 2009.

[28] Cf. Fernando Bastos de Ávila, *Antes de Marx: as raízes do humanismo cristão*, São Paulo: Loyola, 2002.

[29] Cf. Françoise Thanas, *Atahualpa Yupanki: essai*, Paris: Le Livre à Venir, 1983, p. 147.

[30] José Saramago, *O evangelho segundo Jesus Cristo*, São Paulo: Companhia das Letras, 2020.

Devo fechar esta seção com a referência a dois teólogos. A seu tempo e modo, os dois parecem ter antecipado a proposta de Morin, e ao menos um deles explicitamente aponta para a viabilidade prática daquele convite. Refiro-me a Bultmann, que pediu a seus leitores que compreendessem que os conteúdos positivos da fé cristã, as doutrinas, são (o que Morin diz que são) mito[31]. Enumeram-se tais mitos: ressurreição, ascensão, nascimento virginal, divindade, tudo isso, mito. Mas isso *fora da liturgia*. Na liturgia – e só na liturgia – *poder de Deus*. Ora, como interpretar isso? A partir de uma interpretação estético-existencialista da crença, heuristicamente fundamentada. A crença é o que é: mito. E o neocrente bultmanniano sabe disso. No entanto, o crente bultmanniano decide-se por não abandonar a prática litúrgica, mas por alimentá-la e experimentá-la com sua nova consciência neocrente. Para ele, teatro, cinema, literatura e culto constituem um mesmo tipo de fenômeno e experiência humanos. Reunidos no templo, em face da pregação da palavra da crença, a comunidade encena o mito, consciente disso, sem confundir a realidade do mito com a própria realidade. Tudo é antropologicamente, psicologicamente e, nesse sentido, verdadeiramente experimentado – no culto. Fora dele, todo o conteúdo positivo da fé reduz-se ao que é fora daquele experimento sociopsicológico: mito. Bultmann pedia o que Morin pede. Naturalmente que não foi atendido.

Outro teólogo que deve ser citado – porque não quero que se pense que a teologia não *sabe* o que Morin sabe; se ela não o confessa é porque tem compromissos que a impedem, eventualmente o fato de que trabalha para as classes dominantes, não para o povo, e, conquanto o negue e jure trabalhar para o povo, sua atitude, discurso e comportamento a desmentem, porque a manutenção da alienação da fé é a manutenção da submissão do povo aos poderes usurpadoramente constituídos, perfidamente estabelecidos... outro teólogo, eu dizia, é Bonhoeffer[32]. De Bultmann se pode dizer que, ao fim e ao cabo, trabalhou para o nazismo. Afinal, há quem diga, a desmitologização de Jesus é o preço da

---

[31] Cf. Rosino Gibellini, *A teologia do século XX*, São Paulo: Loyola, 1998, pp. 33-56.

[32] Cf. Dietrich Bonhoeffer, *Resistência e submissão: cartas e anotações escritas na prisão*, São Leopoldo: Sinodal, 2003.

desjudaização de Jesus, e a Igreja de Hitler não pode ter por deus um... judeu. Seja como for, Joaquim Jeremias tratará de recuperar a condição absolutamente judaica desse homem que será tornado deus. Por sua vez, Bonhoeffer trabalhou contra o nazismo. Tentou mesmo matar Hitler. Foi preso. Ao fim, executado. Na prisão, o que estaria planejando? O que Bonhoeffer[33] quis dizer quando escreveu a seu amigo que era preciso pensar um cristianismo não religioso para um homem em estado adulto? O mundo adulto é aquele que Bonhoeffer tem como dado e possível, potência histórica, emergência moderna, mas que a fé se recusa a perceber e assumir? A adesão dos crentes de seu país ao nazismo teria revelado definitivamente a Bonhoeffer o papel deletério da fé alienada, da adesão aos mitos, da – usemos Morin – identificação da realidade *neles*, em lugar da realidade *deles*? Essa é minha aposta: Bonhoeffer estava profundamente desiludido com a Igreja. Mussolini e Latrão não eram (mais) casos isolados. Não teve chance de aperceber-se disso, mas duas décadas a mais e veria o padrão se repetir em vários países da América do Sul. Na Argentina, por exemplo, por meio da mesma estrofe citada, Yupanqui nos dá a entender que sabia que o deus cristão almoçava com os generais. Provavelmente Reich e Bonhoeffer viram os mesmos fenômenos de adesão crente ao sistema nazista, mas um trata da questão numa direção, e o outro nos termos de sua particular vocação. Um cristianismo não religioso para um mundo em estado adulto não é algo que se aproxima bastante bem da proposta de Morin de uma neocrença, de uma crença que se reconhece crença, e que, reconhecendo-se crença, reconhece a condição mitológica dos seus construtos todos, inclusive os deuses, mesmo aquele ciumento e intolerante?

Não, não há nada de surpreendente na proposta de Morin. Como proposta, ela apenas se põe na boca de alguém que não é um teólogo profissional, porque já a ouvimos, em outros termos, na boca de teólogos de profissão. Morin tem direito de pedir o que pede. É mesmo necessário que os homens lúcidos o façam. Temos gente bem-intencionada demais alimentando a fornalha da fé à esquerda, uma fé, todavia, que, a despeito do sinal trocado em relação à fé à direita, é fé da mesma espécie – enxerga no mito a realidade *neles*, não

---

[33] *Ibidem*, pp. 378-81 e 433-40.

a realidade *deles*. Para um religioso de direita, o deus cristão é de direita, tem os valores da direita e os desejos da direita. Para os religiosos de esquerda, esse mesmo deus é de esquerda, com valores de esquerda e desejos de esquerda. Não se vê que essa situação é sobremodo constrangedora? Não se vê que ela não esclarece em nada a cidadania? Não se percebe que se trata de voluntarismo libertário que, na prática, não liberta ninguém de situação alguma? A libertação vem da maturidade, a maturidade vem da autonomia e a autonomia vem da liquidação da fé ingênua nos mitos. É preciso pôr um fim a isso. É preciso educar.

EM MORIN

Minha enorme paixão por Morin não incide, todavia, apenas em sua lucidez. O que é verdadeiramente grande nesse homem é sua capacidade de sistematização teórica. Refiro-me aos seis volumes de *O método*. Para mim, é uma das obras mais importantes de todo o século XX. Diria que não ler *O método* faz de alguém réu de crime de lesa humanidade. É a obra mais importante que li em toda a minha vida.

Em *O método* encontram-se em detalhes os argumentos teóricos para a base epistemológica da proposta de Morin: "crentes, tornem-se neocrentes". Aqui só posso superficialmente, mas espero que suficientemente, apontar o caminho dos argumentos de Morin, espalhados nos volumes 1, 2, 3, 4 e 5 da coleção. Vou enumerar os argumentos em sequência, para facilitar a assimilação do leitor.

Primeiro argumento: o universo, logo, a matéria, auto--organiza-se[34]. Nada sabemos sobre o que havia antes do que se pode observar do cosmo. Único mistério verdadeiro, a pré-história do universo visível permanece inacessível. Todavia, temos informações dos primeiros segundos do que é perceptível à espécie humana sobre a história do universo: não há os criadores pretendidos pelas religiões, mas matéria em auto-organização, por meio da ação contínua de forças caóticas que, em seu processo de destruição, são criadoras,

---

[34] Edgar Morin, *O método 1: a natureza da natureza*, Porto Alegre: Sulina, 2003.

elas mesmas cocriando-se à medida que criam o cosmo[35]. A esse nível do universo Morin dá o nome de fisiosfera. A fisiosfera é a única base de tudo o mais.

Segundo argumento: componentes da fisiosfera se organizam molecularmente e emerge – aí e daí – a biosfera[36], mundo vivo, microscópico em um primeiro momento, e pluricelular e mesmo colossal mais tarde. Da ameba à baleia azul explode a Terra – e só ela? – em vida. Fato fundamental: a biosfera emerge com(o) um fardo: sua manutenção a obriga a nutrir-se continuamente da fisiosfera. A manutenção da vida dá-se pelo consumo dos componentes constitutivos do nível do qual ela emergiu. Para viver, a vida come a tabela periódica.

Terceiro argumento, que deve ser anunciado juntamente do quarto. Muito recentemente, da biosfera, sem acréscimo de nada que aí já não estivesse, como evolução tanto da matéria quanto da vida, emerge a espécie humana moderna – o *Homo sapiens*[37]. Ao mesmo tempo que da e na biosfera emerge a sociosfera, da e na sociosfera emerge outro nível da realidade, e dessa vez completamente diferente dos anteriores – a noosfera[38]. Um superdesenvolvimento do cérebro humano é responsável por sua capacidade de produzir ideias, imagens, conceitos e, assim, potencializar a emergência da noosfera em sua mente e cultura. O cérebro humano torna-se uma excepcionalidade entre os cérebros das espécies conhecidas – e interessa aqui seu poder de representar a realidade por meio de imagens que, por sua vez, constituem, no seu conjunto, as ideias. A noosfera é o mundo das ideias. Não o mundo de Platão, fora da carne, acima da carne, oposto à carne. Não. Em vez disso, o mundo das ideias, *na* carne, *da* carne e *devido à* carne. Todas as ideias, todos os pensamentos, todas as imagens, os nomes, os algarismos, as cores, os heróis, os deuses, tudo quanto o homem pensa e inventa em sua mente habita esse único lugar – a noosfera. A noosfera

---

[35] Cf. Ilya Prigogine, *As leis do caos*, São Paulo: Editora da Unesp, 2002.

[36] Edgar Morin, *O método 2: a vida da vida*, Porto Alegre: Sulina, 2001.

[37] *Idem, O método 5: a humanidade da humanidade: a identidade humana*, Porto Alegre: Sulina, 2003.

[38] *Idem, O método 3: o conhecimento do conhecimento*, Porto Alegre: Sulina, 1999; *Idem, O método 4: as ideias: habitat, vida, costumes, organização*, Porto Alegre: Sulina, 2002.

não está em nenhum lugar outro do universo. Os deuses não existem em nenhum lugar outro do universo que não seja a mente humana. O que me obriga, para correção das percepções teológicas do fenomenólogo romeno, a recordar a definição de sagrado de Mircea Eliade: "sagrado é um elemento da estrutura da consciência humana"[39]. O sagrado *não é* o divino. O divino é um mito que a mente humana *pode* engendrar e, a história o demonstra, engendrou, e que habita a noosfera.

Duas análises.

Primeira: cada nível da realidade emerge do anterior e permanece nele. Mas há algo aí que é importante perceber: apenas os três primeiros níveis têm base topológica física, existem na forma de seres físicos. O quarto nível não. Não existe fisicamente em canto algum do planeta, nem mesmo em termos metafísicos. Imagine-se um mundo sobrenatural onde vivem os anjos: mito. Não há esse mundo. Tanto esse mundo quanto os anjos são ideias que habitam a mente humana, a cultura humana, e que desaparecerão se e quando a espécie se extinguir. A noosfera é uma emergência de pensamento e cultura. Morin chama todas as ideias de seres de espírito. Não, não são as almas de Platão. São pensamentos – nada e coisa alguma além de pensamento: "Os símbolos, ideias, mitos, criaram um universo onde nossos espíritos habitam"[40].

Segunda análise: cada nível emerge do anterior, permanece nele e – fundamental questão – vive dele. Literalmente. Devora-o. A biosfera devora a fisiosfera – também na forma de biosfera. Se não o faz, definha e morre. É sua graça e maldição. A sociosfera, para manter-se, devora a biosfera e a fisiosfera. Carnívoros ou veganos, a vida devora a vida, os homens devoram a vida, ou não vivem. Dádiva e praga. Ora, e o que dizer da noosfera? Ideias não comem para viver... Não? Sim, comem, e em dois sentidos.

Primeiro, literalmente falando, a condição do pensamento humano é o consumo calórico cerebral. O cérebro é o órgão que consome a maior quantidade de energia do corpo humano. Cada ideia, literalmente, custa almoço e jantar, um bife ou uma folha de alface,

---

[39] Mircea Eliade, *Origens*, Lisboa: Edições 70, 1969, p. 10.

[40] Edgar Morin, *O método 4, op. cit.*, p. 140.

não importa. Quando o corpo morre, morrem todas as ideias que habitavam esse corpo, e as ideias não morrem definitivamente quando uma pessoa morre apenas porque elas habitam a interface intersubjetiva humana. Para que todas as ideias se extingam, a espécie deve acabar. Mas para essa pessoa aqui e agora, suspender definitivamente o consumo calórico decretará sua morte e, por isso, o fim de todas as ideias que a animavam.

A noosfera mantém-se consumindo os níveis anteriores da realidade. No entanto, o mais importante para nosso tema é a segunda forma como as ideias nos devoram. Segundo Morin, as ideias são as estruturas que movem a espécie. Não vamos polemizar aqui se os homens agem em razão do contexto político-econômico ou em razão das ideias. Seja como for, as ideias se expressam como condutoras e determinantes da ação humana. As pessoas agem e sentem por meio delas. Digamos que o contexto político-econômico se expressa para a mente humana também na forma de ideias. As pessoas pensam por meio das ideias, vivem por meio delas. Os valores são ideias, os argumentos políticos são ideias, as causas pelas quais lutamos e morremos são ideias. É por meio delas que somos quem somos e agimos como agimos. Logo, as ideias operam-nos em reciprocidade dinâmica, simbiótica e complexa em relação à nossa própria operação das ideias. "Assim como somos possuídos pelos deuses que possuímos, somos possuídos pelas ideias que possuímos [...]. Do mesmo modo que os deuses, as ideias travam batalhas através dos homens e as ideias mais virulentas têm aptidões exterminadoras que ultrapassam as dos deuses mais cruéis"[41].

No que diz respeito aos deuses, a situação é exatamente essa. Os deuses são ideias que a espécie engendrou e que, engendradas, retroagem sobre a espécie que as criou, controlando-a em grandíssima medida, conforme a própria espécie se instrumentaliza delas para controle político. Em todos os povos – haverá exceção? – os deuses aproximaram-se das classes dominantes; fato histórico dos mais graves, denunciado por Morin: "certos deuses desenvolverão a divindade de maneira gigantesca até que, depois de mutação mitológica, *Um* Deus

---

[41] *Ibidem*, p. 148.

Ciumento elimina os demais Deuses, subordina espíritos e demônios e institui o monoteísmo"[42]. Não há exemplo melhor para ilustrar o poder e a perversão potencial das ideias – não há justificativa ética possível para a ideia monoteísta. A ideia do deus-único sobrevive não apenas por meio do genocídio de todos os deuses e de seus adoradores históricos, mas também pela desintegração da capacidade crítica da espécie humana. O monoteísmo é o ápice de uma história de superdesenvolvimento de uma ideia que mata todas as concorrentes, estupidifica a crença, dissimula a ética, disfarça-se em pantomimas retóricas de Bem, de Amor, de Compaixão, quando a realidade é totalmente o contrário disso. E por quê? Porque a ideia-deus-único cresceu demais, tornou-se totalitária, despótica, ditatorial, cruel mesmo. Um crime ético em si mesma, uma incompatibilidade ética inescapável, logrou ser levada a sério demais, por gente demais, por gente poderosa demais, por tempo demais. Nenhuma ideia precisa ser mais urgentemente reduzida à sua condição de mito do que essa. Todas as demais, sim, e rápido, mas essa, antes que seja tarde...

Deve-se registrar que o esboçado está, em Morin, distribuído em pelo menos cinco volumes. Toda declaração de Morin é fundamentada por meio da referência a inúmeras obras de ponta da ciência mundial, da biologia à física. O que Morin procura em *O método* é articular num sistema complexo o conjunto acumulado de informações das ciências, que, segundo sua denúncia, operam em regime de isolamento umas das outras. Depois de ter lido *O método* três vezes, o passo seguinte foi procurar as obras que Morin cita, para ver se as citava bem. É preciso ser crítico até o fim, recusar até mesmo a ideia de que um gênio vivo – sim, Edgar Morin é (para mim) um gênio vivo – não pode se equivocar. Nutrir as ideias que sobrevivam apenas no limite de sua autocombustão, ele disse... E um bom exercício é perguntar, aqui e agora: Morin, será que você vê bem? Será que eu te leio direito, Morin? Se as duas respostas forem sim, é preciso urgentemente sair do século XX. É preciso urgentemente reduzir os deuses, todos os deuses, especialmente aquele genocida, sim, aquele, à sua condição de mito, antes que não o possamos mais. Reduzidos os deuses à sua condição

---

[42] Edgar Morin, *O método 3, op. cit.*, p. 179.

de mito, e conscientes os homens e as mulheres disso, restaria àqueles que optarem pela neocrença uma existência ética: nenhum deus genocida, nenhum deus assassino, nenhum deus usurpador. Tal qual se diz ter Jesus por sua vez dito do sábado, é preciso subir aos montes e dizer agora o novo Evangelho: os homens não foram feitos para os deuses, mas os deuses foram feitos para os homens.

REFERÊNCIAS

ARISTÓTELES. *A política*. São Paulo: Ícone, 2007.

ÁVILA, Fernando Bastos de. *Antes de Marx: as raízes do humanismo cristão*. São Paulo: Loyola, 2002.

BONHOEFFER, Dietrich. *Resistência e submissão: cartas e anotações escritas na prisão*. São Leopoldo: Sinodal, 2003.

DETIENNE, Marcel. *A invenção da mitologia*. 2. ed. Rio de Janeiro: José Olympio; Brasília, DF: Editora da UnB, 1998.

ELIADE, Mircea. *Origens*. Lisboa: Edições 70, 1969.

FEUERBACH, Ludwig. *A essência do cristianismo*. Lisboa: Calouste Gulbenkian, 2011.

GIBELLINI, Rosino. *A teologia do século XX*. São Paulo: Loyola, 1998.

LABICA, Georges. *As teses sobre Feuerbach de Karl Marx*. Rio de Janeiro: Zahar, 1987.

LOSURDO, Domenico. *Nietzsche: o rebelde aristocrata: biografia intelectual e balanço crítico*. Rio de Janeiro: Revan, 2009.

MORIN, Edgar. *O método 1: a natureza da natureza*. 2. ed. Porto Alegre: Sulina, 2003.

MORIN, Edgar. *O método 2: a vida da vida*. Porto Alegre: Sulina, 2001.

MORIN, Edgar. *O método 3: o conhecimento do conhecimento*. 2. ed. Porto Alegre: Sulina, 1999.

MORIN, Edgar. *O método 4: as ideias: habitat, vida, costumes, organização*. 2. ed. Porto Alegre: Sulina, 2002.

MORIN, Edgar. *O método 5: a humanidade da humanidade: a identidade humana*. 2. ed. Porto Alegre: Sulina, 2003.

MORIN, Edgar. *Para sair do século XX*. Rio de Janeiro: Nova Fronteira, 1986.

PIVA, Paulo Jonas de Lima. "Ateísmo e comunismo: o lugar de Jean Meslier na filosofia política das Luzes". *Cadernos de Ética e Filosofia Política*. São Paulo: 2005, v. 7, n. 2.

PRIGOGINE, Ilya. *As leis do caos*. São Paulo: Editora Unesp, 2002.

REICH, Wilhelm. *Psicologia de massas do fascismo*. São Paulo: Martins Fontes, 1998.

ROSA, Wanderley Pereira da. "Teologia política em Martinho Lutero". *Horizonte*. Belo Horizonte: 2016, v. 14, n. 44.

SANTORO, Fernando (ed.). *Filósofos épicos I: Parmênides e Xenófanes: fragmentos*. Rio de Janeiro: Fundação Biblioteca Nacional, 2011.

SARAMAGO, José. *O evangelho segundo Jesus Cristo*. São Paulo: Companhia das Letras, 2020.

SAVIANI, Dermeval. *Pedagogia histórico-crítica: primeiras aproximações*. Campinas: Autores Associados, 2013.

THANAS, Françoise. *Atahualpa Yupanki: essai*. Paris: Le Livre à Venir, 1983.

VEYNE, Paul. *Os gregos acreditavam em seus mitos?* São Paulo: Editora Unesp, 2014.

VOLTAIRE. *Deus e os homens*. São Paulo: Martins Fontes, 1995.

NOVOS MOTORES PARA UM DESTINO HUMANO SUSTENTÁVEL

Juan Moreno Lobón

Se buscamos uma resposta à pergunta sobre o papel da sociedade global nos próximos anos, ou seja, aquela indagação que norteou as buscas incessantes de Edgar Morin para propor uma ética a partir da complexidade e para a qual ele deu contribuições inestimáveis, guiando a construção de um destino humano sustentável e regenerador, talvez essa resposta esteja em cada uma das suas obras, principalmente na sua luta magistral para contribuir com a construção de um imaginário planetário fundamentado em uma comunidade de destino.

CIÊNCIA CARTESIANA, GEOCULTURA LIBERAL E PERSPECTIVA DE MORIN

Historicamente, a concepção e a forma de constituir a cultura (conjunto de princípios, valores e crenças que dão coerência à forma de pensar e constituir a realidade em espaços locais, nacionais ou globais) foram influenciadas pelo paradigma científico de cada época e pela concepção predominante do ser humano em relação à natureza e à sociedade. Aproximadamente a partir do século XVII, o referencial ético-cultural da humanidade tinha como imaginário a ideia do universo como um sistema mecânico formado por elementos, a crença de que o progresso material ilimitado com base no desenvolvimento tecnológico era a fonte de toda a realização social e individual, a concepção de que as contradições constituíam o motor da história e, consequentemente, a noção de que a vida em sociedade estava determinada por uma competição permanente entre indivíduos e entre sociedades visando o sucesso. Liberais, socialistas e conservadores inseriram suas ideias nessa geocultura: "a ação política sempre se baseou, implícita ou explicitamente, em uma concepção de mundo, do homem, da sociedade e da história, ou seja, em um pensamento"[1].

A geocultura liberal (conjunto de ideias, valores e normas surgidas com a Revolução Francesa e que foram aceitas em nível mundial, servindo de referência para a ação política e social) como imaginário de "desenvolvimento" nos Estados-nações se fundamentou no pensamento científico iniciado com Copérnico, Galileu, Descartes, Bacon e Newton. A ciência clássica sempre enfatizou a normalidade dos processos lineares, a ordem e a estabilidade recorrente.

Ao longo desse extenso período houve um denominador comum em todos os países, que consistia na viabilidade e na importância estratégica de alcançar o "desenvolvimento nacional".

> A nível operacional, isso implicava que os países deveriam obter previamente a soberania e autonomia territorial, necessitavam de financiamento e de um programa de investimentos em infraestrutura e desenvolvimento para criar as capacidades sociais e o controle estatal e assim facilitar o fluxo de capitais, bens e mão de obra para além das fronteiras[2].

Dessa maneira, a ideia de que os Estados poderiam alcançar o "desenvolvimento nacional" a partir de seus próprios espaços territoriais e de "metaestratégias" emergiu da concepção de racionalidade cartesiana sobre a compreensão do universo material a partir da análise das partes. Essa busca pelo "desenvolvimento nacional" como visão de mundo era difundida por ideologias socialistas e liberais e coincidia com os fundamentos básicos da chamada geocultura. Os Estados tinham

---

[1] Edgar Morin, *La vía para el futuro de la humanidad*, Barcelona: Paidós, 2011, p. 44.
[2] Immanuel Wallerstein, *Después del liberalismo*, Ciudad de México: Siglo XXI, 2005, p. 117.

em comum objetivos, políticas e estratégias. No entanto, às vezes esse entendimento se manifestava em linguagens um pouco divergentes: concordavam na importância estratégica do princípio da autodeterminação dos povos, priorizavam o desenvolvimento econômico dos demais Estados e compreendiam que o progresso era industrialização, urbanização, comercialização e igualdade. Além disso, todos concordavam com a reafirmação dos princípios de igualdade, liberdade e fraternidade, e alguns acreditavam no desenvolvimento tecnológico como fonte de desenvolvimento social e humano. Por último, restaram muitas questões em relação à eficácia da geocultura liberal e à viabilidade dos Estados-nações para alcançar o desenvolvimento e viabilizar os princípios emanados da Revolução Francesa.

Pode-se concluir que entre os séculos XVIII e XX houve tanto crescimento quanto degradação. O crescimento é notório pelos avanços significativos no desenvolvimento tecnológico que, entre muitos aspectos, resultou no prolongamento da expectativa de vida do ser humano, despertou um estado de espírito para grandes aspirações democráticas e tornou possível, por meio da comunicação e das telecomunicações, uma conexão sem precedentes entre espaços territoriais diversos e distantes. A degradação, por sua vez, se manifesta de múltiplas formas, afetando direta ou indiretamente todos os espaços e habitantes do planeta, espaços territoriais que não interessam ao mercado, ecossistemas terrestres e aquáticos, paisagens, bacias hidrográficas, habitats, espécies, populações e comunidades diversas, mulheres, grupos étnicos minoritários, que são excluídos dos processos de geração, comercialização e consumo de bens, entre outros aspectos.

Certamente, esses fatos indicam a necessidade de uma concepção mais complexa da ciência, da natureza como um todo, da natureza humana, da própria vida e do modo de organização da sociedade global. No entanto, por onde começar e como ampliar a ciência emergente com uma nova geocultura?

> Para os fundadores da ciência ocidental, como Leibniz e Descartes, o objetivo era alcançar a certeza. E ainda a ambição dos grandes físicos contemporâneos, como Einstein e Hawking, foi alcançar a certeza por meio da teoria de tudo, uma descrição geométrica do Universo.

Uma vez alcançado este objetivo, poderemos deduzir a partir do nosso modelo todos os diferentes aspectos da natureza[3].

Trata-se, fundamentalmente, de transcender a ciência cartesiana e se aproximar da ciência da complexidade. A ciência cartesiana se fundamenta na ideia de que, em cada sistema complexo, a natureza e o comportamento do todo podem ser analisados e compreendidos pelas propriedades das partes. "Para Descartes, a visão da natureza derivava de uma divisão fundamental em dois reinos separados e independentes: o da mente e o da matéria. O universo material, incluindo os organismos vivos, era uma máquina que poderia ser totalmente compreendida analisando suas partes menores"[4]. A ideia de que o todo poderia ser compreendido a partir das partes também fez com que o dínamo de uma delas fosse suficiente para mobilizar o conjunto de um sistema econômico, social, cultural e até mesmo global.

Na passagem do método do pensamento analítico cartesiano para o racionalismo das ciências da complexidade, as contribuições de Edgar Morin foram um marco na história e na gestão do conhecimento, pois ele propôs um referencial para a concepção de uma geocultura a partir da complexidade.

> A extensão da lógica da máquina artificial em todos os domínios da vida humana produz o pensamento mecanicista parcelar que adquire forma tecnocrática e econocrática. Tal pensamento não percebe senão a causalidade mecânica, quando tudo obedece cada vez mais à causalidade complexa. Ele reduz o real a tudo o que é quantificável. A hiperespecialização e a redução ao quantificável produzem cegueira não apenas em relação à existência, ao concreto, ao individual, mas também em relação ao contexto, ao global, ao fundamental. Elas provocam, em todos os sistemas tecnoburocráticos, um parcelamento, uma diluição e finalmente uma perda de responsabilidade. Favorecem nesses sistemas tanto a rigidez da ação quanto o laxismo da indiferença. Contribuem fortemente para a regressão democrática nos países ocidentais, onde todos os problemas, agora técnicos,

---

[3] Ilya Prigogine, "¿Qué es lo que no sabemos?", *A Parte Rei: Revista de Filosofía*, Logroño, 1995, p. 1.

[4] Fritjof Capra, *La trama de la vida: una nueva perspectiva de los sistemas vivos*, Barcelona: Anagrama, 1998, p. 39.

> escapam aos cidadãos em proveito dos especialistas, e onde a perda da visão global e do fundamental dá livre curso não apenas às ideias parcelares mais fechadas mas também às ideias globais mais ocas, às ideias fundamentais mais arbitrárias[5].

Trata-se, portanto, de transcender essa perspectiva invertendo a relação entre as partes e o todo e modificando a noção que predetermina a importância de uma das partes de um sistema sobre as outras.

Com a constatação dos limites desse estilo de desenvolvimento, hoje é necessário imaginar alternativas que não sejam modos específicos que sacrifiquem aspectos tão fundamentais à própria vida.

> Por muito tempo, vigorou a ideia de que o desenvolvimento técnico-científico e econômico bastava para rebocar, como uma locomotiva, os vagões de todo o trem do desenvolvimento humano, ou seja: de liberdade, democracia, autonomia, moralidade. Mas, o que se observa é que esse tipo de desenvolvimento muitas vezes vem acompanhado do subdesenvolvimento mental, psíquico e moral. Torna-se evidente que o problema fundamental é o desenvolvimento humano, que deve ser um conceito multidimensional. Existe um conceito comum, o conceito modificado do desenvolvimento exclusivamente técnico. Em contraste, a ideia de desenvolvimento sustentável trouxe a ideia do futuro do planeta, do futuro dos seres humanos e a necessidade de proteger a vida dos humanos, que é uma consideração ética[6].

Vemos flutuações, desordem e instabilidade em todos os lugares. Ao mesmo tempo, há um grande nível de consciência da complexidade dos processos que ocorrem simultaneamente, e talvez esses sejam os primeiros sinais do surgimento de uma nova racionalidade global. Essas buscas pela construção da nova racionalidade estão sendo atendidas por pesquisadores e seus colaboradores há muito tempo. Para citar algumas referências contemporâneas: Edgar Morin, com o "novo paradigma da complexidade"; Ilya Prigogine, com suas contribuições sobre fenômenos irreversíveis e a teoria das estruturas dissipativas; James Lovelock e sua nova visão da vida na terra;

---

[5] Edgar Morin e Anne Brigitte Kern, *Tierra-Patria*, Buenos Aires: Nueva Visión, 1993, p. 103.

[6] Edgar Morin, "Estamos en un Titanic", p. 1. Disponível em: <https://www.academia.edu/8854866/ESTAMOS_EN_UN_TITANIC>.

Arne Naess e suas contribuições sobre a ecologia profunda; e Stuart Kauffman com a teoria dos sistemas complexos.

A NOVA CIÊNCIA E O PARADIGMA DA COMPLEXIDADE

A possibilidade de uma nova racionalidade científica dotada de princípios e métodos próprios apresenta alguns desafios que apenas começam a ser enfrentados.

> Há pensadores suficientemente eloquentes e convincentes no movimento da ecologia profunda para convencer nossos líderes políticos e econômicos sobre os méritos do novo pensamento. Mas isso é apenas parte do problema. A mudança de paradigma requer uma expansão não apenas de nossas percepções e formas de pensar, mas também de nossos valores[7].

Desde a primeira metade do século XX, especialmente na década de 1920, a transição do paradigma mecanicista para o paradigma da complexidade evidenciou diferentes modos em diferentes velocidades e ocorreu em diferentes áreas do conhecimento. Prigogine, Edgar Morin e outros cientistas postulam conceitos para uma ruptura definitiva com o predomínio do determinismo, ensejando uma concepção muito mais sistemática sobre propósitos, estrutura e racionalização da nova ciência. Essa ruptura insere o conceito de probabilidade para além da informação já conhecida, permitindo entender que a era da certeza e da racionalidade cartesiana pertence a uma visão de mundo e a paradigmas ultrapassados. A partir daí, a incerteza surge como referencial para buscar as bases construtivas do futuro de forma dinâmica e criativa, e a nova ciência restabelece o vínculo entre o homem e a natureza, determinando que não há um sentido único nos processos de construção da realidade e produzindo uma ruptura com a linearidade do devir.

Uma das principais contribuições para a "nova ciência" está na segunda lei da termodinâmica, que diz: "considerando o universo

---

[7] Fritjof Capra, *op. cit.*, p. 31.

como um sistema fechado, aqueles processos em que a entropia do universo aumenta ocorrerão naturalmente, ou seja, a entropia do universo tende a alcançar um valor máximo." A entropia, ao contrário da energia, pode ser criada, e seu valor como magnitude física, em um sistema fechado como o universo, cresce com o tempo e ocorre naturalmente. Nessa perspectiva, a entropia descreve quão irreversível é o sistema termodinâmico. Assim, a convicção de um planeta finito, na medida em que faz parte do universo, levou inevitavelmente a preocupações globais, estimulando a necessidade de saber sobre o sistema climático e de trabalhar uma ética global de convivência entre os humanos e entre os humanos e o mundo natural.

A consciência universal do perigo ecológico surgiu com o anúncio feito por Ehrlich em 1969 sobre a morte do oceano e com o relatório Meadows encomendado pelo Clube de Roma em 1972. A respeito deste último, em 1970 o Clube de Roma, sob a direção de Aurelio Peccei e Alexander King, solicitou que um grupo de pesquisadores do Massachusetts Institute of Technology, orientado por Donella Meadows, biofísica e cientista ambiental, especializada em dinâmica de sistemas, desenvolvesse um estudo sobre as tendências e os problemas econômicos que ameaçavam a sociedade global. Os resultados foram publicados em 1972 na obra *Os limites do crescimento* com uma dura conclusão:

> Se as atuais tendências de crescimento da população mundial, industrialização, poluição, produção de alimentos e diminuição de recursos naturais continuarem imutáveis, os limites de crescimento neste planeta serão alcançados algum dia dentro dos próximos cem anos. O resultado mais provável será um declínio súbito e incontrolável, tanto da população quanto da capacidade industrial[8].

A partir da quarta década do século XX começaram a surgir na área da ciência questionamentos sobre aspectos relacionados à origem da vida. Uma das mais importantes referências foi o físico austríaco Erwin Schrödinger, que publicou *O que é vida?*, obra em que apresenta que a vida não é estranha ou oposta aos princípios da termodinâmica;

---

[8] Meadows *et al.*, *Los límites del crecimiento*, Ciudad de México: Fondo de Cultura, 1972.

ao contrário, os sistemas biológicos conservam ou aumentam sua complexidade exportando a entropia produzida em seus processos. A partir daquele momento houve um grande entusiasmo na área da biologia molecular para descobrir a molécula genética. "Nas décadas seguintes, essa nova área fez uma série de descobertas triunfantes que culminou na descoberta do código genético. No entanto, esses avanços espetaculares não conseguiram aproximar os biólogos da solução do enigma apresentado no título do livro de Schrödinger"[9].

Tanto o fenômeno da entropia quanto as questões que surgiram com as indagações de Schrödinger sobre a vida necessitam, dentre alguns aspectos, de uma alfabetização ecológica para a humanidade, conforme propõe Edgar Morin em *Os sete saberes necessários à educação do futuro*. Essa obra reúne, a meu ver, as contribuições mais importantes que já foram realizadas, não apenas no plano curricular relevante ao nível planetário, mas também em pressupostos para estabelecer vínculos entre comunidades ecológicas e humanas.

> São sete saberes fundamentais que a educação do futuro deve discutir em qualquer sociedade e em qualquer cultura, sem exceção ou rejeição de acordo com os usos e regras de cada sociedade e de cada cultura. Além disso, o conhecimento científico em que se fundamenta este texto para situar a condição humana não é apenas provisório, mas revela profundos mistérios relacionados ao Universo, à Vida, ao nascimento do Ser Humano. Aqui se abre um indizível em que as opções filosóficas e as crenças religiosas intervêm nas culturas e civilizações[10].

Morin propõe um referencial a partir de pressupostos fundamentais para mudar as tendências de crescimento ilimitado e estabelecer condições de estabilidade ecológica e econômica para o equilíbrio global. Questões sobre a estrutura do cérebro humano, a relação entre mente e cérebro ou a razão de ser da consciência são necessárias para "introduzir e desenvolver na educação o estudo das características cerebrais, mentais e culturais do conhecimento humano, de seus processos e modalidades, das disposições tanto psíquicas quanto culturais que

---

[9] Fritjof Capra, *op. cit.*, p. 19.

[10] Edgar Morin, *Los siete saberes necesarios para la educación del futuro*, París: Unesco, 1999, p. 1.

o conduzem ao erro ou à ilusão"[11]. Dado que os organismos vivos possuem propriedades totais que nenhuma de suas partes possui, convém "promover o conhecimento capaz de apreender problemas globais e fundamentais para neles inserir os conhecimentos parciais e locais"[12]. Considerando o pressuposto da complexidade da natureza humana, deve-se ensinar a condição humana porque

> o ser humano é a um só tempo físico, biológico, psíquico, cultural, social, histórico. Esta unidade complexa na natureza humana é totalmente desintegrada na educação por meio das disciplinas, tendo se tornado impossível aprender o que significa ser humano. É preciso restaurá-la, de modo que cada um, onde quer que se encontre, tome consciência e conhecimento, ao mesmo tempo, de sua identidade complexa e de sua identidade comum a todos os outros humanos[13].

À medida que o século XXI avança, as questões relacionadas à crise ecológica adquirem uma importância primordial devido ao seu alcance global e a seus efeitos sobre a biosfera e a vida humana. Portanto, "é preciso ensinar a complexidade da crise planetária [...] mostrando que todos os humanos, confrontados doravante com os mesmos problemas de vida e morte, vivem na mesma comunidade de destino"[14]. Sobre as afirmações de que a maioria dos eventos da natureza são incertos, "é preciso ensinar princípios de estratégias que permitam enfrentar os riscos, o inesperado, a incerteza, e modificar seu desenvolvimento em virtude das informações adquiridas ao longo do tempo"[15]. A forma de organização da vida material e espiritual tem promovido incompreensões e desencontros entre os humanos, por isso será preciso "estudar a incompreensão a partir de suas raízes, suas modalidades e seus efeitos"[16]. Além disso, um dos desafios mais importantes para a humanidade é construir uma ética da dimensão

---

[11] *Ibidem*, p. 1.

[12] *Ibidem*, p. 1.

[13] *Ibidem*, p. 2.

[14] *Ibidem*, p. 2.

[15] *Ibidem*, p. 3.

[16] *Ibidem*, p. 3.

dos problemas ecológicos de nosso tempo, que "deve-se formar nas mentes, com base na consciência de que o ser humano é, ao mesmo tempo, indivíduo, parte da sociedade, parte da espécie"[17].

NATUREZA E TAMANHO DA CRISE

A humanidade organizou a vida material com uma variedade de fatos e eventos; e essa história relacionada à condição humana é abordada por Edgar Morin. A história sempre foi contada a partir do progresso das civilizações que existiram, mas pouco se conhece de estudos sistemáticos que relacionaram a vida material ao caráter ternário indivíduo-sociedade-espécie ou à condição evolutiva da estrutura do cérebro humano.

Segundo os fundamentos de Morin, a organização da vida material nos últimos quinhentos anos pode ser resumida como uma história de conflitos entre humanos e degradações ecológicas por motivos antropogênicos.

A luta entre os humanos é incessante por definição e tem se expressado de múltiplas formas: lutas travadas em torno do conflito entre capital e trabalho, aquelas decorrentes dos embates entre o latifúndio e o minifúndio, aquelas entre empresários pelo controle do mercado, as lutas pelo controle do Estado, as lutas entre Estados, conflitos interétnicos, antagonismos entre setores econômicos, disputas ideológicas, confrontos pelo controle geográfico e de recursos naturais, disputas pelo controle das massas, conflitos entre grupos sociais, disputas entre e dentro dos partidos políticos, disputas entre dirigentes sindicais e dentro dos sindicatos e, mais recentemente, conflitos ambientais.

A degradação ecológica se manifestou local e globalmente e foi documentada em vários relatórios desde meados do século passado. De acordo com o Painel Intergovernamental sobre Mudanças Climáticas (IPCC), "o aquecimento do sistema climático é inequívoco, e desde a década de 1950 muitas das mudanças observadas não têm precedentes ao longo de décadas a milênios. A temperatura da

---

[17] *Ibidem*, p. 4.

atmosfera e do oceano subiu, as quantidades de neve e de gelo diminuíram, o nível do mar subiu e as concentrações de gases de efeito de estufa aumentaram"[18]. Em relação à atmosfera, destaca que "cada uma das três últimas décadas tem sido sucessivamente mais quente na superfície da Terra do que qualquer década anterior desde 1850. No hemisfério Norte, 1983-2012 foi provavelmente o período de 30 anos mais quente dos últimos 1.400 anos"[19]. Em relação aos oceanos, "o aquecimento dos oceanos domina o aumento na energia armazenada no sistema climático, respondendo por mais de 90% da energia acumulada entre 1971 e 2010. É praticamente certo que o oceano superior (0-700 m) aqueceu de 1971 a 2010, e provavelmente aqueceu entre as décadas de 1870 e 1971"[20]. Sobre a criosfera, o documento relata que "ao longo das duas últimas décadas, os mantos de gelo da Groenlândia e da Antártida têm vindo a perder massa, os glaciares continuam a diminuir em quase todo o mundo, e o gelo do mar Ártico e a cobertura da neve primaveril no hemisfério Norte continuam a diminuir em extensão"[21]. Em relação ao nível do mar, "desde meados do século XIX tem sido maior do que a taxa média durante os dois milênios anteriores. Ao longo do período 1901-2010, o nível médio global do mar aumentou 0,19 m"[22]. Em relação ao ciclo do carbono e a outros ciclos biogeoquímicos, especifica que "as concentrações atmosféricas de dióxido de carbono, metano e óxido nitroso aumentaram para níveis sem precedentes, pelo menos nos últimos 800.000 anos"[23]. Por último, o relatório observa que "a influência humana no sistema climático é clara. Isso é evidente a partir das concentrações crescentes de gases de efeito estufa na atmosfera, forçamento radiativo positivo, aquecimento observado, e compreensão do sistema climático"[24].

---

[18] Intergovernmental Panel on Climate Change, *Climate Change 2013: The Physical Science Basis*, Geneva: IPCC, 2013, p. 2.

[19] *Ibidem*, p. 3.

[20] *Ibidem*, p. 6.

[21] *Ibidem*, p. 7.

[22] *Ibidem*, p. 9.

[23] *Ibidem*, p. 9.

[24] *Ibidem*, p. 13.

Tanto o modo de organização da vida material com seus conflitos inerentes a sua própria dinâmica quanto a crise ecológica constituem aspectos da mesma crise sobre a qual Edgar Morin teceu suas contribuições. Segundo Morin, estamos enfrentando uma "policrise" e devemos olhar os problemas de maneira total, ou seja, a rede de problemas que envolve a humanidade, pois são interdependentes e só podem ser compreendidos e enfrentados a partir de uma abordagem sistêmica. A tecnociência como referência e ferramenta central do desenvolvimento contribui para a produção de diferenças nodais entre os humanos e, ao mesmo tempo, se torna estímulo para a crise ecológica.

> Num certo sentido, a aventura descontrolada da tecnociência é um problema maior: ele comanda o problema do desenvolvimento e o problema de civilização, ele determinou a explosão demográfica e a ameaça ecológica. Mas controlar a marcha da tecnociência hoje não resolveria *ipso facto* nem a tragédia do desenvolvimento, nem os problemas de nossa civilização; não acabaria com a cegueira que produz o pensamento parcelar e redutor, e não suprimiria o problema demográfico nem a ameaça ecológica. Além do mais, o problema da tecnociência depende do conjunto da civilização que hoje depende dela. Ele não pode ser tratado isoladamente e deve ser considerado de forma diversificada segundo as regiões do planeta[25].

Ao considerar esses problemas como elementos da mesma crise, certamente encontraremos soluções para os principais desafios do nosso tempo, que clamam por uma mudança fundamental do nosso pensamento e de nossos valores. A mudança fundamental conduzirá a uma conjunção de destinos e terá como base o conceito de "Terra-Pátria", que supõe a consciência do destino, da identidade e da origem comum de toda a humanidade"[26]. O processo de transformação nesse sentido merece uma perspectiva sistêmica baseada em conectividade, relações e contextos: "As reformas são interdependentes. A reforma da vida, da moral, do pensamento, da educação, da civilização e da política estão interligadas e, portanto, seu progresso permitirá um dinamismo mútuo"[27].

---

[25] Edgar Morin e Anne Brigitte Kern, *op. cit.*, p. 107.

[26] Edgar Morin, *La vía para el futuro de la humanidad*, Barcelona: Paidós, 2011, p. 47.

[27] *Ibidem*, p. 283.

Ao realizar as tarefas de transformação ou reforma necessárias, estaremos com Paul MacLean e sua teoria sobre os três cérebros que compõem o sistema cerebral humano, de forma que Morin nos lembra que na complexidade somos *sapiens demens*.

UMA NOVA RACIONALIDADE POLÍTICO-CULTURAL

Uma política consistente com o pensamento complexo necessita, entre outros esforços, de uma história da política a partir do reconhecimento da nossa condição humana e, dos referenciais culturais da época, demanda o entendimento das consequências ecológicas, sociais e climáticas do modelo de desenvolvimento atual, além da necessidade de princípios, normas e estratégias para estabelecer uma relação vital do sistema vivo, humano ou social com seu ambiente.

Para caracterizar a evolução da política nos últimos tempos, Edgar Morin apresenta em *Terra-pátria* o capítulo intitulado "A antropolítica", em que afirma:

> [...] passamos da política do bom governo à política-providência, do Estado-gendarme ao Estado assistencial. A política primeiro pôs a economia sob seu abrigo com o protecionismo do século XIX, depois com as leis antitrustes; a seguir, a política se encarregou da economia com a orientação e o estímulo do crescimento, o controle e até mesmo o comando do Estado, a planificação[28].

No contexto da história da economia, especialmente na relação político-econômica, cabe destacar como a política foi um meio de proteger os agentes econômicos nacionais (produtores, empresas e trabalhadores) contra a concorrência estrangeira, para as quais os Estados estabeleceram medidas tarifárias a fim de garantir a posição local daqueles agentes. Da mesma forma, no processo de garantir a concorrência entre empresas em mercados específicos e no interesse de promover a qualidade dos bens e serviços com o menor preço possível, a política desempenhou o papel de contribuinte da economia. Após a Segunda Guerra Mundial,

---

[28] Edgar Morin e Anne Brigitte Kern, *op. cit.*, p. 157.

com a implementação do Plano Marshall e o surgimento do Estado de bem-estar social, o Estado ficou responsável por políticas que garantissem e assegurassem o bem-estar dos cidadãos nas diversas áreas, como saúde, educação e, em geral, tudo o que estava relacionado à previdência social.

Com o surgimento da sociedade de bem-estar, a política adquiriu maior presença nos espaços nacionais e, por meio dela, o Estado tornou-se o meio por excelência de prestação de serviços no cumprimento dos direitos sociais de todos os cidadãos. "As necessidades dos indivíduos e populações entraram na competência política"[29]. Com o ressurgimento da ideologia do desenvolvimento nacional em meados do século passado, especialmente nos Estados do terceiro mundo já independentes, a política adquiriu jurisprudência em todas as esferas da vida pública para estabelecer a soberania dos países por meio de uma mudança econômica que englobava o estabelecimento de uma burocracia estatal, a eficácia e eficiência nos processos produtivos e a criação de uma infraestrutura social estável (especialmente no trabalho, na educação, na saúde e na habitação).

O imaginário do "desenvolvimento nacional", que levou muitos a "alcançar os países mais desenvolvidos" ou "superar as defasagens em relação aos países mais desenvolvidos", foi um referencial que possibilitou à política entrar nas múltiplas dimensões da vida social e humana.

> Há um conceito que adquiriu uma importância fundamental desde a Segunda Guerra Mundial: a ideia de desenvolvimento. Parece que para nós uma política de desenvolvimento econômico deve ser posta em prática, e que isso dará origem a um desenvolvimento social que, por sua vez, levará ao desenvolvimento humano, que, por sua vez, resultará em desenvolvimento político. Dá a impressão de que a economia e a política mordem o rabo uma da outra. Portanto, é muito difícil delimitar a fronteira entre elas[30].

No que se refere ao território e às territorialidades, a política tratou da organização das relações sociais e da promoção dos processos

---

[29] *Ibidem*, p. 157.

[30] Edgar Morin, "Fronteras de lo político", p. 1. Disponível em: <https://escribd.com/document/66817733/Fronteras-de-Lo-Politico-Articulo>.

econômicos que ocorrem nesses espaços. No entanto, em meados do século passado, como já abordamos anteriormente, a política se dedicava à organização das atividades econômicas, políticas, sociais e culturais do território. Além disso, exercia uma função tradicional na sociedade, na cidadania e na democracia.

> No decorrer do século XX, a previdência social se multiplicava em relação à vida, ao trabalho, à doença, à aposentadoria, à maternidade, à infância, à morte. Já a política se encarregava do custo dos desastres naturais, como enchentes e terremotos. E sabemos que não apenas controla, por meio do Estado, grande parte da educação, mas que a política educacional hoje se estende à cultura, ao lazer: enquanto o livro e a imprensa foram vítimas do político diante da censura que lhes foi imposta, atualmente existe uma regulação do político no que se refere aos meios de comunicação, principalmente a televisão[31].

Nessa perspectiva, cabe notar como a política se estendeu às várias esferas da sociedade, ao mesmo tempo que os diversos problemas da sociedade entraram na política.

A biologia influencia todos os aspectos da vida, principalmente as decisões que tomamos. Se a biologia trata do conhecimento das estruturas dos seres vivos, bem como de suas características e dos comportamentos e relações entre esses organismos, pode-se inferir a inserção da biologia na política.

> Os problemas do viver e do sobreviver, no sentido literalmente biológico do termo, fizeram uma irrupção espetacular e generalizada na política. A política da saúde sucedeu à assistência pública e doravante concerne não mais apenas aos doentes e inválidos, mas ao conjunto da população; ela se encarregou da luta contra o câncer e a aids como contra a droga e até mesmo o fumo. Uma política de garantia do mínimo vital se generalizou nos países ricos, enquanto a luta contra a fome nos países pobres tornou-se da alçada da política internacional. A demografia passou a ser uma preocupação política forte, tanto no caso de uma tendência ao despovoamento como no caso de uma tendência à superpopulação[32].

---

[31] *Ibidem*, p. 1.

[32] Edgar Morin e Anne Brigitte Kern, *Tierra-Patria, op. cit.*, p. 158.

A biomedicina como disciplina de aplicação das ciências da vida tem uma competência direta na política, especialmente quando se trata de criar e projetar suportes tecnológicos na saúde para melhorar a vida do paciente ou facilitar significativamente o diagnóstico e interpretação dos exames.

> As possibilidades de intervenções biomédicas, que doravante afetam e transformam morte, nascimento, identidade, colocam problemas políticos: a eutanásia, a retirada de órgãos, a transfusão de sangue, o direito ao aborto, a conservação dos espermatozoides, a fecundação artificial, as mães de aluguel, e sobretudo as manipulações genéticas que vão permitir determinar o sexo e depois as qualidades físicas e talvez psicológicas do filho, tornaram-se problemas não apenas individuais e familiares, mas que dependem de decisões políticas[33].

A convergência tecnológica também se envolveu na política. Um ponto de partida para compreender a natureza de tal convergência e seu impacto no devir político foi o evento Tecnologias Convergentes para Melhorar o Desempenho Humano, organizado no início do século pela Fundação Nacional da Ciência dos Estados Unidos, cujo objetivo foi analisar a convergência entre quatro tecnologias de ponta: a nanotecnologia, a biotecnologia, a tecnologia da informação e as ciências cognitivas (NBIC). Esse evento que reuniu vários setores e atores do saber mostrou a natureza particular das tecnologias convergentes (NBIC), a contribuição sinérgica da nanotecnologia para as outras três disciplinas (BIC) e o valor relacional das quatro (NBIC) em torno do conhecimento e manipulação das interações resultantes entre os sistemas vivos e artificiais. Dado que conhecemos a trajetória inicial de cada uma das tecnologias, é possível imaginar a tendência e o crescimento delas. Entretanto, teremos que esperar a projeção das tecnologias convergentes.

No plano político haverá sempre o dilema sobre os riscos gerados pelo uso indiscriminado e arbitrário de uns para subjugar outros e pela opção generosa que possibilita a evolução da humanidade intelectual e espiritualmente.

---

[33] *Ibidem*, p. 158.

> Assim, com a possibilidade de modificar o modo de transmissão do patrimônio hereditário e esse próprio patrimônio, são a natureza humana e a natureza da sociedade que entram na problemática política: o viver, o nascer e o morrer estão doravante no campo político. As perturbações que afetam as noções de pai, mãe, filho, masculino, feminino, isto é, o que havia de fundamental na organização da família e da sociedade, reclamam normas políticas. A noção de ser humano, tornada modificável por manipulações, em breve se arrisca a ser normalizada por um poder político que disponha do poder de manipular o poder de manipulação[34].

O tema da política invadiu os vários espaços da vida, mas está igualmente impregnado pelas múltiplas áreas da vida. "Confrontada com problemas antropológicos fundamentais, a política torna-se, sem querer e frequentemente sem saber, uma política do homem"[35]. No entanto, a concepção e o exercício da política estão imbuídos da racionalidade cartesiana e do método de pensamento analítico, propenso a fragmentar processos complexos em partes para compreender, a partir de suas propriedades, o funcionamento do todo. "A política multidimensional deveria responder a problemas específicos muito diversos, mas não de forma compartimentada e fragmentada. Ela tem necessidade de tecnicidade, de cientificidade, mas não deve se submeter ao sistema da especialização que destrói o global, o fundamental, a responsabilidade"[36].

Parafraseando Morin, o grande desafio será trabalhar uma política para a humanidade a partir da diversidade cultural e do pressuposto da existência do *Homo sapiens demens*. Essa política da humanidade deve buscar o melhor de cada civilização na base do "respeito pelos saberes, pelas técnicas, pela arte de viver das várias culturas, inclusive das culturas orais [...] uma política da humanidade poderia ser entendida como a simbiose entre o melhor da civilização ocidental e as valiosas contribuições das outras civilizações, produzindo assim a nova civilização"[37].

---

[34] *Ibidem*, p. 158.

[35] *Ibidem*, p. 158.

[36] *Ibidem*, p. 158.

[37] Edgar Morin, *La vía para el futuro de la humanidad*, Barcelona: Paidós, 2011, p. 49.

CONCLUSÃO

Morin nos deixa um legado monumental. A partir de suas valiosas contribuições para a humanidade, devemos herdar o princípio da ecologia da ação político-cultural com base na simbiose do pensamento antropológico e na perspectiva planetária.

REFERÊNCIAS

CAPRA, Fritjof. *La trama de la vida: una nueva perspectiva de los sistemas vivos*. Barcelona: Anagrama, 1998.

MEADOWS, Donella *et al*. *Los límites del crecimiento*. Ciudad de México: Fondo de Cultura, 1972.

MORIN, Edgar. "Estamos en un Titanic". Disponível em: http://cursoenlineasincostoedgarmorin.org/images/descargables/Estamos_en_un_Titanic.pdf. Acesso em: 29 jun. 2021.

MORIN, Edgar. *La vía para el futuro de la humanidad*. Barcelona: Paidós, 2011.

MORIN, Edgar. *Los siete saberes necesarios para la educación del futuro*. París: Unesco, 1999.

MORIN, Edgar; KERN, Anne Brigitte. *Tierra-Patria*. Buenos Aires: Nueva Visión, 1993.

INTERGOVERNMENTAL PANEL ON CLIMATE CHANGE. *Climate Change 2013: The Physical Science Basis*. Geneva: IPCC, 2013. Disponível em: <https://www.ipcc.ch/site/assets/uploads/2018/03/WG1AR5_SummaryVolume_FINAL.pdf>. Acesso em: 29 jun. 2021.

PRIGOGINE, Ilya, "¿Qué es lo que no sabemos?" *A Parte Rei: Revista de Filosofía*. Logroño: 1995, n. 10.

WALLERSTEIN, Immanuel. *Después del liberalismo*. Ciudad de México: Siglo XXI, 2005.

SOBRE A DIALÓGICA

José Eli da Veiga

Entre as inovações teóricas de Edgar Morin, destaca-se sua "dialógica", entendida como unidade entre duas lógicas, entidades ou instâncias complementares, concorrentes e antagonistas, que se nutrem uma da outra, se completam, mas também se opõem e se combatem. Seria algo distinto da dialética hegeliana, na qual as contradições – segundo Morin (e quase todos os marxistas) – sempre encontrariam sua solução. Elas se superariam e se suprimiriam em uma unidade superior. Diferentemente da dialógica, na qual os antagonismos permaneceriam constitutivos das entidades ou fenômenos[1].

Todavia, nos estudos e debates sobre a dialética de Hegel, não há nada que justifique a necessidade de algum novo conceito, seja ele complementar, seja concorrente. Ótima e bem recente evidência está no Dossiê Conexão Hegel-Marx, publicado em outubro de 2020 pela revista *Dialectus*, da Universidade Federal do Ceará. Seus vinte artigos realçam a atualidade da dialética hegeliana, desfazendo os equívocos vulgarizados pela maioria dos que seguiram o Marx utópico em vez do científico[2].

---

[1] "Unidade complexa entre duas lógicas, entidades ou instâncias complementares, concorrentes e antagonistas, que se alimentam uma da outra, se completam, mas também se opõem e se combatem. Essa unidade deve ser diferenciada da dialética hegeliana. Em Hegel, as contradições encontram suas próprias soluções, se extrapolam e se anulam em uma unidade superior. Na dialógica, os antagonismos se mantêm e constituem entidades ou fenômenos complexos". Cf. Edgar Morin, *La Méthode 1 et 2*, Paris: Seuil, 2008, p. 1472 e 2432.

[2] Cf. Guido Carandini, *Un altro Marx: lo scienziato liberato dall'utopia*, Roma: Laterza, 2005.

Na mesma linha, já havia surgido, em 2018, o livro *Dialektisch denken* (*Pensar dialeticamente*), de Richard Sorg[3], logo resenhado na *Revista Eletrônica Estudos Hegelianos*[4]. Na última parte de sua obra, Sorg discute as melhores reflexões atuais sobre a dialética – propostas por Hans Heinz Holz, Wolfgang Fritz Haug, Domenico Losurdo e Andreas Arndt – sem que seja apontada alguma suposta grande "lacuna" na concepção de Hegel. O mesmo ocorrera cinco anos antes, em dissertação de mestrado com foco no conceito de contradição em Hegel e seu desdobramento na obra de Marx[5]. Mais ainda, na bem anterior e vasta obra do professor Carlos Cirne-Lima, desde suas conferências em Viena, Praga e Frankfurt[6].

À luz de tais reflexões filosóficas sobre a dialética de Hegel, não parece justificável a reticência que levou Morin a propor uma nova noção, supostamente capaz de abarcar alguma compreensão mais abrangente das contradições[7]. Então, impõe-se, de imediato, algumas singelas perguntas: o que teria levado mente tão brilhante a investir em desnecessária empreitada filosófica? Qual teria sido a razão de um mal-entendido desse porte em tão magistral obra teórica? O evidente desgaste da dialética? A influência de outro(s) pensador(es) do século XX? Ambos?

---

[3] Richard Sorg, *Dialektisch denken*, Berlin: Deutschen Taschenbuch, 2018.

[4] Cf. Emmanuel Nakamura, "Pensar dialeticamente", *Revista Eletrônica Estudos Hegelianos*, Recife, 2018.

[5] Cf. Carlos Roberto de Souza Robaina, *O conceito de contradição em Hegel e seu desdobramento na obra de Marx*, Porto Alegre, Pontifícia Universidade Católica do Rio Grande do Sul, 2013.

[6] Carlos Roberto Cirne-Lima, *Sobre a contradição*, Porto Alegre: ediPUCRS, 1993.

[7] No primeiro dos seis tomos de sua obra central, *La Méthode*, de 1977, o termo "dialética" até chegava a ocorrer com mais frequência do que "dialógica": 30 contra 21. Tal contraste mudou pouco no segundo tomo, de 1980 (15 contra 27), mas se alargou bastante a partir do terceiro, de 1986 (17 contra 118), e do quarto, de 1991 (45 contra 136). Depois, as menções à "dialética" quase desapareceram no quinto, de 2001 (5 contra 59), e no sexto, de 2004 (4 contra 39). No conjunto dos seis tomos, essa locução foi usada 116 vezes, contra 400 ocorrências do termo "dialógica". Cf. Edgar Morin, *La Méthode 1: la nature de la nature*, Paris: Seuil, 1977; *La Méthode 2: la vie de la vie*, Paris: Seuil, 1980; *La Méthode 3: la connaissance de la connaissance*, Paris: Seuil, 1986; *La Méthode 4: les idées*, Paris: Seuil, 1991; *La Méthode 5: l'humanité de l'humanité*, Paris: Seuil, 2001; *La Méthode 6: l'éthique*, Paris: Seuil, 2004.

— Sobre a dialógica —

O DESGASTE DA DIALÉTICA

Como no século XX quase todos os divulgadores da dialética foram marxistas, teria sido impossível evitar que, com a queda do muro, a criança fosse sacrificada com os dejetos do banho, principalmente porque se tornara doutrina de Estado, em vez de permanecer onde deveria ter continuado: no âmbito das discussões filosóficas e científicas. Mas há outra razão, talvez ainda mais séria. Mesmo bons filósofos dialéticos do século passado foram tão infelizes que conseguiram criar uma estonteante confusão.

Ótima evidência está na conclusão a que chegou Wolfgang Röd, no capítulo "Resumo e perspectivas", redigido em 1984 para as edições espanhola e brasileira do livro *Filosofia dialética moderna*[8]: considerando a amplitude tomada pelas obscuridades, pelos mal-entendidos e erros que afetam com demasiada frequência a avaliação da filosofia dialética, não só entre seus adversários, mas também – e quase ainda mais – entre seus defensores, é necessário dirigir a atenção aos pressupostos primários para possibilitar uma clara compreensão de sua peculiaridade, assim como uma avaliação correta de suas pretensões.

Tal desgaste da dialética fica patente em muitas obras do século passado que pretenderam explicá-la ou criticá-la. Poucas vezes conseguiram que tais aspirações fossem entendidas, mesmo por exímios filósofos. Com mais razão, o mais provável é que desistam os leigos que tentarem entender o que poderia ser dialética, ou pensamento dialético, pela leitura de tais obras.

Por exemplo: Georg Lukács[9], Henri Lefebvre[10], Maurice Merleau-Ponty[11], Caio Prado Jr.[12], Jean-Paul Sartre[13], Karel Kosik[14], Robert

---

[8] Wolfgang Röd, *Filosofia dialética moderna*, Brasília, DF: Editora da UnB, 1984, p. 371.

[9] Georg Lukács, *História e consciência de classe: estudos sobre a dialética marxista*, São Paulo: Martins Fontes, 2003.

[10] Henri Lefebvre, *Lógica formal, lógica dialética*, Rio de Janeiro: Civilização Brasileira, 1983.

[11] Maurice Merleau-Ponty, *As aventuras da dialética*, São Paulo: Martins Fontes, 2006.

[12] Caio Prado Jr., *Notas introdutórias à lógica dialética*, São Paulo: Brasiliense, 1959.

[13] Jean-Paul Sartre, *Crítica da razão dialética*, Rio de Janeiro: DP&A, 2002.

[14] Karel Kosik, *Dialética do concreto*, Lisboa: Dinalivro, 1977.

Havemann[15], István Mészáros[16], Carlos Nelson Coutinho[17], Guillaume Guindey[18], Leandro Konder[19], Claude Bruaire[20], Edgard Malagodi[21], Roy Bhaskar[22], Paulo Eduardo Arantes[23], José de Souza Martins[24], Ruy Fausto[25], Marcos Barbosa de Oliveira[26], José Arthur Giannotti[27], Bertell Ollman[28], Manfredo Araújo de Oliveira[29], João Carlos Brum Torres[30] e Benedicto Arthur Sampaio e Celso Frederico[31].

Isto não quer dizer que essas duas dezenas de trabalhos sobre a dialética sejam desaconselháveis porque ruins. Ao contrário,

---

[15] Robert Havemann, *Dialética sem dogma*, Rio de Janeiro: Zahar, 1967.

[16] István Mészáros, *A teoria da alienação em Marx*, São Paulo: Boitempo, 2006; *Para além do capital. Rumo a uma teoria da transição*, São Paulo: Boitempo, 2002.

[17] Carlos Nelson Coutinho, *O estruturalismo e a miséria da razão*, Rio de Janeiro: Paz e Terra, 1972.

[18] Guillaume Guindey, *Le Drame de la pensée dialectique: Hegel, Marx, Sartre*, Paris: Vrin, 1976.

[19] Leandro Konder, *O futuro da filosofia da práxis: o pensamento de Marx no século XXI*, Rio de Janeiro: Paz e Terra, 1992; *O que é dialética*, São Paulo: Brasiliense, 1981.

[20] Claude Bruaire, *La Dialectique*, Paris: 1993.

[21] Edgard Malagodi, *O que é materialismo dialético*, São Paulo: Brasiliense, 1988.

[22] Roy Bhaskar, *Dialectic: the Pulse of Freedom*, London: Verso, 1993.

[23] Paulo Eduardo Arantes, *Ressentimento da dialética. Dialética e experiência intelectual em Hegel. Antigos estudos sobre o ABC da miséria alemã*, Rio de Janeiro: Paz e Terra, 1996; *Sentimento da dialética na experiência intelectual brasileira. Dialética e dualidade segundo Antonio Candido e Roberto Schwarz*, São Paulo: Paz e Terra, 1992.

[24] José de Souza Martins (org.), *Henri Lefebvre e o retorno à dialética*, São Paulo: Hucitec, 1996.

[25] Ruy Fausto, *Dialética marxista, dialética hegeliana: a produção capitalista como produção simples*, Rio de Janeiro: Paz e Terra; São Paulo: Brasiliense, 1997.

[26] Marcos Barbosa Oliveira, *Da ciência cognitiva à dialética*, São Paulo: Fapesp, 1999.

[27] José Arthur Giannotti, *Certa herança marxista*, São Paulo: Companhia das Letras, 2000.

[28] Bertell Ollman, *Dance of the dialectic. Steps in Marx´s method*, Chicago: University of Illinois Press, 2003.

[29] Manfredo Araújo de Oliveira, *Dialética hoje: lógica, metafísica e historicidade*, São Paulo: Loyola, 2004.

[30] João Carlos Brum Torres, *Transcendentalismo e dialética: ensaios sobre Kant, Hegel, o marxismo e outros estudos*, Porto Alegre: L&PM, 2004.

[31] Benedicto Arthur Sampaio e Celso Frederico, *Dialética e materialismo: Marx entre Hegel e Feuerbach*, Rio de Janeiro: Editora UFRJ, 2006.

muitos até podem continuar a ser bem interessantes e úteis, mas padecem de um defeito muito comum: o amplamente majoritário hermetismo estilístico, que pode até transmitir a impressão, talvez falsa, de que o assunto não estava suficientemente claro para o próprio autor.

Felizmente, nem todas as exposições disponíveis sobre o pensamento dialético são assim tão obscuras. Há outra lista, quase tão numerosa e ainda mais heterogênea: Paul Foulquié[32], Norberto Bobbio[33], Richard Levins e Richard Lewontin[34], Étienne Balibar[35], Carlos Cirne-Lima[36], Daniel Bensaïd[37], Eftichios Bitsakis[38], Richard Lewontin[39], Lucien Sève[40], John Bellamy Foster[41], Jorge Grespan[42],

---

[32] Paul Foulquié, *La Dialectique*, Paris: PUF, 1953.

[33] Norberto Bobbio, "A dialética de Marx", São Paulo: Editora Unesp, 2006; "Nota sobre a dialética em Gramsci", Rio de Janeiro: Graal, 1982.

[34] Richard Levins e Richard Lewontin, *The Dialectical Biologist*, Cambridge: Harvard University Press, 1985.

[35] Étienne Balibar, *La Philosophie de Marx*, Paris: La Découverte, 2001.

[36] Carlos Roberto Cirne-Lima, *Sobre a contradição*, Porto Alegre: ediPUCRS, 1993; *Dialética para principiantes*, São Leopoldo: Ed. Unisinos, 2002; Carlos Roberto Cirne-Lima e Luiz Rohden (org.), *Dialética e auto-organização*, São Leopoldo: Ed. Unisinos, 2003; Carlos Roberto Cirne-Lima, Inácio Helfer e Luiz Rohden (org.), *Dialética, caos e complexidade*, São Leopoldo: Ed. Unisinos, 2004.

[37] Daniel Bensaïd, *Marx, o intempestivo: grandezas e misérias de uma aventura crítica*, Rio de Janeiro: Civilização Brasileira, 1999.

[38] Eftichios Bitsakis, *La Nature dans la pensée dialectique*, Paris: L'Harmattan, 2001; *Le nouveau réalisme scientifique*, Paris: L'Harmattan, 1997.

[39] Richard Lewontin, *A tripla hélice: gene, organismo e ambiente*, São Paulo: Companhia das Letras, 2002.

[40] Lucien Sève, "De Quelle Culture lógico-philosophique la pensée du non-linéaire a-t-elle besoin?", Paris: Odile Jacob, 2005; *Penser avec Marx aujourd'hui: I. Marx et nous*, Paris: La Dispute, 2004; *Sciences et dialectiques de la nature*, Paris: La Dispute, 1998.

[41] John Bellamy Foster, *A ecologia de Marx: materialismo e natureza*, Rio de Janeiro: Civilização Brasileira, 2005.

[42] Jorge Grespan, "A dialética do avesso", *Crítica Marxista*, Campinas, 2002; "Apresentação: anatomia do mundo moderno", São Paulo: Ática, 2006.

Eleutério Prado[43], Guido Carandini[44], Janine Guespin-Michel e Camille Ripoll[45] e principalmente Karl Marx[46].

Por mais chocante que possa parecer, a dialética que mais tem interesse é a de cientistas, principalmente daqueles que também se preocuparam com a filosofia de sua ciência. Mas, atenção. Isso não quer dizer que o pensamento dialético encontrado no âmbito científico possa ser independente daquele que foi esboçado por Marx, ou de seus inúmeros precursores, de Hegel a Heráclito, passando fundamentalmente por Epicuro e alguns de seus seguidores. Ideias essenciais lançadas por tais filósofos são facilmente reconhecidas nas formulações de cientistas que se interessam pela dialética.

A grande diferença é que da reflexão sobre os resultados de pesquisas – em vez de perfunctórias especulações – vem a insatisfação dos cientistas com a maneira de pensar da tradição analítica, o que os incita a superá-la. É bom lembrar da altíssima importância dada às ciências por Marx e Engels. Fizeram imenso esforço para acompanhar e entender as descobertas de sua época, exemplo que, infelizmente, não foi seguido pela maioria dos que depois se proclamaram marxistas.

ORIGENS DA DIALÓGICA

Há quem suponha existir um vínculo da dialógica de Morin com o "dialogismo" do filósofo russo Mikhail Bakhtin. Para Bakhtin, o dialogismo – também chamado de "relações dialógicas" – compreende relações entre índices sociais de valores que constituem o enunciado, compreendido como unidade da interação social. Para que ocorram as relações dialógicas, é preciso que qualquer material linguístico ou semiótico entre na esfera do discurso, ou seja, se

---

[43] Eleutério Fernando da Silva Prado, "Ciência positiva e crítica dialética". Disponível em: <https://eleuterioprado.files.wordpress.com/2010/07/baixar-texto-15.pdf>.

[44] Guido Carandini, *Un altro Marx, op. cit.*

[45] Janine Guespin-Michel e Camille Ripoll, "Systèmes dynamiques non linéaires: une approche de la complexité et de l'émergence", Paris: Odile Jacob, 2005.

[46] Karl Marx, *A mercadoria*. São Paulo: Ática, 2006.

transforme em enunciado, tenha fixado a posição de um sujeito social. Só assim é possível responder, isto é, fazer réplica ao dito, confrontar posições, fazer intervenções, concordar ou discordar. A palavra-chave da linguística bakhtiniana é diálogo: as relações dialógicas são de índole específica, não podem ser reduzidas a relações meramente lógicas (ainda que dialéticas), nem meramente linguísticas (sintático-composicionais). Elas só são possíveis entre enunciados integrais de diferentes sujeitos do discurso.

Não há qualquer evidência, contudo, de que poderia estar em tal reflexão de Bakhtin a fonte inspiradora da dialógica de Morin. A única referência ao autor, nos seis tomos de *La Méthode*, está tão somente na bibliografia do quarto (*Les Idées*), sem que haja motivo para se estabelecer qualquer aproximação. E foi possível descobrir que tal fonte inspiradora foi bem outra, como se verá logo adiante, depois de se desfazer mais um equívoco.

Também houve quem afirmasse que foi do físico Heinz von Foerster, um dos principais inventores da cibernética, que Morin teria tomado o termo "dialógica". Segundo a filósofa Ana Sánchez, esta "seria o fruto da simbiose de duas lógicas, uma digital, a outra não apenas 'análoga', no sentido em que se emprega este termo para os computadores, mas também analógica"[47]. Porém, o que o grande físico chamou de dialógica tinha a ver com "linguagem", mais precisamente com o diálogo[48].

Sem mais suspense, a resposta sobre a possível influência foi dada pelo próprio Morin, em entrevista ao físico Basarab Nicolescu, publicada em livro de 2012[49], consagrado à obra do filósofo Stéphane Lupasco. Para que sejam bem entendidos os trechos de tal diálogo reproduzidos a seguir, é necessário destacar que Nicolescu e Morin usam a noção de "terceiro incluído" em frontal oposição à chamada "lei do terceiro excluído", que – na lógica tradicional, ou clássica,

---

[47] Ana Sánchez Torres, "A noção de dialógica e meus encontros com Edgar Morin", Rio de Janeiro: Garamond, 1999, p. 173.

[48] Cf. Heinz von Foerster, "Éthique et cybernétique de second ordre", Paris: L'Harmattan, 2006.

[49] Basarab Nicolescu, *O que é a realidade? Reflexões em torno da obra de Stéphane Lupasco*, São Paulo: Triom, 2012.

é a terceira das três "leis do pensamento". Ela estipula o seguinte: "ou esta proposição é verdadeira, ou sua negação é verdadeira". Em latim: *principium tertii exclusi* ou *tertium non datur*.

Conforme Nicolescu:

> O terceiro incluído não significa, de modo algum, que se possa afirmar uma coisa e seu contrário, o que, por anulação recíproca, destruiria toda possibilidade de predição e, portanto, toda possibilidade de abordagem científica do mundo. Trata-se bem mais de reconhecer que, em um mundo de interconexões irredutíveis (como o mundo quântico), executar uma experiência ou realizar uma interpretação dos resultados experimentais equivale, inevitavelmente, a um recorte do real que afeta o próprio real. A entidade real pode, desse modo, mostrar aspectos contraditórios que são incompreensíveis e até mesmo absurdos do ponto de vista de uma lógica baseada no postulado "ou isso ou aquilo". *Esses aspectos contraditórios deixam de ser absurdos dentro de uma lógica fundada sobre o postulado "e isso e aquilo", ou antes, "nem isso nem aquilo"*. O desenvolvimento rigoroso de seu formalismo axiomático conduziu Lupasco a *postular a existência de um terceiro tipo* de dinâmica antagônica, que coexiste com a da heterogeneização que governa a matéria viva e com a homogeneização que governa a matéria física macroscópica. Esse novo mecanismo dinâmico serve de base para a existência de um *estado de equilíbrio rigoroso, exato, entre os polos de uma contradição*, no qual a semiatualização e a semipotencialização *são estritamente iguais*[50].

Para os propósitos deste ensaio, é de fundamental importância acrescentar esse outro comentário de Nicolescu: "Hegel tenta superar/abolir (*aufheben*) as polaridades antagônicas, enquanto Lupasco tenta, antes de tudo, assumi-las e integrá-las"[51].

LÓGICA

A "conversa" de Nicolescu com Morin ocupa o Capítulo 11 e começa assim:

---

[50] *Ibidem*, grifos nossos.

[51] *Ibidem*.

— Sobre a dialógica —

> Basarab Nicolescu: *Não sei se já contei, mas foi* Lupasco quem me levou a descobrir sua obra. Percebi que havia, entre vocês, uma verdadeira afinidade de pensamento. [...] Você poderia lembrar a interação entre vocês, por ocasião da colaboração de Lupasco com a revista *Arguments*?
>
> Edgar Morin: Trata-se, antes de mais nada, da influência de Lupasco sobre mim. Não lembro com exatidão a cronologia, mas a partir do momento em que li um de seus livros, fiquei impressionado com sua concepção fundamental da contradição, o princípio do antagonismo e a relação entre o atual [sic] e o virtual. No fundo, devo dizer que, *sob outro nome, foi a ideia que retomei com o que denomino a dialógica*, porque ela comporta uma relação ao mesmo tempo complementar, antagônica e, eventualmente, concorrente. Acredito que seja um pouco o princípio de Lupasco, diferente da dialética de Hegel, e foi por isto que a denominei dialógica, mais próxima da visão de Heráclito do que da visão dialética e hegeliana/marxista, que sempre comporta ultrapassagem. Em outras palavras, o interessante é que não havia essa ultrapassagem hegeliana, mas havia a tensão dos opostos que era criativa, fundamental e necessária [...][52].

O assunto só foi retomado bem adiante, depois da décima primeira pergunta de Nicolescu, que termina assim:

> B.N.: [...] Mas passemos a uma questão feita por muitos leitores de suas respectivas obras: o que realmente distingue sua dialógica da filosofia do terceiro incluído de Lupasco?
>
> E.M.: O que a distingue fundamentalmente? *Não vejo distinção fundamental*. Há palavras que são empregadas diferentemente e que, portanto, dão uma orientação diferente. Se penso, por exemplo, na questão do terceiro incluído, eu, ao contrário de Lupasco e de você, *não falo de lógica do terceiro incluído. Talvez seja quanto à palavra "lógica" que haja distinção*[53].

Continua Edgar Morin:

> E.M.: Penso que, em todos os problemas profundos e importantes, qualquer que seja o campo, a lógica clássica, os axiomas aristotélicos,

---

[52] *Ibidem*, grifo nosso.

[53] *Ibidem*, grifos nossos.

não funcionam. Somos obrigados a manter formulações contraditórias nas quais o terceiro está incluído. A noção que desenvolvi, em meu livro *Les Idées*, é que essa lógica aristotélica é válida de uma maneira segmentar, nos segmentos do discurso, ela é válida retrospectivamente para verificar a cadeia do discurso, mas não é válida como um todo. Vou dar-lhe um exemplo, que uso com frequência: a fórmula de Heráclito "viver a morte, morrer de vida". É uma fórmula absolutamente paradoxal, pois as duas noções se repelem. E, no entanto, podemos integrá-las a partir do momento que explicamos que as células reconstituem as proteínas, que o organismo cria novas células depois da morte das células; nos ecossistemas, a cadeia é feita através da morte. É uma expressão absolutamente paradoxal, porque podemos dizer, como Bichat, que a vida é o conjunto daquilo que resiste à morte, mas acrescentando: inclusive a morte. Porém, essa ideia paradoxal, e que a lógica clássica não pode compreender, posso formulá-la segmento por segmento usando a chamada lógica clássica[54].

Prossegue Edgar Morin:

> E.M.: Chego a dizer, sempre no nível lógico, porque *não pode haver, do meu ponto de vista, uma lógica do terceiro incluído*. A lógica clássica é prescritiva e proibitiva: ela proíbe que se faça essa ou aquela operação. Ao passo que não há lógica prescritiva do terceiro incluído. Não se pode dizer, em nenhuma circunstância, que esta folha de papel também seja um pijama. A banalidade, a trivialidade, o pensamento fragmentado, obedecem à lógica aristotélica. O terceiro incluído impõe-se quando aparece um certo tipo de problema profundo. E é por isso que eu reconheço a necessidade de introduzir esse terceiro, de ultrapassar essa sujeição à lógica que impede qualquer contradição, mas ao contrário de você e Lupasco, eu não digo que uma lógica ou uma filosofia possa ser definida através do terceiro incluído[55].

RESTRIÇÃO

Infelizmente, seria incompatível com o formato deste texto a reprodução de toda a sequência de tão elucidativo diálogo. Mas é importante incluir, ao menos, a passagem em que Nicolescu assinala a Morin que,

---

[54] *Ibidem*.

[55] *Ibidem*.

no quarto tomo de *La Méthode* (*Les Idées*), lê-se: "A dialógica é justamente o terceiro incluído [...]"[56]. Ao responder, Morin exclama que não poderia deixar de dizer: "a dialógica é o terceiro incluído". E repete: "Não podia deixar de fazê-lo".

Fica bem claro, portanto, que a restrição de Morin à reflexão de Lupasco refere-se única e exclusivamente ao que seriam os possíveis entendimentos diversos, entre eles, do que vem a ser a lógica. Fora isso, Morin não vê distinção fundamental entre sua dialógica e o terceiro incluído de Lupasco. No entanto, ao contrário dele, não admite uma "lógica do terceiro incluído". E insiste: talvez seja quanto à palavra "lógica" que haja distinção.

É muito elucidativa, também, uma curtíssima observação de Morin, em 2011, sobre sua descoberta de Lupasco, incluída em seu delicioso *Mes Philosophes*. Reafirma não ver necessidade de uma nova lógica, ou metalógica, pois isso poderia "esterilizar nossos espíritos"[57]. E acrescenta que – desde 1969 – já havia dito, em *Le Vif du sujet*, que "a dialética é uma arte, não uma lógica"[58].

Tudo isso talvez pudesse ser bem aceitável antes que matemáticos dedicados à lógica tivessem desenvolvido estudos tolerantes ao terceiro excluído, iniciados ainda nos anos 1940, principalmente na Polônia. Só que essa dimensão contemporânea da lógica, indulgente com as contradições, começou a se internacionalizar apenas a partir de 1975-6, com a denominação "paraconsistência", ou "lógica paraconsistente". Até então, os pesquisadores se referiam a "sistemas inconsistentes, mas não triviais".

O Brasil teve notável pioneirismo em tal empreitada, graças às pesquisas do matemático Newton da Costa. Além disso, conta com excelente história intelectual em livro elaborado pela dupla Evandro Luís Gomes e Ítala Maria Loffredo D'Ottaviano[59]: trata-se de um relato

---

[56] "A dialógica é justamente o terceiro incluído; duas proposições contrárias se ligam necessariamente ao se oporem". Edgar Morin, *La Méthode 4: les idées*, Paris: Seuil, 1991, p. 1796.

[57] Idem, *Mes Philosophes*, Paris: Germina, 2011, p. 154.

[58] Idem, *Le Vif du sujet*, Paris: Seuil, 1969, p. 66.

[59] Evandro Luís Gomes e Ítala Maria Loffredo D'Ottaviano, *Para além das colunas de Hércules, uma história da paraconsistência: de Heráclito a Newton da Costa*, Campinas: Editora da Unicamp, 2017.

ultraminucioso sobre um movimento de ideias ausente do diálogo Nicolescu-Morin e, com muito mais razão, ignorado pelo criador do problema, Stéphane Lupasco, falecido em 1988.

Como não poderia deixar de ser, é bem longa a exposição de Gomes e D'Ottaviano sobre "o papel da contradição na filosofia de Hegel", que ocupa boa parte do capítulo dedicado ao "prelúdio às lógicas não clássicas". Mas seu sentido geral talvez possa ser assim sintetizado:

> A influência das ideias de Hegel sobre precursores das lógicas não clássicas é grande, especialmente no âmbito teórico que conduziria à concepção de sistemas lógicos nos quais o Princípio da Não Contradição seria relativizado ou derrogado. Desse modo, por mais que a abordagem do autor seja tão distinta da de seus antecessores e sucessores teóricos, no contexto da tradição lógico-filosófica ocidental, Hegel exerce grande influência sobre os precursores das lógicas não clássicas. [...] Com efeito, Hegel é considerado pelos precursores, pioneiros e fundadores da lógica paraconsistente um aliado de grande importância e reputação; a análise das ideias hegelianas a respeito do tema e suas variações sempre foram requisitadas por autores como da Costa, que defendem que a existência de contradições teóricas ou reais pode ser mais bem investigada com auxílio de lógicas não clássicas, particularmente de lógicas paraconsistentes[60].

Não se justifica, então, a principal restrição de Morin ao uso feito por Lupasco e Nicolescu da expressão "lógica do terceiro incluído". Faria todo o sentido se confinada ao âmbito da lógica clássica, mas o perde diante dos desenvolvimentos da lógica contemporânea, especialmente a partir de 1975-6.

TRÍADE

Todavia, a questão mais relevante é saber se existe mesmo séria lacuna na concepção hegeliana da dialética, pois, para os três (Lupasco, Nicolescu e Morin), ela teria apenas duas dimensões – superar ou abolir –, ignorando a possibilidade de que uma contradição se

---
[60] *Ibidem.*

mantenha, sem que seja superada ou abolida. Nas palavras de Morin, vale repetir, na dialética hegeliana as contradições se superariam e se suprimiriam em unidade superior, diferentemente de sua dialógica, na qual antagonismos permaneceriam constitutivos das entidades ou fenômenos.

Pois bem, é contestável a ideia de que, na dialética hegeliana, as contradições sempre encontrariam solução em unidade superior. O termo mais utilizado por Hegel, em suas reflexões sobre a dialética, foi *"aufhebung"*, que tem triplo sentido: (1) dissolver, desfazer, anular; (2) guardar; (3) pôr em lugar mais alto, colocar em cima. Infelizmente, o mais comum é que os sentidos de *"aufheben"* ou *"aufhebung"* sejam traduzidos somente por "negar" ou "elevar", sem menção a "conservar"[61].

Porém, são três, e não dois, os sentidos que se verificam na evolução das contradições. No primeiro, a oposição dos polos é superada e anulada, e o caráter excludente que existia entre elas é dissolvido e desaparece. No segundo sentido, os polos são conservados e guardados em tudo o que tinham de positivo. E no terceiro, se vai a um plano mais alto: na unidade, há ascensão a nível superior.

Na verdade, enxergar as contradições exclusivamente como antagonismos foi inclinação bem comum entre os discípulos do Marx utópico, mas tal responsabilidade não pode ser atribuída a Hegel. O desvio foi certamente induzido pela parte dos escritos de Marx que mais revelam o predomínio do aguerrido revolucionário sobre o cientista social.

Entretanto, os outros dois tipos de contradição também são parte de seu projeto filosófico. Ao aprofundar os estudos sobre o funcionamento da economia capitalista, Marx detectou situações em

---

[61] A dialética de Hegel não parece ter sido razoavelmente entendida por leitores sem excelente domínio da língua alemã. Quase todos os tradutores criaram enganos, cujas consequências são difíceis de avaliar. O conceito *aufheben* foi traduzido por uma dezena de termos que não dão conta de seu *triplo sentido*: "abolir" (H. Lefebvre); *"abroger"* (J.-F. Kervégan); "eliminar" (A. & R. Mondolfo); *"to sublate"* (A. V. Miller e G. di Giovanni); "superar" (W. Roces); "superar" (M. A. Werle); *"supprimer"* (J. Hyppolite); *"supprimer"* (J.-P. B. Bourgeois); "suprassumir" (P. Meneses); *"sursumer"* (P.-J. Labarrière & G. Jarczyk); e "suspender" (M. L. Muller).

que os contrários estão em posição lógica de simetria, nos quais, em vez de uma resolução "revolucionária", há uma espécie de reprodução cíclica ou ondulatória.

A eliminação dos contrários também não está necessariamente implícita nos casos em que a contradição engendra algo essencialmente novo. Ou seja, em seus escritos mais científicos que utópicos, Marx identificou ao menos três espécies de oposição (duas das quais não antagônicas). Elas podem ser entendidas como determinantes de movimentos *revolucionários, ondulatórios* e *embrionários*.

Parece não haver melhor confirmação desse argumento do que duas recentes contribuições do filósofo brasileiro José Pinheiro Pertille[62]. Nelas, mostra que *aufhebung* é um dos conceitos mais importantes do sistema hegeliano. Ao conter os sentidos de suprimir, guardar e elevar, permite designar um dos traços essenciais da proposta filosófica de Hegel, a saber, a instituição de um sistemático discurso em movimento.

Isso aparece, por exemplo, no modo de desenvolvimento próprio da fenomenologia do espírito, a ciência da experiência da consciência: em cada uma das etapas nas quais a consciência avança em seu processo de autoconhecimento, os ensinamentos do momento anterior são ultrapassados, mas também conservados, na medida em que são observados de um ponto de vista mais alto. Os sentidos de supressão, conservação e elevação estão assim presentes conjuntamente; negatividade, positividade e progresso são reunidos em um mesmo processo.

Com isso, se torna possível o projeto de uma exposição que não visa apreender o "ser" estático do saber, isto é, que não seja uma doutrina fechada sobre si mesma com pretensão de verdade, mas que, diferentemente, capte o movimento do "vir-a-ser" do saber – um sistema que recolhe as "determinidades" passadas e permanece aberto a novas determinações[63].

---

[62] José Pinheiro Pertille, "Aufhebung, meta-categoria da lógica hegeliana", *Revista Eletrônica Estudos Hegelianos*, Recife, 2011; Márcia Junges e Andriolli Costa, "Superar, aniquilar e conservar: a filosofia da história de Hegel", *IHU Online*, São Leopoldo, 2013

[63] *Ibidem*.

CONCLUSÃO

Em resposta mais concisa à dúvida sobre a pertinência da dialógica como inovação teórica, este texto sugere ser inútil pensar que ela possa apresentar algum tipo de complemento à dialética, seja a de Hegel, seja a de Marx. Os argumentos parecem indicar ter sido uma temeridade o lançamento de uma outra noção para resolver dificuldades criadas, no século XX, por má assimilação da dialética de Hegel por seguidores do Marx utópico. Uma tentativa sem chances de vir a ser aceita por estudiosos da tradição filosófica Hegel-Marx. Muitos discípulos de Edgar Morin poderão continuar a lançar mão do termo "dialógica", sempre que pretenderem enfatizar a unidade entre duas lógicas, entidades ou instâncias complementares, concorrentes e antagonistas, que se nutrem uma da outra, se completam, mas também se opõem e se combatem. Porém, pisarão em falso se insistirem na ideia de que a dialógica de seu mestre não está contida na dialética de Hegel e de Marx. Como disse Voltaire, em 1770: "A dúvida não é uma situação agradável, mas a certeza é uma situação absurda".

REFERÊNCIAS

ARANTES, Paulo Eduardo. *Ressentimento da dialética. Dialética e experiência intelectual em Hegel. Antigos estudos sobre o ABC da miséria alemã*. Rio de Janeiro: Paz e Terra, 1996.

ARANTES, Paulo Eduardo. *Sentimento da dialética na experiência intelectual brasileira. Dialética e dualidade segundo Antonio Candido e Roberto Schwarz*. São Paulo: Paz e Terra, 1992.

BALIBAR, Étienne. *La Philosophie de Marx*. Paris: La Découverte, 2001.

BENSAÏD, Daniel. *Marx, o intempestivo: grandezas e misérias de uma aventura crítica*. Rio de Janeiro: Civilização Brasileira, 1999.

BHASKAR, Roy. *Dialectic: the Pulse of Freedom*. London: Verso, 1993.

BITSAKIS, Eftichios. *La Nature dans la pensée dialectique*. Paris: L'Harmattan, 2001.

BITSAKIS, Eftichios. *Le Nouveau Réalisme scientifique*. Paris: L'Harmattan, 1997.

BOBBIO, Norberto. "A dialética de Marx". Em: BOBBIO, Norberto. *Nem com Marx, nem contra Marx*. São Paulo: Editora Unesp, 2006.

BOBBIO, Norberto. "Nota sobre a dialética em Gramsci". Em: BOBBIO, Norberto. *O conceito de sociedade civil*. Rio de Janeiro: Graal, 1982.

BRUAIRE, Claude. *La Dialectique*. Paris: PUF, 1993. (Coleção Que sais-je?).

CARANDINI, Guido. *Un altro Marx: lo scienziato liberato dall'utopia*. Roma: Laterza, 2005.

CIRNE-LIMA, Carlos Roberto. *Dialética para principiantes*. São Leopoldo: Ed. Unisinos, 2002.

CIRNE-LIMA, Carlos Roberto. *Sobre a contradição*. Porto Alegre: ediPUCRS, 1993.

CIRNE-LIMA, Carlos Roberto; ROHDEN, Luiz (org.). *Dialética e auto--organização*. São Leopoldo: Ed. Unisinos, 2003.

CIRNE-LIMA, Carlos Roberto; HELFER, Inácio; ROHDEN, Luiz (org.). *Dialética, caos e complexidade*. São Leopoldo: Ed. Unisinos, 2004.

COUTINHO, Carlos Nelson. *O estruturalismo e a miséria da razão*. Rio de Janeiro: Paz e Terra, 1972.

FAUSTO, Ruy. *Dialética marxista, dialética hegeliana: a produção capitalista como produção simples*. Rio de Janeiro: Paz e Terra; São Paulo: Brasiliense, 1997.

FOSTER, John Bellamy. *A ecologia de Marx: materialismo e natureza*. Rio de Janeiro: Civilização Brasileira, 2005.

FOULQUIÉ, Paul. *La Dialectique*. 2. ed. Paris: PUF, 1953. (Coleção Que sais-je?).

GIANNOTTI, José Arthur. *Certa herança marxista*. São Paulo: Companhia das Letras, 2000.

GOMES, Evandro Luís; D'OTTAVIANO, Ítala Maria Loffredo. *Para além das colunas de Hércules, uma história da paraconsistência: de Heráclito a Newton da Costa*. Campinas: Editora da Unicamp, 2017.

GRESPAN, Jorge. "A dialética do avesso". *Crítica Marxista*. Campinas: 2002, n. 14.

GRESPAN, Jorge. "Apresentação: anatomia do mundo moderno". Em: MARX, Karl. *A mercadoria*. Tradução e comentário de Jorge Grespan. São Paulo: Ática, 2006.

GUESPIN-MICHEL, Janine; RIPOLL, Camille. "Systèmes dynamiques non linéaires, une approche de la complexité et de l'émergence". Em: SÈVE, Lucien. *Émergence, complexité et dialectique*. Paris: Odile Jacob, 2005.

GUINDEY, Guillaume. *Le Drame de la pensée dialectique: Hegel, Marx, Sartre*. Paris: Vrin, 1976.

HAVEMANN, Robert. *Dialética sem dogma*. Rio de Janeiro: Zahar, 1967.

JUNGES, Márcia; COSTA, Andriolli. "Superar, aniquilar e conservar: a filosofia da história de Hegel". *IHU Online*. São Leopoldo: 2013, n. 430. Disponível em: <http://www.ihuonline.unisinos.br/artigo/5229-jose-pinheiro-pertille-1>. Acesso em: 23 jun. 2021.

KONDER, Leandro. *O futuro da filosofia da práxis: o pensamento de Marx no século XXI*. Rio de Janeiro: Paz e Terra, 1992.

KONDER, Leandro. *O que é dialética*. São Paulo: Brasiliense, 1981.

KOSIK, Karel. *Dialética do concreto*. Lisboa: Dinalivro, 1977.

LEFEBVRE, Henri. *Lógica formal, lógica dialética*. 4. ed. Rio de Janeiro: Civilização Brasileira, 1983.

LEVINS, Richard; LEWONTIN, Richard. *The Dialectical Biologist*. Cambridge: Harvard University Press, 1985.

LEWONTIN, Richard. *A tripla hélice: gene, organismo e ambiente*. São Paulo: Companhia das Letras, 2002.

LUKÁCS, Georg. *História e consciência de classe: estudos sobre a dialética marxista*. São Paulo: Martins Fontes, 2003.

MALAGODI, Edgard. *O que é materialismo dialético*. São Paulo: Brasiliense, 1988.

MARTINS, José de Souza (org.). *Henri Lefebvre e o retorno à dialética*. São Paulo: Hucitec, 1996.

MARX, Karl. *A mercadoria*. Tradução e comentário de Jorge Grespan. São Paulo: Ática, 2006.

MERLEAU-PONTY, Maurice. *As aventuras da dialética*. São Paulo: Martins Fontes, 2006.

MÉSZÁROS, István. *A teoria da alienação em Marx*. São Paulo: Boitempo, 2006.

MÉSZÁROS, István. *Para além do capital: rumo a uma teoria da transição*. São Paulo: Boitempo, 2002.
MORIN, Edgar. *La Méthode 1: la nature de la nature*. Paris: Seuil, 1977.
MORIN, Edgar. *La Méthode 1 et 2*. Paris : Seuil, 2008. 6 v.
MORIN, Edgar. *La Méthode 2: la vie de la vie*. Paris: Seuil, 1980.
MORIN, Edgar. *La Méthode 3: la connaissance de la connaissance*. Paris: Seuil, 1986.
MORIN, Edgar. *La Méthode 4: les idées*. Paris: Seuil, 1991.
MORIN, Edgar. *La Méthode 5: l'humanité de l'humanité*. Paris: Seuil, 2001.
MORIN, Edgar. *La Méthode 6: l'éthique*. Paris: Seuil, 2004.
MORIN, Edgar. *Le Vif du sujet*. Paris: Seuil, 1969.
MORIN, Edgar. *Mes Philosophes*. Paris: Germina, 2011.
NAKAMURA, Emmanuel. "Pensar dialeticamente". *Revista Eletrônica Estudos Hegelianos*. Recife: 2018, v. 15, n. 26.
NICOLESCU, Basarab. *O que é a realidade? Reflexões em torno da obra de Stéphane Lupasco*. São Paulo: Triom, 2012.
OLIVEIRA, Manfredo Araújo de. *Dialética hoje: lógica, metafísica e historicidade*. São Paulo: Loyola, 2004.
OLIVEIRA, Marcos Barbosa. *Da ciência cognitiva à dialética*. São Paulo: Discurso, 1999.
OLLMAN, Bertell. *Dance of the Dialectic: Steps in Marx's Method*. Champaign: University of Illinois Press, 2003.
PERTILLE, José Pinheiro. "Aufhebung, meta-categoria da lógica hegeliana". *Revista Eletrônica Estudos Hegelianos*. Recife: 2011, v. 8, n. 15.
PRADO, Eleutério Fernando da Silva. "Ciência positiva e crítica dialética". Disponível em: <https://eleuterioprado.files.wordpress.com/2010/07/baixar-texto-15.pdf>. Acesso em: 23 jun. 2021.
PRADO JR., Caio. *Notas introdutórias à lógica dialética*. São Paulo: Brasiliense, 1959.
ROBAINA, Carlos Roberto de Souza. *O conceito de contradição em Hegel e seu desdobramento na obra de Marx*. 108 f. Dissertação (Mestrado em Filosofia) – Pontifícia Universidade Católica do Rio Grande do Sul. Porto Alegre: 2013.
RÖD, Wolfgang. *Filosofia dialética moderna*. Brasília, DF: Editora da UnB, 1984.

SAMPAIO, Benedicto Arthur; FREDERICO, Celso. *Dialética e materialismo: Marx entre Hegel e Feuerbach*. Rio de Janeiro: Editora UFRJ, 2006.

SARTRE, Jean-Paul. *Crítica da razão dialética*. Rio de Janeiro: DP&A, 2002.

SÈVE, Lucien. "De Quelle Culture lógico-philosophique la pensée du non-linéaire a-t-elle besoin?" Em: SÈVE, Lucien. Émergence, complexité et dialectique. Paris: Odile Jacob, 2005.

SÈVE, Lucien. *Penser avec Marx aujourd'hui: I. Marx et nous*. Paris: La Dispute, 2004.

SÈVE, Lucien. *Sciences et dialectiques de la nature*. Paris: La Dispute, 1998.

SORG, Richard. *Dialektisch denken*. Berlin: Deutschen Taschenbuch, 2018.

TORRES, Ana Sánchez. "A noção de dialógica e meus encontros com Edgar Morin". Em: PENA-VEGA, Alfredo; NASCIMENTO, Elimar Pinheiro do (org.). *O pensar complexo: Edgar Morin e a crise da modernidade*. Rio de Janeiro: Garamond, 1999.

TORRES, João Carlos Brum. *Transcendentalismo e dialética: ensaios sobre Kant, Hegel, o marxismo e outros estudos*. Porto Alegre: L&PM, 2004.

VON FOERSTER, Heinz. "Éthique et cybernétique de second ordre". Em: ANDREEWSKY, Evelyne; DELORME, Robert. *Seconde cybernétique et complexité: rencontres avec Heinz von Foerster*. Paris: L'Harmattan, 2006.

PERCURSOS, ENCONTROS E IDENTIFICAÇÕES COM O COMPLEXO EDGAR MORIN

Paula Stroh

> *Compreender os paradigmas que necessitam ser reformados no momento atual da nossa civilização; compreender os desafios civilizacionais colocados hoje para a viabilidade da vida humana no planeta; compreender a construção civilizacional.*
> Edgar Morin

Comemorar o centenário de um gigante do pensamento humanista em pleno gozo de sua vitalidade física e mental já é, por si só, um acontecimento excepcional. Todos os que abraçam as referências cognitivas desse vigoroso patrimônio da humanidade sentem-se, cada qual a seu modo e em seu lugar, sensibilizados, honrados e contentes em brindar essa comemoração histórica.

Em comunhão com essa positiva egrégora, teço um depoimento afetivo-cognitivo a respeito do lugar ocupado pelo pensamento complexo de Edgar Morin na minha formação pessoal e intelectual. Nos passos do binômio viver e observar, sempre tão reiterado por Edgar Morin, encontrei seus ensinamentos.

Em oportunidade anterior[1] pude externar o significado desse encontro, em especial quanto ao entretecimento evocado em sua obra

---

[1] Alfredo Pena-Vega e Paula Stroh, "Viver, compreender e amar: diálogos com Edgar Morin", Rio de Janeiro: Garamond, 1999.

entre pensar e existir. Morin nos alenta e encoraja a enfrentar o desafio de buscar a compreensão objetiva do mundo, sob vigilante e incessante trabalho a respeito de nossa subjetividade, nosso inconsciente, nossas sombras. Sua obra estimula a reflexão sobre nossa própria reflexão, quer dizer, o significado existencial da reflexão. Sua ontologia inspira a incorporar a intelecção na existência, o pensar como busca de verdade existencial. Encoraja a compreender as descontinuidades e os paradoxos do ser humano (e os nossos próprios), e a resistir às máscaras da pseudo-objetividade. Em suas palavras: "para pensar complexo é preciso ser complexo"[2]. Ao desafio!

Diante do óbvio – a impossibilidade de abraçar a abrangência pluridimensional do pensamento de Morin –, desejamos tocar quatro pilares: a complexidade como racionalidade da organização dos contrários; a complexidade da prática da interdisciplinaridade; a sociedade como sistema antropobiossocial; e o destino do homem e da civilização.

Em meio à profunda crise global de saúde que atinge a todos desigualmente, em meio aos dilaceramentos sociopolíticos e ambientais por que passamos nós brasileiros, revisitar a obra de Morin para escrever este texto significou tempo de inspiração e alento para buscar a compreensão necessária para resistir às trevas e esperançar o destino da civilização, da humanidade, do nosso país.

VIVÊNCIAS E ENCONTROS

A primeira aproximação ao pensamento complexo de Edgar Morin aconteceu em um grupo underground articulado em Brasília, denominado Sistema de Aprendizagem Vivencial, criado e conduzido por Edimar Leite. A tessitura dos fios iniciais do aprender sobre os fundamentos antropobioecológicos propostos por Morin foi tramada em oficinas de vivências corporais e psicodramáticas, distantes do mundo acadêmico.

Em vivências fortemente mobilizadoras de emoções e memórias, tanto prazerosas como traumáticas, conheci, identifiquei-me e adotei

---
[2] Edgar Morin, *Mes Démons*, Paris: Stock, 1994, p. 49.

as lentes da racionalidade complexa de Edgar Morin como referência para lidar com as dificuldades, opressões, angústias, insatisfações, inquietações e medos coabitantes da minha subjetividade e do inconsciente das percepções, compreensões e explicações da realidade que envolve o meu viver. Viagens ao autoconhecimento abriram minha consciência para os esquemas mentais maniqueístas, idealistas, dogmáticos e deterministas que coabitavam meus processos de racionalização (espero que, hoje, muito menos!). Esse processo vivencial sedimentou o que guardo como princípios fundadores da racionalidade complexa proposta por Morin.

Esses princípios são: que o mundo natural e o mundo humano estão inter-relacionados em um sistema antropobiossocial. As partes desse sistema são indissociáveis entre si e interagem e retroagem mediante antagonismos e concorrências intrínsecos ao próprio sistema. A organização entre as partes do sistema e destas com o todo se realiza tanto em jogos entre forças de atração, afinidades, possibilidades de ligação e de comunicação quanto entre forças de disjunção, repulsão e exclusão; que tudo o que é antagônico é complementar ao que se lhe opõe. A organização das complementaridades entre as partes do sistema antropobiossocial não pode ser separada da organização de antagonismos e repulsões que lhes são inerentes; e que, por sua vez, as complementaridades entre partes do sistema guardam (mais ou menos ocultos) antagonismos e concorrências, do mesmo modo que as concorrências e os antagonismos guardam complementaridades entre si. Assim compreendo a complexidade sistêmica moriniana que organiza as coisas do mundo e da mente humana.

Com efeito, em *Introdução ao pensamento complexo*[3], Edgar Morin apresenta a complexidade como uma racionalidade da organização dos contrários: *a organização complexa é a organização das complementaridades entre opostos que são partes de um sistema*; um tecido de constituintes heterogêneos inseparavelmente associados. *Complexus*, instrui reiteradamente o mentor: "o que está tecido em conjunto". "A complexidade é o tecido organizador de eventos, ações, interações, retroações, determinações, acasos, que constituem nosso mundo

---

[3] Idem, *Introducción al pensamiento complejo*, Barcelona: Gedisa, 1994.

fenomênico, e se apresenta com os traços inquietantes do inextricável, da desordem, da ambiguidade, do imprevisível, da incerteza"[4].

Por sua vez, em *O método 1: a natureza da natureza*[5], Morin esclarece que não existe uma definição evidente de complexidade, tampouco é possível resumir a racionalidade complexa em uma inferência lógica ou ideia simplificada. O pensamento complexo exprime uma racionalidade em tensão permanente entre a aspiração a um saber não parcelado, não dividido, não reducionista, e o reconhecimento do inacabado, da ignorância, da força da incerteza e da ambiguidade do saber. Como reafirmado em diversas obras, trata-se da proposição de uma organização cognitiva que se tece em conjunto, em contraposição à racionalidade fechada, compartimentada, determinista.

Em *O método 2: a vida da vida*[6], Morin expõe o princípio ordem/desordem/organização como princípio inteligível de integração de processos que nos são apresentados como disjuntos, separados, opostos. O pensamento complexo age por meio de uma inteligibilidade rotatória, espiralada, hologramática, que opera a rotação da parte ao todo, do todo à parte, do objeto ao sujeito, do sujeito ao objeto, em vista da necessidade de penetrar na multidimensionalidade das interações opositivas, nas coexistências antagônicas do processo incessante de ordem/desordem/organização, que constrói um sistema de fenômenos e acontecimentos.

Por isso, a inteligibilidade complexa é essencialmente interrogativa, indagativa, probabilista; incorpora a incerteza e a contradição, reconhecendo a zona de sombra que sempre subjaz o saber. O pensamento complexo vem a ser proposição de organização cognitiva, em que a contradição, a ambiguidade na qual o que é, ao mesmo tempo, não é, estarão sempre presentes. O desafio da racionalização complexa reside na procura interrogativa do emaranhado indissociável de ações, interações e retroações que fazem emergir o aleatório, o inesperado, o negado na vida em sociedade.

Está claro no pensamento de Morin que a complexidade não está no real. O real é complicado, caótico, aleatório, retalhado, enigmático.

---

[4] *Ibidem*, p. 89.

[5] *Idem*, *La Méthode 1: la nature de la nature*, Paris: Seuil, 1977.

[6] *Idem*, *La Méthode 2: la vie de la vie*, Paris: Seuil, 1980.

A complexidade se apresenta como racionalidade de compreensão do real. A racionalidade complexa é a inteligibilidade de organização daquilo que se apresenta como complicado, ilógico, contraditório, paradoxal. Pensar complexo é pensar perguntando, procurar respostas perguntando, colocar em comunicação o que se opõe à lógica de um sistema explicativo. Portanto, insiste Morin, a complexidade é problema, é desafio; não é solução!

ENCONTRO COM A TRANSDISCIPLINARIDADE

A partir de meados de 1980 trabalhei, durante cerca de 15 anos, como técnica em planejamento ambiental vinculada a empreendimentos hidrelétricos, na região amazônica. Foi um período de atuação profissional tão rico quanto conflitivo, objetiva e subjetivamente.

Nas frequentes e longas viagens a trabalho pude conhecer de perto o esplendor ecológico amazônico, observar as diversificadas modalidades de devastação ambiental e de dilemas da sobrevivência física e cultural das comunidades tradicionais. Pude reconhecer valorosos profissionais que, quase incógnitos, vivem e atuam em espaços remotos da região amazônica. Pude dialogar e aprender com cientistas e especialistas perseverantes em instituições acadêmicas locais, marginais aos centros científicos nacionais.

Como fator decisivo, tive a oportunidade de interagir com colegas de diferentes campos do conhecimento científico, o que exigiu exercícios desafiadores de abertura a diálogos interdisciplinares concernentes ao campo transdisciplinar da socioecologia. As vivências e reflexões amalgamadas nos abrangentes ensinamentos de Morin teceram meu percurso intelectual.

A construção interdisciplinar do saber, segundo a ótica de Morin, convoca posturas de cognição que abandonem posturas teóricas generalizantes e renunciem a explicações prontas. A racionalização complexa requer espírito de pesquisa aberto ao diálogo interdisciplinar e inteligibilidade aberta à compreensão das inter--relações antagônicas e concorrentes entre as sociedades humanas e seus respectivos espaços geográficos.

A prática da interdisciplinaridade contém fortes complexidades. Morin observa a complexidade dos diálogos interdisciplinares: saberes particulares que atravessam fronteiras múltiplas e mútuas, mediante vetores dialógicos. Ou seja, interlocuções de lógicas e razões confusas, ambíguas, contraditórias e descontínuas no tempo e no espaço. Exatamente por isso, adverte Morin, a agitação dialógica do pluralismo, quando tolerada e liberta, produz as condições determinantes para a renovação das ideias e inovação dos conhecimentos.

Sob tal perspectiva, a interdisciplinaridade pode ser entendida como proposição heurística, como aludido por Morin: *heuristiké*, "a arte de descobrir", derivada do verbo *heurísko*: encontrar, descobrir. Assim, a prática interdisciplinar (ou transdisciplinar?) pode ser entendida como processo de descoberta conduzido por uma práxis interativa e retroativa entre os sujeitos e os objetos do conhecimento.

A dialógica interdisciplinar pode levar ao conhecimento transdisciplinar, observa Morin, se transcorrer sob a busca da superação do conhecido e, a partir dele e contra ele, construir os questionamentos, as teorias, as hipóteses, tentando verificar e produzir, se possível, resultados que serão sempre provisórios.

A transdisciplinaridade, ele elucida, procura a ética da dialógica entre os elementos antagônicos e concorrenciais dos distintos campos disciplinares, em contínuo processo de ordem e desordem.

A ética do pensar está no centro do saber transdisciplinar, porque a produção do conhecimento é, essencialmente, um processo de eleição do sujeito que o produz. Assim, o verdadeiro problema não é procurar a transdisciplinaridade de modo abstrato, mas buscá-la de modo a compreender a realidade pluridimensional das relações sociais com o espaço geográfico.

Importante demarcar: para o pensamento complexo moriniano, a transdisciplinaridade não significa suprimir as especificidades das disciplinas científicas. Ao contrário, tem por objetivo articular e religar os saberes unidisciplinares, dando vitalidade e fecundidade ao conhecimento do mundo e de suas partes constitutivas.

A racionalidade complexa se apresenta como alternativa ética ao saber científico, uma proposta de religação dos saberes especializados, retalhados, divorciados. Longe de ser proposição metodológica com pretensão de originalidade, a racionalidade complexa, como sustenta Morin, é uma aposta na capacidade da humanidade de recuperar sua sabedoria milenar, perdida no tempo, em suas relações com os espaços geográficos, esses inumeráveis lares que fecundam, vitalizam e reproduzem a grandiosa diversidade de mundos sociais e humanos sobre a face da Terra.

Vale ressaltar que a heurística interdisciplinar moriniana reconhece o lugar proeminente da intersubjetividade nos processos de interação dos sujeitos dos conhecimentos, em insistentes e delicados esforços de práxis coletiva. As travessias cognitivas estão embrenhadas em relações intersubjetivas dos sujeitos, dos conhecimentos disciplinares. Nos emaranhados do *inter* – do entre –, criam-se emoções, sentimentos, ideias, imagens, representações, saberes e conhecimentos, que conduzem dialógicas internas entre o consciente e o inconsciente do investigador. As inter-relações da subjetividade na observação da realidade objetiva são um dos pilares da ontologia de Morin. Em outras palavras, enquanto interagimos estamos mentalizando nossas respostas e manejando sentimentos.

Abrir as fronteiras da razão de cientista social para as razões das ciências físicas e biológicas ao interpretar as realidades estudadas correspondeu a uma expansão cognitiva pessoal, que apresentou exigências como a disposição ao erro, o abandono do impulso de querer estar sempre certa e o acolhimento de minha ignorância. Esse processo foi fortemente inspirado e alentado pelo aprofundamento no estudo da obra de Edgar Morin.

É emblemática a digressão do mestre a respeito da missão de sua obra:

> [...] encorajar cada leitor, e a ele próprio, a expandir em si mesmo as verdades do valor universal do ser humano, verdades adquiridas a partir de fontes objetivas e de fontes subjetivas, cujo diálogo necessariamente passa pelo exame epistemológico, do modo como cada pessoa compreende a aquisição de conhecimentos e como compreende a si próprio, e como cada pessoa considera as possibilidades e os limites do conhecimento humano [...][7].

---

[7] Idem, *La Méthode 5: l'humanité de l'humanité*, Paris: Seuil, 2001, p. 11, (tradução nossa).

ENCONTRO COM O ECOANTROPOSSOCIAL

A convivência com as realidades amazônicas em contextos de conflitos socioambientais e as exigências de respostas a determinadas situações-problema pontilharam o caminho de aprofundamento no estudo do pensamento moriniano. Na condição de estudante de doutorado em sociologia, mergulhei na obra de Edgar Morin como recurso cognitivo para compreender e interpretar os gigantescos antagonismos que se antepunham à construção social da sustentabilidade da região amazônica[8].

Morin concebe a sociedade como sistema ecoantropossocial complexo, que pertence a um espaço geográfico e possui uma história. Possui e é possuído por um sistema de ideias e mentalidade. Essa concepção é referência fundamental para o conhecimento sociológico ambientalista.

Cada espaço geográfico urde dinâmicas próprias que tecem as inter-relações entre homem e natureza no que há de universal e na expressão de suas respectivas particularidades. Em *Sociologie*[9], Morin examina como o enclausuramento dos campos disciplinares obscureceu os grandes problemas do Homem na sociedade e que revestem a cultura humanista.

De antemão, afirma ele, a "sociedade" é um campo temático difuso, sem contornos definidos, com inter-relações e retroações de conhecimentos que desobedecem à rigidez das fronteiras disciplinares e engendram dialógicas confusas, ambíguas, contraditórias e descontínuas entre si, no tempo e no espaço.

Para Morin, as referências complexas por meio das quais as ciências sociais operam a dimensão cultural da existência humana e social nucleiam-se no reconhecimento do duplo caráter da determinação sociocultural: o que necessita ser reconhecido, analisado, explicado e o reconhecimento da existência invisível do inatingível, do inexplicável. As atuais dificuldades das ciências humanas em explicar a

---

[8] Paula Stroh, *Fitzcarraldo e a Agenda 21: desafios da sustentabilidade amazônica*, Brasília, DF: UnB, 1998.

[9] Edgar Morin, *Sociologie*, Paris: Fayard, 1994.

complexidade das ameaças que pesam sobre a humanidade deitam raízes, precisamente, na racionalidade que extirpou das realidades sociais as realidades físico-naturais e as realidades imaginárias.

Trata-se de um fenômeno denominado *patologia do saber*, processado ao longo da progressiva e exagerada especialização e compartimentação, resultando na fragmentação do saber científico moderno[10].

Em análise crítica à epistemologia da sociologia, Morin observa que um dos maiores desafios do saber sociológico está em assumir sua dupla identidade: a científica, dos dados quantitativos, e a humanista, poética. A sociologia é desafiada a ser ponte entre as culturas científicas e humanistas.

Sob a proposição de *ecologização da sociologia*, Morin observa que a consciência social para com a ecologia não está em tomar consciência das ameaças contidas na degradação da natureza. Está, sim, em adquirir consciência de que as sociedades humanas dependem intrinsecamente da eco-organização natural, que, por sua vez, é engendrada, trabalhada e degradada nos processos sociais. Assim, o axioma da ecologização da sociologia se faz acompanhar também da proposição de *sociologização da ecologia*.

Com efeito, para a *eco-antropo-sociologia* de Morin, o meio físico simboliza, concretiza e condiciona o meio ambiente social, pois, não sendo apenas um campo produtor de estímulos sociais, o meio físico é, antes de tudo, a própria reserva de objetivos da existência das sociedades, em cada local do planeta. Nesse sentido, o meio físico é um conjunto inseparavelmente interligado de elementos físicos e fatores sociais, políticos, econômicos e psicológicos.

Edgar Morin concebe o conceito de *ambissistema socioindividual*, segundo o qual não há compartimentação em categorias rígidas, nem fronteiras claras entre o biológico, o social e o individual, mas sim uma "unidade e pluralidade em uníssono". Em suas palavras: "[...] a vida social extrai uma simbolização das relações biológicas fundamentais de reprodução preexistentes e a transporta para um plano situado acima e mais além destas, a fim de desenvolver a sua própria organização"[11].

---

[10] *Ibidem*.

[11] Idem, *El paradigma perdido: ensayo de bioantropologia*, Barcelona: Kairós, 1992, p. 46.

As ligações entre o meio físico-natural e as sociedades humanas são multiformes e complexas. Encontram-se mescladas na constituição do homem físico: na diversidade de fenótipos e genótipos; nas características sociais, morais e políticas das sociedades humanas, em tempos determinados e com suas qualidades e defeitos culturais; nas diferentes características das instituições jurídicas, econômicas e religiosas; nas produções do espírito, nas criações artísticas, nas invenções técnicas e tecnológicas, na mística e na mítica. Enfim, um holograma inalcançável de interdependências e retroações temporais entre o meio físico e natural e as sociedades humanas.

A compartimentação disciplinar atuou decisivamente na fragmentação do conhecimento, e Morin compreende tal *patologia do saber* como fator seminal das gigantescas dificuldades metodológicas com que se depara o pensamento intelectual contemporâneo, dificuldades para conhecer a multidimensionalidade de fatores que estruturam a tortuosa diversidade de sistemas de coexistência humana com os meios naturais.

Não há fronteiras claras entre as três dimensões humanas: o biológico, o social e o individual. Há uma unidade/pluralidade em uníssono, em contínua inter-relação entre ordem e desordem. A compreensão das interações e retroações do mundo físico com as sociedades humanas em espaços geográficos distintos é um saber em construção incessante que convoca, antes de tudo, ao abandono de posturas teóricas generalizantes e ao desacato às explicações prontas e cobertas de certezas. Esse desafio cognitivo, segundo a ontologia de Morin, exige espírito de pesquisa aberto ao diálogo interdisciplinar e inteligência acessível à compreensão da organização antagônica e concorrente entre os fatores que ditam as inter-relações das sociedades humanas com seus respectivos espaços geográficos.

As indeterminações e probabilismos das inter-relações entre os meios físicos e as sociedades conclamam ao desafio primordial de religar os conhecimentos, de modo a possibilitar uma nova percepção das sociedades humanas em relação aos meios físicos a que pertencemos e, ao mesmo tempo, em relação a nós mesmos.

Hoje, ciência, ecologia e consciência social ecológica estão de braços dados e nutrem-se mutuamente: a ciência nutre a consciência social com conhecimentos e problematizações; e a consciência social, por sua vez, estimula a ciência com inquietações e exigências. Morin acentua, em diversas ocasiões, que os desastres socioecológicos que ameaçam a humanidade se encarregam de impulsionar a consciência socioecológica em direção à complexidade intersistêmica dos entrelaçamentos mútuos e indissociáveis das forças naturais com as forças humanas, dentro da história das civilizações e da diversidade das sociedades e tipos humanos desse planeta, que pertence a um universo em expansão e destruição contínua.

ENCONTRO COM O HUMANISMO

Se for plausível traçar uma cronologia do percurso epistemológico de Morin, podemos enxergar, em sua vasta obra, como ele parte da epistemologia da ciência para chegar a um dos pilares de sustentação do pensamento complexo: o conhecimento compreensivo do destino do humano e da humanidade. A humanidade se firma no binômio indissociável entre civilização e barbárie: "Ganhos de civilização vem junto com ganhos da barbárie"[12]. A busca de Morin pela complexidade humana, como ele observa, procura resgatar a noção perdida de humanidade, progressiva e paradoxalmente abandonada pelo progresso/retrocesso da civilização.

A revolução tecnológica ocupa lugar central no humanismo de Morin. Já no início da década de 1970, em seus prenúncios, antes que ela se propagasse pelo mundo, ele antevira a interconexão da comunicação mundial como a grande mola transformadora da humanidade[13]. Salvo para os terraplanistas, é evidente que o momento atual da civilização ocidental se encontra organizado sob o manto da ciência e da tecnologia. Há em comum, entre diferentes abordagens teóricas e ideológicas – era digital, sociedade da informação, pós-modernidade, pós-verdade, sociedade de risco, antropoceno –, o olhar para o lugar da ciência e da tecnologia como condutoras do atual momento histórico da civilização e principais responsáveis pela veloz mutabilidade que caracteriza o mundo de hoje.

---

[12] Edgar Morin e Sami Naïr, *Une Politique de civilisation*, Paris: Árléa, 1997, p. 56 (tradução nossa).

[13] Edgar Morin, *Pour Sortir du XXe Siècle*, Paris: Fernand Nathan, 1981.

As tecnologias da informação respondem por transformações profundas nas relações sociais e nos modos de organização da vida em sociedade, em todas as dimensões. Os fluxos e contrafluxos virtuais se encarregam das fusões do tempo com o espaço. Ciência e técnica se dirigem para o próprio homem como sujeito e objeto principal da transformação. A pergunta essencial é: qual é o lugar da inteligência humana na era digital e da inteligência artificial?

Na era planetária da *Terra-Pátria*, exige-se dos humanos que ampliem a consciência de sua própria condição humana e da humanidade à qual pertencem. A consciência planetária se amplia em favor da sustentabilidade ecoantropossocial da humanidade. O Homem do século XXI já é – e gradativamente será mais e mais – tecnológico. O saber científico e a tecnologia correspondem hoje a um problema crucial e vital de civilização e de vida do planeta. O ritmo e a qualidade desse processo repousam nas características dos territórios (sociedade e espaço) em cada lugar do mundo.

A obra de Morin está pautada na busca por compreender as profundezas do humano. Do alto de seu centenário, em recente *tweet*, Morin se pergunta: "[...] Por que o mundo? Por que a vida? Por que o ser humano? Por que eu? Por que por quê?"[14].

A obra *Une Politique de civilisation*[15] dedica-se a prospectar os gigantescos desafios que se apresentam para a humanidade contemporânea globalizada. Nela, Morin e seu parceiro tecem os fios do paradoxo que organiza as possibilidades e as impossibilidades desse momento da civilização, em que as fabulosas conquistas materiais e técnicas convivem com um alto grau de retrocesso da vida imaterial, simbólica, sensível, sentimental e espiritual.

O conceito de civilização, em Morin, abarca o "conjunto de constituintes materiais, técnicos, cognitivos, científicos, éticos, morais, afetivos"[16]. Civilização não diz respeito só aos bens materiais da humanidade, mas também àquilo que atravessa as economias e as sociedades,

---

[14] *Idem*, "Compte d'Edgar Morin (Paris, France)". Disponível em: <https://twitter.com/edgarmorinparis/status/1383483058146320387>.

[15] Edgar Morin e Samir Naïr, *op. cit.*

[16] *Ibidem*, p. 27.

que persiste em viver no longo do tempo, na longa duração, como um fio que não se cansa de desenrolar. Portanto, os dilemas sociais e ambientais que atormentam a vida da sociedade são problemas de *política de civilização*.

Vivemos um momento histórico, continua Morin, fundamentado na hegemonia do reducionismo da razão econômica sobre todas as demais dimensões da vida social, espacial, política, cultural e espiritual do humano. Para ele, nosso momento civilizacional/civilizatório também revela uma gigantesca força de regressão da humanidade do humano. O fortalecimento exponencial de saberes especializados e apartados entre si, assevera ele, coage cada campo do saber a se tornar mais e mais ignorante quanto ao conjunto de saberes intervenientes em problemas cada vez mais complexos. A prevalência de lógicas amparadas em conhecimentos segmentados, dissociados entre si, atua fortemente contra as possibilidades de apreender a complexidade da condição humana e dos destinos da humanidade.

Jamais na história das civilizações o Homem teve à disposição bens materiais tão eficazes para tudo que se refere ao mundo físico e, ao mesmo tempo, esteve tão carente de valores e sentidos de vida não materializáveis.

Decerto que a interconexão comunicacional global funda um novo estágio da humanidade e inaugura um novo período civilizacional, com tendências à transparência. Em contrapartida, igualmente cria espaços virtuais de expressão para maltas obscurantistas, intolerantes, ressentidos e fanáticos. Tempos de perplexidade!

As consequências mais ameaçadoras desse paradoxo repousam na fragmentação ou dissociação da própria condição humana. Tempos distópicos!

A força da barbárie, atrelada a uma conquista tecnológica de dimensões estratosféricas da civilização, impõe desafios civilizatórios para a sustentabilidade do planeta e para a sobrevivência da espécie humana. Morin ilumina a compreensão da presença humana no planeta ao desnudar as profundezas do processo civilizacional pelo qual os humanos, na modernidade, foram aprisionados na identidade de ser racional cartesiano.

O humano complexo tem tripla existência na ótica moriniana. É um ente tridimensional: existe como espécie (existência biológica), como sociedade (existência cultural, de pertencimento) e como indivíduo (existência subjetiva, psiquê). Sobre a ênfase de que "A natureza humana não é uma simples matéria-prima a que a cultura dá a forma ou a história"[17], Morin compreende o Homem como ser biopsicossociológico.

A forte complexidade do momento conclama uma compreensão que projete a liberação das explicações fechadas, que não dão conta de tocar o movimento das realidades contemporâneas, organizadas por oposições interativas desordem/ordem, mergulhadas no caos e na incerteza profunda.

No pensamento sistêmico complexo de Morin, a desordem pode ser regeneradora, a depender das capacidades de autorregulação das tensões, contradições e antagonismos dos fenômenos e acontecimentos dados. Ordem/desordem articulam relações interdependentes. A ordem se alimenta da desordem para sua própria reorganização, sem conseguir jamais absorvê-la nem reduzi-la totalmente. A relação ordem/desordem é sincrônica e nela interagem e retroagem as complementaridades intrínsecas às competições e antagonismos entre partes de fenômenos e acontecimentos dados. Essa tensão interativa forma os mecanismos de autorregulação do sistema, nos quais a ordem e a desordem renascem sem cessar[18].

O pensamento complexo apresentado por Morin se firma no centro paradigmático da crise contemporânea como alternativa projetada para um humanismo planetário problemático, imprevisível e, ainda assim, possível. As incertezas, inseguranças e temores tão profundos neste momento da civilização ganham novas expressões na mente de Morin, que inspiram e alentam a liberdade do pensar, além de iluminar possibilidades e impossibilidades.

Embora a complexidade como problema científico seja originária da física quântica, no início do século XX, Morin acentua que ela vem resgatar dilemas muito antigos da humanidade. No âmbito da filosofia oriental, por exemplo, no Tao, a organização dos contrários é conhecida e estudada há 5 mil anos. Mas esse saber, assim como

---

[17] Edgar Morin, *La Méthode 5, op. cit.*, p. 19.

[18] *Idem, El método 4: las ideas,* Madrid: Catedra, 1992.

outros congêneres, não foi reconhecido como científico na história ocidental moderna.

    Os apelos urgentes ao desenvolvimento do ente humano contêm os princípios-chave do futuro civilizacional, em suas múltiplas dimensões e sob a ética da solidariedade intergeracional: social, ecológica, cultural, econômica, política, psíquica, mítica e espiritual. Antes de tudo, a sustentabilidade humana no planeta convoca à humanização da humanidade.

    A reconciliação dos humanos com a natureza física e com sua própria natureza é um desafio essencialmente civilizacional. Sua substância manifesta-se em novas exigências de reforma da própria noção de desenvolvimento, impregnada como crença no projeto civilizador moderno.

    Decerto que a história registrará o momento atual da civilização como apogeu do progresso tecnocientífico urdido na modernidade, o que abriu as portas para a fecundidade de incríveis avanços tecnológicos. Nesse contexto, Morin especula: como, no futuro, os homens perceberão as possibilidades/impossibilidades humanas que se apresentam, hoje, no nosso tempo civilizacional como ameaças à própria humanidade?

    Cabe sublinhar que, no centro das atenções dos grandes humanistas históricos que inspiraram Morin, sempre esteve a reflexão a respeito da profundidade, da contradição, da ambiguidade, do enigma e da inumanidade/desumanidade humanas. A pergunta antiga agora renasce: o que é o humano, sob o domínio da inteligência artificial?

    Os desafios à reintegração do homem natural, cultural e subjetivo são gigantescos, e parece impossível pensar em possibilidades positivas para o futuro próximo com as costas voltadas para eles. O pensamento complexo de Morin inspira e alenta a atenção e a reflexão sobre os desafios com os quais nos defrontamos, concebendo uma reflexão integrada e integrativa de diversos campos do saber, e que tem no Homem o centro da produção do conhecimento. A civilização ameaça a humanidade e o planeta, ao mesmo tempo que o saber científico e a tecnologia correspondem, hoje, a um problema crucial e vital de civilização e de vida do planeta.

A racionalidade convocada é hologramática e dialógica com as ciências físicas, as ciências biológicas e as ciências humanas, incluindo as artes, a poesia, a literatura e a música, além da filosofia. Estas, como reafirma Morin, não são somente expressões estéticas, mas expressões do próprio ser que o transcendem. O conhecimento do humano capaz de promover a sustentabilidade do desenvolvimento e da condição humana é simultaneamente científico, filosófico, artístico, mítico e místico.

Quais os caminhos possíveis? A primeira resposta é sempre a mesma: educação! O núcleo do dilema do desenvolvimento humano subjaz o sistema educacional, compreendido em suas dimensões familiar, escolar, social e ambiental. A educação é o problema!

Na cronologia de seu percurso, esse parece ser o significado de Morin ter voltado as luzes de seu pensamento para a complexidade do *educcare*. Quer dizer, a recriação incessante do ser que compreende porque sente e pensa porque erra, que reconhece o paradoxo como a fórmula típica da natureza e do humano. Enfim, ente pensante e sensível que compreende a essencial inexplicabilidade da alma humana.

Morin oferece uma chave mestra ao colocar a compreensão no centro do *educcare* para o conhecimento antropossocial.

A compreensão como fator de inteligibilidade humana. Compreender não significa nem identificação nem conivência, elucida Morin. Significa respeitar a maneira do outro de interpretar sua realidade e a maneira como opera suas defesas, por mais aberrantes que sejam. Diversas passagens da obra reiteram que o *conhecimento* que se priva da compreensão é automutilante e mutilador da própria natureza do mundo antropobiosocial. O conhecimento compreensivo assume limites e riscos de erro, inclusive o risco da incompreensão. Por isso, a inteligibilidade compreensiva necessita do pensamento interrogativo.

COMPREENDER O INCERTO

A obra *Une Politique de civilisation*[19] analisa nosso momento histórico, caracterizado pelo domínio do reducionismo economicista em

---

[19] Cf. Edgar Morin e Samir Naïr, *op. cit.*

todas as dimensões da vida política, social, cultural e espiritual, e pela hegemonia da racionalidade redutora do humano. Nisso repousam as fortes ameaças à civilização e à própria humanidade. O futuro da civilização está conjugado no desafio de enfrentar os cânones regentes do conhecimento científico e do poder onisciente da verdade científica.

Logo no início da pandemia de covid-19 que assola o mundo, Morin concedeu entrevista ao jornal francês *Le Monde*[20], em abril de 2020, na qual declara: "Todas as futurologias do século XX que previram o futuro por meio das correntes que atravessam o presente entraram em colapso"[21]. As previsões de catástrofes globais foram múltiplas, inclusive as dele próprias, ele afirma. Salvo Bill Gates, ninguém previu a catástrofe viral. Portanto, ele declara que, se para a modernidade o problema humano esteve ligado ao conhecimento, atualmente esse problema é de destino. Qual? Para onde?

E assim prossegue na mesma entrevista:

> Essa epidemia nos traz um festival de incertezas. Nós não temos certeza sobre a origem do vírus, ainda não sabemos as mutações que o vírus sofre ou poderá sofrer durante a sua propagação. Não sabemos quando a epidemia regredirá e se o *vírus* permanecerá endêmico. Não sabemos até quando e até que ponto o confinamento nos fará sofrer impedimentos, restrições, racionamentos. Não sabemos quais serão as consequências políticas, econômicas, nacionais e planetárias das restrições trazidas pelos confinamentos. Não sabemos se devemos esperar o pior, o melhor, uma mistura dos dois: estamos indo rumo a novas incertezas [...][22].

Sabedoria centenária! Nessa entrevista Morin oferece uma síntese da crise pluridimensional encravada na pandemia de covid-19.

---

[20] Nicolas Truong, "Edgar Morin: 'Cette Crise nous pousse à nous interroger sur notre mode de vie, sur nos vrais besoins masqués dans les aliénations du quotidien'". Disponível em: <https://www.lemonde.fr/idees/article/2020/04/19/edgar-morin-la-crise-due-au-coronavirus-devrait-ouvrir-nos-esprits-depuis-longtemps-confines-sur-l-immediat_6037066_3232.html>.

[21] Instituto Humanitas Unisinos, "'Esta crise nos interroga sobre as nossas verdadeiras necessidades mascaradas nas alienações do cotidiano.' Entrevista com Edgar Morin". Disponível em: <http://www.ihu.unisinos.br/78-noticias/598378>.

[22] *Ibidem*.

Para encerrar, gostaria de refletir a respeito do desafio incutido no paradigma da incerteza.

Vivemos em tempos de perplexidade, sob imposições, constrangimentos, perdas e angústias. A pandemia lançou pelos ares verdades inabaláveis, previsões certeiras e planos de futuro, desde a dimensão global até as mais íntimas da vida cotidiana. A pandemia impôs a incerteza no *modus vivendi*!

Tal fenômeno joga luz sobre os pilares da ontologia da complexidade moriniana, tanto sobre o reconhecimento do imprevisível como elemento intrínseco do mundo fenomênico quanto sobre o reconhecimento das incertezas, das dúvidas, dos paradoxos das explicações. Em síntese, o reconhecimento da irredutibilidade da incerteza, dos princípios da incompletude do saber e da biodegradabilidade das verdades científicas.

Os acontecimentos que tecem a realidade atual estão validando as verdades da episteme do pensamento complexo: o reconhecimento da existência de um núcleo incognoscível do saber, de uma essência inconcebível de todas as coisas, e a aceitação da incerteza da verdade.

O desafio ao questionamento incessante se impõe; a aceitação da existência biodegradável de qualquer verdade se faz presente, assim como o acolhimento da dúvida, do dialógico. Por ancorar seus fundamentos de compreensão no reconhecimento da confusão, da incerteza e da desordem do mundo fenomênico e humano, o pensamento complexo não admite qualquer reducionismo ou verdade acabada.

A outro veículo de comunicação, no mesmo período, Morin declara que as certezas são uma ilusão e que devemos nos preparar para desastres, para enfrentar o inesperado, enfrentar convulsões.

> [...] temos que aprender a aceitar as incertezas e a viver com elas, enquanto nossa civilização instalou em nós a necessidade de certezas cada vez maiores sobre o futuro, muitas vezes ilusórias, às vezes frívolas. A chegada do coronavírus nos lembra que a incerteza permanece um elemento inexpugnável da condição humana[23].

---

[23] Francis Lecompte, "'As certezas são uma ilusão'. Entrevista com Edgar Morin". Disponível em: <https://www.fronteiras.com/entrevistas/edgar-morin-as-certezas-sao-uma-ilusao>.

E assim seguimos! Brindemos a vitalidade intelectual e humanista de Morin e a perenidade de seus ensinamentos consagrados na vasta obra que, seguramente, perpassará várias gerações.

A ele, minha profunda gratidão!

REFERÊNCIAS

INSTITUTO HUMANITAS UNISINOS. "'Esta crise nos interroga sobre as nossas verdadeiras necessidades mascaradas nas alienações do cotidiano.' Entrevista com Edgar Morin". Disponível em: <http://www.ihu.unisinos.br/78-noticias/598378>. Acesso em: 21 jun. 2021.

LECOMPTE, Francis. "'As certezas são uma ilusão'. Entrevista com Edgar Morin". Disponível em: <https://www.fronteiras.com/entrevistas/edgar-morin-as-certezas-sao-uma-ilusao>. Acesso em: 21 jun. 2021.

MORIN, Edgar. *El método 4: las ideas*. Madrid: Catedra, 1992.

MORIN, Edgar. *El paradigma perdido: ensayo de bioantropología*. Barcelona: Kairós, 1992.

MORIN, Edgar. *Introducción al pensamiento complejo*. Barcelona: Gedisa, 1994.

MORIN, Edgar. *La Méthode 1: la nature de la nature*. Paris: Seuil, 1977.

MORIN, Edgar. *La Méthode 2: la vie de la vie*. Paris: Seuil, 1980.

MORIN, Edgar. *La Méthode 5: l'humanité de l'humanité*. Paris: Seuil, 2001.

MORIN, Edgar. *Mes Démons*. Paris: Stock, 1994.

MORIN, Edgar. *Pour Sortir du XXe Siècle*. Paris: Fernand Nathan, 1981.

MORIN, Edgar. *Sociologie*. Paris: Fayard, 1994.

MORIN, Edgar. "Compte d'Edgar Morin (Paris, France)". Disponível em: <https://twitter.com/edgarmorinparis/status/1383483058146320387>. Acesso em: 17 abr. 2021.

MORIN, Edgar; NAÏR, Samir. *Une Politique de civilisation*. Paris: Árléa, 1997.

PENA-VEGA, Alfredo; STROH Paula. "Viver, compreender e amar: diálogos com Edgar Morin". Em: PENA-VEGA, Alfredo; NASCIMENTO, Elimar Pinheiro do (org.). *O pensar complexo: Edgar Morin e a crise da modernidade*. Rio de Janeiro: Garamond, 1999.

STROH, Paula. *Fitzcarraldo e a Agenda 21: desafios da sustentabilidade amazônica*. 301 f. Tese (Doutorado em Sociologia) – Universidade de Brasília. Brasília, DF: 1998.

TRUONG, Nicolas. "Edgar Morin: 'Cette Crise nous pousse à nous interroger sur notre mode de vie, sur nos vrais besoins masqués dans les aliénations du quotidien'". Disponível em: <https://www.lemonde.fr/idees/article/2020/04/19/edgar-morin-la-crise-due-au-coronavirus-devrait-ouvrir-nos-esprits-depuis-longtemps-confines-sur-l-immediat_6037066_3232.html>. Acesso em: 21 jun. 2021.

UMA CRÍTICA ÀS CIÊNCIAS DA COMPLEXIDADE: UM BOM NOME EM UMA DIREÇÃO ERRADA

Carlos Eduardo Maldonado

ADVERTÊNCIA

Aos doutorandos na Universidade de Cambridge, o tutor (*tutorship*; que tem uma conotação perfeitamente equivalente à que tem em espanhol em nossos países) pede ao estudante de cuja tese é orientador, em um determinado semestre, para escrever um artigo a ser publicado e que, além disso, argumente exatamente contra sua própria tese de doutorado. O exercício consiste em adotar a postura de alguém que não estaria de acordo com a tese de doutorado; portanto, imaginar e fortalecer os contra-argumentos. Dessa forma, o estudante é capaz de entender e enfrentar concepções antagônicas à sua tese e ainda fortalece diversos aspectos de sua própria dissertação de doutorado. A vários doutorandos cujas teses orientei pedi algo semelhante. Pois bem, algo similar, guardadas as devidas proporções, foi o que fiz com este texto.

INTRODUÇÃO

Vamos dizê-lo de forma direta e sem rodeios: o pensamento complexo somente existe em alguns países da América Latina e em algumas quantas áreas fechadas na França; pouco mais, pouco menos. As ciências da complexidade, pelo contrário, têm uma área de cobertura maior, incluindo os Estados Unidos, boa parte da Europa, alguns países da América Latina e vários países da Ásia, inclusive a China. Esse é um tema para o qual convergem a história da ciência, a sociologia da ciência e as políticas de ciência e tecnologia, em sentido amplo. Nesse mesmo sentido, os órgãos de disseminação, de pesquisa de ponta e de socialização em geral são mais amplos e consolidados do lado das ciências da complexidade do que do pensamento complexo. Não se trata de oposições, mas sim de uma caracterização geral introdutória. Isto é, as áreas de pensamento e de trabalho que são, ao mesmo tempo, áreas de possibilidades.

Embora possa ser interessante, não é esse meu interesse imediato aqui. Pelo contrário, pretendo lançar alguma luz sobre uma expressão, afortunada, mas que aponta na direção errada: as ciências da complexidade.

A expressão tem uma certidão de nascimento e um registro preciso. Local: Instituto Santa Fé (ISF), Novo México; data: 1984, quando o instituto foi fundado. Pais: principalmente Murray Gell-Mann, doutor Anderson, Doyne Farmer, K. Arrow, e Stuart Kauffman, entre outros. Essa história foi narrada em inúmeras ocasiões[1]. Anteriormente, haviam sido criados o Center for Studies of Nonlinear Dynamics, em La Jolla Institute (1978), o Santa Cruz Institute of Nonlinear Science, no início dos anos 1980, o Center for Nonlinear Studies, no Los Alamos National Laboratory em 1980, e o Institute for Nonlinear Science na Universidade de San Diego, na Califórnia, em 1981 (significativamente, todos na Califórnia).

O conceito de "ciências da complexidade" nasce com uma dupla pretensão, a saber: por um lado, identificar as leis que se encontram na base da complexidade – leis verossimilhantes, simples ou

---

[1] Cf. Mitchell Waldrop, *Complexity: The Emerging Science at the Edge of Order and Chaos*, New York: Touchstone, 1993; James Gleick, *Caos: la creación de una ciencia*, Barcelona: Seix Barral, 1988; John Casti, *Complexification: Explaining a Paradoxical World Through the Science of Surprise*, New York: HarperPerennial, 1995.

elementares[2]; por outro lado, ao mesmo tempo, nasce da ideia de alcançar uma teoria geral da complexidade, semelhante ao que se diz(ia) de uma teoria geral na física, ou também da busca de uma teoria unificada, ou talvez, não em última instância, uma teoria de todas as coisas (*theory of everything*)[3]. De forma característica, a atmosfera e a disposição foram marcadas pela física, e então um certo fisicalismo se introduziu, pelo menos *implicitement*, no novo campo científico em emergência. Com o tempo, nem a teoria procurada foi alcançada[4], nem as leis puderam ser identificadas, formuladas ou desenvolvidas; não até o momento. De forma sintomática, em 1994, dez anos após a fundação do ISF, realizou-se um seminário geral de avaliação com as figuras mais marcantes da complexidade naquele momento. O texto desse seminário foi reeditado alguns anos depois, sem maiores alterações estruturais[5]. No fim do dia, por assim dizer, parou-se de falar da busca de uma teoria semelhante e, *a fortiori*, sobre as leis da complexidade[6]. Ambos os projetos tiveram uma morte humilhante, se é que cabe.

As ciências da complexidade nasceram em torno do grupo mais sólido e institucionalmente prestigioso de ciências: a física, a química, a matemática, a biologia, a matemática e a economia. Essa origem deu lugar a uma crença popular, mas errônea, quando se pensa nas ciências da complexidade (e então, implicitamente, imagina-se o chamado "pensamento complexo" e o pensamento sistêmico[7]): trata-se de ciências

---

[2] Cabe lembrar que, exatamente no mesmo período, um físico importante, vencedor do Prêmio Nobel de física, falava sobre os sonhos de uma teoria final e a busca das leis últimas da natureza: S. Weinberg; cf. *Dreams of a Final Theory. The Scientist Search for the Ultimate Laws of Nature*, New York, Vintage. Um sonho fisicalista permeava a ciência em geral.

[3] Cf. Michio Kaku, *The God Equation: The Quest for a Theory of Everything*, New York: Doubleday, 2021.

[4] Cf. Carlos Eduardo Maldonado, "Exploración de una teoría general de la complejidad", Bogotá: Editorial Universidad del Rosario, 2009.

[5] Cf. George Cowan, David Pines e David Meltzer, *Complexity: Metaphors, Models and Reality*, Cambridge: Perseus, 1999.

[6] Cf. Stuart Kauffman, *A World Beyond Physics*, Oxford: Oxford University Press, 2019.

[7] Há na literatura inúmeras confusões e opacidades que seria desejável depurar mediante critérios de demarcação. Essa é uma tarefa que não foi realizada até o momento. Tenho algumas referências em diferentes trabalhos, mas ainda não se desenvolveu nada

duras, talvez centradas em ferramentas computacionais, com um forte aparato matemático, que nada sabem sobre a ética e o ser humano no sentido amplo, mas forte da palavra. Pois bem, contra essa impressão, há muito tempo – a primeira voz a respeito foi a de Heinz Pagels, em 1988[8] – ficou claro que os mais complexos de todos os fenômenos e sistemas não são os físicos ou naturais, mas sim os sistemas sociais humanos. A atenção, portanto, deslocou-se para esse outro foco, assim como para os problemas de maior complexidade. Os melhores trabalhos de ponta, há vários anos, têm como centro os sistemas sociais humanos, e, obviamente, suas relações com os outros sistemas sociais, os naturais e os artificiais[9]. Além disso, sabe-se e afirma-se expressamente que os sistemas sociais humanos são os de máxima complexidade.

As ciências da complexidade têm enormes fortalezas e traços distintivos[10]. Não é esse o centro de meus interesses aqui. No entanto, cabem, sim, algumas observações críticas sobre as ciências da complexidade. Esse é o núcleo deste trabalho. Vejamos.

OBSERVAÇÕES CRÍTICAS SOBRE UMA DIREÇÃO ERRADA

Vamos dizê-lo de forma breve e direta: as ciências da complexidade não têm *nenhuma* relação com a ciência clássica. Esse é o primeiro aspecto que, sempre e absolutamente, é preciso enfatizar. Isto é, especificamente, não têm nenhuma relação com a ciência moderna ou, o que é equivalente, com a ciência normal. Esse reconhecimento exige, para compreender a

---

sistematicamente. A ideia de critérios de demarcação nasce e se alimenta da filosofia da ciência.

[8] Heinz Pagels, *Los sueños de la razón: el ordenador y los nuevos horizontes de las ciencias de la complejidad*, Barcelona: Gedisa, 1991.

[9] Cf. Carlos Eduardo Maldonado, "Complejidad de los sistemas sociales: un reto para las ciencias sociales", *Cinta de Moebio*, Santiago de Chile, 2009; *Complejidad de las ciencias sociales: y de las otras ciencias y disciplinas*, Bogotá: Desde Abajo, 2016.

[10] Cf. Leonardo Rodríguez Zoya, "Las vertientes de la complejidad: diferencias y convergencias", *Érudit*, París: 2019.

complexidade, uma sólida formação científica, o que, no entanto, fica aqui simplesmente apontado. Não é este o espaço para precisar o que essa ideia implica[11]. Em outras palavras, as ciências da complexidade são, evidentemente, uma autêntica revolução científica. De forma pontual, mas negativa, a complexidade consiste na rejeição de quatro problemas: o determinismo, o dualismo, o reducionismo e o mecanicismo.

Pois bem, a primeira dificuldade para aproximar-se delas, compreendê-las, apropriar-se delas e contribuir para seu desenvolvimento é a sua linguagem. Significativamente, a linguagem de ponta da ciência atual pouco ou nada tem a ver com a linguagem em seu uso comum. Assim, por exemplo, o caos não significa, de modo algum, desordem. Muito melhor, um sistema ou fenômeno caótico é altamente ordenado, mas altamente imprevisível. Em sua acepção comum, o caos designa a ausência de ordem ou de padrões, anomia, carência de forma ou de estrutura. Essa observação poderia estender-se sem dificuldade a inúmeros outros níveis. Em todo caso, a linguagem certamente técnica das ciências da complexidade emerge como um obstáculo mais do que como uma motivação. A cultura permanece distante das coisas que não pode ver porque não pode dizê-las e não sabe como dizê-las. A linguagem comum funciona sempre como um fixador.

Isto posto, existem vários perigos. O primeiro é o próprio conceito de "ciência". A seu favor, é preciso dizer que a ciência, muito mais do que uma visão do mundo, é uma forma de *ação* sobre o mundo. Inclui certamente a necessidade de trabalhar com as melhores ferramentas e técnicas disponíveis. Algumas dessas ferramentas e técnicas específicas da complexidade incluem as meta-heurísticas, a modelagem e a simulação, a teoria da complexidade computacional, a ciência de grandes bancos de dados, se desejado, as lógicas não clássicas[12], entre outras.

---

[11] Cf. Carlos Eduardo Maldonado, *Camino a la complejidad: revoluciones – científicas e industriales: investigación en complejidad*, Ciudad de Guatemala: Asociación Rujotay Na'oj, 2020.

[12] Esta indicação tem apenas e precisamente um valor deítico. Embora tradicionalmente a lógica formal clássica seja um instrumento de ciência, as lógicas não clássicas não são, de modo algum, uma ferramenta, mas sim uma das ciências da complexidade. Dizer, aqui, que estas são um dos instrumentos das ciências da complexidade tem, portanto, valor meramente indicativo; não devemos interpretá-lo literalmente.

No entanto, existe o risco real do cientificismo, isto é, o reducionismo de qualquer explicação ou compreensão do mundo, da natureza e da realidade aos referenciais, rigorosos, da ciência em geral, e então, o predomínio da ciência (isto é, as ciências naturais) acima dos outros componentes da ecologia do conhecimento.

Esse perigo é evidente, dado que há uma lacuna enorme nesse campo. Trata-se do trabalho sobre as artes e a estética, e a seu respeito, por derivação, das humanidades em geral. Uma revisão cuidadosa dessas áreas revela uma enorme lacuna que pode ser interpretada como desconhecimento, ou então como uma profunda assimetria, que acaba justamente acentuando o risco de cientificismo; algo grave no marco da sociedade do conhecimento. Embora haja alguma bibliografia sobre humanidades e complexidade, a lacuna é ainda maior em relação às artes e à estética. O pouco que existe sobre complexidade e arte ou complexidade e estética, por exemplo, é pobre e altamente limitado (uma parte é definitivamente clássica, de viés kantiano, como se não tivesse havido nenhum progresso na estética desde Kant até agora)[13]. Como se diz eufemisticamente, eis uma oportunidade.

De qualquer modo, é importante observar que o conceito de "ciência", tal como é – com todas as nuances e gradientes que se possam incluir – é restritivo e sempre gera ruído, especialmente para aqueles que têm uma cultura científica pouco sólida ou, em outro espectro, para os partidários do "pensamento complexo", que antecipam, distintivamente, um trabalho epistemológico e, digamos, qualitativo – *tant à la lettre que dans l'esprit*. Dessa forma, existe o risco de reducionismo cientificista. E a verdade é que os trabalhos daqueles que aderem à linha das ciências da complexidade permitem semelhante suspeita. No entanto, não acredito que a expressão "pensamento complexo" seja a solução, devido à qual os conteúdos, aí sim científicos, nesse outro lado, sofrem de raquitismo[14].

---

[13] Cf. Carlos Eduardo Maldonado, *Estética y complejidad: elementos para un estado crítico del arte*, Bogotá: Corporación Creación Arte y Ciencia, 2021.

[14] Cf. Carlos Reynoso, *Modelos o metáforas: crítica del paradigma de la complejidad de Edgar Morin*, Buenos Aires: Sb, 2019.

Do mesmo modo, as ciências da complexidade – ou seja, especificamente aqueles que nelas trabalham[15] – têm o enorme defeito, existente em várias comunidades acadêmicas e científicas nacionais, de somente levar em conta a bibliografia em inglês e, portanto, os autores anglófonos; ou então, levam em conta principalmente a bibliografia publicada em inglês. A América Latina permanece amplamente ignorada por esse grupo de ciências, seus centros e academias, e isso ocorre tanto fora dos espaços físicos e culturais do espanhol quanto dentro; *a fortiori*, a América Latina permanece distante quando o interesse é o pensamento complexo (digamos que, afora isso, há uma tradição muito reduzida nos países hispanofalantes de ler uns aos outros, seus autores, de criticar-se, de incentivar os processos de reflexão e pesquisa. Esse fato inveterado em toda a gama da ciência em geral também afeta o trabalho em complexidade. É inevitável acusar aqui certo colonialismo cultural ou científico, quando a verdade é que há excelentes trabalhos em ciência em geral na América Latina).

O LIMITE LINGUÍSTICO E CULTURAL DAS CIÊNCIAS

É evidente que a ciência se faz, hoje em dia, e já faz tempo, de todas as formas, em inglês. No entanto, a maioria dos autores latino-americanos não é capaz de escrever em inglês. (Além disso, suas publicações em outros idiomas – francês, por exemplo – são também altamente limitadas ou inexistentes). Essa questão convoca, interpela e permeia tanto os partidários do pensamento complexo quanto as ciências da complexidade. Atualmente, esta continua sendo uma questão aberta. O mapa sobre a complexidade de Brian Castellani[16], ruim por ser muito enviesado, é o melhor produto que expressa esse estado das coisas. É aqui que

---

[15] A ciência em geral não existe. Por outro lado, também não as artes ou a filosofia, por exemplo. A ciência existe por meio de comunidades, acadêmicas e científicas, encarnadas em individualidades que têm ou que pertencem a redes. O internalismo e o externalismo, mencionados imediatamente na sequência, contribuem para esclarecer essa ideia.

[16] Brian Castellani, "Map of complexity science", Places & Spaces: Mapping Science, Disponível em: <https://scimaps.org//mapdetail/map_of_complexity_sc_154>.

o chauvinismo determina e reduz a ciência e o pensamento; um tema social, cultural e político, muito mais do que simplesmente linguístico.

Obviamente, o espanhol (e, de passagem, o português) não é – ainda! – o idioma da ciência; no máximo, pela proximidade, o é da literatura e do ensaio, e talvez da cultura, da culinária e da história (devido à importância mundial desse estudo de área que são os "estudos latino-americanos"). Vamos dizê-lo de forma pontual: alguns prêmios Nobel concedidos na América Latina foram forjados, e todos trabalharam fora da América Latina, por exemplo (alguns deles retornaram para seus países, já no final, quando os fatos estavam concluídos).

Surge aqui um tema cultural e político, ao mesmo tempo com toda a gravidade do caso e que exige ações coletivas de grande porte. Refiro-me à necessidade de abordar e aprofundar os temas e problemas referentes aos fatores externos à ciência – o externalismo – que incidem, às vezes, amplamente, sobre os fatores internos à pesquisa – o internalismo. Na verdade, há uma pesquisa muito boa em complexidade na América Latina, que é, no entanto, consideravelmente desconhecida até o momento[17] em cenários mais vastos. Há um amplo trabalho em matéria de complexidade e educação, por exemplo, há boas reflexões sobre complexidade e epistemologia, e as ciências sociais em geral continuam sendo a principal preocupação da comunidade dos complexologistas. No entanto, devido, adicionalmente, à enorme dimensão dos países da região, a maior parte dessa produção só é conhecida localmente. Os organismos científicos de cada país repetem os posicionamentos dos organismos semelhantes na Europa e nos Estados Unidos, dando preferência aos artigos acadêmicos sobre os livros. E, ainda assim, a presença digital dos livros dificilmente é reconhecida até o momento; um paradoxo total nos contextos da sociedade da informação e, por conseguinte, na informatização (ou digitalização) do conhecimento.

Pois bem, as ciências da complexidade têm uma responsabilidade, diante desse estado de coisas, por omissão. É um paradoxo falar de interdisciplinaridade e abordagens transversais sem levar em conta

---

[17] A situação do francês, por exemplo, ou do alemão, é ainda pior do que a do espanhol. O número de revistas indexadas é muito menor em sistemas como o Scimago, o Scopus e o Isi Web of Science.

outras geografias, histórias, línguas e posicionamentos. Vamos dizê-lo de forma sucinta: as ciências da complexidade fazem o jogo – ou são vítimas, da *fast science* –, o que pode expressar-se adequadamente no *publish or perish*. Uma crítica a essa tendência pode ser vista em Stengers[18] e Maldonado[19]; trata-se do movimento mundial em torno da *slow science*. Uma observação política firme se deduz desse ponto.

A importância da interdisciplinaridade, por exemplo, não é diferente do reconhecimento da pluralidade e da diversidade de comunidades acadêmicas e científicas de outras latitudes. A brecha cultural em relação à África, à Europa Oriental, ao Oriente Médio ou ao Sudeste Asiático é ainda maior e mais dramática. O desconhecimento dessas outras geografias e histórias, por assim dizer, não é senão uma apologia indireta ao neocolonialismo, à dependência e ao atraso. Exatamente nesse sentido, é lamentável que os complexologistas em geral exibam uma grande e forte ignorância em relação às culturas tradicionais da América Latina. Essa indiferença para com nossos povos originários é claramente mais um viés evidente de cientificismo. O fato de as ciências da complexidade serem cegas e surdas em relação aos povos originários nos Estados Unidos, na Europa ou no Japão pode ser explicado sem dificuldade. Mas se tal atitude acontece nos países e comunidades da América Latina, é um sinal palpável de uma ignorância simplesmente supina.

Em todo caso, o viés linguístico ou idiomático se traduz também em um viés social, cultural e político. Como resultado, surgem sérias consequências. A atitude das ciências da complexidade de corte anglófono deve-se ao fato de permanecerem prisioneiras da ciência rápida, que é, enquanto *estilo*, ciência normal. Um argumento forte, sem dúvida. Mas que os acadêmicos de prestigiosas universidades da América Latina reproduzam, acriticamente, os mesmos comportamentos que os anglo-saxões é imperdoável, para dizer o mínimo. Elemental e simplesmente, isso mostra que não entenderam o espírito nem a letra da complexidade. Fazem a pesquisa sem ponderá-la, o que denota certa inclinação à imbecilidade.

---

[18] Isabelle Stengers, *Otra ciencia es posible: manifiesto por una desaceleración de las ciencias*, Barcelona: Ned, 2019.

[19] Carlos Eduardo Maldonado, "De la ciencia lenta al pensar: el horizonte de la sabiduría", *Revista Thélos*, Santiago de Chile, 2021.

Existe, em um extremo, uma omissão; e, no outro extremo, por assim dizer, uma limitação. Reciprocamente, ambos os extremos formam um loop de feedback negativo.

O LUGAR DA ÉTICA

A terceira observação crítica diz respeito a um assunto sensível, embora não necessariamente protagonista. Trata-se do lugar da ética e do modo de compreendê-la.

Até o momento, os trabalhos sobre ética e complexidade são muito escassos e, em geral, o que se diz em complexidade sobre a ética continua sendo congruente com a história da ética, a saber: são compreensões distintivamente antropocêntricas ou antropomórficas[20]. Ainda está por desenvolver-se uma ética consistente com fenômenos e problemas como: sistemas distantes do equilíbrio, instabilidades, flutuações, espaços de fase, catástrofes, emergência e outros traços semelhantes. A linguagem dos escassos trabalhos sobre ética e complexidade não tem nada que invejar aos discursos e trabalhos clássicos e normais sobre o assunto, com luzes tão diferentes quanto as de Habermas, Rawls, do neocontratualismo e de vários outros semelhantes. Por isso, as coisas continuam sendo "mais do mesmo".

Em contraste com essa ética de etologia de corte antropológico, antropocêntrico e antropomórfico em geral, a mirmecologia e a primatologia em particular tomaram a liderança nesse sentido[21]. Podemos dizer que a dívida da complexidade com a ética aparece até o momento como não quitada. Sinceramente, uma surpresa, pois é muito o que se "diz", e pouco o que se trabalha; e o que se tem escrito não é revolucionário no sentido preciso da revolução científica representada pelas ciências da complexidade.

---

[20] Cf. Alasdair MacIntyre, *Historia de la ética*, Barcelona: Paidós, 1991; Peter Singer (ed.), *Compendio de ética*, Madrid: Alianza, 1995; Bert Hölldobler e Edward Wilson, *Viaje a las hormigas: una exploración científica*, Barcelona: Crítica Grijalbo Mondadori, 1996; Victoria Camps (ed.), *Historia de la ética*, Barcelona: Crítica, 1999.

[21] Cf. Frans de Wall, *Our Inner Ape: a Leading Primatologist Explains Why We Are Who We Are*, New York: Riverside, 2006; Thomas Seeley, *Honeybee Democracy*, Princeton: Princeton University Press, 2010.

Como se pode ver sem dificuldade, a tradicional assimetria entre ciência e ética permanece acentuada pela ausência ou omissão.

Seja como for, a expressão "ciências da complexidade" é correta, na medida em que aponta para uma nova forma de entender, explicar e atuar sobre o mundo, a natureza e a sociedade. No entanto, a direção para a qual aponta essa compreensão e explicação ainda está aguardando bons/melhores argumentos.

Em todo caso, deve ficar claro que a complexidade consiste em duas coisas ao mesmo tempo. Por um lado, um aparelho epistemológico muito robusto, composto por diferentes ciências, que, por sua vez, incluem numerosas disciplinas, abordagens, aproximações, linguagens e metodologias; por outro lado, um sofisticado aparelho técnico e ferramentas próprias, que incluem, recentemente, o trabalho com grandes bancos de dados (*big data science*) – sempre que sejam necessários –, a matemática combinatória e um conhecimento básico, embora sólido, da teoria quântica, isto é, da mecânica quântica, entre outros. É preciso dizê-lo claramente: o fato de trabalhar com algumas ferramentas da complexidade – digamos, modelagem e simulação – não caracteriza necessariamente um complexologista, ou o trabalho em complexidade. Da mesma forma, por exemplo, o fato de ser um caoísta ou um fractalista não caracteriza necessariamente um complexologista. Antes, pelo contrário, aquilo que integra o aparelho epistemológico e as ferramentas e técnicas é uma estrutura mental (*mindset*), que é uma forma de dizer muito mais do que simplesmente epistemologia, filosofia ou ciência, por exemplo. Pois bem, desenvolver e formar tal estrutura é o objeto da educação combinada com a pesquisa em complexidade. Uma árdua e rigorosa tarefa pendente na América Latina em geral, até o momento.

Como se aprecia sem dificuldade, as observações até este ponto são gerais. Seria interessante, em um trabalho combinado de sociologia, antropologia e história da ciência, fazer algumas particularizações (ou seja, "estudos de caso") sobre as especificidades – isto é, fortalezas, atrofias e outros – de um país para outro, em um estudo comparativo na América Latina. Evidentemente, há pesquisas de algum grau e nível em ciências da complexidade no México, Cuba, Colômbia, Peru, Chile e Argentina (digamos, *en passant*, que em outros países e em alguns desses mesmos países, há também um trabalho sobre pensamento sistêmico e pensamento complexo). No entanto, a marca distintiva é, em geral, até o momento, uma alta desarticulação. Embora algumas redes de colaboração divulgadora sejam recentes e incipientes, e apesar de haver alguns eventos com certa periodicidade, as coisas permanecem marcadas por descontinuidades, voluntarismo e muita contingência. Entretanto, cabe afirmar que é possível vislumbrar algumas luzes que indicam novas direções.

EXPRESSÕES GEOPOLÍTICAS

É importante salientar expressamente que, desde sempre, houve nas fontes da complexidade uma consciência clara sobre sua novidade. Isso pode ser visto nos trabalhos de Prigogine[22], na compreensão acertada de David Ruelle sobre o alcance do caos[23] e nas descobertas de E. Lorenz, a inflexão fundamental que representou a geometria fractal, por parte do próprio Mandelbrot, já em seu último livro autobiográfico[24], por exemplo. Essa consciência da novidade tem se fortalecido ao longo do tempo, embora tenham se passado vários anos desde o nascimento organizacional da complexidade. Manifestamente, a novidade da complexidade coincide, plano por plano, com o fato de que, até hoje, permanece como ciência alternativa, marginal; claramente está longe de se tornar uma corrente principal de pensamento (*mainstream science*).

A mesma consciência de novidade sobre os ares da complexidade também é apreciada do outro lado do Atlântico, onde nasce o pensamento complexo, isto é, com nome próprio, o pensamento da complexidade que gira em torno da obra de Morin. Trata-se, em primeiro lugar, da descoberta de Morin sobre a atmosfera da complexidade[25] e, posteriormente, das reuniões durante sete anos (1969 a 1976) mantidas por

---

[22] Ilya Progogine, *From Being to Becoming: Time and Complexity in the Physical Sciences*, San Francisco: W. H. Freeman, 1980.

[23] David Ruelle, *Azar y caos*, Madrid: Alianza, 1995.

[24] Benoît Meldelbrot, *El fractalista: memorias de un científico inconformista*, Barcelona: Tusquets, 2014.

[25] Edgar Morin, *Le Journal de Californie*, Paris: Seuil, 1970.

Atlan, Attali, Buron, de Rosnay, Laborit, Leroi-Gourhan, Morin, Passet, Rocard e Serres, entre vários outros, em torno do que ficou conhecido como o "grupo dos dez"[26]. A consciência da novidade da complexidade não admite nenhuma dúvida e tem se fortalecido com o tempo e com as dinâmicas acadêmicas e de pesquisa, com os circuitos de conferências, com as revistas especializadas, as coleções editoriais existentes e, finalmente, com a diversificação do espectro das ciências da complexidade[27]. Essa consciência da novidade permanece, no entanto, desprovida de uma grande capacidade de criação ou inovação, de apostas fortes e radicais, ou seja, de desafios para contribuir para ampliar as fronteiras do conhecimento. Essa característica é manifestamente mais forte do lado daqueles que defendem o chamado pensamento complexo, mas as coisas também não são muito diferentes entre aqueles que trabalham expressamente nas ciências da complexidade. É como se as coisas permanecessem apenas na fase de apropriação e socialização do conhecimento.

Em todo caso, a direção para a qual apontam as ciências da complexidade não é precisamente a indicada. Com efeito, as ciências da complexidade parecem estar cada vez mais ligadas aos mais importantes poderes e interesses dominantes atualmente, no mundo ou em cada país[28]. No entanto, é evidente que, até o momento, permanece como ciência marginal ou alternativa e que está muito longe de tornar-se a corrente principal (*mainstream science*) da pesquisa. Existe, em geral, uma tensão entre os centros de poder e de tomada de decisão e a base da sociedade e as possibilidades, fortalezas e capacidades das ciências da complexidade. Gostaria de dizer expressamente que, até o momento, essa tensão é um fato positivo, e que é desejável que estas ainda não tenham sido cooptadas pelo aparelho de poder, como aconteceu, amplamente, com outras formas afins ou próximas do pensamento complexo. Digamos que os estamentos dominantes já sabem da existência da complexidade, mas ainda não sabem como apropriar-se dela. Embora o pensamento

---

[26] Cf. Brigitte Chamak, *Le Groupe des dix*, Paris: Rocher, 1997.

[27] Outras ciências e disciplinas vieram ora para integrar, ora para diversificar, no seio do corpus da complexidade. Trabalhei nessa direção em outros textos.

[28] Cf. Pablo González Casanova, *Las nuevas ciencias y las humanidades: de la academia a la política*, Barcelona: Anthropos, 2004.

complexo já tenha sido cooptado pelas instituições (*horribile dictum*), as ciências da complexidade ainda mantêm uma potência crítica, libertadora ou emancipadora. Basta lançar um olhar cuidadoso para a interseção entre a gestão do conhecimento (*knowledge management*), as políticas públicas e de lobby, e os altos e baixos sociológicos em termos de complexidade; da França e da Espanha aos Estados Unidos e à Inglaterra, do México e da Argentina ao Chile e ao Brasil, da Colômbia à Alemanha e da Itália a Cuba, por exemplo. Não existem até o momento estudos comparativos entre países, embora haja diversos trabalhos sobre diferentes autores, trabalhos de boa qualidade, é preciso dizer.

Infelizmente, esse é um motivo para reflexão que deve ficar de fora por razões de espaço[29]. Pois bem, existe uma ambivalência no plano das correspondências entre academia, ciência e pesquisa, por um lado, e política, sociedade e poderes, por outro, e é evidente que tal ambivalência não é saudável nem desejável. Conjecturo que esta não poderá resolver-se a partir dos fundamentos da ortodoxia das ciências da complexidade em inglês, mas sim, pode acontecer, como de fato já acontece, em outros contextos linguísticos e, portanto, culturais e sociais. Afinal de contas, as coisas ainda estão prestes a se desenvolver completamente na América Latina e, além disso, não é estritamente necessário que os caminhos sejam os mesmos. O impulso social, cultural e político da ciência é sempre um elemento sensível que não pode ser descartado de forma alguma. A ciência se deve à sociedade, e as sociedades são diferentes em razão de sua história, guerras, pesares, alegrias, esperanças e horizontes, ontogenética e filogeneticamente falando.

CONTROLE E LIBERTAÇÃO

Digamos, aqui, por enquanto, de forma genérica, que existem ciências e disciplinas de controle e disciplinas e ciências emancipadoras ou libertadoras. A administração e o direito podem ser vistos, sem dificuldade,

---

[29] Cf. Carlos Eduardo Maldonado, "Reflexión sobre las consecuencias políticas de la complejidad", *Revista Alpha*, Bogotá, 2014; "Biological Hypercomputation: Social and Political Implications", Ann Arbor: University of Michigan Press, 2021.

como disciplinas de controle e manipulação, assim como as finanças, por exemplo; todos os estudos sobre segurança e defesa são eminentemente sobre controle. Pois bem, a história é uma disciplina politicamente incorreta devido a seu espírito emancipador, bem como a filologia e a antropologia. Nesse sentido, pode se dizer que as ciências da complexidade são emancipadoras, embora o que pode se denominar como a corrente principal destas não o seja; com nome próprio, essa corrente exclusiva ou distintivamente anglófona. Essa tensão não se resolve unicamente do ponto de vista da academia e da pesquisa, mas sim do ponto de vista da ancoragem social e da força social e política da ciência em geral. Essa observação nos permite avançar para o próximo aspecto.

A ciência – como a filosofia e as artes, em geral –, tem sempre um força social e cultural e, se não reflete essa força, pelo menos a plasma e se deve a ela. Essa é exatamente a ligação muito delicada e sensível entre o internalismo e o externalismo – que já abordamos aqui –, mas que permanece oculta, silenciosa ou secundária no marco em geral dos complexologistas. Dado que aqui trato das ciências da complexidade, a crítica então recai imediatamente sobre essa comunidade.

De forma atávica, as ciências da complexidade acentuam ou permanecem amplamente no espectro do internalismo. Um olhar desprevenido para as publicações em torno do mundo coloca isso em evidência. Uma consciência aberta e explícita sobre a necessidade de combinar harmoniosamente o internalismo e o externalismo permanece como um ponto cego. No entanto, sim, é verdade que, nos últimos anos, há inúmeros trabalhos conscientes da importância de combinar o impacto acadêmico e científico com o impacto social. Cabe pensar que essa crescente tendência vai aumentar e se expandir.

COMPLEXIDADE NA AMÉRICA LATINA

Pois bem, uma das forças mediadoras entre o impacto científico e o impacto social é a educação. Mencionei em outro momento[30] que

---

[30] Cf. Carlos Eduardo Maldonado, *Las ciencias de la vida son ciencias de la complejidad*, Santiago de Chile: Trepen, 2021.

uma das fortalezas dos trabalhos sobre a complexidade na América Latina é a educação. De longe, o mais forte dos capítulos é a educação popular. No entanto, há uma forte tendência consolidada de trabalhar complexidade e educação; na Bolívia, na Argentina ou no Chile, no Brasil, na Colômbia ou no México, por exemplo. Pois bem, o impulso social e cultural nem sempre é tão explícito, rico e prolífico nos trabalhos sobre a educação desde o Cone Sul até o México. Minha própria posição é que é impossível fazer uma boa ciência sem um compromisso aberto e ousado com a vida em geral. Essa expressão deve e pode ser ampliada, matizada e traduzida, mas o espaço aqui é limitado para isso. Ninguém pode fazer uma boa academia, ciência, filosofia e pesquisa sem uma tematização explícita e direta sobre as interseções entre o internalismo e o externalismo, dizendo de forma genérica. Sem dúvida, os trabalhos nessa direção não são abundantes. Trata-se de uma questão que acaba por afetar tanto as sociedades, grupos e comunidades quanto os próprios acadêmicos e pesquisadores. A timidez política da maior parte dos complexologistas é alarmante. Refiro-me, explícita e diretamente, ao compromisso em torno de uma política de vida, em volta da qual, por assim dizer, cabe expor outros aspectos, cores, bandeiras e detalhes.

Em estreita ligação com o aspecto que acabamos de mencionar, é necessária outra observação. Trata-se de um viés delicado por parte das ciências da complexidade.

Evidentemente, a melhor ferramenta já desenvolvida para a ciência em geral é a computação. Melhor do que o esquadro, a régua ou o compasso e mais ampla que o microscópio e o telescópio, uma vez que na pesquisa de ponta ambos são perfeitamente inseparáveis da computação, por exemplo. E claramente melhor do que o cálice e a espada[31].

As ciências da complexidade foram assimiladas, particularmente por estranhos, como ciências vinculadas à modelagem e à simulação. Prestigiosos centros acadêmicos na América Latina, por exemplo, ou não admitem doutorandos sem conhecimentos básicos sobre o assunto, ou ainda, o que é louvável, concentram-se fortemente nas

---

[31] Cf. Riane Eisler, *El cáliz y la espada: nuestra historia, nuestro futuro*, Madrid: Cuatro Vientos, 1987.

habilidades computacionais de seus estudantes, egressos e acadêmicos. Em suma, a partir dessa perspectiva, é impossível falar da e trabalhar com a complexidade sem passar pelo trabalho com linguagens de programação.

Fundamentais como o são, as linguagens de programação são, simplesmente, ferramentas de trabalho. Assim, há um forte viés para unificar completamente o trabalho em complexidade com a computação. Acredito que, culturalmente falando, o desconhecimento dos elementos computacionais hoje em dia é imperdoável. Afinal de contas, como a Organização das Nações Unidas para a Educação, a Ciência e a Cultura acertadamente salientou, a principal forma de analfabetismo contemporâneo é o analfabetismo tecnológico, especificamente o analfabetismo computacional (dentro do qual, e isso é um truísmo, incluem-se as ferramentas informáticas).

Uma razão pela qual as ciências da complexidade são sociologicamente muito menos conhecidas na América Latina, em contraste com o pensamento complexo, reside no prestígio de, no trabalho com, e nas suficiências em ferramentas computacionais, que são concomitantes com particularidades de caráter matemático, físico, químico e biológico. Essa característica é ao mesmo tempo uma fortaleza das ciências da complexidade e a razão pela qual, manifestamente, os trabalhos mais conhecidos em complexidade em todo o mundo são os deste grupo de ciências. Eis um viés que é indispensável discutir abertamente, mas que pode ser superado sem dificuldade. Tudo depende precisamente de um processo de alfabetização que passa, fundamentalmente, pela aprendizagem de linguagens de programação, sua lógica, sua heurística, suas metodologias e técnicas. No entanto, enquanto o processo de educação não avançar nesse sentido, o viés permanecerá, e as críticas não serão injustificadas.

CONCLUSÕES

Os homens e mulheres da ciência são mulheres e homens de ação. A ciência é uma forma de ação sobre o mundo. Nesse sentido, as ciências da complexidade envolvem uma atitude e um compromisso determinados. É muito mais do que simplesmente ética e valores, por exemplo. Pois bem, os sistemas de complexidade crescente são definidos radicalmente pelos graus de liberdade que implicam, admitem ou permitem. Ou seja, quanto maior o grau de liberdade, maior a complexidade. Assim, se as ciências da complexidade não têm absolutamente nenhuma relação com a ciência clássica ou normal (falando kuhnianamente), é porque seu problema de base é a vida, isto é, compreender, explicar, exaltar, tornar possível tanto como resta imaginar, cuidar e preencher de conteúdo, sentido, qualidade e dignidade a vida; a vida humana e a vida em geral; a vida tal como a conhecemos, tanto quanto a vida tal como poderia ser. Sem rodeios, as ciências da complexidade são ciências da vida. Na ampla família da complexidade – que inclui membros tão diferentes quanto a cibernética, de primeira e segunda ordem, o pensamento complexo, o pensamento sistêmico, o holismo, e as próprias ciências da complexidade –, o traço distintivo das ciências da complexidade é sua preocupação com a vida. Qualquer preocupação com o humano não se elimina nem se dilui; pelo contrário, é integrada no quadro mais amplo, inclusivo e complexo de preocupação com a vida. No horizonte, o que emerge é uma transformação radical na própria natureza do conhecimento.

REFERÊNCIAS

CAMPS, Victoria (ed.). *Historia de la ética*. Barcelona: Crítica, 1999.
CASTELLANI, Brian. "Map of complexity science". Places & Spaces: Mapping Science. Disponível em: <https://scimaps.org//mapdetail/map_of_complexity_sc_154>. Acesso em: 26 jul. 2021.
CASTI, John. *Complexification: Explaining a Paradoxical World Through the Science of Surprise*. New York: HarperPerennial, 1995.
CHAMAK, Brigitte. *Le Groupe des dix*. Paris: Rocher, 1997.
COWAN, George; PINES, David; MELTZER, David. *Complexity: Metaphors, Models and Reality*. Cambridge: Perseus, 1999.

DE WAAL, Frans. *Our Inner Ape: a Leading Primatologist Explains Why We Are Who We Are*. New York: Riverside, 2006.

EISLER, Riane. *El cáliz y la espada: nuestra historia, nuestro futuro*. Madrid: Cuatro Vientos, 1987.

GLEICK, James. *Caos: la creación de una ciencia*. Barcelona: Seix Barral, 1988.

GONZÁLEZ CASANOVA, Pablo. *Las nuevas ciencias y las humanidades: de la academia a la política*. Barcelona: Anthropos, 2004.

HÖLLDOBLER, Bert; WILSON, Edward. *Viaje a las hormigas: una exploración científica*. Barcelona: Crítica Grijalbo Mondadori, 1996.

KAKU, Michio. *The God Equation: The Quest for a Theory of Everything*. New York: Doubleday, 2021.

KAUFFMAN, Stuart. *A World Beyond Physics*. Oxford: Oxford University Press, 2019.

MALDONADO, Carlos Eduardo. "Biological Hypercomputation: Social and Political Implications". Em: ELLIOTT, Euel; KIEL, Douglas (ed.). *Complex System in the Social and Behavioral Sciences: Theory, Method and Application*. Ann Arbor: University of Michigan Press, 2021.

MALDONADO, Carlos Eduardo. *Camino a la complejidad: Revoluciones – científicas e industriales: investigación en complejidad*. Ciudad de Guatemala: Asociación Rujotay Na'oj, 2020.

MALDONADO, Carlos Eduardo. *Complejidad de las ciencias sociales: y de las otras ciencias y disciplinas*. Bogotá: Desde Abajo, 2016.

MALDONADO, Carlos Eduardo. "Complejidad de los sistemas sociales: un reto para las ciencias sociales". *Cinta Moebio*. Santiago de Chile: 2009, n. 36.

MALDONADO, Carlos Eduardo. "De la ciencia lenta al pensar: el horizonte de la sabiduría". *Revista Thélos*. Santiago de Chile: 2021. (No prelo).

MALDONADO, Carlos Eduardo. *Estética y complejidad: elementos para un estado crítico del arte*. Bogotá: Corporación Creación Arte y Ciencia, 2021.

MALDONADO, Carlos Eduardo. "Exploración de una teoría general de la complejidad". Em: MALDONADO, Carlos Eduardo (ed.). *Complejidad: revolución científica y teoría*. Bogotá: Editorial Universidad del Rosario, 2009.

MALDONADO, Carlos Eduardo. *Las ciencias de la vida son ciencias de la complejidad*. Santiago de Chile: Trepen, 2021.

MALDONADO, Carlos Eduardo. "Reflexión sobre las consecuencias políticas de la complejidad". *Revista Alpha*. Bogotá: 2014, n. 38.

MANDELBROT, Benoît. *El fractalista: memorias de un científico inconformista*. Barcelona: Tusquets, 2014.

MACINTYRE, Alasdair. *Historia de la ética*. Barcelona: Paidós, 1991.

MITCHELL, M. *Complexity: A Guided Tour*. Oxford: Oxford University Press, 2009.

MORIN, Edgar. *Le Journal de Californie*. Paris: Seuil, 1970.

PAGELS, Heinz. *Los sueños de la razón: el ordenador y los nuevos horizontes de las ciencias de la complejidad*. Barcelona: Gedisa, 1991.

PRIGOGINE, Ilya. *From Being to Becoming: Time and Complexity in the Physical Sciences*. San Francisco: W. H. Freeman, 1980.

REYNOSO, Carlos. *Modelos o metáforas: crítica del paradigma de la complejidad de Edgar Morin*. Buenos Aires: Sb, 2019.

RODRÍGUEZ ZOYA, Leonardo. "Las vertientes de la complejidad: diferencias y convergencias". Érudit. París: 2019.

RUELLE, David. *Azar y caos*. Madrid: Alianza, 1995.

SEELEY, Thomas. *Honeybee Democracy*. Princeton: Princeton University Press, 2010.

SINGER, Peter (ed.). *Compendio de ética*. Madrid: Alianza, 1995.

STENGERS, Isabelle. *Otra ciencia es posible: manifiesto por una desaceleración de las ciencias*. Barcelona: Ned, 2019.

WALDROP, Mitchell. *Complexity: The Emerging Science at the Edge of Order and Chaos*. New York: Touchstone, 1993.

DA CABEÇA MALFEITA À CABEÇA MAL ORGANIZADA: OS DESAFIOS À EDUCAÇÃO NO CHILE PARA O PRÓXIMO SÉCULO[1]

Jaime Retamal S.

A POLÍTICA EDUCACIONAL FRAGMENTADA

O paradoxo ou oximoro apontado por Edgar Morin como desafio da educação no início dos anos 2000 em *A cabeça bem-feita: repensar a reforma, reformar o pensamento*[2] não deixa de ter um efeito diluente em um sistema educacional como o chileno, estruturado – e reformado – a partir do paradigma neoliberal[3] em todas as suas dimensões. De fato, o Chile tem uma longa tradição neoliberal que começou com as reformas

---

[1] Este texto integra uma investigação financiada pela Agencia Nacional de Investigación y Desarrollo (ANID) por meio do projeto do Fondo Nacional de Desarrollo Científico y Tecnológico (Fondecyt) nº 1.200.196.

[2] Edgar Morin, *La cabeza bien puesta: repensar la reforma, reformar el pensamiento*, Buenos Aires: Nueva Visión, 2002.

[3] Cf. Serge Audier, *Néo-libéralisme(s): une archéologie intellectuelle*, Paris: Grasset, 2012; *Penser le "Néolibéralisme": le moment néolibéral, Foucault et la crise du socialisme*, Lormont: Le Bord de L'Eau, 2015; David Harvey, *Breve historia del neoliberalismo*, Madrid: Akal, 2007; Manfred Steger e Ravik Roy, *Neoliberalismo*, Madrid: Alianza, 2011.

implementadas na ditadura civil-militar dos anos 1970, que foram drástica e violentamente orientadas[4] pela lógica de mercado. No entanto, pouco se sabe ou se discute que essa mesma lógica orientou e se inseriu em todos os governos democráticos entre os anos 1990 e 2000, perdurando até hoje[5], nos quais fica evidente, por exemplo, uma governança neoliberal da educação conhecida como *system performance-based accountability*, gerando consequências para professores e escolas[6].

As políticas de privatização no Chile continuaram avançando com base nos princípios neoliberais[7] e em acordos ou consensos políticos da classe política dominante[8]. No entanto, esse avanço das políticas públicas neoliberais no setor da educação tem sido colocado em xeque por mobilizações sociais[9], às vezes de forma radical[10],

---

[4] Cf. Alfredo Jocelyn-Holt, *El Chile perplejo*, Santiago de Chile: DeBolsillo, 2014; Julio Pinto Vallejos e Gabriel Salazar, *Historia contemporánea de Chile*, Santiago de Chile: LOM, 1999.

[5] Cf. Daniel Johnson Mardones, "La pandemia como experiencia educacional: algunas reflexiones sobre la escolaridad y su estudio", *Currículo sem Fronteiras*, 2020.

[6] Cf. Antoni Verger, Gerard Ferrer-Esteban e Lluís Parcerisa, "In and out of the 'pressure cooker': Schools' varying responses to accountability and datafication", New York: Routledge, 2021.

[7] Cf. Romuald Normand, *Gouverner la Réussite scolaire: une arithmétique politique des inégalités*, Berne: Peter Lang, 2011; Antoni Verger, "The Global Diffusion of Education Privatization: Unpacking and Theorizing Policy Adoption", Hoboken: Wiley Blackwell, 2016.

[8] Cf. Jorge Alarcón-Leiva, Emma Johnston e Claudio Frites-Camilla, "Consenso político y pacto educativo. Postpolítica y educación en Chile (1990-2012)", *Universum*, Talca: 2014; Alejandra Falabella, "Going Left or Right? A Study of the Policy Rationale of the Chilean Center-Left Coalition Concertación in Education". *Education Policy Analysis Archives*, Tempe: 2021; Jaime Retamal S., *Nos siguen pegando abajo*, Santiago de Chile: Ceibo, 2013; Carlos Ruiz Schneider, "Educación y política en la transición chilena", Santiago de Chile: LOM, 2018; Felipe Zurita, "Políticas educacionales y dictadura cívico-militar en Chile (1973-1990): el proceso de transformación neoliberal y autoritario de los espacios formativos y de trabajo del profesorado", *Education Policy Analysis Archives*, Tempe: 2021.

[9] Cf. Rodrigo Cornejo *et al.*, "The struggle for education and the neoliberalism reaction", Leiden: Brill, 2010; Mario Garcés, *El despertar de la sociedad: los movimientos sociales en América Latina y Chile*, Santiago de Chile: LOM, 2012.

[10] As mobilizações sociais que começaram em 18 de outubro de 2019 levaram à configuração, em 2021, de uma assembleia para elaborar uma nova constituição para o país, uma Constituição política. Cf. Gabriel Salazar, *En el nombre del poder popular constituyente (Chile, Siglo XXI)*, Santiago de Chile: LOM, 2015; Jaime Bassa Mercado, Juan Carlos Ferrada Bórquez e Christian Viera Álvarez (ed.), *La Constitución que queremos: propuestas para un*

diante das profundas desigualdades que abalam o país, seja desigualdades econômicas, culturais, sociais, ecológicas[11], territoriais e étnicas[12], seja de gênero[13] ou de classe[14], mas principalmente as graves desi-

---

momento de crisis constituyente, Santiago de Chile: LOM, 2019. Entre as manifestações mais dramáticas desse período estão as do presidente milionário Sebastián Piñera, que afirmou em 20 de outubro de 2019, após estabelecer um estado de exceção no país: "Estamos em guerra contra um inimigo poderoso, implacável, que não respeita nada nem ninguém". Cf. Federico Navarro e Carlos Tromben, "'Estamos en guerra contra un enemigo poderoso, implacable': los discursos de Sebastián Piñera y la revuelta popular en Chile", *Literatura y Lingüística*, Santiago de Chile: 2019. Ao mesmo tempo, sua esposa, a primeira-dama Cecília Morel, alertava em uma postagem em rede social: "Estamos absolutamente dominados, é como uma invasão alienígena, não sei como descrever". Cf. "Protestas en Chile: la controversia después de que la primera dama Cecilia Morel comparase las manifestaciones con 'una invasión alienígena'". Disponível em: <https://www.bbc.com/mundo/noticias-america-latina-50152903>. Em 10 de novembro de 2019 o jornal *The New York Times* publicou "'It's Mutilation': The Police in Chile Are Blinding Protesters", no qual apontava o resultado de um mês de repressão no país e as massivas lesões oculares das quais os manifestantes foram vítimas. Cf. Brent McDonald, Miguel Tovar e Armando de la Cruz, "'It's Mutilation': The Police in Chile Are Blinding". Disponível em: <https://www.nytimes.com/video/world/americas/100000006795557/chile-protesters-shot-eye.html?smid=nytcore-ios-share>. Em relação às violações de direitos humanos iniciadas em outubro de 2019 por policiais e militares, em março de 2020 o Instituto Nacional de Direitos Humanos do Chile concluiu que: "Segundo dados do Ministério Público, o número de vítimas registradas até o momento chega a 8.575". Mapa de Violaciones a los Derechos Humanos. Instituto Nacional de Derechos Humanos. Disponível em: <https://mapaviolacionesddhh.indh.cl/>.

[11] Cf. Carola García e Luis Manuel Flores, "Los estudiantes secundarios frente a los desafíos ciudadanos del cambio climático", Santiago de Chile: FCE, 2021.

[12] Cf. Fernando Pairicán Padilla, *Malon: la rebelión del movimiento mapuche, 1990-2013*, Santiago de Chile: Pehuén, 2014; María Emilia Tijoux, *Racismo en Chile*, Santiago de Chile: Universitaria, 2016.

[13] Cf. Julieta Kirkwood, *Ser política en Chile: las feministas y los partidos*, Santiago de Chile: LOM, 2010; *Lastesis: antología de textos feministas*, Santiago de Chile: Debate, 2021; *Lastesis: quemar el miedo: un manifiesto*, Santiago de Chile: Planeta, 2021.

[14] Cf. Nicolás Angelcos *et al.*, "La movilización juvenil desde las clases sociales", Santiago de Chile: FCE, 2021; Rodrigo Cornejo, "Políticas y reformas escolares: el experimento educativo chileno y su evolución", Santiago de Chile: LOM, 2018. A OCDE afirmou em relatório oficial de 2004 que o sistema educacional chileno "está estruturado conscientemente por classes". Cf. OECD, *Revisión de políticas nacionales de educación*, Paris: OECD, 2004, p. 277.

gualdades educacionais[15] cotidianas, que após décadas de iniciativas de reformas internas neoliberais acarretaram consequências inaceitáveis[16]. Os modelos pró-mercado de financiamento para a educação escolar[17] e universitária[18], a introdução de lógicas de concorrência entre escolas públicas e privadas sem impactos positivos para o desenvolvimento dos alunos[19], a cultura de escolher a escola[20], a datamação das decisões[21], a administração gerencial promovida na liderança da gestão e direção escolar[22], a criminalização escolar[23], o modo neoli-

---

[15] Cf. Seth Zimmerman, "Elite Colleges and Upward Mobility to Top Jobs and Top Incomes", *American Economic Review*, Nashville: 2019.

[16] Cf. Jaime Retamal S., "Mercado, lucro y neoliberalismo: antirrelatos para la educación de Pinochet", Santiago de Chile: Ariel Planeta, 2012.

[17] Cf. Martin Carnoy, "National Voucher Plans in Chile and Sweden: Did Privatization Reforms Make Better Education?", *Comparative Education Review*, Chicago: 1998.

[18] Cf. Patricio Meller, *Universitarios, el problema no es el lucro, es el mercado*, Santiago de Chile: Uqbar, 2013; Maria Luisa Quaresma e Cristóbal Villalobos Dintrans, "La (re)producción de las élites en tiempos de democratización del sistema universitario: análisis conceptual a partir de las experiencias latinoamericanas". *Ciencias Sociales y Educación*, Medellín: 2018; Cristóbal Villalobos, María Luisa Quaresma e Gonzalo Franetovic, "Mapeando a la élite en las universidades chilenas: un análisis cuantitativo-multidimensional", *Revista Española de Sociología*, Madrid: 2020.

[19] Martin Carnoy, "Educational Policies in the Face of Globalization: Whither the Nation State", Sussex: Wiley Blackwell, 2016, p. 25; Carmelo Galioto e Rodrigo Henríquez Vásquez, "Una perspectiva histórica sobre los usos y significados del concepto de calidad en las políticas escolares chilenas", *Education Policy Analysis Archives*, Tempe: 2021; Romuald Normand, "Elección de escuelas y privatización de la educación pública", Santiago de Chile: LOM, 2018.

[20] Cf. Alejandro Carrasco e Ernesto San Martín, "Voucher System and School Effectiveness: Reassessing School Performance Difference and Parental Choice Decision-Making", *Estudios de Economía*, Santiago de Chile: 2012.

[21] Cf. Romuald Normand, *The Changing Epistemic Governance of European Education: The Fabrication of Homo Academicus Europeanus?*, Strasbourg: Springer, 2016; Maurice Stucke e Allen Grunes, *Big Data and Competition Policy*, Oxford: Oxford University Press, 2016.

[22] Cf. Romuald Normand e Antoni Verger, "Nueva gestión pública y educación: elementos teóricos y conceptuales para el estudio de un modelo de reforma educativa global", *Educação & Sociedade*, Campinas: 2015; Vicente Sisto, "Managerialismo versus prácticas locales: la decolonización del discurso managerial desde la vida de la escuela", *Cuadernos de Administración*, Bogotá: 2019.

[23] Cf. Jaime Retamal S., "¿Aula segura o aula ciudadana?", *Saberes Educativos*, Santiago de Chile: 2019.

beral de inclusão escolar[24], a promoção da inovação tecnocrática que produz novas subjetividades[25] em substituição a uma didática pedagógica, ou a deterioração do ambiente escolar[26] são formas exemplares em que o neoliberalismo privatizante, o reformismo interno neoliberal ou a privatização oculta do sistema escolar fragmentam a ideia de uma educação comunitária e socialmente competente, ou coletiva e democraticamente deliberativa.

Enquanto a atomização individualizante avançava na configuração do sistema escolar, a configuração ecológica, solidária, comunitária, igualitária e democrática perdia seu rumo e referência. O neoliberalismo educacional produz e reproduz efetiva e diariamente uma crise da civilização. O modelo extremo do caso chileno é, sem dúvida, um paradigma a se examinar: os atores educacionais são verdadeiros organismos extremófilos. Contudo, aqueles que não querem ver tal realidade consideram essa verdadeira violência estrutural do sistema neoliberal chileno um resultado lógico da experimentação social[27], ou como novos estágios e ciclos de desenvolvimento[28], desafios de uma nova sociedade[29], avanços

---

[24] Cf. Vicente Cisto, "Inclusión 'a la chilena': la inclusión escolar en un contexto de políticas neoliberales avanzadas", *Education Policy Analysis Archives*, Tempe: 2019.

[25] Cf. Fabián Guajardo Mañán e Cristina Jara Villarroel, "Educación escolar: cultivando vidas en el mercado educativo", Santiago de Chile: LOM, 2018.

[26] Cf. Luis Manuel Flores González e Jaime Retamal S., "Clima escolar y gestión compleja del conocimiento: desafíos para la investigación educativa y la política pública en violencia escolar", *Magis*, Bogotá: 2011; Jaime Retamal S., "Hacia una ampliación epistemológica del fenómeno de la violencia escolar en Chile", Valparaíso: Universidad de Playa Ancha, 2010; Jaime Retamal S. e Sebastián Omar González García, "De la microviolencia al clima escolar: claves de comprensión desde el discurso de profesores de escuelas públicas de Santiago", *Psicoperspectivas*, Viña del Mar: 2019.

[27] Cf. Cristián Bellei, *El gran experimento: mercado y privatización de la educación chilena*, Santiago de Chile: LOM, 2015.

[28] Cf. Cristián Larroulet e Pedro Montt, "Políticas educativas de largo plazo y acuerdo amplio en educación: el caso chileno", Santiago de Chile: Unesco: PUC, 2010.

[29] Cf. Ricardo Lagos e Oscar Landerretche (ed.), *El Chile que se viene: ideas, miradas, perspectivas y sueños para el 2030*, Santiago de Chile: Catalonia, 2011.

sociais que decorrem de protestos estudantis[30], e até como um fenômeno – o que não deixa de ser sarcástico – de *path dependence*[31]. Fato é que esse paradigmático "rinoceronte" escolar foi planejado, elaborado, interpretado e assumido desde o início da ditadura civil-militar nos anos 1970 como um momento "modernizador", especificamente como "a expressão, na área da educação, de uma determinada concepção de homem e sociedade"[32], ou seja, como o estabelecimento de uma concepção cristã que a ditadura supostamente retomava "considerando a tradição chilena e que moldou o mundo ocidental"[33]. Em outras palavras, os intelectuais da ditadura consideravam que

> [...] o homem é um ser dotado de espiritualidade, fundamento do qual emana a dignidade da pessoa humana. Os direitos naturais do homem são reconhecidos, emanam de sua própria natureza e são superiores ao Estado. Sendo assim, o Estado está a serviço da pessoa e não o contrário[34].

Nesse sentido, estamos diante de uma revolução antropológica – e não apenas social ou econômica –, já que o que se pôs em prática na ditadura civil-militar nos anos 1970, por meio da retórica do respeito ao bem comum e do princípio da subsidiariedade vaticano, foi um papel moderno que relega o Estado a um segundo ou terceiro plano; um princípio modernizador contrário a qualquer postulado marxista anacrônico, como os supostos postulados pré-modernos ou antimodernos que foram referência para o governo democrático de Salvador Allende, que almejava, de acordo com essa nova modernização neoliberal, "formar um novo homem para um novo Chile", ou formar "o revolucionário para implantar a ditadura do proletariado".

---

[30] Cf. Cristián Bellei, Daniel Contreras e Juan Pablo Valenzuela (ed.), *Ecos de la revolución pingüina: avances, debates y silencios en la reforma educacional*, Santiago de Chile: Unicef: Ciae, 2010.

[31] Cf. Cristián Cox, "Política y políticas educacionales en Chile 1990-2010", *Revista Uruguaya de Ciencia Política*, Montevideo: 2012.

[32] Alfredo Prieto Bafalluy, *La modernización educacional*, Santiago de Chile: Pontificia Universidad Católica de Chile, 1983, p. 11.

[33] *Ibidem*, p. 12.

[34] *Ibidem*, p. 12.

Esse exagero retórico é refutável até pelos mesmos fatos e por conservadores ou revisionistas do passado pré-ditatorial[35]. No entanto, isso nos coloca no centro de um debate filosófico, antropológico e político que perdura até os tempos atuais quando questionamos o impacto da lógica do mercado neoliberal e da privatização modernizadora que se inseriu nos sistemas educacionais ou que fragmentou o ensino público no Chile.

O MITO NO CERNE DO DEBATE

Um dos temas debatidos no momento constituinte que já ocorria no Chile antes mesmo da mobilização social de outubro de 2019[36] era a educação como uma das temáticas filosóficas fundamentais[37]. Essa discussão não será fácil, considerando a dimensão múltipla da trama neoliberal que se forma há décadas, ou melhor, considerando a nervura neoliberal que percorre cada um dos sistemas e subsistemas escolares, inclusive levando em conta profundamente a matriz neoliberal que dá sustentação à experiência educacional. O fato de o sistema escolar chileno estar fragmentado devido às múltiplas reformas internas neoliberais está intimamente relacionado com a forma por meio da qual o discurso aparentemente modernizador tem sido difundido[38], não apenas por causa da difusão de dogmas de renomados tecnocratas[39], que aparentemente se mobilizam apenas por evidências, mas sobretudo pela difusão de determinada dogmática ideológica ultramontana, ou seja, de um tipo de intelectual conservador que durante décadas ocultou seus próprios mitos ou arcaísmos religiosos e culturais.

---

[35] Cf. Ivan Núñez Prieto, *La ENU entre dos siglos: ensayo histórico sobre la escuela nacional unificada*, Santiago de Chile: LOM, 2003.

[36] Cf. Claudio Fuentes e Alfredo Joignant, *La solución constitucional: plebiscitos, asambleas, congresos, sorteos y mecanismos híbridos*, Santiago de Chile: Catalonia, 2015.

[37] Cf. Jaime Retamal S., "¿Cómo se articuló en la Constitución política el régimen filosófico que gobierna nuestra educación?", Santiago de Chile: Libros del Amanecer, 2020.

[38] Cf. Martin Hopenhayn e Ernesto Ottone, *El gran eslabón: educación y desarrollo en el umbral del siglo XXI*, Santiago de Chile: FCE, 2000.

[39] Cf. Patricio Silva, *En el nombre de la razón*, Santiago de Chile: Ediciones UDP, 2010.

Seria um equívoco afirmar que esse discurso ultramontano surgiu na ditadura autoritária e neoliberal de 1973, pois se trata de um corpus que já existia antes na circulação de ideias dentro da intelectualidade chilena, fundamentalmente universitária, dos anos 1970. No entanto, essa matriz de arcaísmos, que os intelectuais conservadores já estavam articulando, encontrou uma oportunidade histórica – seu oportunismo – de concretização com a instauração do golpe que inaugurou[40] o longo ciclo – para assim dizer – do "fim da história"[41], combinando antes dos anos 1990 "o breve século XX chileno"[42] e a queda do "câncer marxista" com a "modernização neoliberal"[43]. Podemos dizer com ironia que o Chile sempre foi e sempre será um país modelo[44]. Não faltam exemplos para comprovar essa tese. Para dar apenas uma amostra, citemos um trecho exemplar dos anos 1960 daquele que foi o intelectual mais relevante[45] na articulação arcaica, messiânica e mítica sobre a qual se formou a Constituição de 1981 e o regime autoritário-neoliberal de governo, que atualmente busca-se substituir. Apesar de este trecho ter sido escrito muito antes da queda da democracia chilena, ele representa ou sintetiza o principal mito que está no cerne do atual debate no país, precisamente porque nunca deixou de estar nas últimas décadas.

> O homem é metafisicamente anterior ao Estado [o que equivale a afirmar que] da prioridade ontológica do homem em relação à sociedade surge o fundamento natural não apenas da propriedade privada, mas

---

[40] Cf. René Girard, *La violencia y lo sagrado*, Barcelona: Anagrama, 1983.

[41] Cf. Francis Fukuyama, *¿El fin de la historia? y otros ensayos*, Madrid: Alianza, 2015

[42] Cf. Eric Hobsbawm, *Historia del siglo XX*, Madrid: Crítica, 1998.

[43] Cf. Francisco Rosende e Rolf Lüders (ed.), *Milton Friedman: la vigencia de sus contribuciones: metodología, teoría y política económica*, Santiago de Chile: Pontificia Universidad Católica de Chile, 2014.

[44] Nessa mitomania "latino-americana" (podemos dizer assim) intitulada "devemos seguir o modelo chileno", Alejandro Grimson afirma: "O caso do Chile não pode ser debatido sem mencionar a redução da pobreza, mas também sem ignorar o problema da desigualdade. Elogiar o Chile sem mencionar essa dimensão crucial é uma armadilha". Alejandro Grimson, *Mitomanías argentinas: cómo hablamos de nosotros mismos*, Buenos Aires: Siglo XXI, 2012, p. 57.

[45] Cf. Jaime Guzmán, "El capitalismo y los católicos de tercera posición", *Fiducia*, 1965.

também da livre iniciativa no âmbito econômico [...]. O Estado estaria excedendo sua missão se pretendesse englobar funções que a iniciativa privada está em condições de exercer normalmente. Esse princípio – denominado subsidiariedade e reconhecido como fundamental pela doutrina social católica – se manifesta no âmbito econômico, na livre iniciativa e se aprofunda na natureza e no fim do homem e do Estado[46].

Diante desse arcaísmo devoto da inteligência nacional chilena, cristã e ultramontana católica, que sem hesitar se transformou em uma base relevante de todo o sistema de governo, o aparelho administrativo, a lógica legislativa burocrática e, por último, a tomada de decisões políticas na democracia pós-ditadura chilena, isto é, no Chile pós-Pinochet, cabe questionar o papel histórico dos intelectuais, pois seu acontecimento crítico deve ter sido moldado pela

> emergência do papel [que] corresponde [a eles] efetivamente [em termos de] a desintegração das essências sagradas: desintegração dos grandes mitos na Atenas do século V, desintegração do dogma católico na Europa renascentista, desintegração do direito divino na Europa do século XVIII, desintegração de valores tradicionais na Europa do século XX[47].

Isso raramente aconteceu. Se houve uma emergência crítica nessa base autoritária neoliberal foi justamente na reflexão crítica fundamentada pelas mobilizações sociais e não pela intelectualidade, que no máximo complementou, ressaltou e contribuiu com o reformismo interno neoliberal. Desse modo, existe algo no mito arcaico do neoliberalismo chileno (essa tecnocracia messiânica muito particular) que nos leva a pensar que a cabeça estava malfeita e, principalmente, mal organizada. Em outras palavras, durante essas últimas décadas, tratou-se não apenas de um problema de conteúdo, de ideias, de currículo ou de recursos metodológicos, mas principalmente de um grave problema de organização do conhecimento, de estratégias cognitivas que, do ponto de vista da política, sempre estiveram à beira do conflito ou do dilema ético, a respeito do que deveríamos ensinar as gerações

---

[46] *Ibidem.*

[47] Edgar Morin, "Intelectuales: crítica del mito y mito de la crítica", *Arguments*, París: 1960, p. 97.

futuras, bem como sobre o fenômeno marcante da crise da democracia chilena, nesse caso uma crise da democracia cognitiva que o neoliberalismo (de direita ou de esquerda) nada mais faz do que radicalizar. Enfatizemos que não se trata apenas de quais conteúdos a educação deve ter, mas principalmente de como é sua organização, gestão, distribuição e com quais princípios ou estratégias epistemológicas devemos planejá-la. Nesse sentido, os arcaísmos ultramontanos, cristãos, católicos e antimarxistas estão mais próximos daqui do que deveriam estar no começo do próximo século: voltados aparentemente para o desenvolvimento do progresso, resultam em um evidente desenvolvimento regressivo para a democracia em geral e para a democracia cognitiva em particular. E o que dizer do nosso planeta!

O modelo neoliberal aprisionado nesse arcaísmo ultramontano fragmentou a política. Não apenas fragmentou o conhecimento disciplinar como resultado de sua tecnoburocracia administrativa, mas também drenou – literalmente, embora pareça uma metáfora – a água da nossa própria Terra-Pátria no Chile. Esse é um exemplo atroz que podemos dar ao mundo. O disfarce completamente inventado no qual a inteligência, os intelectuais e os especialistas em educação viveram por décadas foi revelado de maneira progressiva em meio a essa miríade de fragmentos labirínticos que vemos no mundo atual. É como se estivéssemos falando em vão sobre a relatividade de Orwell ou Huxley, em um mundo completamente dominado por máquinas ou computadores, como se os replicantes de *Blade Runner* sonhassem com a liberdade quando seu livre-arbítrio é total e absolutamente uma realidade. Isso foi abordado por Edgar Morin de maneira clara e sem melindres: "A corrente crítica e racional não deve esconder de nós a outra corrente, uma corrente de religiosidade que inspira o intelectual de maneira similar [...] [e que] pode até destruir o pensamento crítico"[48].

A questão é onde esse mito arcaico e regressivo está, por onde circula e quem o organiza depois de décadas de neoliberalismo no Chile. Queiramos ou não, esse mito continua presente no cerne do debate atual em que todas as forças políticas do Chile estão representadas, teoricamente, pelas cadeiras de uma assembleia constituinte, que buscará

---

[48] *Ibidem*, p. 97.

mudar algo que (essa é a nossa hipótese) ainda nem é compreendido de maneira fundamental, muito menos pelos intelectuais da educação. Esse não é aquele velho tema dos iluminados, aqueles que têm uma verdade da/para a história e sofrem porque são mal compreendidos; aqui não se trata apenas de como a cabeça está feita, quais assuntos e conteúdos formam a inteligência dos intelectuais, mas principalmente de como ela está organizada e articulada, se é que está. A hipótese é que ela está desagregada e parcelada, além de fragmentada. Digamos de outra maneira para nossos intelectuais críticos, mas utilizando as mesmas palavras de Edgar Morin, proferidas antes da crise de 1973:

> O problema dos intelectuais de esquerda decorre, por um lado, principalmente da pobreza intelectual à qual a evolução do mundo e a especialização do saber reduzem a intelectualidade e, por outro, da necessidade mitológica causada pela consciência do vazio existencial. Cada vez que uma experiência real destrói essa mitologia, cada vez que o vazio desaparece em uma verdadeira comunhão com base na necessidade de liberdade experimentada em comum, haverá um verdadeiro despertar, conforme ocorreu com os acontecimentos na Polônia e na Hungria, ou na Turquia e na Coreia[49].

Os intelectuais chilenos foram capazes desse verdadeiro despertar? O caso é que, nesse mito central ao debate de que estamos falando, há a direita conservadora e a esquerda, velha ou renovada, mergulhada em um atavismo sombrio, nas sombras da história. Mesmo em uma dicotomia antagônica, elas pensam umas nas outras como parte da escrita da história de um tempo presente, embora sejam mitologias dos anos 1960 e 1970, em um ano como 2021, em que pensamos no século seguinte. A educação no Chile sofreu (ou continua sofrendo) com essas dicotomias do século XX. Não se trata de ser hipócrita com a história, mas tanto o projeto marxista soviético quanto o projeto neoliberal americano se fundamentaram em uma interpretação do progresso e do fim da história a partir de um viés total e absolutamente predador do planeta Terra. Dessa maneira, busca-se ver com clareza os argumentos críticos contra o neoliberalismo e contra o sovietismo. Do contrário,

---

[49] *Ibidem*, p. 105.

é possível cair facilmente em uma espécie de retórica anti-pós-moderna contra o vazio (Lipovetsky), as metanarrativas (Lyotard), a metafísica (Vattimo), o simulacro (Baudrillard) ou a velocidade (Virilio). Sofremos muito na América Latina com esse discurso fácil, retórico e simplista, tanto da esquerda[50] como da direita[51]. Em outras palavras, "não se exige dos intelectuais uma postura de queixosos mal-humorados"[52].

O PARADOXO DA COMPLEXIDADE

O Chile viveu décadas de desaparecimentos, degradação, falsas promessas pela volta à democracia, festa do consumismo, pânico e loucura em Santiago, protestos e sucessivas reformas. Porém, a situação continua paradoxal, pelo menos na educação, composta por um ou outro oximoro: as mesmas pessoas que criticam a educação das cadeiras do poder são as que oferecem alternativas reformistas para a sociedade – segundo elas – do conhecimento. Trata-se das décadas de 1990 e 2000, que desencadearam mobilizações estudantis em 2001, 2006 e 2011 por vários lugares no Chile. As leituras realizadas a partir do pensamento complexo sem dúvida aprofundaram esses paradoxos e enfatizaram ainda mais as forças contraditórias de seus oximoros. A tecnocracia neoliberal da direita e da esquerda já parcelou demais os saberes e conhecimentos educacionais e pedagógicos, fazendo com que as demandas dos estudantes cidadãos não fossem compreendidas. O pensamento parcelado, a política fragmentada e a fragmentação das ciências da educação só causam decepção. É como se a camisa de força do manicômio neoliberal não tivesse saída, a claustrofobia tecnocrática sucumbisse ao medo do debate público e à excentricidade, por exemplo,

---

[50] Cf. Tomás Moulian, *Chile actual: anatomía de un mito*, Santiago de Chile: Lom, 1997; Hugo Zemelman, *Voluntad de conocer: el sujeto y su pensamiento en el paradigma crítico*, Barcelona: Anthropos, 2005; Boaventura de Sousa Santos, *La cruel pedagogía del vírus*, Buenos Aires: Consejo Latinoamericano de Ciencias Sociales, 2020.

[51] Cf. José Joaquín Brunner, *Nueva mayoría: fin de una ilusión*, Santiago de Chile: Ediciones B, 2016; Eugenio Tironi, *Por qué no me creen*, Santiago de Chile: Ugbar, 2016.

[52] Edward Said, *Representaciones del intelectual*, Barcelona: Debate, 2007, p. 152.

do pensamento complexo. Não se compreende, e o pior, não se deseja compreender. Não há uma verdadeira vontade de transformação. Uma simples desobediência civil se torna uma bomba: a explosão do neoliberalismo se manifesta em outubro de 2019 e hoje estamos nessa dinâmica de estabelecer uma nova constituição a partir de uma assembleia cidadã. Nessa retórica, cabe mencionar um discurso proferido uma década antes do golpe de Estado neoliberal de Pinochet: "Uma política fragmentada revela a dificuldade, o fracasso na concepção de uma política que englobe todo o ser humano ou a antropolítica"[53].

Esse paradoxo é não fácil de resolver, e não apenas por causa de décadas de decantação inteligente. Na verdade, o pensamento complexo dilui o pensamento neoliberal, pois requer dele uma reforma do pensamento anterior à da educação. O pensamento complexo alerta que a dificuldade não é apenas epistemológica, mas também política, pois busca-se aprofundar a democracia em uma forma de democracia cognitiva: a imensa produção do neoliberalismo gerou, por sua vez, uma ignorância e uma cegueira imensas[54]. Nesse sentido, se "a incerteza ética impõe-se no coração da política"[55], torna-se cada vez mais necessário resgatar a epistemologia do pensamento complexo, não apenas para ter uma cabeça bem-feita, mas sobretudo para ter uma cabeça bem organizada. Mencionaremos dois desafios, por enquanto. O primeiro é, sem dúvida, entender que, se a política é mais súdita do que soberana da tecnocracia, ou, se a política finalmente se organiza conforme o desenvolvimento neoliberal[56], vale a pena para a educação das próximas gerações – note-se que não acreditamos que uma assembleia constituinte seja elaborada em 2021 – compreender que está no seu próprio devir o fato de saber profundamente que a facticidade da complexidade não conduz à eliminação da simplicidade, pois seria absurdo deixar o ramo de uma fé para se apegar a outra como um primata que não conhece a vertigem dos paradoxos, das ambiguidades

---

[53] Edgar Morin, *Introducción a una política del hombre*, Barcelona: Gedisa, 2002, p. 16.
[54] Cf. Edgar Morin, "Le Grand Dessein", Paris: François Bourin, 2011.
[55] Edgar Morin, *El método 6: ética*, Madrid: Cátedra, 2006, p. 90.
[56] *Ibidem*.

e das contradições. A complexidade aparece[57] apenas onde a simplicidade (do neoliberalismo e de seus tecnocratas, por exemplo) não encontra soluções que sejam ética ou politicamente relevantes. Por sua vez, o segundo desafio consiste em projetar a complexidade para além das soluções que de tempos em tempos levam o nome de "completude", uma vez que aquela esperança de "completação" de saber, de conhecer e de fazer rearticula o pensamento disjuntivo que rompe, interrompe e redireciona o conhecimento e a educação para um novo ciclo de ignorância repleto de mitos arcaicos, entre outros. Se a complexidade aspira ao conhecimento multidimensional, nesse sentido, o desafio da educação é reconhecer um princípio saudável da "incompletude", único princípio empírico, lógico e racional que pode nos levar a uma democracia cognitiva cada vez mais profunda e, pelo mesmo motivo, mais radical. Assim, nos encontraremos no ano de 2100.

REFERÊNCIAS

ALARCÓN-LEIVA, Jorge; JOHNSTON, Emma; FRITES-CAMILLA, Claudio. "Consenso político y pacto educativo. Postpolítica y educación en Chile (1990-2012)". *Universum*. Talca: 2014, v. 29, n. 2.

ANGELCOS, Nicolás et al. "La movilización juvenil desde las clases sociales". Em: ALÉ, Sol; DUARTE, Klaudio; MIRANDA, Daniel (ed.). *Saltar el torniquete: reflexiones desde las juventudes de octubre*. Santiago de Chile: FCE, 2021.

AUDIER, Serge. *Néo-libéralisme(s): une archéologie intellectuelle*. Paris: Grasset, 2012.

AUDIER, Serge. *Penser le "Néolibéralisme": le moment néolibéral, Foucault et la crise du socialisme*. Lormont: Le Bord de L'Eau, 2015.

BASSA MERCADO, Jaime; FERRADA BÓRQUEZ, Juan Carlos; VIERA ÁLVAREZ, Christian (ed.). *La Constitución que queremos: propuestas para un momento de crisis constituyente*. Santiago de Chile: LOM, 2019.

---

[57] Cf. Edgar Morin, *Introduction à la pensée complexe*, Paris: Éditions du Seuil, 1990.

BELLEI, Cristián. *El gran experimento: mercado y privatización de la educación chilena*. Santiago de Chile: LOM, 2015.

BELLEI, Cristrián, CONTRERAS, Daniel; VALENZUELA, Juan Pablo (ed.). *Ecos de la revolución pingüina: avances, debates y silencios en la reforma educacional*. Santiago de Chile: Unicef: Ciae, 2010.

BRUNNER, José Joaquín. *Nueva mayoría: fin de una ilusión*. Santiago de Chile: Ediciones B, 2016.

CARNOY, Martin. "Educational Policies in the Face of Globalization: Whither the Nation State". Em: MUNDY, Karen *et al.* (ed.). *The Handbook of Global Education Policy*. Sussex: Wiley Blackwell, 2016.

CARNOY, Martin. "National Voucher Plans in Chile and Sweden: Did Privatization Reforms Make Better Education?". *Comparative Education Review*. Chicago: 1998, v. 3, n. 42.

CARRASCO, Alejandro; SAN MARTÍN, Ernesto. "Voucher System and School Effectiveness: Reassessing School Performance Difference and Parental Choice Decision-Making". *Estudios de Economía*. Santiago de Chile: 2012, v. 2, n. 39.

CORNEJO, Rodrigo. "Políticas y reformas escolares: el experimento educativo chileno y su evolución". Em: RUIZ-SCHNEIDER, Carlos; REYES JEDLIKI, Leonora; HERRERA JELDRES, Francisco (ed.). *Privatización de lo público en el sistema escolar: Chile y la agenda global de educación*. Santiago de Chile: LOM, 2018.

CORNEJO, Rodrigo *et al.* "The struggle for education and the neoliberalism reaction". Em: DE LA BARRA, Ximena (ed.). *Neoliberalism's Fractured Showcase: Another Chile is Possible*. Leiden: Brill, 2010.

COX, Cristián. "Política y políticas educacionales en Chile 1990-2010". *Revista Uruguaya de Ciencia Política*. Montevideo: 2012, v. 21, n. 1.

FALABELLA, Alejandra. "Going Left or Right? A Study of the Policy Rationale of the Chilean Center-Left Coalition Concertación in Education". *Education Policy Analysis Archives*. Tempe: 2021, v. 29, n. 5.

FLORES GONZÁLEZ, Luis Manuel; RETAMAL S., Jaime Andrés. "Clima escolar y gestión compleja del conocimiento: desafíos para la investigación educativa y la política pública en violencia escolar". *Magis*. Bogotá: 2011, v. 8, n. 4.

FUENTES, Claudio; JOIGNANT, Alfredo. *La solución constitucional: plebiscitos, asambleas, congresos, sorteos y mecanismos híbridos*. Santiago de Chile: Catalonia, 2015.

FUKUYAMA, Francis. *¿El fin de la historia? y otros ensayos*. Madrid: Alianza, 2015.

GALIOTO, Carmelo; HENRÍQUEZ VÁSQUEZ, Rodrigo. "Una perspectiva histórica sobre los usos y significados del concepto de calidad en las políticas escolares chilenas". *Education Policy Analysis Archives*. Tempe: 2021, v. 29, n. 23.

GARCÉS, Mario. *El despertar de la sociedad: los movimientos sociales en América Latina y Chile*. Santiago de Chile: LOM, 2012.

GARCÍA, Carola; FLORES, Luis Manuel. "Los estudiantes secundarios frente a los desafíos ciudadanos del cambio climático". Em: ALÉ, Sol; DUARTE, Klaudio; MIRANDA, Daniel. *Saltar el torniquete: reflexiones desde las juventudes de octubre*. Santiago de Chile: FCE, 2021.

GIRARD, René. *La violencia y lo sagrado*. Barcelona: Anagrama, 1983.

GRIMSON, Alejandro. *Mitomanías argentinas: cómo hablamos de nosotros mismos*. Buenos Aires: Siglo XXI, 2012.

GUAJARDO MAÑÁN, Fabián; JARA VILLARROEL, Cristina. "Educación escolar: cultivando vidas en el mercado educativo". Em: ORELLANA CALDERON, Víctor (ed.). *Entre el mercado gratuito y la educación pública: dilemas de la educación chilena actual*. Santiago de Chile: LOM, 2018.

GUZMÁN, Jaime. "El capitalismo y los católicos de tercera posición". *Fiducia*. 1965, n. 20.

HARVEY, David. *Breve historia del neoliberalismo*. Madrid: Akal, 2007.

HOBSBAWM, Eric. *Historia del siglo XX*. Madrid: Crítica, 1998.

HOPENHAYN, Martin; OTTONE, Ernesto. *El gran eslabón: educación y desarrollo en el umbral del siglo XXI*. Santiago de Chile: FCE, 2000.

JOCELYN-HOLT, Alfredo. *El Chile perplejo*. Santiago de Chile: DeBolsillo, 2014.

JOHNSON MARDONES, Daniel. "La pandemia como experiencia educacional: algunas reflexiones sobre la escolaridad y su estudio". *Currículo sem Fronteiras*. 2020, v. 20, n. 3.

KIRKWOOD, Julieta. *Ser política en Chile: las feministas y los partidos*. Santiago de Chile: LOM, 2010.

LAGOS, Ricardo; LANDERRETCHE, Oscar (ed.). *El Chile que se viene: ideas, miradas, perspectivas y sueños para el 2030*. Santiago de Chile: Catalonia, 2011.

LARROULET, Cristián; MONTT, Pedro. "Políticas educativas de largo plazo y acuerdo amplio en educación: el caso chileno". Em: MARTINIC, Sergio; ELACQUA, Gregory. *¿Fin de ciclo? Cambios en la gobernanza del sistema educativo*. Santiago de Chile: Unesco: PUC, 2010.

LASTESIS: antología de textos feministas. Santiago de Chile: Debate, 2021.

LASTESIS: quemar el miedo: un manifiesto. Santiago de Chile: Planeta, 2021.

LÜDERS, Rolf; ROSENDE, Francisco (ed.). *Milton Friedman: la vigencia de sus contribuciones: metodología, teoría y política económica*. Santiago de Chile: Pontificia Universidad Católica de Chile, 2014.

MAPA DE VIOLACIONES A LOS DERECHOS HUMANOS. Instituto Nacional de Derechos Humanos. Disponível em: <https://mapaviolacionesddhh.indh.cl/>. Acesso em: 15 jul. 2021.

MCDONALD, Brent; TOVAR, Miguel; DE LA CRUZ, Armando. "'It's Mutilation': The Police in Chile Are Blinding". Disponível em: <https://www.nytimes.com/video/world/americas/100000006795557/chile-protesters-shot-eye.html?smid=nytcore-ios-share>. Acesso em: 16 jul. 2021.

MELLER, Patricio. *Universitarios, el problema no es el lucro, es el mercado*. Santiago de Chile: Uqbar, 2013.

MORIN, Edgar. *El método 6: ética*. Madrid: Cátedra, 2006.

MORIN, Edgar. "Intelectuales: crítica del mito y mito de la crítica". *Arguments*. París: 1960, n. 20.

MORIN, Edgar. *Introduction à la pensée complexe*. Paris: Éditions du Seuil, 1990.

MORIN, Edgar. *Introducción a una política del hombre*. Barcelona: Gedisa, 2002.

MORIN, Edgar. *La cabeza bien puesta: repensar la reforma, reformar el pensamiento*. Buenos Aires: Nueva Visión, 2002.

MORIN, Edgar. "Le Grand Dessein". Em: MORIN, Edgar. *Ma Gauche*. Paris: François Bourin, 2011.

MOULIAN, Tomás. *Chile actual: anatomía de un mito*. Santiago de Chile: Lom, 1997.

NAVARRO, Federico; TROMBEN, Carlos. "'Estamos en guerra contra un enemigo poderoso, implacable': los discursos de Sebastián Piñera y la revuelta popular en Chile". *Literatura y Lingüística*. Santiago de Chile: 2019, v. 40.

NORMAND, Romuald. "Elección de escuelas y privatización de la educación pública". Em: RUIZ SCHNEIDER, Carlos; REYES JEDLICKI, Leonora; HERRERA JELDRES, Francisco (ed.). *Privatización de lo público en el sistema escolar: Chile y la agenda global de educación*. Santiago de Chile: LOM, 2018.

NORMAND, Romuald. *Gouverner la Réussite scolaire: une arithmétique politique des inégalités*. Berne: Peter Lang, 2011.

NORMAND, Romuald. *The Changing Epistemic Governance of European Education: The Fabrication of Homo Academicus Europeanus?* Strasbourg: Springer, 2016.

NORMAND, Romuald; VERGER, Antoni. "Nueva gestión pública y educación: elementos teóricos y conceptuales para el estudio de un modelo de reforma educativa global". *Educaçao & Sociedade*. Campinas: 2015, v. 36, n. 132.

NÚÑEZ PRIETO, Ivan. *La ENU entre dos siglos: ensayo histórico sobre la escuela nacional unificada*. Santiago de Chile: LOM, 2003.

OECD. *Revisión de políticas nacionales de educación*. París: OECD, 2004.

PAIRICÁN PADILLA, Fernando. *Malon: la rebelión del movimiento mapuche, 1990-2013*. Santiago de Chile: Pehuén, 2014.

PINTO VALLEJOS, Julio; SALAZAR, Gabriel. *Historia contemporánea de Chile*. Santiago de Chile: LOM, 1999.

PRIETO BAFALLUY, Alfredo. *La modernización educacional*. Santiago de Chile: Pontificia Universidad Católica de Chile, 1983.

"PROTESTAS en Chile: la controversia después de que la primera dama Cecilia Morel comparase las manifestaciones con 'una invasión alienígena'". Disponível em: <https://www.bbc.com/mundo/noticias-america-latina-50152903> Acesso em: 15 jul. 2021.

QUARESMA, Maria Luisa; VILLALOBOS DINTRANS, Cristóbal. "La (re)producción de las élites en tiempos de democratización del sistema universitario: análisis conceptual a partir de las experiencias latinoamericanas". *Ciencias Sociales y Educación*. Medellín: 2018, v. 7, n. 13.

RETAMAL S., Jaime. "¿Aula segura o aula ciudadana?" *Saberes Educativos*. Santiago de Chile: 2019, n. 2.

RETAMAL S., Jaime. "¿Cómo se articuló en la Constitución política el régimen filosófico que gobierna nuestra educación?" Em: *Evadir: la filosofía piensa la revuelta de octubre de 2019*. Santiago de Chile: Libros del Amanecer, 2020.

RETAMAL S., Jaime. "Hacia una ampliación epistemológica del fenómeno de la violencia escolar en Chile". Em: *Violencia escolar: una mirada desde la investigación y los actores educativos*. Valparaíso: Universidad de Playa Ancha, 2010.

RETAMAL S., Jaime. "Mercado, lucro y neoliberalismo: antirrelatos para la educación de Pinochet". Em: *Es la educación, estúpido*. Santiago de Chile: Ariel Planeta, 2012.

RETAMAL S., Jaime. *Nos siguen pegando abajo*. Santiago de Chile: Ceibo, 2013.

RETAMAL S., Jaime; GONZÁLEZ GARCÍA, Sebastián Omar. "De la microviolencia al clima escolar: claves de comprensión desde el discurso de profesores de escuelas públicas de Santiago". *Psicoperspectivas*. Viña del Mar: 2019, v. 18, n. 1.

RUIZ SCHNEIDER, Carlos. "Educación y política en la transición chilena". Em: RUIZ SCHNEIDER, Carlos; REYES JEDLICKI, Leonora; HERRERA JELDRES, Francisco (ed.). *Privatización de lo público en el sistema escolar: Chile y la agenda global de educación*. Santiago de Chile: LOM, 2018.

SAID, Edward. *Representaciones del intelectual*. Barcelona: Debate, 2007.

SALAZAR, Gabriel. *En el nombre del poder popular constituyente (Chile, Siglo XXI)*. Santiago de Chile: LOM, 2015.

SILVA, Patricio. *En el nombre de la razón*. Santiago de Chile: Ediciones UDP, 2010.

SISTO, Vicente. "Inclusión 'a la chilena': la inclusión escolar en un contexto de políticas neoliberales avanzadas". *Education Policy Analysis Archives*. Tempe: 2019, v. 27, n. 23.

SISTO, Vicente. "Managerialismo versus prácticas locales: la decolonización del discurso managerial desde la vida de la escuela". *Cuadernos de Administración*. Bogotá: 2019, v. 32, n. 58.

SOUSA SANTOS, Boaventura de. *La cruel pedagogía del virus*. Buenos Aires: Consejo Latinoamericano de Ciencias Sociales, 2020.

STEGER, Manfred; ROY, Ravik. *Neoliberalismo*. Madrid: Alianza, 2011.

STUCKE, Maurice; GRUNES, Allen. *Big Data and Competition Policy*. Oxford: Oxford University Press, 2016.

TIJOUX, María Emilia. *Racismo en Chile*. Santiago de Chile: Universitaria, 2016.

TIRONI, Eugenio. *Por qué no me creen*. Santiago de Chile: Ugbar, 2016.

VERGER, Antoni. "The Global Diffusion of Education Privatization: Unpacking and Theorizing Policy Adoption". Em: MUNDY, Karen et al. (ed.). *The Handbook of Global Education Policy*. Hoboken: Wiley Blackwell, 2016.

VERGER, Antoni; FERRER-ESTEBAN, Gerard; PARCERISA, Lluís. "In and out of the 'pressure cooker': Schools' varying responses to accountability and datafication". Em: GREK, Sotiria; MAROY, Christian; VERGER, Antoni (ed.). *World Yearbook of Education 2021: Accountability and Datafication in the Governance of Education*. New York: Routledge, 2021.

VILLALOBOS, Cristóbal; QUARESMA, María Luisa; FRANETOVIC, Gonzalo. "Mapeando a la élite en las universidades chilenas: un análisis cuantitativo-multidimensional". *Revista Española de Sociología*. Madrid: 2020, v. 3, n. 29.

ZEMELMAN, Hugo. *Voluntad de conocer: el sujeto y su pensamiento en el paradigma critico*. Barcelona: Anthropos, 2005.

ZIMMERMAN, Seth. "Elite Colleges and Upward Mobility to Top Jobs and Top Incomes". *American Economic Review*. Nashville: 2019, v. 109, n. 1.

ZURITA, Felipe. "Políticas educacionales y dictadura cívico-militar en Chile (1973-1990): el proceso de transformación neoliberal y autoritario de los espacios formativos y de trabajo del profesorado". *Education Policy Analysis Archives*. Tempe: 2021, v. 29, n. 33.

OS SETE CAMPOS DE EXPERIÊNCIAS DA DOCÊNCIA À LUZ DA COMPLEXIDADE: (RE)VIVENDO SABERES DE EDGAR MORIN

Daniele Saheb Pedroso
Michelle Jordão Machado

PROBLEMATIZAÇÕES INICIAIS

A forma do ser humano de se relacionar consigo, com o outro e com a natureza está sofrendo gradativas mudanças, o que impõe questionamentos aos conceitos e concepções até então considerados únicos e/ou verdadeiros. Segundo a perspectiva do pensamento complexo, proposto por Morin, a existência humana deve ser vista de forma integral e indissociável, a partir de uma rede relacional e interdependente em que tudo está interligado. Não significa complicação, mas algo abrangente e profundo, que se distingue do pensamento simplificado e reducionista que apenas é capaz de compreender as partes, e não o todo que caracteriza o sistema complexo, composto por uma tessitura comum, ou melhor, que é "tecido em conjunto"[1].

Considerar a complexidade no plano educacional é pensar uma dimensão ontológica que ajuda a compreender e lidar com as incertezas por meio de uma perspectiva sistêmica e ecológica, de

---

[1] Edgar Morin, *Introdução ao pensamento complexo*, Porto Alegre, Sulinas, 2002, p. 20.

modo a permitir a articulação, a religação, a contextualização e a globalização dos saberes.

Este texto objetiva discutir os sete campos de experiências da docência propostos por Morin, a partir da obra *Os sete saberes necessários à educação do futuro*[2], além dos operadores cognitivos do pensamento complexo[3], contextualizando-os com outros saberes dimensionados em seus escritos. Para tanto, propomos relacionar esses campos com as possibilidades oferecidas pela escola aos seus estudantes quanto a vivências transdisciplinares, apresentando caminhos para refletir e inspirar uma proposta educacional que possibilite articular e religar os conhecimentos, tornando-os pertinentes e contextualizados, algo basilar para as experiências vivenciadas pelos educandos.

A DOCÊNCIA À LUZ DO PENSAMENTO COMPLEXO: ATITUDES E ESTRATÉGIAS

A sala de aula, na perspectiva do pensamento complexo, é um espaço de comunicação, de interação social, a partir da vida prática do sujeito aprendente, que constrói seus novos saberes continuamente para atuar efetiva e reflexivamente no mundo. Por ser uma produção cultural, a aula é um espaço humanamente construído, que vem sendo ressignificado ao longo da história por meio de uma nova perspectiva[4], baseada na pluralidade e no diálogo de saberes, que são agora concebidos como provisórios e questionáveis para as necessidades fundamentais da pessoa.

Essa dimensão da aula exige romper com o paradigma reducionista, linear e fragmentador do conhecimento. A aula passa a ser um espaço que emerge da teia das relações, dos encontros, das atitudes do

---

[2] Idem, *Os sete saberes necessários à educação do futuro*, São Paulo: Cortez, 2011.

[3] Cf. Humberto Mariotti, "Operadores cognitivos do pensamento complexo", São Paulo: Atlas, 2007.

[4] Cf. Edgar Morin, *A cabeça bem-feita: repensar a reforma, reformar o pensamento*, Rio de Janeiro: Bertrand Brasil, 2000.

professor e do estudante. Portanto, não pode ser confundida com sala de aula, classe, programa de ensino, exposição e explanação[5].

Nesse contexto, o papel do professor torna-se essencial, principalmente no planejamento de estratégias didáticas diferenciadas, criativas e inovadoras que possibilitem aflorar a criatividade em seus alunos e tornar espontâneas as expressões de suas ideias, reconhecendo a multidimensionalidade humana e a engenharia complexa que constitui a natureza humana, na qual as dimensões física, cognitiva, psíquica, emocional e espiritual se combinam.

Metodologicamente, significa pensar em instrumentos que integrem o saber-ser, conhecer, fazer e conviver, considerando o conhecimento e a aprendizagem como processos constantes de vir a ser, portanto, inacabados, incompletos. Significa pensar as estratégias de ensino como emergência importante do processo de formação e como facilitadoras da construção do conhecimento, que podem ser previstas, mas também modificadas, dinamizadas, movimentadas, como algo que se constitui de acordo com as necessidades colocadas no ato formativo[6].

Segundo Moraes[7], as estratégias didáticas somente são significativas se desenvolvidas por meio de uma atitude docente vivenciada por ações que contemplem o respeito, a tolerância, a humildade, o comprometimento, a responsabilidade, o amor à vida, à verdade, ao conhecimento, às pessoas. Do ponto de vista etimológico, "atitude" relaciona-se com "ação", o que nos coloca diretamente em contato com nossa rede relacional e possibilita atuar de modo efetivo. Assim, atitude é, a um só tempo, o saber sobre a ação, a possibilidade da ação e a mobilidade da ação, atuando conjunta e simultaneamente no sujeito[8].

---

[5] Cf. Michelle Jordão Machado, "Docência transdisciplinar em ambientes virtuais de aprendizagem: compartilhando narrativas e criando cenários formativos", *Revista Terceiro Incluído*, Goiânia, 2015.

[6] *Ibidem*.

[7] Maria Cândida Moraes, *Pensamento eco-sistêmico: educação, aprendizagem e cidadania no século XXI*, Petrópolis: Vozes, 2008.

[8] Cf. Michelle Jordão Machado, *op. cit.*

Decorre daí a compreensão de atitude como algo vinculado à identidade construída e constituída na subjetividade docente.

Portanto, não há receitas prontas e definitivas para fazer bem uma aula. O que há são atitudes docentes que veem a diversidade como possibilidade de aceitar as diferenças, as contradições, mesmo mantendo oposições, ou seja, que reconhecem o outro como legítimo outro, em uma profunda dimensão de alteridade. Reconhecem, ainda, que a complexidade deve ser entendida como um princípio articulador do pensamento, e não como aquilo que é difícil e complicado de compreender, propondo uma ação educativa que dialoga sempre pensando na possibilidade do terceiro incluído.

Sendo assim, a lógica binária do "é" ou "não é", do "falso" ou "verdadeiro", é substituída pela lógica da complementaridade dos opostos. O docente passa a ser sensível ao outro, à humanidade, à natureza, ao mundo e, acima de tudo, a si mesmo, sendo uma de suas funções primordiais a construção de ambientes que potencializem a dimensão profunda da aprendizagem do estudante. Isso porque a ele é dado o papel de protagonismo real da própria formação, por meio do pensar, do refletir, do hipotetizar, do duvidar, do construir.

OS SETE CAMPOS DE EXPERIÊNCIAS: UM OLHAR SISTÊMICO DOS SABERES SEGUNDO EDGAR MORIN

Os campos de experiências que propomos têm por base *Os sete saberes necessários à educação do futuro*[9], de Morin, bem como os operadores cognitivos do pensamento complexo[10], mas abarcam ainda outros saberes dimensionados em suas obras. Trata-se de um conjunto de saberes integrados ao pensamento complexo que vão além das disciplinas, constituindo uma visão holística do mundo e das coisas, em uma relação circular com os sujeitos aprendentes. Como princípios de um pensamento articulador, não podem

---

[9] Edgar Morin, *Os sete saberes necessários à educação do futuro, op. cit.*
[10] Humberto Mariotti, *op. cit.*

ser vistos como equivalentes àquilo que é difícil e complicado de compreender[11]. Inversamente, deve-se reconhecer a realidade como algo multifacetado, com suas peculiaridades e surpresas, a partir de um olhar abrangente, inclusivo e multidimensional[12].

Pensados a partir da complexidade, os campos de experiências aqui propostos abarcam diferentes dimensões dos saberes, que podem ser dinamizadas com o intuito de resgatar a sensação de plenitude interior, religando sentimentos, pensamentos e ações. Expressam, portanto, dinâmicas experienciais que permitem aos sujeitos aprendentes explorar, pesquisar, imaginar e movimentar a partir da relação do sujeito com ele mesmo, com o outro e com a natureza. Isso não implica supremacia entre os saberes; o que importa é como o sujeito se relaciona com eles para, a partir de sua experiência, tomar a iniciativa da própria formação em função de seu desejo, de sua realidade, de sua necessidade. Favorecem, assim, a implicação, a responsabilização, a autorização e a formulação no processo formativo, considerando um querer que envolve a consciência da presença desse eu no mundo.

Os campos de experiências passaram a ser concebidos como fundantes do currículo, conforme previsto pela Base Nacional Comum Curricular[13]. Porém, como apresentado anteriormente, representam uma visão mais ampla, estritamente relacionada com o pensamento complexo. Pensar a experiência como fundante é assumi-la como *modus operandi* da prática educativa, isto é, reconhecer a experiência como uma valiosa oportunidade para favorecer e operar os aspectos constituintes do desenvolvimento do aprendiz.

A experiência não pode ser contada, informada, narrada. Deve ser vivida pelos sujeitos. Jorge Larrosa Bondía[14] ensina que

---

[11] Edgar Morin e Jean Louis Le Moigne, *A inteligência da complexidade: epistemologia e pragmática*, Lisboa: Epistemologia e Sociedade, 2007.

[12] *Ibidem*.

[13] Brasil, Ministério da Educação, *Base Nacional Comum Curricular*, Brasília, DF: Ministério da Educação, 2018.

[14] Jorge Larrosa Bondía, "Notas sobre a experiência e o saber de experiência", *Revista Brasileira de Educação*, Rio de Janeiro, 2002.

a experiência é uma ação que nos transforma, nos inquieta e nos afeta. Com ela, mobilizamos emoções, curiosidades e pensamentos que acabam por alterar nosso modo de agir. As distintas experiências, muitas vezes vivenciadas na convivência, registram marcas que nos singularizam e sensibilizam, permitindo que qualifiquemos os modos como construímos nossas relações sociais.

A abordagem do currículo por meio dos campos de experiências não pode ser caracterizada como um modelo ou um conjunto de regras sobre o que ensinar, mas sim como uma proposta para a reflexão que antecede essa organização. Dessa forma, é indicada a "toda sociedade e em toda cultura, sem exclusividade nem rejeição, segundo modelos e regras próprias a cada sociedade e a cada cultura"[15].

Vale ressaltar que os campos de experiências não estão concentrados nos anos iniciais ou finais do ensino fundamental, nem no ensino médio ou ensino universitário, já que abordam saídas para problemas específicos presentes em cada um desses níveis. Possibilitam pensar a respeito das fragilidades da educação, por vezes completamente ignoradas, subestimadas ou fragmentadas nos programas educativos.

Acreditamos que fundar o currículo a partir dos campos de experiências, com base no pensamento complexo de Morin – quais sejam: conhecimento pertinente e a condição humana; ética; consciência planetária e sujeito ecológico; reforma do pensamento; prosa e poesia; dialogia e incertezas; vida, aprendizagem e autoeco-organização –, pode mobilizar elementos que contribuam para a compreensão de que a vida se organiza em uma teia[16]. Significa, pois, construir uma proposta pedagógica na qual o conhecimento se constitui por meio de interações e questionamentos, e não nas certezas e conteúdos dados. Isso implica uma indagação sobre o modelo disciplinar e propõe atitudes que superem a visão racionalista e considerem o contexto, as emoções, os sentimentos, a intuição e a espiritualidade como elementos produtores do conhecimento.

---

[15] Edgar Morin, *Os sete saberes necessários à educação do futuro*, op. cit., p. 15.

[16] Cf. Fritjof Capra, *A teia da vida,* São Paulo: Cultrix, 1996.

CONHECIMENTO PERTINENTE E A CONDIÇÃO HUMANA

Para Morin[17], a educação deve ter como questão fundamental os princípios do conhecimento pertinente. Para que o cidadão seja capaz de pensar de forma crítica e inovadora, é necessário que tenha acesso a uma educação que favoreça suas aptidões naturais da mente para formular e resolver problemas essenciais, estimulando a inteligência geral.

Para promover a inteligência geral dos indivíduos, segundo o autor, a educação do presente/futuro deve, ao mesmo tempo, utilizar os conhecimentos existentes, superar as antinomias decorrentes do progresso nos conhecimentos especializados e identificar a falsa racionalidade. Em função da hiperespecialização, os sistemas de ensino mantêm antinomias (contradições), criando e alimentando disjunções entre as ciências e as humanidades, bem como separando as ciências em disciplinas fechadas em si mesmas. Com isso, os problemas fundamentais da humanidade e os problemas globais ficam ausentes das ciências disciplinares, resultando no enfraquecimento da percepção global. Esse processo conduz ao enfraquecimento da responsabilidade e, como consequência, cada um passa a responder somente por sua tarefa especializada. Além disso, a solidariedade enfraquece, de forma que as pessoas não sentem mais os vínculos com seus concidadãos[18].

O estudante deve ter a oportunidade de superar a aquisição por memorização para aprender a partir de situações reais, integradas às experiências de vida (suas e de seus pares) e seus desafios – desde os menores, identificados em seu entorno, até os maiores, como os da cidade, do país ou do mundo. Isso significa ainda um processo educativo que priorize vivências que demonstrem que as ações individuais ajudam a construir a realidade, incentivando o protagonismo, a criatividade e a resolução de problemas.

Outro desafio à prática pedagógica integradora se refere à sensibilidade quanto ao cuidado, ao ensino da condição humana, a partir

---

[17] Edgar Morin, *Os sete saberes necessários à educação do futuro*, op. cit.

[18] *Ibidem*.

da noção de que "conhecer o humano, é antes de tudo, situá-lo no universo, e não separá-lo dele. [...] Todo conhecimento deve contextualizar o objeto, para ser pertinente. Quem somos? É inseparável de onde estamos? De onde viemos? Para onde vamos?"[19]. Em outras palavras, "compreender o humano é compreender sua unidade na diversidade, sua diversidade na unidade"[20]. Assim, a aprendizagem da condição humana preconizada por Morin deve possibilitar que os sujeitos revisitem seus valores, saberes, comportamentos e estilos de vida.

Para que os sujeitos aprendentes compreendam a importância de atitudes solidárias para com o outro e com todas as formas de vida, é necessário que o processo educativo proponha experiências que demonstrem a indissociabilidade entre nossa história de vida, nossas emoções e nossas ações. Assim, reforçamos que a prática pedagógica deve reconhecer a subjetividade como elemento fundamental para o processo de ensino e aprendizagem, dedicando-se, portanto, ao desenvolvimento de metodologias que possibilitem o autoconhecimento e as relações interpessoais.

O ensino no século XXI, por vezes, ainda apresenta como característica um sistema educacional curricular organizado por estruturas tradicionais e dividido em disciplinas, promovendo a fragmentação do conhecimento, com base na hiperespecialização dos saberes e na incapacidade de articulá-los. Entretanto, os problemas fundamentais da era planetária não são parciais. Para Morin e Le Moigne, é necessário "[...] resgatar a condição humana como o objeto essencial de todo o ensino"[21], considerando a complexidade do ser humano, bem como do processo educativo contemporâneo, por meio do ensino, que "[...] pode tentar, eficientemente, promover a convergência das ciências naturais, das ciências humanas, da cultura da humanidade e da Filosofia para a condição humana"[22].

---

[19] *Ibidem*, p. 43.

[20] *Ibidem*, p. 50.

[21] Edgar Morin e Jean Louis Le Moigne, *A inteligência da complexidade*, op. cit., p. 15.

[22] Edgar Morin, Emilio-Roger Ciurana e Raúl Domingo Motta, *Educar na era planetária: o pensamento complexo como método de aprendizagem pelo erro e incerteza humana*, São Paulo: Cortez; Brasília, DF: Unesco, 2007, p. 46.

ÉTICA

Outro campo de experiências a ser considerado na prática pedagógica é a ética. O filósofo defende o ensino da ética do gênero humano a partir da necessidade da vivência de situações de democracia no ambiente educativo. Define a democracia como "mais do que um regime político; é a regeneração contínua de uma cadeia complexa e retroativa: os cidadãos produzem a democracia que produz cidadãos"[23], visto que o indivíduo expressa seus desejos e interesses exercendo a responsabilidade e a solidariedade com o meio em que vive.

A democracia, para Morin, deve ser ensinada, de modo que a escola se torne um laboratório de vivência democrática. Na sala de aula a democracia pode ser caracterizada pela aprendizagem por meio do debate e da argumentação, da responsabilidade pelas decisões, do cotidiano, daquilo que impacta na coletividade e no significado da autonomia. Entretanto, as regras se fazem necessárias à discussão, paralelamente à tomada de consciência em relação ao processo de compreensão do pensamento do outro.

Para Piaget[24], a formação moral precisa passar pela construção de valores, regras e normas pelos próprios estudantes entre si e nas situações em que sejam possíveis as trocas de pontos de vista diversos. Quanto maiores e mais diversas forem as possibilidades de troca, mais amplo poderá ser o exercício da reciprocidade, no qual o sujeito é capaz de pensar no que pode ser válido ou ter valor para ele e para qualquer outro.

CONSCIÊNCIA PLANETÁRIA E O SUJEITO ECOLÓGICO

A crise instaurada, resultado do impacto da ação humana no ambiente, impõe a necessidade de construir uma nova relação que supere a dicotomia entre ser humano e natureza em prol do bem comum.

---

[23] Edgar Morin, *Os sete saberes necessários à educação do futuro*, op. cit., p. 107.

[24] Jean Piaget, *O juízo moral na criança*, São Paulo: Summus, 1994.

Nesse sentido, é indispensável que o processo educativo considere a necessidade de reconstrução progressiva dos conhecimentos relativos ao meio ambiente, partindo da ressignificação de concepções fundadas nos valores ambientais, como a ética e a solidariedade.

A necessidade de repensar a relação entre sociedade e natureza constitui uma dimensão educativa essencial na tentativa de estimular a ação consciente, crítica e transformadora das posturas dos sujeitos em relação ao meio natural e social[25]. Isso implica fomentar o pensamento crítico, reflexivo e propositivo face às condutas automatizadas, próprias do pragmatismo e do utilitarismo da sociedade atual[26].

Dessa forma, a educação para a consciência planetária se efetiva como contribuição para a formação de pessoas com novas mentalidades e valores socioambientais, capazes de compreender a complexidade e mobilizar a ação reflexiva do pensar. Ao considerar a perspectiva de Morin, é necessário que ocorra uma reforma do pensamento, interligando as áreas do conhecimento para chegar à compreensão da condição humana no cosmo e da responsabilidade coletiva pelo momento em que a humanidade se encontra.

A dificuldade de identificar a relação de interdependência entre o estilo de vida das pessoas, suas ações e a degradação ambiental é um dos maiores empecilhos para que a educação ambiental se efetive. Daí decorre a necessidade de a educação contribuir para a construção de uma visão que considere as inter-relações e as multicausalidades, a partir do desenvolvimento de capacidades cognitivas que propiciem a criticidade e o questionamento, bem como a relação de afeto e cuidado com a natureza e com a humanidade.

REFORMA DO PENSAMENTO

Será que o professor tem consciência das implicações de sua maneira de compreender a realidade e das consequências de suas opções

---

[25] Cf. Maria Cândida Moraes, "A formação do educador a partir da complexidade e da transdisciplinaridade", *Diálogo Educacional*, Curitiba, 2007.

[26] Cf. Enrique Leff, *Epistemologia ambiental*, São Paulo: Cortez, 2001.

metodológicas para a construção da compreensão do estudante sobre o mundo, suas relações e a vida humana? Refletir sobre a concepção de educação e a prática pedagógica dos professores, na perspectiva da complexidade, é se voltar às concepções teóricas capazes de fornecer subsídios para um processo pedagógico que possibilite o diálogo entre as dimensões social, política, econômica, cultural e ecológica, além da dimensão humana. Tais concepções são alicerçadas por referenciais teóricos relacionados aos novos paradigmas da ciência, ou seja, uma formação que contribua para a construção de um profissional imbuído da meta da "reforma do pensamento" no âmbito educacional[27].

A reforma do pensamento está atrelada à reforma do ensino, que, para Morin[28], deve acontecer considerando, de um lado, os efeitos cada vez mais graves da compartimentação dos saberes e da incapacidade de articulá-los e, de outro, que a aptidão para contextualizar e integrar é uma qualidade fundamental da mente humana, que precisa ser desenvolvida, e não atrofiada.

Necessita-se, portanto, de uma prática pedagógica que contemple dimensões que transcendam o conhecimento científico; que possibilite experiências que investiguem os desafios vividos pela comunidade, problematizados a partir do diálogo e do trabalho colaborativo; que inclua momentos de reflexão individuais; que discuta a contribuição das disciplinas e áreas de conhecimento para essa problematização, bem como seus limites e fragilidades; cujas aulas tenham espaço para oficinas que auxiliem o sujeito a aprender a aprender; e que debata sobre as fontes seguras para essa aprendizagem, considerando a tecnologia e os recursos de comunicação.

Para tanto, segundo Morin[29], é necessária uma reforma educacional que perpasse a reforma do pensamento, sendo antes de natureza paradigmática do que programática, exigindo dos indivíduos processos autoeco-organizadores, convívio com o imprevisível e o inesperado e, consequentemente, por parte dos educadores, mudanças e

---

[27] Cf. Edgar Morin, *Os sete saberes necessários à educação do futuro*, op. cit.

[28] Edgar Morin, *A cabeça bem-feita*, op. cit.

[29] Edgar Morin, *Introdução ao pensamento complexo*, op. cit.

transformações na maneira de perceber a realidade educacional e de construir o conhecimento. A partir disso, a reforma do pensamento favorecerá a formação de estudantes capazes de enfrentar os problemas de seu tempo.

PROSA E POESIA

Diferentemente da ideia de ciência como uma dimensão determinista, linear, objetiva e constituída de verdades verdadeiras, Morin e Le Moigne[30] apresentam a inteligência da complexidade como requisito que exige compreender as relações entre o todo e as partes. O conhecimento das partes não é suficiente, mas o conhecimento do todo também não é se ignorarmos o conhecimento das partes. Portanto, o princípio da disjunção, da separação entre sujeito e objeto do conhecimento, deveria ser substituído por um princípio que mantenha a distinção, mas tente estabelecer a relação.

É nessa direção que o pensamento complexo enxerga o ser humano, não somente como ser biológico ou cultural, mas multidimensional. Ser e fazer se estabelecem por meio do viver/conviver, racional/emocional/espiritual, influenciando os comportamentos, decisões e intuições dos seres aprendentes. Nesse sentido, não existe razão sem paixão, e vice-versa[31]. Essa dialogia entre paixão e razão é expressão de dois estados de espírito dos sujeitos – a prosa e a poesia –, que, por serem contraditórios, são também complementares[32].

A prosa insere-se no contexto da lógica, da técnica e do dever; é sobrevivência, tem um tom denotativo. Por outro lado, a poesia é vida e práxis, abarca a experiência da conotação, evoca imagens, sonhos, prazer, e, portanto, é metafórica em sua forma de se expressar, um movimento vivificante a partir da capacidade do sujeito de se encantar diante do belo da vida. Nessa relação entre prosa e poesia

---

[30] Edgar Morin e Jean Louis Le Moigne, *A inteligência da complexidade*, op. cit.

[31] Cf. Edgar Morin, *Os sete saberes necessários à educação do futuro*, op. cit.

[32] Cf. Edgar Morin, *Introdução ao pensamento complexo*, op. cit.

tecemos nossa existência humana, por meio da costura do pensamento que religa e não dissocia.

Prosa e poesia, na acepção de Morin[33], não se remetem à ideia de escolas literárias: são "estados do ser". A mediação pedagógica, em dialogia com a prosa e a poesia, possibilita a aprendizagem com sentido. Embasada pelo cultivo da dimensão sensível e poética, contribui com a mudança de perspectiva na ciência. Não se trata de negar as imposições da lógica racional que nos são colocadas no viver, a partir da prosa da vida, mas de reconhecer que nossa vida não é feita apenas da prosa: "viver significa, entretanto, viver poeticamente, isto é, no amor, na comunhão, na realização de si, na alegria e, no limite, no êxtase"[34].

O papel do professor é criar estratégias didáticas que reconheçam a integração entre corpo, mente e espírito, emoção e pensamento, ação e sentimento, como fenômeno importante no processo de construção do conhecimento e suas significações para a vida cotidiana. Eis o grande desafio da prática pedagógica à luz da complexidade: pensar e compreender os desafios do nosso mundo para convertê-los em ações que objetivem um reencontro com o princípio da esperança, que resgata a própria alegria de viver, de pertencer, de ser e estar. Ele é, antes de tudo, o encontro da emoção e do pensamento.

DIALOGIA E INCERTEZAS

O espaço educativo se constitui como um processo tipicamente interativo e dialógico; nada pode ser considerado totalmente previsível. A certeza interage com a incerteza; a ordem, com a desordem; o planejado, com o emergente; o produtor, com o produto; o início, com o fim. Decorre daí a necessidade de uma educação pautada na complexidade, na qual a relação de aprendizagem seja vista como um "processo mútuo, de intercâmbio, de diálogo, de integração e de

---

[33] Idem, *Amor, poesia e sabedoria*, Rio de Janeiro: Bertrand Brasil, 2012.
[34] *Ibidem*, p. 24.

mudança de atitude diante do conhecimento e demanda a necessidade de se conhecer bem o objeto do conhecimento"[35].

Para Morin[36], o diálogo proporciona a consideração do princípio da incerteza, que comanda o avanço do saber e da cultura; libertamo-nos da ilusão de prever o destino das coisas e das pessoas, entendendo o futuro como permanentemente aberto e imprevisível. A dialógica transcende a polaridade emissor-receptor, estando afinada com a perspectiva de Freire[37], que afirma que a aprendizagem significativa é um constante processo dialógico, traduzindo uma ação de profundo respeito ao outro, que supõe uma compreensão do sujeito e de sua práxis. Dessa forma, permite o entrechoque de ideias por meio da convivência com as contradições, em um movimento espiralado de troca e evolução das pessoas e daquilo que está sendo discutido.

O conceito de incerteza se contrapõe, assim, às ideias dicotomizadas e dualistas que contribuem para a construção das certezas, que, por sua vez, promovem uma visão parcial dos fenômenos, de forma reducionista e objetivista[38]. A partir da dialogia que, como vimos, é diferente da interação diretiva de um sujeito sobre o outro, será possível a constituição mútua dos sujeitos em interação permanente, considerando a complementaridade, a lógica ternária.

A incerteza, se trabalhada nos ambientes educativos, ajudará a compreender que, no processo de aprendizagem, perpassa a dúvida e a pergunta, que devem ser parte do processo de construção do conhecimento. Além disso, nos faz lembrar que todo conhecimento é provisório e passível de desconstrução e reorganização, com um sentido melhorado ou apenas diferente do que hoje se propõe. A aula assim pensada é um convite a uma construção coletiva, cujos frutos surpreendem tanto o estudante quanto o professor. Nessa direção, a aprendizagem é vista como um movimento recursivo, reflexivo.

---

[35] Maria Cândida Moraes, *Complexidade e educação: em busca de um novo olhar teórico e metodológico*, Brasília, DF: UCB, 2010, p. 304.

[36] Edgar Morin, *A cabeça bem-feita*, op. cit.

[37] Paulo Freire, *Pedagogia da autonomia*, Rio de Janeiro: Paz e Terra, 1987.

[38] Edgar Morin, *A cabeça bem-feita*, op. cit.

AUTOECO-ORGANIZAÇÃO, APRENDIZAGEM E VIDA

A autoeco-organização está diretamente relacionada à teoria geral dos sistemas e à teoria da autopoiese[39], que partem de uma dinâmica não linear da realidade. Os elementos que compõem um sistema estão associados por meio de um acoplamento estrutural, no qual qualquer elemento influencia o sistema e, ao mesmo tempo, é influenciado por ele. Esse princípio supõe, portanto, a partir do paradigma da complexidade, a imbricada relação entre sujeito e contexto, autonomia e dependência[40].

Segundo Morin, para que um ser vivo seja autônomo, é preciso que dependa de seu ambiente em matéria, energia e informação: "quanto mais se desenvolver a autonomia, mais se vão desenvolver as dependências múltiplas"[41]. Ou seja, indivíduo e meio se influenciam mutuamente, em um processo contínuo de produção e autoeco-organização. A autonomia não pode ser concebida sem sua ecologia. Essa recursividade "nos obriga a romper com as nossas ideias clássicas de produto a produtor e de causa a efeito"[42].

A introdução do termo "eco" em uma organização implica dizer que necessita de seu meio para existir. Paul[43] nos lembra ainda que o prefixo "auto" significa "si mesmo", e não "sozinho". Refere-se, portanto, a uma ação identitária, a uma etapa da formação de si, que pressupõe o refletir sobre si mesmo. Essa construção da identidade ocorre nos limites da existência social dos sujeitos e implica alteridade, que permite reconhecer no outro alguém diferente e ao mesmo

---

[39] Autopoiese, termo cunhado por Maturana e Varela, é derivado do grego *poiesis*, que denota produção. Portanto, autopoiese significa autoprodução de si, gerador de sua própria autonomia – que é relativa por conta de sua dependência em relação ao meio. Enquanto seres vivos, somos autopoiéticos porque estamos a todo instante nos recompondo, nos refazendo, condição essencial para que um sistema seja considerado vivo. Cf. Humberto Maturana e Francisco Varela, *A árvore do conhecimento: as bases biológicas da compreensão humana*, São Paulo: Palas Athena, 2001.

[40] *Ibidem*.

[41] Edgar Morin, *Introdução ao pensamento complexo, op. cit.*, p. 45

[42] *Ibidem*, p. 46.

[43] Patrick Paul, *Formação do sujeito e transdisciplinaridade*, São Paulo: Triom, 2008.

tempo igual, um outro com quem se compartilha similaridades, mas que apresenta diferenças.

Em tal perspectiva, trabalhar para que o estudante tenha autonomia significa também ajudá-lo a desenvolver estratégias próprias de conscientização sobre sua aprendizagem e de monitoramento e aperfeiçoamento de seu próprio aprender. Os ambientes de aprendizagem, assim como os indivíduos, devem ser desenvolvidos por espaços e tempos pensados a partir da constituição de práticas pedagógicas autoeco-organizadoras[44]. Isso requer postura ativa para a construção do conhecimento, o que demanda consciência de cada um sobre sua própria aprendizagem e sobre os meios de alcançá-la. Envolve a consciência sobre os estados emocionais, os sentimentos, necessidades, desejos. Nesse sentido, favorece o direito a gozar a vida, a liberdade, a autonomia e a buscar a felicidade, que pode ser considerada a conquista da harmonia interior com as relações externas.

CONCLUINDO, PROVISORIAMENTE

Ao findar este estudo, ressaltamos que não se pretendeu apresentar uma conclusão sobre o tema proposto, mas sim apontar caminhos e estimular o desenvolvimento de outros estudos na perspectiva da contribuição de Morin para a reflexão e a prática docente diante dos desafios atuais.

A abordagem de um currículo estruturado pelos campos de experiências, à luz do pensamento complexo, integra os "saberes" necessários e significativos para a vida dos estudantes. Esses campos constituem assim um arranjo curricular adequado à educação dos sujeitos aprendentes, com experiências que permitem construir aprendizagens significativas e enfrentar questões fundamentais referentes à ética, à cidadania e à solidariedade planetária do presente e do futuro.

Pensar a educação a partir dos campos de experiências integrados a saberes relacionados ao pensamento complexo é, pois, oportunizar

---

[44] Cf. Maria Cândida Moraes, *Pensamento eco-sistêmico: educação, aprendizagem e cidadania no século XXI*, Petrópolis: Vozes, 2008.

uma prática pedagógica fundamentada em uma práxis mais aberta e dialógica, na medida em que se espera uma relação multilateral dos diversos atores sociais envolvidos no processo de ensino e aprendizagem. Tal concepção nos impele a conceber a dinâmica educativa como espaço de troca que se faz por meio da intersubjetividade (construção baseada na interação com o outro), bem como da intrassubjetividade (internalização da aprendizagem que se torna significativa).

Esse olhar sistêmico entre os saberes permite a criação de um ambiente extremamente propício à educação e, consequentemente, à prática pedagógica, por meio de espaços e tempos experienciados em ambiente conversacional. Com atividades voltadas para a criação de circunstâncias que gerem sinergia entre interações biopsicossociais, político-culturais e espirituais auxilia-se a superação da fragmentação e da linearidade do âmbito educativo, contribuindo para o processo de autoconhecimento.

REFERÊNCIAS

BRASIL. Ministério da Educação. *Base Nacional Comum Curricular*. Brasília, DF: Ministério da Educação, 2018.

CAPRA, Fritjof. *A teia da vida*. 11. ed. São Paulo: Cultrix, 1996.

FREIRE, Paulo. *Pedagogia da autonomia*. Rio de Janeiro: Paz e Terra, 1987.

LARROSA BONDÍA, Jorge. "Notas sobre a experiência e o saber de experiência". *Revista Brasileira de Educação*. Rio de Janeiro: 2002, n. 19.

LEFF, Enrique. *Epistemologia ambiental*. São Paulo: Cortez, 2001.

MACHADO, Michelle Jordão. Docência transdisciplinar em ambientes virtuais de aprendizagem: compartilhando narrativas e criando cenários formativos. *Revista Terceiro Incluído*. Goiânia: 2015, v. 5, n. 1.

MARIOTTI, Humberto. "Operadores cognitivos do pensamento complexo". Em: MARIOTTI, Humberto. *Pensamento complexo: suas aplicações à liderança, à aprendizagem e ao desenvolvimento sustentável*. São Paulo: Atlas, 2007. Disponível em: <http://escoladedialogo.com.br/escoladedialogo/index.php/biblioteca/artigos/operadores-cognitivos/>. Acesso em: 30 fev. 2021.

MATURANA, Humberto; VARELA, Francisco. *A árvore do conhecimento: as bases biológicas da compreensão humana.* São Paulo: Palas Athena, 2001.

MORAES, Maria Cândida. "A formação do educador a partir da complexidade e da transdisciplinaridade". *Diálogo Educacional.* Curitiba: 2007, v. 7. n. 22.

MORAES, Maria Cândida. *Complexidade e educação: em busca de um novo olhar teórico e metodológico.* Brasília, DF: UCB, 2010.

MORAES, Maria Cândida. *O paradigma educacional emergente.* 16. ed. Campinas: Papirus, 2012.

MORAES, Maria Cândida. *Pensamento eco-sistêmico: educação, aprendizagem e cidadania no século XXI.* Petrópolis: Vozes, 2008.

MORIN, Edgar. *A cabeça bem-feita: repensar a reforma, reformar o pensamento.* Rio de Janeiro: Bertrand Brasil, 2000.

MORIN, Edgar. *Amor, poesia, sabedoria.* Rio de Janeiro: Bertrand Brasil, 2012.

MORIN, Edgar. *Introdução ao pensamento complexo.* Tradução de Eliane Lisboa. 3. ed. Porto Alegre: Sulinas, 2002.

MORIN, Edgar. *Os sete saberes necessários à educação do futuro.* São Paulo: Cortez, 2011.

MORIN, Edgar; Le MOIGNE, Jean Louis. *A inteligência da complexidade: epistemologia e pragmática.* Lisboa: Epistemologia e Sociedade, 2007.

MORIN, Edgar; CIURANA, Emilio-Roger; MOTTA, Raúl Domingo. *Educar na era planetária: o pensamento complexo como método de aprendizagem pelo erro e incerteza humana.* São Paulo: Cortez; Brasília, DF: Unesco, 2007.

PAUL, Patrick. *Formação do sujeito e transdisciplinaridade.* São Paulo: Triom, 2008.

PIAGET, Jean. *O juízo moral na criança.* Tradução de Elzon Lenardon. 2. ed. São Paulo: Summus, 1994.

CONDIÇÃO HUMANA E EDUCAÇÃO ESCOLAR A PARTIR DO VIÉS DA TEORIA DA COMPLEXIDADE

Celso José Martinazzo
Sidinei Pithan da Silva

REFLEXÃO INICIAL: NOS LABIRINTOS DA INTELIGÊNCIA DA COMPLEXIDADE

Ao iniciarmos esta reflexão, temos consciência do quanto é árdua a tarefa de compreender uma questão tão profunda e polêmica, mas, sem dúvida, de capital importância, como é o caso da questão da condição humana. Nosso desafio consiste em investigar os argumentos e as pistas, bem como o caminho trilhado por Edgar Morin, com o intuito de desvendar alguns traços fundamentais de nossa condição humana. De certa forma, estamos imbuídos do mesmo propósito de Morin, que revela que a obsessão principal de sua obra diz respeito à condição humana e que não podemos "[...] pensar muito pobremente a humanidade do homem"[1], pois tudo o que diz respeito ao humano é relevante.

É pertinente fazer esse alerta inicial, já que ao adotarmos o pensamento complexo como referencial de investigação e compreensão, precisamos demonstrar "aptidão para negociar com a incerteza"[2]

---

[1] Edgar Morin, *O método 5: a humanidade da humanidade*, Porto Alegre: Sulina, 2012, p. 17.
[2] *Idem, Um ano sísifo*, São Paulo: Edições Sesc, 2012, p. 48.

e com o mistério. A investigação, quando conduzida com base em princípios do conhecimento complexo, implica produzir algum resultado. No entanto, sempre abre fronteiras para novas aprendizagens. Alertados por Morin, temos consciência de que "o desafio da complexidade nos faz renunciar para sempre ao mito da elucidação total do universo, mas nos encoraja a prosseguir na aventura do conhecimento que é o diálogo com o universo"[3]. O mérito da racionalidade complexa consiste em saber dialogar com os mistérios do mundo e, pela via complexa, desvelar, em parte, o *homo complexus*. Por essa razão, escreve Morin: "O diálogo com o universo é a própria racionalidade"[4].

O pensamento complexo, portanto, não desconsidera os diferentes modelos de conhecimento já produzidos ao longo da história do pensamento humano. Ao contrário, associa em movimentos circulares, complementares e recursivos os demais tipos de conhecimento. Esse pressuposto está presente nas publicações de Morin. Destacamos, em especial, duas delas. A primeira é *Meus filósofos*[5], livro no qual o autor expõe e reconstrói o itinerário da gênese e evolução do pensamento complexo. A segunda, *O problema epistemológico da complexidade*, na qual escreve: "O problema da complexidade e da simplicidade pode ser visto como uma união e como um combate"[6]. Ou seja, tais saberes são antagônicos e, ao mesmo tempo, complementares.

As múltiplas faces da complexidade podem ser encontradas, portanto, na tradição da cultura humana, na imbricação das diferentes culturas, na percepção hologramática entre parte e todo, na dialogia que integra ordem/desordem, e em muitos outros princípios cognitivos que permitem perceber as diferentes dimensões do real. Sob o horizonte desse referencial complexo é que esboçamos alguns elementos para compreender a condição humana, caminho que desenvolvemos a partir da tematização acerca do lugar de uma inteligência da complexidade na contemporaneidade, o que pode nos levar a repensar outros sentidos sobre o estudo da condição humana na educação escolar.

---

[3] Idem, *Ciência com consciência*, Rio de Janeiro: Bertrand Brasil, 2000, pp. 190-1.

[4] *Ibidem*, p. 191.

[5] Idem, *Meus filósofos*, Porto Alegre: Sulina, 2013.

[6] Idem, *O problema epistemológico da complexidade*, Lisboa: Europa-América, 2002, p. 131.

Para tanto, é importante lembrar que Edgar Morin reforçou, em seu livro *A cabeça bem-feita: repensar a reforma, reformar o pensamento*, a máxima rousseauniana de que o "nosso verdadeiro estudo é o da condição humana"[7]. No conjunto de seus escritos, expressos de forma sintética em *O método 5: a humanidade da humanidade*[8], ele recoloca o pensamento de Rousseau acerca da questão do humano na interface da crise das ciências humanas e da própria filosofia, no final do século XX. Da mesma forma, em sua obra *X da questão: o sujeito à flor da pele*[9], Morin antecipa o lugar que a questão antropológica deve ocupar no interior do pensamento complexo, afirmando que deveríamos "fazer convergir para a antropologia os grandes problemas", concebendo-a como questão-chave[10]. Em última instância, Morin entendera que a crise de sentido que ronda a educação provém de uma crise das próprias noções de humanidade, conhecimento e ciência que herdamos da cultura e da tradição. Portanto, somente a emergência de outra noção de humanidade, de antropologia e de conhecimento poderá nos ajudar a repensar a educação e os destinos do humano em uma era planetária. Obviamente que esse percurso de criação de *novas humanidades*, no entendimento de Edgar Morin, só poderá nascer a partir de uma inteligência da complexidade.

O problema principal de todo ser humano consiste em interpretar e compreender o mundo e ser capaz de orientar-se, a partir de uma perspectiva multidimensional e complexa. Para tanto, a temática referente ao âmbito do conhecimento, ou mesmo à forma como representamos o mundo, se torna central. Somos herdeiros de uma matriz simplificadora e metafísica de pensamento. O modo como a ciência moderna foi edificada a partir do século XVII tornou-se não apenas o modelo dominante de investigação e explicação do mundo por parte dos cientistas, mas também constituiu a ideia de racionalidade que passou a predominar em diferentes âmbitos de ação do homem no mundo.

---

[7] *Idem, A cabeça bem-feita: repensar a reforma, reformar o pensamento*, Rio de Janeiro: Bertrand Brasil, 2000, p. 35.

[8] Edgar Morin, *O método 5, op. cit.*

[9] *Idem, X da questão: o sujeito à flor da pele*, Porto Alegre: Artmed, 2003.

[10] *Ibidem*, p. 64.

Hoje, podemos concluir que o otimismo resultante do projeto da modernidade tem muito a ver com a (in)compreensão iluminista da realidade. A ciência clássica erigida sobre os princípios cognitivos da simplificação esbarra em seus limites na medida em que não possibilita apreender de maneira apropriada a complexidade do real. Segundo Morin, "a crise atinge nossos mitos mais importantes: progresso, felicidade, dominação do mundo"[11]. O problema do conhecimento e do modo como nos relacionamos com o mundo se tornou central para a filosofia e para a ciência moderna. Difícil seria pensar a emergência e a expansão do mundo ocidental sem as formas de inteligibilidade que brotaram do interior do pensamento filosófico e científico.

A física galileana e os escritos de René Descartes revolucionaram nosso modo de pensar, projetando a ideia de um mundo governado pela razão. Nossa inteligência deixou de ser hegemonicamente teleguiada pelo imaginário da racionalidade teológica e passou, pouco a pouco, a ser conduzida pela crença no poder do método e da razão matemática. O deslocamento da filosofia dos céus para a terra teve um significado importante, uma vez que o centro da ideia de verdade deixou de estar em um fundamento transcendente (Deus) para se localizar em um fundamento transcendental (subjetivo).

Esse panorama dominante no mundo ocidental, marcado pela força da ideia racionalizadora, desafiará Morin a estabelecer os pilares de uma reforma do pensamento[12], que, tal como previam os iluministas e o idealismo alemão no século XVIII, de forma particular, dependerá

---

[11] *Idem, Rumo ao abismo? Ensaio sobre o destino da humanidade*, Rio de Janeiro: Bertrand Brasil, 2011, p. 25.

[12] O tema da reforma de pensamento é recorrente em várias das obras de Morin, pois a reforma das mentes é um pressuposto para um pensar complexo e, portanto, condição *sine qua non* para a mudança. O pensamento complexo se constitui em embasamento teórico para uma reforma do pensamento ou das mentalidades, imprescindível para as reformas do conhecimento, do sistema educacional e das instituições. Estas são interdependentes, não podem andar separadas e, desse modo, alimentam e se realimentam umas das outras em um movimento recursivo. Cf. Edgar Morin, *A cabeça bem-feita, op. cit.*; *A religação dos saberes: o desafio do século XXI*, Rio de Janeiro: Bertrand Brasil, 2001; *A via para o futuro da humanidade*, Rio de Janeiro: Bertrand Brasil, 2013; *Ensinar a viver: manifesto para mudar a educação*, Porto Alegre: Sulina, 2015; Edgar Morin e Carlos Jesús Delgado Díaz, *Reinventar a educação: abrir caminhos para a metamorfose da humanidade*, São Paulo: Palas Athena, 2016.

da educação. Por essa razão, Morin e Kern são enfáticos ao afirmar que "a reforma de pensamento é um problema antropológico e histórico-chave. Isso implica uma revolução mental ainda mais considerável que a revolução copernicana"[13]. A reparadigmatização[14], produto de uma reconstrução intelectual profunda, apresenta-se como caminho da pertinência epistêmica de uma abordagem complexa e, como tal, dá suporte a uma outra compreensão da condição humana.

A reparadigmatização pela via da complexidade pressupõe saber pensar o pensamento e, para tanto, não desconsidera os avanços epistemológicos já percorridos pela humanidade. Ao contrário, além de incorporá-los, tenta ultrapassar os limites e corrigir os rumos traçados pelo modelo de conhecimento ocidental. Compreender a condição humana no âmbito da complexidade significa ir além dos modelos simplificadores do conhecimento, que não contemplam a multidimensionalidade da realidade biofísica e cultural do homem, bem como dos fenômenos do real. O conhecimento simplificador não consegue dialogar com a complexidade do real e, sobretudo, com a condição humana, pois se sustenta pela lógica bivalente aristotélica e opera com princípios que tendem a fragmentar, disjuntar e reduzir o que é complexo em algo simples.

O pensamento complexo, portanto, tem a pretensão de contextualizar e religar os diferentes saberes que revelam e interpretam o real. Por essa razão, é um pensamento conectivo, que incorpora o lado alternativo, e não excludente, do tipo ou/ou. Morin, nos primórdios dos seus escritos, faz uso da expressão *pensamento são* para caracterizar esse modelo de pensamento que interliga e conecta. Escreve: "o pensamento são é conectivo"[15]. Em fase mais recente, utiliza a expressão *pensamento pertinente*[16] para designar o conhecimento produzido com base nos princípios cognitivos da complexidade e resultante de uma cabeça bem-feita.

Para penetrar no labirinto da inteligência da complexidade, é necessário um olhar multidimensional e multirreferencial para não se tornar prisioneiro do pensamento simplificador, que é linear,

---

[13] Edgar Morin e Anne Brigitte Kern, *Terra-Pátria*, Porto Alegre: Sulina, 2000, p. 170.

[14] Cf. Edgar Morin, *O método 2: a vida da vida*, Porto Alegre: Sulina, 2011.

[15] Edgar Morin, *X da questão, op. cit.*, p. 47.

[16] Cf. Edgar Morin, *A cabeça bem-feita, op. cit.*

disjuntivo e redutor do real. Escreve Morin[17] que, se em Descartes é preciso separar os objetos e elementos para conhecê-lo, em Pascal o conhecimento resulta de um movimento hologramático, que vai das partes ao todo e vice-versa. Isso significa perceber que, como em um holograma, o todo está na parte, que está no todo. Esse princípio permite pensar um sentido para nossa humanidade que exija um diálogo entre os saberes das mais diferentes áreas do conhecimento, em que a finitude, a ambivalência e o erro passem a ser constitutivos de nossa forma de ser no mundo[18].

A COMPLEXIDADE DA CONDIÇÃO HUMANA

Os estudos investigativos com vistas a compreender a condição humana remontam aos primeiros escritos de Edgar Morin[19]. Ao tratar dessa temática, tão polêmica quanto profunda, Morin percorre um caminho sincrético, porém muito original, extraindo uma parcela considerável de suas investigações de diferentes áreas do conhecimento: antropologia, religião, cosmologia, literatura, física, biologia e ecologia. A partir de fontes diversas, acrescenta elementos muito originais

---

[17] *Idem, Meus demônios*, Rio de Janeiro: Bertrand Brasil, 2000.

[18] Morin, em epígrafe, cita Pascal: "Que quimera é, então, o homem? Que novidade, que monstro, que caos, que objeto de contradição, que prodígio! Juiz de todas as coisas, verme imbecil; depositário do verdadeiro, cloaca da incerteza e do erro; glória e dejeto do universo. Quem resolverá essa confusão?". Cita também Descartes: "Se alguém quer realmente buscar a verdade, não deve escolher uma ciência particular; elas estão todas unidas e dependem umas das outras". Buscar a verdade em todas as ciências é um desafio que, com certeza, anima e permeia toda a investigação do autor. Cf. Edgar Morin, *O método 5, op. cit.*, p. 15.

[19] Para uma noção mais ampla e profunda sobre a condição humana, indicamos a leitura de alguns dos seus livros: *O homem e a morte* (1971); *O enigma do homem: para uma nova antropologia* (1975); *X da questão: o sujeito à flor da pele* (2003); *O método 1: a natureza da natureza* (2013); *O método 2: a vida da vida* (2011); *O método 3: o conhecimento do conhecimento* (2012); *O método 4: as ideias: habitat, vida, costumes, organização* (2011); *O método 5: a humanidade da humanidade* (2012). Nosso foco, portanto, irá limitar-se a expor o pensamento moriniano naquilo que fundamenta a dimensão do homem como um ser biofísicocultural, *sapiens-demens* e que o situa na relação dialógica indivíduo/espécie/sociedade, tendo em vista que essa condição é o suporte para uma civilização planetária.

sobre o homem, bem como sobre as especificidades e características que o diferenciam das tradicionais concepções mítica, grega, judaico--cristã e até mesmo das descobertas mais recentes da modernidade. Morin parece renunciar a uma visão antropocêntrica, sem, contudo, provocar a diminuição da estatura humana. Em Morin, o homem sente-se em casa no mundo. Não é um ser descolado, nem acima, nem abaixo, mas parte inserida em um todo complexo que se caracteriza por uma condição e especificidade próprias.

Em tese, o itinerário percorrido por Morin é coerente com os princípios basilares da teoria sistêmico-complexa e tem a pretensão de promover um olhar multidimensional, transdisciplinar e até mesmo indisciplinar sobre a condição humana.

As tentativas de elucidar quem é o ser humano, com exceção daquelas que se vinculam a explicações fundadas em conceitos metafísicos ou derivadas de crenças religiosas, no entanto, apontam para um cenário misterioso, e até hoje todas elas reconhecem estar ainda muito distantes de alguma certeza quando se trata de catalogar o homem. Sobre esse manto misterioso, Morin escreve: "Como se sabe, o último continente desconhecido pelo homem é o homem, com o centro desse continente, o cérebro, não nos sendo apenas desconhecido, mas também incompreensível"[20].

A compreensão da condição humana pressupõe que se vá além de algumas concepções que vigoraram ao longo da história. Morin, ao analisar as concepções tradicionais sobre a condição humana, tenta ultrapassar as noções reducionistas e fragmentadoras do ser humano, como o criacionismo, o antropologismo, o biologismo/naturalismo, o ambientalismo e outras[21]. A noção do homem como senhor e dono

---

[20] Edgar Morin, *O enigma do homem: para uma nova antropologia*, Rio de Janeiro: Zahar, 1975, p. 123.

[21] Uma análise sobre diferentes noções de ser humano e que revela seus respectivos graus de simplificação pode ser encontrada no livro de Manuel Gonçalves Barbosa. Além de uma análise das concepções enredadas nas malhas da simplificação, o autor traça o que denomina "figurino conceptual da nova noção de ser humano" como referencial para ressignificar a ação educativa. Manuel Gonçalves Barbosa, *Antropologia complexa do processo educativo*, Braga: Edições do Centro de Estudos em Educação e Psicologia da Universidade do Minho, 1997, p. 175.

absoluto de toda a Terra é algo inerente à Era Moderna. É na teoria da evolução das espécies, porém, que Morin vai encontrar os maiores argumentos sobre a condição humana. Segundo o autor, é necessário ter consciência de que somos produto de um longo processo evolutivo histórico-temporal. No entanto, a identificação do ser humano com as demais espécies, consideradas inferiores, ocorre em diferentes graus de complexificação.

Na compreensão de Morin, a hominização resulta de uma aventura cósmica que teria começado há aproximadamente 7 milhões de anos, e que teve como grandes demarcações a domesticação do fogo, o surgimento da linguagem, a invenção de instrumentos e a produção da cultura em geral. A linguagem está ligada ao processo de cerebralização, promovendo um elo recursivo entre ambos. Segundo Morin, "a complexidade da linguagem (logo, do pensamento) baseia-se numa dialógica permanente de simplificação/complexificação. A linguagem é produtora de abstração"[22]. Assim, "a língua vive como uma grande árvore, cujas raízes encontram-se nas profundezas das vidas social e cerebral e cujos galhos se espalham pela noosfera"[23]. Os fatos e fenômenos emergem e existem na e pela linguagem[24].

Algumas razões fundamentais levam Morin ao deslocamento do motor divino como demiurgo do mundo e dos homens. A condição humana teria agora nova guarida, ou seja, se submeteria às leis da natureza e às condições da própria mente do homem. É como constituinte desse elemento chamado mundo que o homem realiza seu ciclo vital e garante sua sobrevivência sem correr o risco de se perder no labirinto vazio de algo fora de si e de seus domínios. A nossa capacidade de pensar é, com certeza, a mais alta dentre nossas características humanas. Nossa condição humana é profundamente marcada e orientada pelo logos, ou seja, pela capacidade de pensar e conhecer, pela

---

[22] Edgar Morin, *O método 3: o conhecimento do conhecimento*, Porto Alegre: Sulina, 2012, p. 135.

[23] *Idem, O método 4: as ideias: habitat, vida, costumes, organização*, Porto Alegre: Sulina, 2011, p. 207.

[24] Assim como cérebro e linguagem são indissociáveis, a esfera do cérebro está associada à esfera do espírito. Por essa razão, entende Morin que a noosfera compreende a biosfera, a psicosfera, a sociosfera e a cosmosfera, permitindo que o físico, o biológico, o antropológico, o psicológico e o sociológico se intercomuniquem de forma permanente. Cf. Edgar Morin, *O método 3, op. cit.*

reflexividade e pela consciência. A transformação do mundo ocorre a partir do exercício da inteligência, que resulta em ciência e em critérios instrumentais. Carvalho, pesquisador da complexidade e tradutor de muitos livros de Morin, aponta a prodigalidade de ideias nucleares na obra de Morin e entende que

> [...] a mais central é a da unidualidade do homem, um ser físico e metafísico, natural e meta-natural, cultural e metacultural que se estabeleceu no cosmo há cerca de 130 mil anos e que possibilitou a um pequeno bípede, com um cérebro muito assemelhado ao de um chimpanzé, criar uma cognição cultural que o afastou da ordem estritamente biológica, caracterizada pela universalidade dos instintos[25].

A unidualidade demonstra a condição biocultural do homem como ser totalmente biológico e totalmente cultural. Portador de um cérebro grande, é capaz de articular linguagens, criar símbolos e construir noologias que o elevam ao mundo das ideias, do espírito, do sentimento e do sentido de sociedade. A cerebralização – cérebro grande do *sapiens* – é a expressão-chave da autoeco-organização humana e, da mesma forma, o eixo condutor tanto da evolução biológica quanto da morfogênese sociocultural[26]. O homem evolui e se comporta como um sistema complexo altamente adaptativo, por um processo que revela uma dialógica de equilíbrio/desequilíbrio e autonomia/dependência simultaneamente. Portanto, o homem resulta de um processo endorreferente, fruto de uma longa evolução e de um movimento exorreferente, cujas marcas provêm da convivência com os outros seres humanos.

Segundo Morin, "[...] a hominização é um processo complexo de desenvolvimento imerso na história natural e do qual emerge a cultura"[27], que por sua vez se retraduz em novos estágios de hominização. É um sistema de dupla articulação que faz com que o cérebro humano seja um sistema ao mesmo tempo biológico e cultural. Isso significa compreender que o código genético de um organismo

---

[25] Edgard de Assis Carvalho, "Edgar Morin, a dialogia de um sapiens-demens", *Margem*, São Paulo: 2002, p. 167.

[26] Cf. Edgar Morin, *O enigma do homem, op. cit.*

[27] *Ibidem*, p. 54.

biológico do tipo *homo erectus/sapiens* "[...] produz um cérebro cujas possibilidades organizadoras são cada vez mais aptas à cultura, isto é, à alta complexidade social"[28]. Esse processo evolutivo não insular do homem explica a invenção de instrumentos, dos códigos de comunicação e linguagem, enfim, de todas as manifestações da cultura.

De acordo com as ciências da complexidade, o homem é parte de um sistema amplo com capacidade *auto-eco-exo-organizadora* e, por essa razão, é considerado o produto mais avançado e privilegiado de um sistema vivo no longo processo de hominização, cujo término não tem prazo nem local para acontecer. A natureza e o universo em si constituem um organismo global, uma totalidade complexa em que tudo se liga a tudo, e "o homem não é uma entidade estanque em relação a essa totalidade complexa: é um sistema aberto, em relação de autonomia/dependência organizadora no seio de um ecossistema"[29]. O homem é, por natureza, uma totalidade complexa e totalmente aberta, autorregenerativa, em uma relação de autonomia/dependência com um ecossistema, em processo de auto-eco-exo-organização. Por sua característica de sistema aberto e por ser o mais complexo de todos os sistemas (hipercomplexo), com capacidade de se autorregenerar e se auto-organizar, o homem é um ser autopoiético e sempre em construção[30], e sua itinerância é marcada por ambivalências do tipo ordem-desordem, equilíbrio-desequilíbrio, autonomia-dependência, organização-desorganização.

Conforme Morin, a compreensão da condição humana necessita de uma verdadeira religação e contextualização dos saberes produzidos em campos isolados, e isso significa religar:

> Os de nossa origem, que é terrestre e biológica, os de nossa natureza, que é única em sua diversidade, os de nossa era planetária, que permitem

---

[28] *Ibidem*, p. 83.

[29] *Ibidem*, p. 31.

[30] Cyrulnik e Morin expressam a convicção de que "[...] a principal característica biológica do homem no ser vivo é a neotenia, uma lentidão extrema de desenvolvimento", ou seja, o homem está se regenerando permanentemente ao longo da vida. Nesta afirmação, Morin deixa claro que é no campo das ciências biológicas que estão as principais raízes de sua noção antropológica. Boris Cyrulnik e Edgar Morin, *Diálogo sobre a natureza humana*, Lisboa: Instituto Piaget, 2004, pp. 23-4.

conceber nossa comunidade de destino. Unicamente essa junção nos possibilita conceber nossa Terra-Pátria sem, com isso, negar os enraizamentos e os retornos aos valores fundamentais das pátrias mais restritas [...]. Para isso, porém, é preciso um pensamento que saiba religar e possa substituir um pensamento que não sabe senão separar[31].

O enraizamento cósmico do homem, numa análise ontológico-existencial, revela sua dimensão de *unitas/multiplex*, uno/múltiplo, imanente/transcendente, sujeito/objeto. Ao considerar essa dimensão antropocosmológica do homem, Morin explicita sua tese inicial: "tudo o que é cosmologia diz respeito essencialmente ao homem, tudo o que é antropologia diz respeito essencialmente ao cosmos"[32]. A expressão *homem peninsular* é utilizada para indicar a ligação dinâmica parte-todo do homem como algo inseparável da sua espécie, da natureza, da sociedade e, mais recentemente, da humanidade. Com essa denominação, Morin quer evidenciar a dimensão antropológica do homem como parte da natureza e do cosmos. Ao analisar o pensamento cartesiano sobre o sujeito humano, aponta que "Descartes não percebeu a natureza de sujeito de todo ser vivo e situou o sujeito fora de qualquer enraizamento biológico"[33].

Por seu enraizamento biológico, portanto, o homem é um ser hiper/supervivo, hiperdinâmico, hiper/supermamífero, hiperssexuado e um superprimata; e, quanto à classificação, o homem é um animal mamífero, da ordem dos primatas, da família dos hominídeos, do gênero *homo*, da espécie *sapiens*[34]. O homem integra o processo evolutivo do universo, sendo parte constitutiva dele; evolui com ele, e não sobre ou separado dele: "Aquilo que quero dizer é que a ideia de evolução é de qualquer maneira transcósmica. Ela atravessa tudo"[35].

A partir de seu nascimento biológico o homem vai se constituindo na relação consigo mesmo, com a espécie, com a sociedade e com o

---

[31] Edgar Morin, *Um ano sísifo*, op. cit., pp. 421-2.

[32] Edgar Morin, *X da questão*, op. cit., p. 275.

[33] Edgar Morin, *Meus filósofos*, op. cit., p. 51.

[34] Cf. Edgar Morin, *O método 2*, op. cit.

[35] Edgar Morin e Jean-Louis Le Moigne, *A inteligência da complexidade*, São Paulo: Peirópolis, 2000, p. 187.

mundo, o que faz dele um vivente cosmo-psico-bio-antropossocial. Esse imbricamento marca e produz o vir a ser e o inacabamento humano. O polienraizamento antropológico cerebral-espiritual-cultural-social é aquilo que, segundo Carvalho[36], nos diferencia na qualidade de primatas humanos. Sua condição humana vai sendo tecida na inter-relação indivíduo/espécie/sociedade ao longo de sua vida, pois, "o homem nasce em primeiro lugar, depois nasce para a condição humana"[37]. Por esse ângulo de análise, o itinerário da condição humana pode ser demarcado por diversos nascimentos[38].

A dimensão mais reveladora da condição humana pode ser caracterizada por sua dependência dialógica, expressa em três termos indissociáveis: indivíduo/espécie/sociedade. A condição humana se completa e se exerce na relação complementar, concorrente e antagônica desses três âmbitos: o indivíduo pertence à espécie que integra uma sociedade. A esperança de Morin é que essa trilogia possa evoluir no sentido de comportar uma tetralogia: indivíduo/espécie/sociedade/humanidade. O estágio hipercomplexo que pressupõe o surgimento do sentimento de humanidade da humanidade em espírito planetário é, segundo Morin, o grande problema do homem e dos humanos que vivem uma profunda crise planetária de civilização, fruto da barbárie e dos interesses individuais e conflitantes da sociedade[39].

O devir histórico apresenta a potencialidade, bem como os riscos da emergência de um (não) sentido de humanidade no planeta Terra, sempre ambivalente, como produto resultante da interação entre indivíduo/espécie/sociedade, e que pode evoluir para um estágio de realidade planetária. Morin e Kern vislumbram a possibilidade de um

---

[36] Cf. Edgard de Assis Carvalho, *op. cit.*

[37] Boris Cyrulnik e Edgar Morin, *op. cit.*, p. 23.

[38] Morin e Kern especificam os sucessivos nascimentos do homem com o seguinte roteiro: "O primeiro nascimento foi o dos começos da hominização, há alguns milhões de anos; o segundo nascimento veio com a emergência da linguagem e da cultura, provavelmente a partir do *Homo erectus*; o terceiro nascimento foi o do *Homo sapiens* e da sociedade arcaica; o quarto foi o nascimento da história, compreendendo, simultaneamente, os nascimentos da agricultura, da criação de gado e animais domésticos, da cidade, do Estado". Edgar Morin e Anne Brigitte Kern, *op. cit.*, p. 107.

[39] Cf. Edgar Morin, *O método 2, op. cit.*

salto gerador que culminaria no nascimento de um quinto estágio possível e não provável, denominado de o nascimento da humanidade da humanidade no planeta Terra: "[...] seria o nascimento da humanidade, que nos faria sair da idade de ferro planetária, da pré-história do espírito humano, que civilizaria a Terra e veria o nascimento da sociedade/comunidade planetária dos indivíduos, das etnias, das nações"[40].

Outro indicador original de Morin sobre a natureza humana e do qual deriva uma das principais especificidades da condição humana está diretamente relacionado à noção do cérebro triúnico,

> [...] que comporta em si: o paleocéfalo (herança réptil, fonte da agressividade, do cio, das pulsões primárias), o mesocéfalo (herança dos antigos mamíferos em que o desenvolvimento da afetividade e o da memória remota estão ligados), o córtex que, muito modesto nos peixes e nos répteis, cresce nos mamíferos até envolver todas as estruturas do encéfalo e formar os dois hemisférios cerebrais e, enfim, o neocórtex que, nos homens, atinge um desenvolvimento extraordinário[41].

Não há hierarquia entre as instâncias cerebrais, mas sobreposição, ora predominando uma, ora outra. Isso justifica, em grande parte, as manifestações comportamentais e os traços da personalidade humana, nem sempre regulados por uma inteligência racional. A racionalidade frágil, como algo inerente ao homem, deriva de seu cérebro triúnico[42], e isso explica a noção dialógica do ser humano como *sapiens/demens*. O homem é sabedoria e demência ao mesmo tempo, sem que uma dimensão exclua totalmente a outra.

---

[40] Edgar Morin e Anne Brigitte Kern, *op. cit.*, p. 107.

[41] Edgar Morin, *Meus demônios, op. cit.*, pp. 83-4.

[42] A palavra *dialogia* revela que a realidade comporta em si múltiplas lógicas: é polilógica, com potencial para se manifestar de formas lógicas diversas. A dialogicidade, como um dos três vetores ou princípios cognitivos mais importantes da teoria da complexidade, tem por objetivo apreender o real como algo composto por posições antagônicas, concorrentes e, ao mesmo tempo, complementares, como no caso do cérebro triúnico. O princípio dialógico religa posições contrárias e ambivalentes em vez de ignorá-las ou negá-las, compondo a ideia de *unidualidade*. Cf. Edgar Morin, *Os sete saberes necessários à educação do futuro*, São Paulo: Cortez; Brasília, DF: Unesco, 2000; e Edgar Morin e Jean-Louis Le Moigne, *op. cit.*

Martinazzo[43], ao parafrasear Morin, explica que as dimensões do cérebro triúnico funcionam de forma autônoma e, ao mesmo tempo, interdependente. Por essa razão, na formação do cérebro humano encontramos a explicação para a fragilidade e inconsistência de nossa racionalidade e, por consequência, de nossos graus de responsabilidade em relação a determinados atos e fatos, uma vez que não existe uma ordem hierárquica entre a inteligência, a afetividade e a pulsão. Dependendo do momento, dos locais, dos indivíduos e das circunstâncias, portanto, uma dimensão pode preponderar sobre as demais. Nisso se encontra a explicação para a origem das diferentes idiossincrasias, possibilidades e manifestações do comportamento humano.

Assim, são inerentes à condição humana comportamentos que se revelam conflitantes, contraditórios, ambivalentes e antagônicos, pois, por sua natureza, o homem é um ser capaz de sabedoria e de demência, de prosa e de poesia, de razão e de desrazão, de equilíbrio e de desequilíbrio. Morin, a partir dessa base biológica, justifica sua afirmação[44] de que "o verdadeiro homem está na dialética do *sapiens-demens*"[45]. Os desafios do *homo sapiens-demens* consistem em assumir a verdadeira condição humana na passagem da condição de indivíduo/espécie/sociedade para a condição de humanidade. A solidariedade humana teria como foco formar uma comunidade de destino comum e planetário, uma verdadeira cidadania terrestre, com o objetivo de salvar a Terra-Pátria comum. Essa perspectiva não pressupõe uma ideia de humanidade perfeita, do melhor dos mundos, destituída de ambivalência.

Já avançamos muito nas profundezas dos grandes mistérios ontológicos que envolvem a humanidade. Morin tem clareza dos limites e possibilidades desse conhecimento: "É verdade que muitas coisas que ignoramos no universo físico, biológico e humano cedo ou

---

[43] Cf. Celso José Martinazzo, "Reflexões sobre a natureza humana e a educação escolar", *Revista Teoria e Prática da Educação*, Maringá, 2010.

[44] Segundo Morin, a composição estrutural complexa do cérebro humano já seria razão suficiente para fundamentar uma ética da tolerância e da compreensão, evitando-se julgamentos prévios e atitudes precipitadas de agressão e condenação. Cf. Edgar Morin, *O método 6: ética*, Porto Alegre: Sulina, 2011.

[45] Edgar Morin, *O enigma do homem, op. cit.*, p. 206.

tarde serão conhecidas e reconhecidas"[46]. A aposta e esperança é que a humanidade possa despertar, antes que seja tarde demais, para a boa sobrevivência em sua casa-planeta.

A IMPORTÂNCIA DA COMPREENSÃO DA CONDIÇÃO HUMANA NA EDUCAÇÃO ESCOLAR

A humanidade se (re)inventa a cada etapa, em todo tempo e lugar. Pode evoluir para estágios mais ricos e complexos, na mesma proporção em que pode involuir para patamares mais simples e primitivos. Essa é uma das ambiguidades/ambivalências do ser humano e da humanidade. Seu futuro é um horizonte aberto de possibilidades e perspectivas. É por esse ângulo que Morin interpreta a saga da humanidade ao dizer que a origem está diante de nós.

> O homem não nasceu *Homo sapiens* de uma só vez. No passado, o *Homo erectus* provavelmente inventou a linguagem e já conhecia o instrumento. Antes disso ainda, o *Homo habilis* sabia talhar as pedras. Pode-se estimar, então, que a cada nova etapa há um fim que, ao mesmo tempo, é um começo[47].

É a partir dessa concepção complexa da condição humana que Morin vislumbra uma utopia crítica e realista, fundamentada numa visão de auto-antropo-ética[48] da solidariedade humana[49] e de política do homem planetário[50]. Segundo Morin: "a evolução não obedece nem a leis nem a um determinismo preponderante. A evolução não é nem mecânica, nem linear. Não há fator dominante permanente que comande a evolução"[51]. A evolução só pode ser explicada pelo princípio da policausalidade. E é por isso que, de acordo com o autor,

---

[46] *Idem, Conhecimento, ignorância, mistério*, Rio de Janeiro: Bertrand Brasil, 2020, p. 19.
[47] Edgar Morin, *Rumo ao abismo?, op. cit.*, p. 159.
[48] Cf. Edgar Morin, *O método 6, op. cit.*
[49] *Idem, Fraternidade: para resistir à crueldade do mundo*, São Paulo: Palas Athena, 2019.
[50] Cf. Edgar Morin e Carlos Jesús Delgado Díaz, *op. cit.*
[51] Edgar Morin. *Para sair do século XX*, Rio de Janeiro: Nova Fronteira, 1986, p. 311.

a reforma paradigmática do pensamento é um problema-chave para superar as concepções simplificadoras e mutilantes do real. O *homo complexus* é um ser bioantropológico e biossociocultural.

Um modelo de pensamento que tenha a pretensão de civilizar as ideias, ou melhor, de perceber e considerar a complexidade, é um pressuposto imprescindível para pensar o homem e o mundo de forma complexa. Cabe à educação escolar o desafio de promover uma verdadeira revolução copernicana do pensamento, com base nos princípios cognitivos da complexidade. Esse é o alerta de Morin: "Devemos saber, hoje, que o problema central é o de uma política do homem, que não há política do homem sem teoria do homem e que ainda não há teoria do homem"[52]. Tal desafio se remete ao âmbito da educação escolar. À escola cabe promover estratégias pedagógicas que possibilitem a compreensão da complexidade da realidade do mundo, ou seja, da multidimensionalidade dos fatos e das interações que interligam os principais temas da humanidade, entendendo que a educação escolar tem como grande objetivo ajudar o aluno a aprender a viver. Por essa razão, escreve: "[...] a condição humana deveria ser o objeto essencial de todo o ensino"[53]. Sem anular as disciplinas, mas, a partir delas, deve-se compreender a unidade e a complexidade humanas.

Em diferentes momentos, ao revelar sua preocupação com o futuro da humanidade, Morin aponta e destaca a importância do papel da educação na condução dos destinos. Para isso, no entanto, é fundamental que a educação escolar realize uma profunda reforma paradigmática, e não apenas programática ou operacional. Muito do que nós vemos e percebemos ocorre a partir do pensamento. A educação escolar, pela via da complexidade, tem a responsabilidade de encontrar estratégias para corrigir as lacunas e introduzir a discussão sobre temáticas importantes, como aquelas indicadas por Morin no livro *Os sete saberes necessários à educação do futuro*. Após destacar a importância de conhecer o conhecimento e de operar com base nos princípios do conhecimento pertinente, sustenta que "a educação do

---

[52] Edgar Morin, *O enigma do homem*, op. cit., p. 215.

[53] Edgar Morin, *Ensinar a viver*, op. cit., p. 141.

futuro deverá ser o ensino primeiro e universal, centrado na condição humana. Estamos na era planetária; uma aventura comum conduz os seres humanos, onde quer que se encontrem"[54].

Segundo Morin, as evidências da multidimensionalidade e da complexidade humana devem ser investigadas nas diferentes ciências, incluindo nesse rol a filosofia, a história, a literatura, as artes e a poesia. É nas diversas contribuições das ciências que a educação escolar irá encontrar o enraizamento/desenraizamento do ser humano: a condição cósmica, física, terrestre e humana, pois "o ser humano é a um só tempo: físico, biológico, psíquico, cultural, social, histórico"[55].

A identidade humana provém de um duplo princípio: "um princípio biofísico e um psico-sociocultural, um remetendo ao outro"[56]. O *homo complexus* é revelador do humano do humano: "o humano é um ser a um só tempo plenamente biológico e plenamente cultural, que traz em si a unidualidade originária"[57]. Além disso, cabe à educação ensinar o princípio da *unidade/diversidade* – *unitas/multiplex* – que caracteriza o ser humano. Na condição de singular e múltiplo, "cabe à educação do futuro cuidar para que a ideia de unidade da espécie humana não apague a ideia de diversidade e que a da sua diversidade não apague a da unidade. Há uma unidade humana. Há uma diversidade humana"[58]. A diversidade é o tesouro da vida e da humanidade[59] e não pode ser apagada em nome da unidade. No entendimento de Morin, "o ensino deve contribuir não apenas para uma tomada de consciência de nossa Terra-Pátria, mas, também permitir que essa consciência se traduza em uma vontade de realizar a cidadania terrena"[60]. Com essas palavras, Morin acena para o compromisso ético da ação educativa para além e acima das demais competências.

---

[54] Edgar Morin, *Os sete saberes necessários à educação do futuro*, op. cit., p. 47.

[55] *Ibidem*, p. 15.

[56] *Ibidem*, p. 51.

[57] *Ibidem*, p. 52.

[58] *Ibidem*, p. 55.

[59] Cf. Boris Cyrulnik e Edgar Morin, *op. cit*.

[60] Edgar Morin, *Ensinar a viver*, op. cit., p. 157.

CONSIDERAÇÕES FINAIS

Refletir sobre a especificidade da condição humana sob o viés da complexidade é, sem dúvida, navegar em águas profundas e ter consciência de que, embora tenhamos a pretensão de enriquecer esse debate, é necessário considerar o mistério e a complexidade que o cercam. A educação escolar é o campo privilegiado, com potencial para organizar estratégias e fazer com que os alunos aprendam a perceber a complexidade do homem e do mundo em que vivem. Esse é o ponto de partida que desenvolvemos no tópico sobre a inteligência da complexidade, o que pressupõe conhecer o conhecimento, ou seja, compreender os avanços e os limites sobre nossa visão de conhecimento.

O desafio do século XXI consiste em resgatar e constituir nossa identidade cósmica e terrestre, além de estabelecer políticas de civilização planetária para a Terra-Pátria. Enfim, construir uma concidadania mundial com consciência da comunidade de destino planetário para toda a humanidade. Esse desafio tem um pressuposto, que é a compreensão da nossa condição humana: "[...] o planeta não poderá civilizar-se se esta ideia de pertencer a uma comunidade terrena não se enraizar entre os seres humanos"[61], ou seja, segundo Morin, "a política do humano teria como missão mais urgente solidarizar o planeta"[62].

Temos muitos motivos para enfrentar esses desafios, como as graves e reiteradas crises civilizatórias em que a humanidade se encontra, evidenciadas por conflitos etnicorraciais, religiosos e políticos. Temos um destino comum e, se tais crises não forem adequadamente superadas, podem levar à extinção da vida no planeta. Em grande parte, os líderes e responsáveis pelo destino da humanidade constroem barreiras e muros que reforçam um viés monoétnico e nacionalista, em vez de promover avanços no sentido de estabelecer entrelaçamentos policulturais e políticas universais.

A Terra-Pátria requer uma humanidade imbuída de valores universais que contemplem simultaneamente a dualidade e a complexidade da condição humana: dimensão natural e cultural, local e

---

[61] Boris Cyrulnik e Edgar Morin, *op. cit.*, p. 77.
[62] Edgar Morin, *Rumo ao abismo?*, *op. cit.*, p. 81.

global, lúdico-poética e prosaica. A educação escolar é a estratégia privilegiada e universal da qual a civilização humana dispõe para promover a compreensão da natureza e a dignidade da condição humana, da consciência de pertencimento planetário, de preservação da Terra-Pátria e, por extensão, da emergência de uma sociedade-mundo e de uma concidadania planetária.

Pelas razões analisadas, entendemos, com Morin, que o estudo da condição humana deve permear todos os espaços e tempos da educação escolar. A pertinência antropológica da percepção de ser humano complexo pode ser gerada no horizonte necessário para a constituição da identidade humana e para a descoberta da humanidade da humanidade. Essa política do humano requer uma nova ética e uma nova pedagogia, que, por sua vez, exigem uma epistemologia e uma antropologia complexas. A superação da lógica clássica, bem como dos modelos interpretativos simplificadores e compartimentados, é condição para criar um novo modelo de relação com o saber e o conhecimento, e esse movimento pode engendrar outra concepção acerca de nossa identidade humana.

REFERÊNCIAS

BARBOSA, Manuel Gonçalves. *Antropologia complexa do processo educativo*. Braga: Edições do Centro de Estudos em Educação e Psicologia da Universidade do Minho, 1997.

CARVALHO, Edgard de Assis. "Edgar Morin, a dialogia de um sapiens-demens". *Margem*. São Paulo: 2002, n. 16.

CYRULNIK, Boris; MORIN, Edgar. *Diálogo sobre a natureza humana*. Lisboa: Instituto Piaget, 2004.

MARTINAZZO, Celso José. "Reflexões sobre a natureza humana e a educação escolar". *Revista Teoria e Prática da Educação*. Maringá: 2010, v. 13, n. 1.

MORIN, Edgar. *A cabeça bem-feita: repensar a reforma, reformar o pensamento*. 2. ed. Tradução de Eloá Jacobina. Rio de Janeiro: Bertrand Brasil, 2000.

MORIN, Edgar. *A religação dos saberes: o desafio do século XXI*. Tradução de Flávia Nascimento. Rio de Janeiro: Bertrand Brasil, 2001.

MORIN, Edgar. *A via para o futuro da humanidade*. Tradução de Edgard de Assis Carvalho e Mariza Perassi Bosco. Rio de Janeiro: Bertrand Brasil, 2013.

MORIN, Edgar. *Ciência com consciência*. 4. ed. Tradução de Maria D. Alexandre e Maria Alice S. Dória. Rio de Janeiro: Bertrand Brasil, 2000.

MORIN, Edgar. *Conhecimento, ignorância, mistério*. Tradução de Clóvis Marques. Rio de Janeiro: Bertrand Brasil, 2020.

MORIN, Edgar. *Ensinar a viver: manifesto para mudar a educação*. Tradução de Edgard de Assis Carvalho e Mariza Perassi Bosco. Porto Alegre: Sulina, 2015.

MORIN, Edgar. *Fraternidade: para resistir à crueldade do mundo*. Tradução de Edgard de Assis Carvalho. São Paulo: Palas Athena, 2019.

MORIN, Edgar. *Meus demônios*. Tradução de Leneide Duarte e Clarisse Meireles. Rio de Janeiro: Bertrand Brasil, 2000.

MORIN, Edgar. *Meus filósofos*. Tradução de Edgard de Assis Carvalho e Mariza Perassi Bosco. Porto Alegre: Sulina, 2013.

MORIN, Edgar. *O enigma do homem: para uma nova antropologia*. Tradução de Fernando de Castro Ferro. Rio de Janeiro: Zahar, 1975.

MORIN, Edgar. *O homem e a morte*. Sintra: Europa-América, 1971.

MORIN, Edgar. *O método 1: a natureza da natureza*. Tradução de Ilana Heineberg. Porto Alegre: Sulina, 2013.

MORIN, Edgar. *O método 2: a vida da vida*. Tradução de Marina Lobo. Porto Alegre: Sulina, 2011.

MORIN, Edgar. *O método 3: o conhecimento do conhecimento*. Tradução de Juremir Machado da Silva. Porto Alegre: Sulina, 2012.

MORIN, Edgar. *O método 4: as ideias: habitat, vida, costumes, organização*. Tradução de Juremir Machado da Silva. Porto Alegre: Sulina, 2011.

MORIN, Edgar. *O método 5: a humanidade da humanidade*. Tradução de Juremir Machado da Silva. Porto Alegre: Sulina, 2012.

MORIN, Edgar. *O método 6: ética*. Tradução de Juremir Machado da Silva. Porto Alegre: Sulina, 2011.

MORIN, Edgar. *O problema epistemológico da complexidade*. 3. ed. Lisboa: Europa-América, 2002.

MORIN, Edgar. *Os sete saberes necessários à educação do futuro*. Tradução de Catarina Eleonora F. da Silva e Jeanne Sawaya. São Paulo: Cortez; Brasília, DF: Unesco, 2000.

MORIN, Edgar. *Para sair do século XX*. Tradução de Vera Azambuja Harvey. Rio de Janeiro: Nova Fronteira, 1986.

MORIN, Edgar. *Rumo ao abismo? Ensaio sobre o destino da humanidade*. Tradução de Edgard Assis Carvalho e Mariza Perassi Bosco. Rio de Janeiro: Bertrand Brasil, 2011.

MORIN, Edgar. *Um ano sísifo*. Tradução de Edgard de Assis Carvalho e Mariza Perassi Bosco. São Paulo: Edições Sesc, 2012.

MORIN, Edgar. *X da questão: o sujeito à flor da pele*. Tradução de Fátima Murad. Porto Alegre: Artmed, 2003.

MORIN, Edgar; DELGADO DÍAZ, Carlos Jesús. *Reinventar a educação: abrir caminhos para a metamorfose da humanidade*. Tradução de Irene Reis dos Santos. São Paulo: Palas Athena, 2016.

MORIN, Edgar; KERN, Anne Brigitte. *Terra-Pátria*. Tradução de Paulo Azevedo N. da Silva. Porto Alegre: Sulina, 2000.

MORIN, Edgar; LE MOIGNE, Jean-Louis. *A inteligência da complexidade*. Tradução de Nurimar Maria Falci. São Paulo: Peirópolis, 2000.

ORGANIZAÇÃO NOS AGROECOSSISTEMAS FAMILIARES AMAZÔNICOS: UM OLHAR PELA LENTE DA COMPLEXIDADE

Jolemia Cristina Nascimento das Chagas

Para refletir, neste texto, sobre a complexidade dos agroecossistemas familiares amazônicos, partimos da organização e da interação, termos abordados por Edgar Morin e aqui aplicados para a compreensão dos agroecossistemas familiares de Boa Fé, região do rio Manicoré, sul do Amazonas. A organização pela lente da complexidade comporta a ordem e a desordem existentes no real, dinâmica que, analisada cientificamente, vem contribuir com emergências no campo metodológico científico, aproximando conhecimentos e saberes sobre a Amazônia.

Os agroecossistemas familiares estudados são unidades de paisagens materializadas visualmente e transformadas pelas famílias locais com a finalidade de obter alimentos, extraídos ou produzidos, como a criação de animais e o cultivo de outras matérias-primas. Entre as características dos agroecossistemas estão a predominância de espécies de interesse humano e uma organização espacial estruturante e facilitadora do trabalho de produção na agricultura[1].

---

[1] Cf. Gordon R. Conway, "The Properties of Agroecosystems", *Agricultural Systems*, Amsterdam, 1987; Juliana Santilli, *Agrobiodiversidade e direitos dos agricultores*, São Paulo: Peirópolis, 2009; Ayrton Luiz Urizzi Martins, *Conservação da agrobiodiversidade: saberes*

Os agroecossistemas familiares em Boa Fé são unidades complexas da Amazônia. A complexa relação entre as unidades de paisagem e o todo no agroecossistema amazônico fazem parte de processos dinâmicos ambientais. Contribuem com a temperatura atmosférica, uma vez que a floresta tropical detém estoques de carbono que, se liberados na atmosfera por meio das queimadas, causam danos como o aquecimento global e mudanças climáticas. Além disso, a floresta produz os rios voadores, responsáveis pelas chuvas nas regiões Centro-Oeste, Sul e Sudeste do Brasil e outros países da América do Sul[2], e abriga e produz ampla diversidade de espécies entre fauna e flora necessárias à organização constante desse macrossistema. Os serviços ecossistêmicos e ambientais prestados por tal macrossistema resultam da indissociabilidade da relação das sociedades humanas desenvolvidas em congruência com os agroecossistemas familiares amazônicos e para além dele.

A categoria trabalho nos possibilitou observar os processos interativos nos quais humanos, por sua própria ação, medeiam, regulam e se adaptam ao meio onde vivem. Segundo Marx[3], o humano se confronta com a matéria como uma potência natural. A fim de se apropriar da matéria natural de forma útil para sua própria vida, ele põe em movimento as forças naturais pertencentes a sua corporeidade: seus braços, pernas, cabeças e mãos. Agindo sobre a natureza e modificando-a por meio desse movimento, ele modifica, ao mesmo tempo,

---

e estratégias da agricultura familiar na Amazônia, Universidade Federal do Amazonas, Manaus, 2016; Hiroshi Noda e Sandra do Nascimento Noda, "Agricultura familiar tradicional e conservação da sócio-biodiversidade amazônica", *Interações*, Campo Grande, 2003; Lin Chau Ming, Maria Christina de Mello Amorozo e Carolina Weber Kffuri (org.), *Agrobiodiversidade no Brasil: experiências e caminhos da pesquisa*, Recife: Nupea, 2010; José Augusto Pádua, "As bases teóricas da história ambiental", Rio de Janeiro: Garamond, 2012; William Balée *et al.*, "Florestas antrópicas no Acre: inventário florestal no geoglifo Três Vertentes, Acrelândia", *Amazônica: Revista de Antropologia*, Belém, 2014; Anne Elisabeth Laques *et al.*, "As políticas públicas e os efeitos sobre as estratégias de gestão de e recursos: o caso do Alto Solimões, Amazonas, Brasil", Manaus: Wega, 2013; Sandra do Nascimento Noda (org.), *Agricultura familiar na Amazônia das águas*, Manaus: Edua, 2007.

[2] Philip Fearnside, "Rios voadores e a água de São Paulo", *Amazônia Real*, Manaus, 2015.

[3] Karl Marx, *O capital: crítica da economia política: livro I: o processo de produção do capital*, São Paulo: Boitempo, 2013.

sua própria natureza, conservando sua adaptação e organização em relação ao meio onde se desenvolve[4].

As famílias em Boa Fé interagem nos agroecossistemas de forma a promover a manutenção da diversidade de organismos vivos, seus hábitats e as inter-relações entre os organismos e seu ambiente. Demonstram habilidades na conservação dos hábitats e no ecossistema, têm saberes sobre a biodiversidade, em especial a diversidade agrícola com foco na conservação da diversidade genética[5].

Nesse sentido, os agroecossistemas familiares protegem um genos da sociobiodiversidade amazônica. Esses elementos distintos, suas relações, ações e retroações se efetuam e se tecem nessa extensa rede biodiversa, na qual o humano, complexo em sua própria organização, está imerso em constante processo de adaptabilidade e de coexistência com o meio.

ORGANIZAÇÃO NOS PROCESSOS DE TRABALHO EM BOA FÉ

O viver nos agroecossistemas familiares de Boa Fé, no rio Manicoré, envolve o trabalho a partir de diversas atividades produtivas, relações de trabalho complexas para a produção de diversidade[6], manutenção e organização das famílias. Segundo Morin, o trabalho tem dois sentidos, um físico e outro sociológico, coexistindo como estranhos

---

[4] Cf. Humberto Maturana e Francisco Varela, *A árvore do conhecimento: as bases biológicas da compreensão humana*, São Paulo: Palas Athena, 2001.

[5] Cf. Walter Simon Boef, "Biodiversidade e agrobiodiversidade", Porto Alegre: L&PM, 2007; Giovanna Ricoveri, *Bens comuns versus mercadoria*, Rio de Janeiro: Multifoco, 2012; Nivaldo Peroni e Paulo Sodero Martins, "Influência da dinâmica agrícola itinerante na geração de diversidade de etnovariedades cultivadas vegetativamente", *Interciencia*, Caracas, 2000; Sandra do Nascimento Noda, *Na terra como na água: organização e conservação de recursos naturais terrestres e aquáticos em uma comunidade da Amazônia brasileira*, Universidade Federal de Mato Grosso, Cuiabá, 2000; Hiroshi Noda et al. (org.), *Dinâmicas socioambientais na agricultura familiar na Amazônia*, Manaus: Wega, 2013.

[6] A diversidade é o ingrediente e o produto de toda a organização viva. Edgar Morin, *O método 2: a vida da vida*, Porto Alegre: Sulina, 2005, p. 343.

em nosso pensamento ocidentalizado[7]. Analisando o trabalho em Boa Fé, trouxemos suas características de modo a banir falsas evidências e simplificações que tendem à centralização antropossocial, quando se retira todo o sentido vivo e só lhe atribuem um sentido humano unidimensional, técnico ou econômico.

Também evidenciamos a construção e reconstrução do saber nesses agroecossistemas familiares, nos quais toda estratégia de ação requer uma estratégia de cognição[8], sendo indispensáveis na conservação e nos processos adaptativos. O saber ocorre nos ambientes produtivos, que também são espaços relacionais de aprendizagem.

Para Maturana e Varela[9], os processos de aprendizagem ocorrem no fazer e por meio das relações e emoções. As emoções são relacionadas aos algoritmos bioquímicos vitais para a sobrevivência e a reprodução de todos os mamíferos, diz Harari[10]. Um algoritmo é um conjunto metódico de passos que pode ser usado em cálculos, na resolução de problemas e na tomada de decisões.

Isso implica a necessidade de distinções no meio onde ocorrem as interações das organizações sociais familiares em Boa Fé, que vivem nele e por ele. Não se trata de um cálculo específico, mas do método empregado ao se fazer cálculos. Por exemplo, quando o agricultor em Boa Fé planeja uma área para cultivo de uma roça, calcula o tamanho médio dessa área, bem como uma quantidade específica de variedades de mandioca necessárias para o cultivo e manutenção da família anualmente.

As estratégias cognitivas vão desde a mais simples, escolher o tamanho da área para o plantio, até a mais complexa, determinar quantas variedades serão cultivadas neste ambiente e dispostas na unidade de paisagem, e, igualmente, como se dará a organização do trabalho, dos processos de trabalho, usos e reservas. São capacidades práticas e saberes apreendidos no desenvolvimento das atividades produtivas.

---

[7] *Ibidem*, p. 341.

[8] *Ibidem*; Ayrton Luiz Urizzi Martins, *op. cit.*

[9] Humberto Maturana e Francisco Varela, *op. cit.*

[10] Yuval Noah Harari, *Homo deus: uma breve história do amanhã*, São Paulo: Companhia das Letras, 2016, p. 92.

Os saberes estão nos agricultores familiares de Boa Fé que os desenvolvem e são reelaborados a cada desafio e incerteza ambiental, que interagem em distintas unidades de paisagens, produzindo a agrobiodiversidade[11] essencial para a reprodução biológica e social. O saber local deve, portanto, ser considerado parte integrante da agrobiodiversidade[12].

Nesse sentido, o saber está relacionado com a cultura de cada organização e grupo social. Quando formalizado, o saber pode ser compartimentalizado, mas também apreendido por uma estrutura capitalista do conhecimento homogêneo, que transforma em mercadoria por meio de tecnologias. Esse conhecimento é denominado por Gorz de "saber morto"[13], pois já não contém a criatividade existente na ação e se programa vivificado na práxis do cotidiano. Pode ser repetido em outros espaços, porém não comporta as distinções e estratégias do lugar.

Por outro lado, o saber vivo possui características ancestrais, se dá na práxis das atividades desenvolvidas pelos agricultores em Boa Fé, ao mesmo tempo que gera nova estratégia a partir das experiências vivenciadas e de um programa[14], transmitidos oralmente nos distintos contextos históricos, ambientais, sociais, culturais e econômicos.

O saber ancestral pode ser considerado um patrimônio organizador dos agroecossistemas familiares amazônicos[15]. Em Boa Fé, está inscrito nos indivíduos, no grupo social, nos produtos

---

[11] A agrobiodiversidade resulta da interação entre a biodiversidade e as estratégias de gestão dos diferentes sistemas de produção adotadas pelas populações culturalmente diversas. Cf. FOOD AND AGRICULTURE ORGANIZATION, *Interação do género, da agrobiodiversidade e dos conhecimentos locais ao serviço da segurança alimentar*, Roma: FAO, 2005.

[12] Cf. Ayrton Luiz Urizzi Martins, *op. cit.*; Hiroshi Noda et al. (org.), *Dinâmicas socioambientais na agricultura familiar na Amazônia*, Manaus: Wega, 2013.

[13] André Gorz, *O imaterial: conhecimento, valor e capital*, São Paulo: Annablume, 2005.

[14] Cf. Edgar Morin, *op. cit.*

[15] Cf. Sandra do Nascimento Noda, *Na terra como na água*, *op. cit.*; Hiroshi Noda e Sandra do Nascimento Noda, *op. cit.*; Sandra do Nascimento Noda (org.), *Agricultura familiar na Amazônia das águas*, *op. cit.*; Hiroshi Noda et al., *op. cit.*; Ayrton Luiz Urizzi Martins, *op. cit.*; Sylvia Souza Forsberg, *O agroecossistema do lago do Janauacá, AM: cultivando vida e saberes*, Universidade Federal do Amazonas, Manaus, 2018.

e produtores dos agroecossistemas familiares. Nesses termos, tal saber se apresenta como um patrimônio cultural emergente. Segundo Morin[16], a cultura concentra um duplo capital: de um lado, cognitivo e técnico (apetrechos e ferramentas produzidas usadas na pesca, na agricultura, na coleta, os saberes e regras ligados a cada atividade); por outro, um capital mitológico e ritual (crenças reconstruídas nos cultos e festas de São Francisco, nos processos de trabalho, normas, interdições e valores), sendo também um capital de memória e de organização.

O fazer-conhecer das famílias nos agroecossistemas de Boa Fé

Os processos de conhecimento dos agricultores em Boa Fé são dinâmicos, saberes que emergem e são repassados geracionalmente por meio de relações tecidas na organização social do trabalho, das crenças, do lazer, conservando vivas as organizações.

Não podemos deixar de ressaltar a importância da linguagem nesse processo de transmissão dos saberes, que obedecem acordos tácitos locais, engrenados na práxis antropossocial, provocando ações e atuações nos agroecossistemas familiares. Tal aspecto assegura qualidades como a criação (*poiesis*) quase ilimitada de enunciados e a transmissão/reprodução de mensagens[17]. Sendo assim, a criação e o uso de termos locais são determinantes na organização social e identitária das famílias em Boa Fé.

Entre os termos de uso local e seus significados, listamos: *Candurando* – movimento de cardume de jatuarana na superfície do rio; *Faxiar* – pesca noturna às margens dos igarapés ou rio com o uso de arpão e lanterna; *Poço da mata* – lugar de diversidade onde se buscam palhas, caça, frutos de palmeiras como o açaí e patauá em épocas do ano distintas; *Cacaia* – área de formação do leito do rio com predominância de árvores da mesma espécie, que perdem as folhas no período de cheia, localizadas geralmente entre o rio e áreas de roças; *Panema* – sujeito que apresenta dificuldade em conseguir alimento.

---

[16] Edgar Morin, *O método 3: o conhecimento do conhecimento*, Porto Alegre: Sulina, 2012.

[17] *Ibidem*, p. 160.

As interpretações dos termos locais são complementares aos signos impressos no ambiente e se complexificam quando os comparamos com os termos formalizados, possibilitando a compreensão de códigos locais. Para Geertz, os códigos peculiares regem as ações de determinados grupos e/ou comunidades e as interpretações e leituras da natureza desenvolvidas por essas populações podem não ser decifráveis por outros grupos ou pela própria sociedade em geral, tornando necessário buscar o significado, a explicação ou a compreensão de determinadas expressões sociais que são a princípio enigmáticas em sua superfície[18].

Observando a fala de uma agricultora local: "*Essa marca d'água nessa árvore morta* [aponta para a árvore em seu porto] *que a senhora está vendo, dois palmos abaixo dela, eu sei que lá no furo* [passagem que liga o rio Manicoré e lagos] *está dando passagem*"[19], é possível compreender as estratégias que utiliza nos deslocamentos pelo rio. Demonstra que a agricultora conhece as dinâmicas ambientais relacionadas ao pulso de inundação, permitindo a elaboração de métodos de planejamento e mobilidade.

Os signos ambientais são percebidos e utilizados cotidianamente, apresentam significados diversos, como a disponibilidade de pescado em determinados ambientes (igapós e as cacaias) conforme as marcas do pulso de inundação (barrancos, árvores e casas). Estratégias adaptativas relacionadas ao pico de cheia do rio também foram observadas:

> *Já estamos em janeiro e já podemos ver pelos nossos cálculos que a água já vai chegar na máxima do ano passado. A gente marca de um ano para outro (porque aqui a gente marca na terra firme, marcamos na árvore seca que não crescem). O cara só vai sair desse lugar no último instante quando a água chegar quase a cobrir a casa. Em 2014 fizeram 3 assoalhos, a água chegou acima da janela*[20].

---

[18] Clifford Geertz, *A interpretação das culturas*, Rio de Janeiro: Guanabara Koogan, 1989.

[19] Agricultora, 54 anos, comunidade Boa Fé. Dados coletados em campo.

[20] Agricultor, 47 anos, comunidade Boa Fé, rio Manicoré. Dados coletados em campo.

O agricultor destaca a importância de identificar, discernir, rever e corrigir tais sinais presentes no ambiente, transformando uma situação já conhecida em novos saberes. Nesse sentido, os signos ativam os programas já existentes, possibilitando a elaboração de novas estratégias a partir desses indicadores do pulso de inundação (cheias, seca e repiquete). Ao observar o signo, relacioná-lo com a marca d'água deixada pela última cheia extrema, o agricultor cria estratégias relacionadas a outras extensões do rio Manicoré.

Os signos decodificados podem ter significados distintos para o observador: identificação de áreas que alagam; anos de eventos extremos de cheia e seca; indicadores de perda da agrobiodiversidade; planejamentos para a construção de estruturas locais e áreas produtivas; mobilidade.

Mesmo contendo elementos de sistemas linguísticos reconstruídos, a linguagem comum em Boa Fé oferece suporte à invenção[21], à imaginação, à criação de estratégias. É parte da reconstrução cultural, integrada aos saberes comuns, transformados em novos saberes. Segundo Gorz[22], uma cultura é tão mais rica quanto mais os saberes comuns de que ela é tecida lhe permitem integrar e transformar conhecimentos novos em saberes. Em Boa Fé, os saberes são carregados de existência e criatividade, inatos ao agroecossistema do rio Manicoré e às famílias locais que o produzem, na interação com o meio.

ORGANIZAÇÃO DO TRABALHO

Partimos da organização complexa visando manifestar as interações e relações existentes nos processos de trabalho familiar em Boa Fé. Essa organização é essencial para a conservação das formas de produção, diversidade nas unidades de paisagens regeneradoras das sociedades e dos agroecossistemas familiares. O trabalho familiar tem vários significados:

---

[21] Cf. Edgar Morin, *O método 4: as ideias: habitat, vida, costumes, organização*, Porto Alegre: Sulina, 2011.

[22] Cf. André Gorz, *op. cit.*

O trabalho familiar tem várias finalidades ao espaço e conforme a necessidade da família. 1. Na manutenção da família; 2. A necessidade do trabalho corresponde ao equilíbrio do seu modo de vida; 3. O trabalho traz compromisso comunitário; 4. Com o trabalho comprova que há uma família que depende deste espaço para sobreviver; 5. O trabalho em comunidade fortalece o diálogo em mutirão com as pessoas que busca avançar suas atividades; 6. O trabalho familiar sempre segue um ritmo adequado durante a semana; 7. O trabalho familiar é sempre realizado em parceria ou somente em família obedecendo limitações durante a semana[23].

Para o agricultor em Boa Fé, o trabalho é o desenvolvimento das atividades que as famílias executam, assim como a ajuda desempenhada pelo agricultor em trabalhos coletivos comunitários, entre familiares e famílias.

Há reciprocidade em comunidades e terras indígenas ao longo do rio Manicoré. Entende-se por reciprocidade a dinâmica de dádiva e de redistribuição criadora de sociabilidade, identificada por Mauss[24]. Os indígenas Muras da Terra Indígena Maloca, juntamente com os agricultores da comunidade de Boa Fé, realizam a limpeza dos castanhais de uso comum. Entre comunidades como Boa Fé e Terra Preta, o caminho por via terrestre é de aproximadamente cinco quilômetros.

Sendo assim, em Boa Fé, as redes de proximidade, as relações familiares e interfamiliares, de compadrio[25] e as prestações de ajuda mútua constituem formas de relacionamento e de organização ainda reguladas pelo saber ancestral e pela reciprocidade. A lógica do sistema de reciprocidade não considera a produção exclusiva de valores de uso ou de bens coletivos, mas a criação do ser e da sociabilidade.

Dentre as atividades coletivas em Boa Fé, destacam-se a coleta de castanha (*Bertholletia excelsa* Humb. & Bonpl.), do açaí (*Euterpe precatoria* Mart.) e a pesca da jatuarana (*Brycon sp.*). Nos castanhais ocorre a coleta de castanha do Brasil com a participação de adultos

---

[23] Agricultor e professor, 50 anos, comunidade Boa Fé, rio Manicoré. Dados coletados em campo.

[24] Mauss, 1950, *apud* Eric Sabourin, "Práticas de reciprocidade e economia de dádiva em comunidades rurais do Nordeste brasileiro", *Raízes*, Campina Grande, 1999, p. 43.

[25] A ampliação das relações sociais e afetivas, por exemplo, mediante o compadrio. Cf. Marcos Pazzanese Duarte Lanna, *A dívida divina: troca e patronagem no Nordeste brasileiro*, Campinas: Ed. Unicamp, 1995.

homens, mulheres e jovens. As castanheiras cultivadas nos sítios recebem os cuidados de todos os membros da família, sendo a limpeza e coleta realizadas principalmente pelas mulheres, jovens e crianças.

Nos sítios, as atividades envolvem cultivos de diversas espécies de plantas de usos múltiplos, criação de animais e extrativismo. São espaços de encontros onde os membros familiares aproveitam para descansar, planejar atividades e receber visitantes.

A pesca da jatuarana (*Brycon* sp.), peixe abundante no rio Manicoré, conhecido também como matrinxã, ocorre para fins alimentícios das famílias que apreciam essa espécie, além de comercializarem os excedentes com os barcos-recreio[26] que trafegam pelo rio.

O processo de trabalho na pesca antecede a atividade em si, pois os pescadores preparam seus apetrechos (rede de espera, rede de cerco e de tarrafa) meses antes da descida do pescado dos "altos" do rio Manicoré. A jatuarana é uma espécie de peixe que realiza grandes migrações entre a calha do rio Madeira e seus tributários[27]. A pesca local ainda apresenta características artesanais, com uso de apetrechos como arpão, arco e flecha[28].

Os pescadores detêm saberes sobre os hábitos dos peixes, como a forma que a jatuarana desce o rio Manicoré para acessar o rio Madeira nos meses de março e abril. Sua pescaria é realizada em canoas de porte médio – "canoa de fôrma" –, com capacidade para entre 4 e 5 adultos e as redes de pesca. Também são usadas para transportar farinha, açaí, caça, castanha, palha, lenha, mandioca, entre outros recursos. As redes usadas na pesca da jatuarana são de nylon com até 75 metros de comprimento e malha de fibra de 60 mm por 40 mm.

Durante a subida das águas do rio Manicoré, realiza-se a limpeza parcial dos igapós, que consiste no corte de galhos em meio aos caminhos de passagem dos peixes no período de cheia. Os "caminhos de

---

[26] Barcos comerciantes que transportam mercadorias e pessoas no rio Manicoré.

[27] Cf. Goulding, 1980 *apud* Luiz Jardim de Queiroz *et al.*, *Peixes do rio Madeira*, São Paulo: Dialeto Latin American Documentary, 2013.

[28] Cf. Renato Soares Cardoso e Carlos Edwar de Carvalho Freitas, "Desembarque e esforço de pesca da frota pesqueira comercial de Manicoré (Médio Rio Madeira), Amazonas, Brasil", *Acta Amazônica*, Manaus, 2007.

peixe", nos igapós, são áreas de mata alagadas pela cheia do rio onde as redes de pesca (malhadeiras) são armadas para capturar o pescado.

A pesca no igapó é realizada, geralmente, utilizando uma canoa de porte pequeno, denominada "casquinho".

As crianças participam desde muito cedo da atividade de pesca, observando seus pais ou parentes próximos, ajudando com os apetrechos e praticando a captura de peixes menores com o uso de caniço[29]. O percentual de pescadores de Boa Fé associados à colônia de pescadores em Manicoré é de 2,40% dos 13 casos observados, o que pode indicar que os pescadores preferem comercializar o excedente da pesca localmente ou junto dos barcos-recreio.

A pesca predatória no Manicoré vem se intensificando nos últimos anos. Os barcos comerciais sobem o rio levando redes de pesca inadequadas e em época de defeso. Essa prática representa uma ameaça para as famílias locais, que percebem a escassez do pescado no rio.

Os órgãos de fiscalização e de extensão rural são incipientes. As burocracias e tecnologias necessárias para ter acesso ao Cadastro Ambiental Rural, e editais como os do Programa Nacional de Alimentação Escolar (Pnae) e Programa de Regionalização da Merenda Escolar (Preme) dificultam o acesso às políticas públicas pelos agricultores familiares, além de não levarem em consideração a cultura, os processos organizacionais do trabalho e o fator social. Autores como Carmo[30] assinalam que as propostas tecnológicas não estão adaptadas às reais necessidades dos agricultores, provocando adoções desiguais para um progresso técnico que uniformiza as condições produtivas de todos os agricultores.

As propostas ofertadas por agências de desenvolvimento geralmente visam a adoção de técnicas de cultivos especializados, com uso de agroquímicos industrializados, provocando o descontentamento dos agricultores.

A falta de compreensão sobre as cadeias produtivas locais, que são modos de produção desenvolvidos pelos agricultores familiares,

---

[29] Apetrecho de pesca elaborado com um pedaço de madeira, que pode ser um galho de árvore, com uma linha de nylon amarrada em sua extremidade contendo um anzol.

[30] Maristela Simões do Carmo, "A produção familiar como locus ideal da agricultura sustentável", *Agricultura em São Paulo*, São Paulo, 1998.

invisibiliza a organização existente nos agroecossistemas familiares de Boa Fé. As políticas públicas não consideram as especificidades locais como o conceito de Sistemas Territoriais de Agricultura Familiar (Staf). O Staf considera os conjuntos complexos de sistemas de produção com base na família, entrelaçados nas redes sociais e vínculos econômicos, associados à base de recursos naturais e práticas do território, aspectos culturais relacionados ao seu uso e transformação, bem como aos meios e modos de vida e identidades coletivos historicamente construídos[31].

Esse sistema pode contribuir com o desempenho dos agroecossistemas familiares, pois tendem a ser menos especializados do que a agricultura mecanizada e agroindustrial, sendo associados aos distintos agroecossistemas contendo espécies da agrobiodiversidade, domesticadas ou silvestres[32]. Além disso, esses sistemas também estão associados a uma maior resiliência ambiental frente aos eventos extremos.

Organização do trabalho na unidade de paisagem roça

A organização dos processos de trabalho de implementação de uma roça, realizada por todas as famílias estudadas em Boa Fé, ocorre de forma complexa. A unidade de paisagem roça, para fins explicativos, conota um espaço relacional onde as interações promovem trocas de saberes entre os indivíduos mais sábios e os mais novos.

Enquanto realiza seu objetivo, o agricultor familiar sabe e determina a forma como será desenvolvida sua atividade, ao mesmo tempo que subordina sua força de trabalho a uma atividade laboral com a finalidade de manutenção da família. O agricultor cogita várias possibilidades e computa uma realidade que passa a existir no campo das ideias.

Dentre os critérios adotados para a escolha do local da roça estão: a área ser de fácil acesso, a proximidade com o rio ou casa de farinha,

---

[31] Cf. Mario Samper, "Pertinencia del enfoque territorial para abordar las interacciones entre sistemas territoriales de agricultura familiar, agrobiodiversidad y cambio climático", *Revista de Ciencias Ambientales*, Heredia, 2019.

[32] *Ibidem*.

textura do solo, tipos de manivas que serão cultivadas e as outras espécies vegetais. Tudo isso em função da mão de obra familiar disponível e suficiente para realizar a manutenção da área, ao passo que a área escolhida deve suprir a necessidade da família.

A organização do trabalho envolve as distintas etapas de implantação da roça – desde a limpeza, destoca e retirada de árvores maiores, capina para remover a vegetação mais rasa, amontoar os restos culturais e a coivara[33]. A participação dos familiares varia de acordo com a força de trabalho exigida nas distintas etapas e processos de trabalho.

A escolha da capoeira onde será implantada a roça envolve tempo, observação e troca de informações entre os membros da família ou da comunidade. Os roçados são implantados na terra firme, nas adjacências dos sítios e margens de igarapés.

A escolha da área está sob a responsabilidade da mãe e do filho mais velho, de 24 anos, responsável pela família após o falecimento de seu pai. Observou-se que o trabalho de "roçagem" da área de capoeira consiste na retirada de espécies de porte baixo, como gramíneas, tiririca e arbustos, deixando apenas as árvores de porte maior. Essa etapa pode envolver outras famílias que trocam o dia de trabalho.

A retirada de árvores de porte maior é realizada por adultos com uso de motosserra. Essa fase é considerada perigosa, devido à queda de galhos e árvores de porte médio. Após a derrubada das árvores, a família aguarda a secagem da madeira, que dura aproximadamente 30 dias, e em seguida o material seco é amontoado e queimado.

Antes do plantio, o agricultor depende de elementos ambientais, como a chuva necessária para resfriar a terra. Após a chuva, o agricultor realiza o cultivo da mandioca e demais espécies de interesse da família.

Durante a idade inicial da vida ocorre o *imprinting cultural*[34], que se inscreve no cérebro pela estabilização seletiva das sinapses,

---

[33] Os agricultores amontoam e queimam restos vegetais oriundos da capina e destocamento de troncos de árvores durante a limpeza do roçado. Esses montículos, após a queima, liberam cinzas no solo onde posteriormente serão cultivadas espécies como banana, cará, açaí, batata doce, entre outras.

[34] Segundo Konrad Lorentz, o *imprinting cultural* é a marca dos humanos, desde o nascimento, com o selo da cultura, primeiro familiar e depois escolar, prosseguindo na universidade ou na profissão. *Apud* Edgar Morin, *O método 6: ética*, Porto Alegre: Sulina, 2011, p. 30.

inscrições que marcarão de forma irreversível o indivíduo em seu modo de conhecer e de agir. Em Boa Fé, a fase de preparo das covas para o cultivo da mandioca é executada pelos adultos, e embora as crianças não participem das atividades de produção, são levadas para a roça em interação com os mais velhos. A transmissão de saberes sobre o cultivo, as variedades e a organização espacial das espécies ocorrem nessa etapa. Após o cultivo, a família realiza a manutenção da roça.

Casa de farinha

A produção de farinha é uma atividade de intensa interação familiar e comunitária. A farinha e seus derivados são extremamente importantes para as famílias locais, e seu processo de produção começa antes da casa de farinha. Tem início com a escolha das variedades de mandioca que serão usadas na produção, variando de acordo com o interesse de consumo e venda dos excedentes pela família.

Quando a produção é destinada à família, a variedade de mandioca escolhida varia em função do rendimento de farinha e derivados. Além disso, o agricultor pode optar por colher mais de uma variedade, e a partir de misturas, otimizar o produto, atendendo suas preferências.

As roças são interdependentes e cada responsável determina a época para produzir farinha e seus derivados. Dessa forma, outros membros da família e outras famílias podem estabelecer uma organização para o uso comum da casa de farinha.

A participação dos membros da família na casa de farinha varia de acordo com a composição familiar, se nuclear ou extensa. As famílias recém-formadas, geralmente compostas por marido e esposa, contam com a ajuda dos moradores experientes que os introduzem na comunidade por meio dos trabalhos. Foi observado que casais novos ou recém-chegados em Boa Fé levam até dois anos para constituir sua própria roça e casa de farinha.

No primeiro ano, as famílias trabalham em conjunto nos processos de organização das roças, estabelecem relações de trabalho como troca de dia no preparo da roça, cultivo, limpeza, colheita da mandioca e produção de farinha e derivados. No segundo ano, a família mais nova prepara sua área de roça, estabelece seus cultivos a partir de materiais genéticos (manivas), doados em feixes de mandiocas e macaxeiras pelas famílias locais.

Os jovens e adultos se organizam na extração de palha e de barro, usados na cobertura da casa e construção da estrutura do forno no qual se assenta o tacho de torrar farinha. A casa de farinha representa autonomia para as famílias locais.

Durante a produção de farinha, foi observada a organização do trabalho pelas famílias, agregados e conhecidos, na qual cada sujeito reconhece naturalmente suas capacidades *práxicas*. É na casa de farinha que as famílias planejam parte de suas atividades, estabelecem acordos de uso dos meios de produção e compartilham instrumentos de trabalho próprios da unidade produtiva. A força de trabalho é otimizada por meio de acordos não formalizados, firmados oralmente entre os agricultores.

Nesse sentido, a família é a unidade que sustenta uma rede de relações diversificadas que não podem ser reduzidas às relações de trabalho, muito menos sob a ótica do mercado[35]. Carneiro ressalta que o significado da dinâmica das relações familiares não pode ser buscado de maneira isolada, seja no sistema de parentesco, seja na racionalidade econômica ou na divisão do trabalho.

A dinâmica de divisão do trabalho em Boa Fé é a própria organização viva, na qual os processos de trabalhos ocorrem constantemente, e a mão de obra, a força de trabalho, varia em decorrência da organização familiar e entre famílias.

A colheita e o transporte das mandiocas são realizados pelos adultos e jovens. Após a colheita, as mandiocas são levadas à casa de farinha, onde uma parte fica de molho e a outra, seca, é reservada. O processo de descascar a mandioca envolve a mão de obra familiar e agregados, configurando uma etapa de intensa interação. Os resíduos das cascas das mandiocas são depositados no entorno da casa de farinha, onde são cultivadas espécies de múltiplos usos e criados animais domésticos.

---

[35] Cf. Maria José Carneiro, *"Em que consiste o familiar da agricultura familiar?"*, Rio de Janeiro: Mauad X, 2008.

Da mandioca amolecida em água (na denominação local, "toco mole") deriva a massa lavada, uma farinha utilizada em preparos de bolos e mingaus. Após o coamento da massa de mandioca mole ralada, ela é decantada e seca ao sol.

As mandiocas descascadas, lavadas e sevadas são separadas em duas partes. A porção maior é destinada à produção de farinha e vai para a *gareira*. A menor é reservada para obtenção dos derivados tucupi e goma de tapioca, provenientes do coamento e decantação. O tucupi é utilizado como molho; da goma de tapioca são preparados dobradinhos, sequilhos, beiju de lenço e beiju pé-de-moleque.

A massa armazenada na *gareira* passa pelo tipiti (ou prensa) para a retirada do excesso de água e em seguida é peneirada, quando se retiram os derivados da crueira que sobram na peneira. A massa peneirada é levada ao tacho no forno, passando pelos processos de cozimento e torragem: o primeiro dura entre 10 e 12 minutos, passando depois ao estado de torragem. O torrador distingue as fases de cozimento e torragem observando a textura da massa e a temperatura. Depois de torrada e resfriada, a farinha é ensacada (armazenada).

Cultivo e extração de açaí

O açaí solteiro ou nativo (*Euterpe precatoria*) é uma espécie encontrada em abundância ao longo de todo o rio Manicoré e em lugares de diversidade, como o poço da mata bruta, e se destaca pela importância social, alimentar e econômica.

A coleta do açaí é realizada por adultos e jovens com o uso de um artefato local denominado peconha, utilizado nos pés para dar suporte ao apanhador de açaí durante a subida e descida do açaizeiro.

No sítio, o cultivo é realizado a partir de mudas produzidas e adaptadas a essa unidade de paisagem. As sementes de açaí, após o preparo do vinho, são dispersas no sítio em montículos. Após a germinação, os agricultores distribuem as mudas pelo sítio, capoeiras e roças próximas. O cultivo deve ser realizado nas primeiras horas da manhã ou no final da tarde, e a planta precisa ser irrigada nos dias iniciais após o plantio.

Essa etapa é executada principalmente pelos adultos, que se deslocam entre as áreas de açaizais nativos em busca de mudas.

A colheita dos cachos de açaí se dá pelo pai e filho(s) mais velho(s), já que é considerada muito arriscada. O fruto do açaí é uma das principais espécies de uso alimentar. O vinho de açaí é produzido de forma artesanal pelas mulheres e jovens. O fruto é debulhado, escaldado para que a polpa amoleça, peneirado e misturado com água. Pode ser consumido puro ou acompanhado de carnes e peixes secos e farinha.

Conhecer os processos necessários para produzir alimentos é tão importante em Boa Fé quanto desenvolver atividades de trabalho nos agroecossistemas familiares, pois ambos são complementares à manutenção da família.

Instrumentos de trabalho

Alguns instrumentos de trabalho de uso individual ou coletivo são elaborados pelos agricultores: paneiro, tipiti, peneira, pilão, gamela, barcos, remos, canoa, prensa, forno de barro para torrar farinha, a própria casa de farinha, entre outros. Esses utensílios variam de tamanho e forma – as crianças possuem instrumentos elaborados pelos avós, tios ou pais e que vão se modificando de acordo com o desenvolvimento do indivíduo.

Os mais novos realizam atividades leves, como transportar materiais de consumo, água e alimento para a roça, coletar frutos, ajudar a cultivar plantas no sítio, descascar mandioca, além de oferecerem suporte ao desenvolvimento de trabalhos domésticos, ajudando nos cuidados de irmãos mais novos, a carregar água e lenha, instalar armadilhas pequenas nas áreas adjacentes ao sítio e alimentar os animais. Os materiais utilizados são de origem local, como as palheiras, utilizadas na construção de casas de farinha e *tapiris* (Quadro 1).

Outro bem comum utilizado para a confecção de paneiro é o cipó *ambé*, coletado na mata, molhado, descascado e então seco ao sol. Com uma faca, o agricultor tira finas camadas que serão usadas para confeccionar o paneiro. Depois de pronto o paneiro é posto para secar ao sol para que, em seguida, sejam inseridas duas hastes de suporte, as alças, feitas de *enviras* (casca de árvores).

Quadro 1 – Usos de folhas de algumas palmeiras nos agroecossistemas de Boa Fé

TIPO	PARA QUE SERVE?	ONDE ENCONTRAR?	DESCRIÇÃO NA LITERATURA
Palha do Inajá	Cercar casa e cozinha	Mata/sítio	Ocorre em solos bem drenados e argilo-arenosos[36], em solo seco e pobre em nutrientes e tolera solos bastante ácidos[37]. As folhas são usadas na cobertura de casas[38], sendo a palha uma das mais procuradas para esse fim, pela sua durabilidade e capacidade de enxugar rápido, embora as folhas mais velhas se enrolem quando secam[39]. As populações caboclas[40] usam as folhas para construir as paredes das casas.
Palha branca e preta	Cobrir casa/ capote ou jacaré	Mata/sítio/ poço da mata bruta	As folhas são empregadas na cobertura de casas[41]. A palha deverá ficar seca de doze dias a um mês antes de ser utilizada nas coberturas; são necessárias quinhentas palhas para uma casa de 8 × 4 m[42].
Palha ubim	Cobrir casa	Áreas úmidas/ matas/sítio antigos	Encontrada nas matas tropicais úmidas de baixa altitude e solos pantanosos, ocasionalmente em altitudes de até 650 m[43]. Espécie espontânea e comum no sub-bosque da floresta de terra firme primária[44].

(continua...)

---

[36] Cf. Hugo Villachica, *Frutales y hortalizas promisorios de la Amazonia*, Lima: TCA, 1996.

[37] Cf. FOOD AND AGRICULTURE ORGANIZATION, *Food and Fruit-Bearing Forest Species 3: Examples from Latin America*, Rome: FAO, 1986.

[38] Cf. Hugo Villachica, *op. cit.*

[39] Cf. Patrícia Shanley, Margaret Cymerys e Jurandir Galvão, *Frutíferas da mata na vida amazônica*, Belém: Supercores, 1998.

[40] *Ibidem*.

[41] Cf. Harri Lorenzi *et al.* (coord.), *Palmeiras no Brasil: nativas e exóticas*, Nova Odessa: Plantarum, 1996.

[42] Cf. Manuela Carneiro da Cunha e Mauro Barbosa de Almeida (org.), *Enciclopédia da floresta*, São Paulo: Companhia das Letras, 2002.

[43] Cf. Harri Lorenzi *et al.*, *op. cit.*

[44] Cf. Roberta de Melo Valente e Samuel Soares de Almeida, *As palmeiras de Caxiuanã: informações botânicas e utilização por comunidades ribeirinhas*, Belém: MPEG, 2001.

Quadro 1 – Usos de folhas de algumas palmeiras nos agroecossistemas de Boa Fé (continuação)

TIPO	PARA QUE SERVE?	ONDE ENCONTRAR?	DESCRIÇÃO NA LITERATURA
Caranai	Cobrir casa	Várzea, sítio, beiras do rio	É encontrada em uma variedade de hábitats, como margens de rios, savanas, matas úmidas e matas de galeria[45].

Fonte: Dados de campo e Rios e Pastore Jr.[46].

Pluriatividade

A organização familiar também tem como estratégia manter a conservação do grupo social ao meio. Além das atribuições familiares na propriedade e da responsabilidade na agricultura, o agricultor também busca atividades não agrícolas fora da unidade de produção. Essa característica da agricultura familiar de realizar outras atividades em paralelo, sem deixar de colaborar com a renda familiar, é denominada de pluriatividade.

Segundo Schneider[47], a pluriatividade é um fenômeno por meio do qual membros das famílias que habitam o meio rural optam pelo exercício de diferentes atividades, ou, mais rigorosamente, de atividades não agrícolas, mantendo a moradia no campo e uma ligação, inclusive produtiva, com a agricultura e a vida no espaço rural. É uma prática que depende de decisões individuais ou familiares.

Esse movimento surge como estratégia da família para diversificar a renda e a permanência do grupo em seu lugar. Dessa forma, o trabalho oriundo da pluriatividade propicia um complemento de renda, na medida em que emergem oportunidades e pressão sobre os agroecossistemas familiares. Pode também se tornar um seguro contra riscos climáticos e econômicos, impedindo que a família fique

---

[45] Cf. Harri Lorenzi *et al.*, *op. cit.*

[46] Mary Naves da Silva Rios e Floriano Pastore Jr. (org.), *Plantas da Amazônia: 450 espécies de uso geral*, Brasília, DF: Editora UnB, 2011.

[47] Sérgio Schneider, "Teoria social, agricultura familiar e pluriatividade", *Revista Brasileira de Ciências Sociais*, São Paulo, 2003.

abaixo da linha de pobreza nos períodos de escassez agrícola ou de preços baixos[48].

Em Boa Fé, o incremento da renda pela pluriatividade também está relacionado a uma das estratégias desenvolvidas pelo grupo social, gerando excedentes necessários para emergências causadas pela eventual falta de serviços e produtos de consumo, que chegam à localidade por meio dos regatões.

Por outro lado, é perceptível que a produção e reprodução dos agroecossistemas familiares são essenciais para manter os modos de vida e a autonomia das famílias. O aumento do consumo de produtos industrializados e as relações mercadológicas ameaçam tal autonomia e a segurança alimentar do grupo social.

As ocupações de renda não agrícolas no meio rural vêm crescendo nas últimas décadas, sendo uma forma definida e persistente de relacionamento intersetorial em muitos países[49]. Entre essas atividades, alguns membros das famílias prestam serviços por meio do funcionalismo público (21%), serviços de carpintaria (16%), diárias (16%), como garimpeiros (5%), piloteiros de transporte escolar e ambulancha (16%), venda de madeira (21%), frete (5%) e, eventualmente, comércio (5%).

A pluriatividade em Boa Fé é uma combinação de atividades não agrícolas executadas dentro ou fora dos sítios habitados pelas famílias, que complementa a renda, juntamente com os benefícios sociais e de produção. A manutenção das múltiplas inserções ocupacionais depende da dinâmica familiar e dos indivíduos que a compõem, já que o crescimento das atividades não agrícolas está relacionado a alterações no mercado de trabalho, o que expressa novos modos de ocupação da força de trabalho oportunizados pelo acesso à educação escolar. Esse processo tende a ficar mais intenso após a criação de uma unidade de conservação, o que é corroborado por Schneider[50], para quem alguns

---

[48] Cf. Angela Antonia Kageyama (org.), *Desenvolvimento rural: conceitos e aplicação ao caso brasileiro*, Porto Alegre: Editora da UFRGS, 2008.

[49] *Ibidem*.

[50] Sérgio Schneider, "Teoria social, agricultura familiar e pluriatividade", *Revista Brasileira de Ciências Sociais*, São Paulo, 2003.

contextos da pluriatividade envolvem mudança demográfica, identidade social e representações simbólicas sobre o rural.

REFERÊNCIAS

BALÉE, William *et al.* "Florestas antrópicas no Acre: inventário florestal no geoglifo Três Vertentes, Acrelândia". *Amazônica: Revista de Antropologia*. Belém: 2014, v. 6, n. 1.

BOEF, Walter Simon. "Biodiversidade e agrobiodiversidade". Em: BOEF, Walter Simon *et al.* (org.). *Biodiversidade e agricultores: fortalecendo o manejo comunitário*. Porto Alegre: L&PM, 2007.

CARDOSO, Renato Soares; FREITAS, Carlos Edwar de Carvalho. "Desembarque e esforço de pesca da frota pesqueira comercial de Manicoré (Médio Rio Madeira), Amazonas, Brasil". *Acta Amazônica*. Manaus: 2007, v. 37, n. 4.

CARMO, Maristela Simões do. "A produção familiar como locus ideal da agricultura sustentável". *Agricultura em São Paulo*. São Paulo: 1998. v. 45, n. 1.

CARNEIRO, Maria José. "Em que consiste o familiar da agricultura familiar?". Em: COSTA, Luiz Flavio de Carvalho; FLEXOR, Georges; SANTOS, Raimundo (org.). *Mundo rural brasileiro: ensaios interdisciplinares*. Rio de Janeiro: Mauad X, 2008.

CONWAY, Gordon. "The Properties of Agroecosystems". *Agricultural Systems*. Amsterdam: 1987, v. 24, n. 2.

CUNHA, Manuela Carneiro da; ALMEIDA, Mauro Barbosa de (org.). *Enciclopédia da floresta*. São Paulo: Companhia de Letras, 2002.

FEARNSIDE, Philip. "Rios voadores e a água de São Paulo". *Amazônia Real*. Manaus: 2015.

FOOD AND AGRICULTURE ORGANIZATION. *Food and Fruit-Bearing Forest Species 3: Examples from Latin America*. Rome: FAO, 1986.

FOOD AND AGRICULTURE ORGANIZATION. *Interação do género, da agrobiodiversidade e dos conhecimentos locais ao serviço da segurança alimentar*. Roma: FAO, 2005.

FORSBERG, Sylvia Souza. *O agroecossistema do lago do Janauacá, AM: cultivando vida e saberes*. 147 f. Tese (Doutorado em Ciências do Ambiente e Sustentabilidade na Amazônia) – Universidade Federal do Amazonas. Manaus: 2018.

GEERTZ, Clifford. *A interpretação das culturas*. Rio de Janeiro: Guanabara Koogan, 1989.

GORZ, André. *O imaterial: conhecimento, valor e capital*. Tradução de Celso Azzan Junior. São Paulo: Annablume, 2005.

HARARI, Yuval Noah. *Homo deus: uma breve história do amanhã*. Tradução de Paulo Gêiser. São Paulo: Companhia das Letras, 2016.

KAGEYAMA, Angela Antonia (org.). *Desenvolvimento rural: conceitos e aplicação ao caso brasileiro*. Porto Alegre: Editora da UFRGS, 2008.

LANNA, Marcos Pazzanese Duarte. *A dívida divina: troca e patronagem no Nordeste brasileiro*. Campinas: Ed. Unicamp, 1995.

LAQUES, Anne Elisabeth *et al*. "As políticas públicas e os efeitos sobre as estratégias de gestão de e recursos: o caso do Alto Solimões, Amazonas, Brasil". Em: NODA, Hiroshi *et al*. (org.). *Dinâmicas socioambientais na agricultura familiar na Amazônia*. Manaus: Wega, 2013.

LORENZI, Harri *et al*. (coord.). *Palmeiras no Brasil: nativas e exóticas*. Nova Odessa: Plantarum, 1996.

MARTINS, Ayrton Luiz Urizzi. *Conservação da agrobiodiversidade: saberes e estratégias da agricultura familiar na Amazônia*. 213 f. Tese (Doutorado em Ciências do Ambiente e Sustentabilidade na Amazônia) – Universidade Federal do Amazonas. Manaus: 2016.

MARX, Karl. *O capital: crítica da economia política: livro I: o processo de produção do capital*. Tradução de Rubens Enderle. São Paulo: Boitempo, 2013.

MATURANA, Humberto; VARELA, Francisco. *A árvore do conhecimento: as bases biológicas da compreensão humana*. Tradução de Humberto Mariotti e Lia Diskin. São Paulo: Palas Athena, 2001.

MING, Lin Chau; AMOROZO, Maria Christina de Mello; KFFURI, Carolina Weber (org.). *Agrobiodiversidade no Brasil: experiências e caminhos da pesquisa*. Recife: Nupea, 2010.

MORIN, Edgar. *O método 2: a vida da vida*. Tradução de Marina Lobo. Porto Alegre: Sulina, 2005.

MORIN, Edgar. *O método 3: o conhecimento do conhecimento*. Tradução de Juremir Machado da Silva. 4. ed. Porto Alegre: Sulina, 2012.

MORIN, Edgar. *O método 4: as ideias: habitat, vida, costumes, organização*. Tradução de Juremir Machado da Silva. 5. ed. Porto Alegre: Sulina, 2011.

MORIN, Edgar. *O método 6: ética*. Tradução de Juremir Machado da Silva. 4. ed. Porto Alegre: Sulina, 2011.

NODA, Hiroshi; NODA, Sandra do Nascimento. "Agricultura familiar tradicional e conservação da sócio-biodiversidade amazônica". *Interações*. Campo Grande: 2003, v. 4, n. 6.

NODA, Hiroshi *et al.* (org.). *Dinâmicas socioambientais na agricultura familiar na Amazônia*. Manaus: Wega, 2013.

NODA, Sandra do Nascimento (org.). *Agricultura familiar na Amazônia das águas*. Manaus: Edua, 2007.

NODA, Sandra do Nascimento. *Na terra como na água: organização e conservação de recursos naturais terrestres e aquáticos em uma comunidade da Amazônia brasileira*. 182 f. Tese (Doutorado em Ecologia) – Universidade Federal de Mato Grosso. Cuiabá: 2000.

PÁDUA, José Augusto. "As bases teóricas da história ambiental". Em: FRANCO, José Luiz de Andrade *et al.* (org.). *História ambiental: fronteiras, recursos naturais e conservação da natureza*. Rio de Janeiro: Garamond, 2012.

PERONI, Nivaldo; MARTINS, Paulo Sodero. "Influência da dinâmica agrícola itinerante na geração de diversidade de etnovariedades cultivadas vegetativamente". *Interciencia*. Caracas: 2000, v. 25, n. 1.

QUEIROZ, Luiz Jardim de *et al.* (org.). *Peixes do rio Madeira*. São Paulo: Dialeto Latin American Documentary, 2013.

RICOVERI, Giovanna. *Bens comuns versus mercadoria*. Rio de Janeiro: Multifoco, 2012.

RIOS, Mary Naves da Silva; PASTORE JR., Floriano (org.). *Plantas da Amazônia: 450 espécies de uso geral*. Brasília, DF: Editora UnB, 2011.

SABOURIN, Eric. "Práticas de reciprocidade e economia de dádiva em comunidades rurais do Nordeste brasileiro". *Raízes*. Campina Grande: 1999, n. 20.

SAMPER, Mario. "Pertinencia del enfoque territorial para abordar las interacciones entre sistemas territoriales de agricultura familiar, agrobiodiversidad y cambio climático". *Revista de Ciencias Ambientales*. Heredia: 2019, v. 53, n. 2.

SANTILLI, Juliana. *Agrobiodiversidade e direitos dos agricultores*. São Paulo: Peirópolis, 2009.

SCHNEIDER, Sérgio. "Teoria social, agricultura familiar e pluriatividade". *Revista Brasileira de Ciências Sociais*. São Paulo: 2003, v. 18, n. 51.

SHANLEY, Patrícia; CYMERYS, Margaret; GALVÃO, Jurandir. *Frutíferas da mata na vida amazônica*. Belém: Supercores, 1998.

VALENTE, Roberta de Melo; ALMEIDA, Samuel Soares de. *As palmeiras de Caxiuanã: informações botânicas e utilização por comunidades ribeirinhas*. Belém: MPEG, 2001.

VILLACHICA, Hugo. *Frutales y hortalizas promisorios de la Amazonia*. Lima: TCA, 1996.

Abstracts of essays and critical analysis

COMPLEX THINKING AND SOLIDARITY ECONOMY: AN EXPLORATORY TRIP ACROSS LATIN AMERICA

Guillermo Díaz Muñoz

This article analyzes solidarity economies from the perspective of Edgar Morin's complex thinking. For such, we resume some solidarity micro-socioeconomic experiences in Mexico (3 experiences), Bolivia, Brazil and Argentina (one experience from each country), we applied some of the principles of complex thought that allowed us to compare them from a qualitative approach. The findings show the emergence of solidaristic economic practices in Latin America with its contributions from systemic interdimensional values, its dialogic tensions, the recursive processes in which they are inserted, and the hologram of its existence in the alternative socioeconomic whole. Micro practices of solidarity economies are emerging in spite of the diverse macro national and global tendencies that exist in the context of the capitalist world-system. As Morin affirms, it is urgent to "systematize" such practices so that they constitute an emerging and emancipatory alternative "whole".
Keywords: Complex thought. Solidarity economy. Edgar Morin. Latin America.

COMPLEX METHODOLOGIES FOR THE TRAINING OF INTERSECTORAL ADMINISTRATORS

Alessandra Bortoni Ninis

Numerous interdisciplinary institutes emerged in universities at the end of the 20th century looking for a teaching-research approach that would respond to socio-environmental problems, for which, in fact, the Cartesian paradigm was no longer sufficient. The difficulty in proposing transdisciplinary methodological structures remains a challenge for research, as it subverts the disciplinary essence of the scientific paradigm. Few researchers are able to subvert the Cartesian disciplinary logic in their research and, even more difficult to find, are professors-advisors who allow this subversion. On the other hand, the fields of science and public policy present a growing demand for professionals capable of designing, conducting and evaluating complex intersectoral policies and innovating in sciences. This article presents two methodological models based on Edgar Morin's complex thought, which sought to subvert the Cartesian logic of scientific research into a transdisciplinary and dialogical proposition between different fields of knowledge, pointing out how complex thought is essential for the training of intersectoral public policy administrators, increasingly important professionals in contemporary societies.
Keywords: Edgar Morin. Complex thought. Transdisciplinarity. Public policy.

BLESSED ARE NEOBELIEVERS! GODS AS IDEAS IN EDGAR MORIN

Osvaldo Luiz Ribeiro

This essay is a theoretical outline of the theme of religions as ideas that populate the noosphere, a concept used by Edgar Morin to refer to the level of reality constituted by beings of thought and that

is limited to the human mind and culture. From the synthesis of this theme developed in O Método, we seek to clarify the basis of Morin's call in Para deixar o século XX for religious individuals of the planet to transform their beliefs and become neobelievers. In Morin's terms, a neobeliever is the religious person who acquired the historical and epistemological awareness that the gods constitute myth, so that a neobeliever is someone who recognizes in the myths their reality, but not the reality in them and therefore express their belief in a compatible way.
Keywords: Noosphere. Religion. Belief. Myth. Gods.

NEW ENGINES FOR A SUSTAINABLE HUMAN FUTURE

Juan Moreno Lobón

Since the mid-twentieth century a crisis of civilization has become increasingly more evident. We are faced by deadly issues that manifest from the planetary to the individual scale. These issues could become irreversible if our ways of thinking about and affecting reality are not changed substantially. Some of these issues are self-evident such as imbalances in the global economy or in the world's demographics, or the effects of unlimited expansion over natural spaces. Others are more complex and deal with the human condition and the knowledge system developed by society for several centuries. Understanding these issues in their double dimension and the need to transcend them from a new system of knowledge and a new philosophy of life are the most important challenges for humanity in the coming decades. This essay seeks to present Edgar Morin's contributions about the need for a reform of thought and his vision to define a new planetary imaginary that stimulates global and national consensus based on new dynamics, leading us towards a sustainable human future.
Keywords: Cartesian science. Liberal geoculture. New science. Complex thinking. Paradigm of complexity. New rationality. Anthropolitics.

ABOUT DIALOGIC

José Eli da Veiga

This text questions whether one of Edgar Morin's theoretical innovations would really be pertinent: his dialogic view. The central motivation of such a skeptical exercise comes from the rescue of Hegel and Marx's dialectics, unfortunately distorted throughout the 20th century. Starting from the description of such distortion, we then discuss contemporary developments in logic and the possible origins of dialogic. The conclusion suggests that there is no novelty since the idea is contained in dialectics.
Keywords: Dialectics. Dialogic. Edgar Morin. Logic.

PATHWAYS, MEETINGS AND IDENTIFICATIONS WITH EDGAR MORIN, A COMPLEX INDIVIDUAL

Paula Stroh

Aspiring to thank the teachings learned from the great Edgar Morin, for his decisive guidance and inspirations in both life and professional pathways, this essay proposes an affective-cognitive testimony about the place occupied by Edgar Morin's complex thought in the author's personal and intellectual formation and growth.
Keywords: Edgar Morin. Complex thinking. Pathway.

A CRITIQUE TO COMPLEXITY SCIENCES: A GOOD NAME ON A WRONG PATH

Carlos Eduardo Maldonado

This chapter is a critique to the complexity sciences, stressing that, although the very name is appropriate, it points to a wrong direction. The combination of sociological, geopolitical, methodological and heuristic arguments sets a sharp contrast between complexity sciences and complex thinking. The main argument of this chapter is that complexity sciences have nothing to do with classical science. A sound understanding about our state of affairs requires attending the subtle and difficult cross-section between internalism and externalism. However, we must keep in mind that, in general, science consists in an indirect apology of productivism – in the broadest sense of the word. We thus call attention to slow science. Researchers working in the field of complexity sciences must be aware of the constellation out of possibilities. From the understanding that two types of science exist – of control and liberation – the work in complexity cannot be delayed and the conclusions are evident to sensitive eyes.

Keywords: Science of control and emancipatory science. Internalism and externalism. Science and productivism. Degrees of freedom and life.

FROM A POORLY-MADE MIND TO AN UNORGANIZED MIND: THE CHALLENGES TO EDUCATION IN CHILE IN THE NEXT CENTURY

Jaime Retamal S.

This chapter reflects on the debates about education in Chile that are based on both neoliberal and conservative principles. Educational projects remain structured on principles from Pinochet's dictatorship and those from atavistic Catholic conservatism present in Chilean society, further modeled by neoliberal principles that were not changed in the successive governments of the democratic period – both to the left and right of the political spectrum. Such structure and educational project seem to have not been fully understood by Chilean scholars, including those on the left, old or new. Thus, understanding can only begin to be made from the principles of complex thought. The concluding statements hold modest expectations about the New Constituent Assembly to bravely face the swamp in which Chilean education finds itself.

Keywords: Educational neoliberalism. Intellectuals. Complex thought. Constituent assembly.

SEVEN EXPERIENCES FIELDS OF EDUCATION FROM COMPLEX THOUGHT: (RE)LIVING KNOWLEDGE FROM EDGAR MORIN

Daniele Saheb Pedroso and Michelle Jordão Machado

The history of teacher training and practices is marked by the fragmentation of knowledge and scientific determinism. This essay aims to discuss the seven fields of education based on Edgar Morin's book Seven Complex Lessons in Education for the Future, and the cognitive operators of complex thought by Humberto Mariotti. The focus on experience is explained because of its recognition as a valuable opportunity to favor and operate constitutive aspects of a learner's development. The seven fields of experience presented are: relevant knowledge and the human condition; ethics; planetary consciousness and the ecological subject; thought reform; poetry and prose; dialogues and uncertainties; self-organization, learning and life. The focus of this essay is to carve paths and foster further studies from Morin's reflections on teaching practices in the face of contemporary challenges. These experiences may improve the integration of necessary knowledge in students' lives, allowing them to build learning that favors the confrontation of fundamental issues related to ethics, citizenship and planetary solidarity of the present and future.

Keywords: Seven lessons. Complexity. Fields of experience. Teaching practice.

— Abstracts of essays and critical analysis —

REFLECTIONS ON THE HUMAN CONDITION AND SCHOOL EDUCATION FROM COMPLEX THOUGHT

Celso José Martinazzo and Sidinei Pithan da Silva

This article proposes a reflection on the human condition as an anthropological reference to rethink the school education process from the perspective of complex thought. Understanding the complexities of human condition since its origin and historical evolution – from complex thought – presupposes the overcoming of metaphysical models. The bibliographical research starts from studying and understanding the body of work of French scholar Edgar Morin, which intends to demonstrate to the universe of school education the anthropological pertinence of a rich conception of human being. Understanding the human condition from a complex epistemological and anthropological point of view can provide another notion of humanity about our humanity. Such challenge may provide us with a horizon to create another raison d'etre for school education, one that awakens a planetary civilization.
Keywords: Human condition. Complex thought. School education.

ORGANIZATION IN FAMILY AGROECOSYSTEMS IN THE AMAZON: A COMPLEX OBSERVATION

Jolemia Cristina Nascimento das Chagas

This chapter reflects on the complexity of Amazonian family agroecosystems at Boa Fé, Manicoré river, south of the state of Amazonas. We start from organization and interaction, terms used by Edgar Morin and applied in this study to understand the family agroecosystems. The family agroecosystems in Boa Fé are units of landscapes visually materialized and transformed by local families with a product to produce or extract food. One of the characteristics of agroecosystems is the predominance of species of human interest and a spatial structuring organization that facilitates production work in agriculture. Families in Boa Fé interact in agroecosystems in ways that promote the maintenance of the diversity of living organisms, their habitats and an interrelation between organisms and their environment; demonstrate skills in the conservation of habitats and ecosystems. These families have knowledge about biodiversity, with a focus on the conservation of genetic diversity; such knowledge is inscribed at individual and group level, in products and producers of family agroecosystems. The use of common language in Boa Fé supports inventions, the imagination and creation of goals. These families are part of cultural reconstruction, integrated with common knowledge and transformed into new knowledge. As proximity networks, family and interfamily relationships – camaraderie – provide mutual assistance benefits to all, in an organization still regulated by ancestral knowledge and reciprocity.

Keywords: Agroecosystem. Family agriculture. Agrobiodiversity. Knowledge.

Sobre os autores

Alessandra Bortoni Ninis – Doutora em desenvolvimento sustentável, mestra em política e gestão ambiental e especialista em resolução de conflitos socioambientais pelo Centro de Desenvolvimento Sustentável da Universidade de Brasília (CDS-UnB). Graduada em psicologia pela Universidade de Taubaté (Unitau), com formação na área de psicologia da saúde. Trabalhou na Secretaria de Assuntos Estratégicos da Presidência da República, na área de políticas sociais voltadas para a nova classe média e desenvolvimento regional da Amazônia (2011-2013), e no Instituto Sul-Americano de Governo em Saúde da União de Nações Sul-Americanas (Isags-Unasur) como assessora técnica em governança internacional na área de determinantes sociais da saúde (2013 e 2017). Desde 2018 trabalha no Observatório de Territórios Saudáveis e Sustentáveis da Bocaina (OTSS), na área de gestão e governança nos temas da Agenda 2030, promoção da saúde, justiça socioambiental e tecnologias sociais.

Alfredo Pena-Vega – Professor e pesquisador em socioecologia no Instituto Interdisciplinar de Antropologia Contemporânea (Iiac), Centro Edgar Morin, na École des Hautes Études en Sciences Sociales, Centre National de la Recherche Scientifique da (EHESS-CNRS), Paris. Ensina "As incertezas e as suas apostas" na EHESS, na Universidade de Nantes e na Sciences Po (Campus Poitiers). Diretor científico do projeto de pesquisa internacional Global Youth Climate Pact (GYCP) (rotulado pela COP25, Madri), que estuda as percepções dos efeitos das alterações climáticas pelos jovens (em trinta países). Realizou pesquisa socioecológica sobre percepções dos efeitos das catástrofes de Chernobyl (República da Bielorrússia e Ucrânia) e de Fukushima (Japão). Desde 1990 colabora com Edgar Morin em projetos europeus. Diretor científico das Universidades Europeias de Verão (2001-2012).

Carlos Eduardo Maldonado – Professor titular da Faculdade de Medicina da Universidade El Bosque, Colômbia. Graduado em filosofia pela Universidade de Rosario, Colômbia, e doutor em filosofia pela Universidade de Louvain (KULeuven), Bélgica. Pós-doutorados: como *visiting scholar*, University of Pittsburgh; como *visiting research professor*, The Catholic University of America (Washington, DC); como *academic visitor*, University of Cambridge. Doutor Honoris Causa pela Universidade de Timissoara (Romênia) e pela Universidad Nacional del Altiplano, Puno, Peru. Recebeu diversos premios e reconhecimentos na Argentina, Chile, Equador, Peru, Colômbia, Nicarágua, Guatemala e México. E-mail: <maldonadocarlos@unbosque.edu.co>.

Celso José Martinazzo – Mestre em educação pela Universidade Federal de Santa Maria (UFSM) e doutor em educação pela Universidade Federal do Rio Grande do Sul (UFRGS), com pós-doutorado pela Universidade do Minho (Uminho). Professor titular do Departamento de Humanidades e Educação e do Programa de Mestrado e Doutorado em Educação nas Ciências da Universidade Regional do Noroeste do Estado do Rio Grande do Sul (Unijuí). E-mail: <celsomartinazzo@gmail.com>.

Cristovam Buarque – Professor emérito da Universidade de Brasília (UnB). Engenheiro mecânico pela Universidade Federal de Pernambuco (UFPE), doutor em economia pela Sorbonne, na École Pratique des Hautes Études (EPHE), sob orientação de Ignacy Sachs. Professor titular da UnB, onde foi reitor (1986-1989). Exerceu também os cargos de governador do Distrito Federal (1995-1998), senador pelo Distrito Federal (2002-2018) e ministro da Educação (2003-2004). Publicou mais de trinta livros, entre ensaios, romances e reportagens. Seu último livro publicado foi *O erro do sucesso: a civilização desorientada e a busca de um novo humanismo.*

Daniele Saheb Pedroso – Graduada em pedagogia, mestra em educação e doutora em educação pela Universidade Federal do Paraná (UFPR). Professora titular do curso de pedagogia e do Programa de Pós-Graduação em Educação da Pontifícia Universidade Católica do Paraná (PUC-PR). Vice-líder do Grupo de Pesquisa: Aprendizagem e Conhecimento na Prática Docente (PUC-PR) e coordenadora do Grupo de Estudos e Pesquisa em Educação Ambiental e Complexidade (Gepeacom). Coordenadora na PUC-PR do Projeto Pacto Mundial da Juventude

— Sobre os autores —

pelo Clima, coordenado por Alfredo Pena-Vega, do Centro Edgar Morin, da École des Hautes Études en Sciences Sociales, Centre National de la Recherche Scientifique (EHESS-CNRS), Paris, França. Possui experiência em pesquisa, docência e gestão na educação básica e no ensino superior, além de pesquisas em educação ambiental, complexidade e transdisciplinaridade.

Danilo Santos de Miranda – Diretor regional do Serviço Social do Comércio (Sesc) de São Paulo. Especialista em ação cultural, é formado em filosofia e em ciências sociais, tendo realizado estudos complementares na Pontifícia Universidade Católica (PUC) e na Fundação Getúlio Vargas (FGV), em São Paulo, e no Management Development Institute, em Lausanne, na Suíça. Foi presidente do Comitê Diretor do Fórum Cultural Mundial, em 2004, e presidente do Comissariado Brasileiro do Ano da França no Brasil, em 2009. É conselheiro em diversas entidades brasileiras, como o Museu Paulista, a Bienal de São Paulo, a Biblioteca Brasiliana Guita e José Mindlin, o Museu de Arte de São Paulo (Masp), o Museu de Arte Moderna de São Paulo (MAM-SP) e o Conselho Todos pela Educação. Internacionalmente, integra os conselhos da Art for the World, na Suíça, e da International Society for Performing Arts (Ispa), nos Estados Unidos. Foi vice-presidente do Conselho Internacional de Bem-Estar Social (ICSW), de 2008 a 2010. Foi condecorado com o título de Comendador da Ordem Nacional do Mérito do governo francês, além de ser agraciado com a Grande Cruz do Governo Alemão e com a Ordem Nacional de Mérito da Coroa Belga.

Edgard de Assis Carvalho – Professor titular de antropologia na Pontifícia Universidade Católicas de São Paulo (PUC-SP). Livre-docente da Universidade Estadual Paulista "Júlio de Mesquita Filho" (Unesp), Araraquara. Correpresentante brasileiro da cátedra itinerante Unesco Edgar Morin. Coordenador das Jornadas Edgar Morin, 2019, 2021, no Serviço Social do Comércio de São Paulo (Sesc-SP). Tradutor de Edgar Morin, Michel Maffesoli, Georges Balandier, Julia Kristeva e Edmond Couchot, dentre outros. Livros: *Conexões da vida: uma antropologia da experiência* (2017); *Espiral de ideias: textos de antropologia fundamental* (2018). *Edgar Morin: complexidade no século XXI* (2021) (organizador). E-mail: <edgardcarvalho@terra.com.br>.

Elimar Pinheiro do Nascimento – Sociólogo e cientista socioambiental, doutor em sociologia pela Universidade René Descartes, Paris V. Professor dos

Programas de Pós-Graduação em Desenvolvimento Sustentável da Universidade de Brasília (PPGCDS-UnB) e Ciência do Ambiente e Sustentabilidade na Amazônia da Universidade Federal do Amazonas (PPGCASA-Ufam). Foi professor na Universidade Eduardo Mondlane, na Universidade Federal da Paraíba (UFPB) e na Universidade Federal de Pernambuco (UFPE). Trabalhou nos governos de Samora Machel (Moçambique), Miguel Arraes (Pernambuco) e Cristovam Buarque (Distrito Federal). Cofundador do Laboratório de Estudos sobre Turismo e Sustentabilidade (Lets). Ex-diretor do Centro de Desenvolvimento Sustentável da Universidade de Brasília (CDS-UnB). Autor do livro *Um mundo de riscos e desafios*, da Fundação Astrojildo Pereira. E-mail: <elimarcds@gmail.com>.

Enrique Luengo González – Professor aposentado do Instituto Tecnológico e de Estudos Superiores do Ocidente (Iteso) da Universidade Jesuíta de Guadalajara, no México, e doutor em ciências sociais pela Universidade Ibero-Americana da Cidade do México. Participa da coordenação da Rede Internacional sobre Problemas, Pensamento e Sistemas Complexos (Rede InComplex). Pesquisa e publica sobre a construção de alternativas cidadãs e os processos de transformação da educação superior, bem como sobre epistemologia e método de complexidade. Publicou 12 livros e mais de quarenta capítulos e artigos em revistas acadêmicas. Foi coordenador de pesquisa na Universidade Ibero-Americana, reitor da Universidade Latina da América (Unla) em Morelia, chefe do Centro de Investigação e Formação Social e diretor de Integração Comunitária no Iteso. Atualmente colabora como diretor de teses no Sistema Universitário Jesuíta.

Guillermo Díaz Muñoz – Acadêmico do Centro Interdisciplinario para la Vinculación y la Formación Social (Cifovis) do Instituto Tecnológico e de Estudos Superiores de Ocidente (Iteso), Universidade Jesuíta de Guadalajara. Por meio de esforços de articulação das funções acadêmicas de pesquisa social, da formação docente e do vínculo com diversos atores sociais (especialmente do mundo camponês e indígena), suas publicações (livros, capítulos de livros e artigos) giram em torno das economias alternativas, da participação social e cidadã, dos movimentos sociais e da educação popular, quase sempre em diálogo com o pensamento complexo. Há mais de quarenta anos combina a vida acadêmica com a fundação e a promoção de diversas organizações da sociedade civil sem fins lucrativos. Faz parte do Sistema Nacional de Investigadores (SNI) do Conselho Nacional de Ciência e Tecnologia (Conacyt). Autor do livro *Economías solidarias en América Latina* (*Economias solidárias na América Latina*) (Iteso).

Jaime Retamal S. – Professor de filosofia e doutor em ciências da educação pela Pontifícia Universidade Católica de Chile (PUC). Atualmente é acadêmico e pesquisador na Universidade de Santiago do Chile, dedicado a cursos de filosofia política da educação com ênfase na integração das demandas dos movimentos sociais por uma educação pública renovada, pós-disciplinar e pós-neoliberal. É pesquisador do Fundo Nacional de Desenvolvimento Científico e Tecnológico (Fondecyt), Chile, sobre as habilidades moral-democráticas de futuros professores. É articulista do jornal *El Mostrador* e tem participado como especialista no desenvolvimento de diversas leis educativas.

Jolemia Cristina Nascimento das Chagas – Licenciada em ciências agrárias, mestra em agronomia tropical pela Universidade Federal do Amazonas (Ufam) e doutora em ciências do ambiente e sustentabilidade na Amazônia (PPGCASA-Ufam). Possui experiência em extensão rural na área de agronomia, manejo da agrobiodiversidade e agricultura familiar. Trabalhou em unidades de conservação e no Conselho Gestor da Unidade de Conservação Estadual Parque Matupiri. Pesquisadora colaboradora no Núcleo de Etnoecologia na Amazônia brasileira (Netno-Ufam). Professora temporária no curso de tecnologia em agroecologia na Universidade do Estado do Amazonas (UEA). Pesquisadora sênior pelo Centro de Estudos em Sustentabilidade na Fundação Getúlio Vargas (FGVces).

José Eli da Veiga – Professor sênior da Universidade de São Paulo, no Instituto de Estudos Avançados (IEA-USP). Por trinta anos (1983-2012) foi docente do Departamento de Economia da Faculdade de Economia, Administração e Contabilidade (FEA-USP), onde obteve o título de professor titular em 1996. Tem 29 livros publicados, entre os quais: *O antropoceno e a ciência do sistema Terra* (2019), *Amor à ciência* (2017), *Para entender o desenvolvimento sustentável* (2015) e *A desgovernança mundial da sustentabilidade* (2013). É colunista do jornal *Valor Econômico*, da revista *Página22* e da Rádio USP. Página web: <http://www.zeeli.pro.br>.

Juan Moreno Lobón – Graduado em economia pela Universidade do Panamá (UP), mestre em ciências com especialização em administração industrial e doutor em desenvolvimento econômico e territorial pela Universidade de León (Espanha) e pela Universidade Tecnológica do Panamá (UTP); doutor em gestão de projetos pela Universidade Internacional Ibero-Americana do México. Profissional vinculado a temas relacionados à teoria da complexidade e ao desenvolvimento sustentável (biodiversidade e manejo de ecossistemas). Foi diretor do Instituto de Estudos Nacionais da UP e do Centro Istmeño de Modernización de la Administración Pública (Cimap). Diretor executivo do Centro Internacional para o Desenvolvimento Sustentável da Fundação Cidade do Saber. E-mail: <jmoreno@cdspanama.org>.

Luis Carrizo – Psicólogo e mestre em desenvolvimento regional e local, com estudos doutorais na Sorbonne Nouvelle – Paris 3. Consultor da Oficina Regional de Ciências da Organização das Nações Unidas para a Educação, a Ciência e a Cultura (Unesco) para a América Latina e o Caribe. Coordenador acadêmico do curso internacional da Unesco "Os 7 saberes e a Agenda 2030: contribuições do pensamento complexo para os objetivos de desenvolvimento sustentável". Coordenador da Cátedra Regional de Complejidad y Condición Humana da Universidad Centro Latinoamericano de Economía Humana (Claeh), instituição da qual foi vice-reitor acadêmico (2005-2010). Fundador da Rede Uruguaia de Pensamento Complexo. Secretário-geral da Coordenação de Psicólogos do Uruguai (2019-2021). Professor convidado em universidades da América Latina, Europa e África. Autor de publicações nacionais e internacionais. E-mail: <luis.carrizo54@gmail.com>.

Marina Silva – Professora, ambientalista e política brasileira. Formada em história, especializada em psicopedagogia e teoria psicanalítica. Doutora Honoris Causa pela Universidade Federal da Bahia (UFBA) e pela Academia Chinesa de Silvicultura. Em trinta anos de vida pública, ganhou reconhecimento internacional pela defesa do desenvolvimento sustentável. Premiada nacional e internacionalmente. Foi vereadora, deputada estadual, senadora e ministra do meio ambiente. Como ministra, liderou a criação do Plano de Combate ao Desmatamento da Amazônia, reduzindo as taxas de desmatamento (80%) e criando 25 milhões de hectares de áreas naturais protegidas. Disputou as eleições presidenciais de 2010, 2014 e 2018. Fundadora do partido Rede

Sustentabilidade e professora associada da Fundação Dom Cabral. Mais informações em: <www.marinasilva.org.br>.

Maurício de Carvalho Amazonas – Professor adjunto do Centro de Desenvolvimento Sustentável (CDS) da Universidade de Brasília (UnB), com atuação na área de economia do meio ambiente. Doutor e mestre pelo Instituto de Economia da Universidade Estadual de Campinas (Unicamp) e engenheiro agrônomo pela Escola Superior de Agricultura "Luiz de Queiroz" (Esalq), da Universidade de São Paulo (USP). Ex-presidente da Sociedade Brasileira de Economia Ecológica. Ex-diretor da Secretaria de Desenvolvimento Sustentável do Ministério do Meio Ambiente (2001-2004). Ex-diretor do CDS. Coordenador do programa Veredas do Futuro.

Michelle Jordão Machado – Graduada em pedagogia e letras. Doutora e mestra em educação pela Universidade Católica de Brasília (UCB). Assessora da área de educação básica e superior da União Marista do Brasil (Umbrasil), coordenadora de cursos de graduação e pós-graduação em educação do Instituto de Educação Superior de Brasília (Iesb) e professora da Secretaria de Estado de Educação do Distrito Federal. Atuou na docência e na coordenação de cursos de graduação e pós-graduação em educação na UCB. Foi diretora de graduação dos cursos virtuais da UCB. Tem experiência principalmente nos temas de criatividade, currículo, tecnologia educacional, avaliação da aprendizagem, gestão educacional e formação de professores.

Osvaldo Luiz Ribeiro – Graduação e mestrado em teologia pelo Seminário Teológico Batista do Sul do Brasil (STBSB) e doutorado pela Pontifícia Universidade Católica do Rio de Janeiro (PUC-Rio); pós-doutorado em ciências da religião pela Universidade Federal de Juiz de Fora (UFJF). Professor de teologia desde 1993 (STBSB e Faculdade Unida de Vitória) e de ciências das religiões desde 2011. Coordenador do Mestrado Profissional em Ciências das Religiões da Faculdade Unida de Vitória. Sua especialidade é a pesquisa exegética histórico-crítica da Bíblia hebraica, tendo publicado diversos artigos na área, bem como sobre o fenômeno religioso de modo geral e as questões relativas ao ensino religioso escolar. É de sua opinião que *O método*, de Edgar Morin, é uma das obras mais relevantes do século XX.

Paula Stroh – Graduada em história e em ciências sociais pela Faculdade de Filosofia, Letras e Ciências Humanas da Universidade de São Paulo (FFLCH-USP) e mestra em ciências sociais pela Pontifícia Universidade Católica de São Paulo (PUC-SP). Doutora em sociologia pela Universidade de Brasília (UnB), com doutorado sanduíche no Centre des Recherches sur le Brésil Contemporain, da École des Hautes Études en Sciences Sociales de Paris (EHESS), e pós-doutorado pela Universidade Estadual de Campinas (Unicamp). Professora associada (aposentada) da Universidade Federal de Alagoas (Ufal), do Instituto de Geografia e Meio Ambiente (Igdema). Pesquisa o campo da sociologia ambiental com ênfase na investigação das relações entre riscos ambientais e cidadania. Seus trabalhos mais recentes estão voltados ao estudo da inclusão produtiva de catadores de materiais recicláveis. E-mail: <paula.stroh@gmail.com>.

Rubén Fontalvo – Pedagogo e especialista em epistemologia da complexidade. Professor e diretor de pesquisa da Faculdade de Ciências Jurídicas e Sociais da Universidade Simón Bolívar (USB), Colômbia. Doutor em ciências da educação pela USB. Membro do Grupo de Pesquisa "Educação, Ciências Sociais e Humanas". Coautor do livro *Epistemología y pedagogía de los saberes en la sociedad del conocimiento* (*Epistemologia e pedagogia dos saberes na sociedade do conhecimento*).

Sidinei Pithan da Silva – Mestre em educação nas ciências pela Universidade Regional do Noroeste do Estado do Rio Grande do Sul (Unijuí), doutor em educação pela Universidade Federal do Paraná (UFPR) e professor titular do Departamento de Humanidades e Educação e do Programa de Mestrado e Doutorado em Educação nas Ciências da Universidade Regional do Noroeste do Estado do Rio Grande do Sul. E-mail: <sidinei.pithan@unijui.edu.br>.

Teresa Salinas – Professora de física na Faculdade de Engenharia da Universidade Ricardo Palma (URP), Peru. Fundadora e diretora do Instituto Peruano do Pensamento Complexo Edgar Morin (Ipcem) e diretora executiva e fundadora do Centro Regional de Competências em Educação para o Desenvolvimento Sustentável, afiliado à Universidade das Nações Unidas. Ex-diretora e fundadora do Programa Nacional de Popularização da Ciência e Tecnologia (Concytec). Coordenadora do diploma em biodiversidade de saberes interculturais, financiado pela Deutsche *Gesellschaft für Internationale Zusammenarbeit* (*GIZ*) e pelo Programa das Nações Unidas para o Meio Ambiente (Pnuma). Premiada pela Universidade das Nações Unidas. Publicou artigos no Peru, na Espanha e no Japão.

Vanessa Maria de Castro – Professora da Universidade de Brasília (UnB), onde se doutorou em desenvolvimento sustentável, com um período sanduíche na Universidade de Oxford. Mestra em educação pela Universidade de Reading (Inglaterra) e geógrafa pelo Centro Universitário de Brasília (Ceub). Assumiu várias posições de liderança na UnB desde 2005. Foi coordenadora da Pós-Graduação em Direitos Humanos e Cidadania no Centro de Estudos Avançados Multidisciplinares da UnB (Ceam). Supervisionou estudos de especialização, mestrado e doutorado que tiveram como foco a avaliação de políticas públicas e seus impactos. Pesquisa e estuda políticas públicas, programas de transferência de renda, desigualdade, gênero, pobreza e direitos humanos.

Fontes: Newsreader | Montserrat | Poppins
Papel: Alta Alvura 75 g/m^2
Impressão: Colorsystem
Data: Dezembro de 2021